Beck'sche Reihe

BsR 1204

BsR

Im Frühjahr 1995 wurde der emeritierte Germanistikprofessor und ehemalige Rektor der RWTH Aachen, Hans Schwerte, als ehemaliger SS-Hauptsturmführer Hans Ernst Schneider und Mitarbeiter Himmlers enttarnt. Der vorliegende Band bietet u.a. Informationen über die Funktionen und die Tätigkeit Schwerte/Schneiders im Nationalsozialismus sowie eine Einschätzung seiner wissenschaftlichen Arbeit nach 1945. Doch geht es hier nicht zuletzt um die Frage, wie in der Bundesrepublik das Verhalten der Universitäten, einzelner universitärer Disziplinen und Wissenschaftler im Nationalsozialismus behandelt worden ist. Insgesamt wird anhand dieses Falles die Verstrickung vieler Wissenschaften und Wissenschaftler in den Nationalsozialismus gezeigt und nach den Konsequenzen gefragt, die daraus in der Bundesrepublik gezogen, beziehungsweise nicht gezogen worden sind.

Helmut König ist Professor für Politische Wissenschaften.

Wolfgang Kuhlmann ist Professor für Philosophie.

Klaus Schwabe ist Professor für Neuere Geschichte – alle drei lehren an der RWTH Aachen.

Vertuschte Vergangenheit

Der Fall Schwerte und die NS-Vergangenheit der deutschen Hochschulen

Herausgegeben von
Helmut König/Wolfgang Kuhlmann/
Klaus Schwabe

VERLAG C. H. BECK

Die Deutsche Bibliothek – CIP-Einheitsaufnahme

Vertuschte Vergangenheit : der Fall Schwerte und die NS-Vergangenheit der deutschen Hochschulen / hrsg. von Helmut König ... – München : Beck, 1997
(Beck'sche Reihe ; 1204)
ISBN 3 406 42004 4
NE: König, Helmut [Hrsg.]; GT

Originalausgabe
ISBN 3 406 42004 4

Umschlagentwurf: Uwe Göbel, München

Gesamtherstellung: C. H. Beck'sche Buchdruckerei, Nördlingen
Gedruckt auf säurefreiem, alterungsbeständigem Papier
(hergestellt aus chlorfrei gebleichtem Zellstoff)
Printed in Germany

Inhalt

Vorwort der Herausgeber 7

Erster Teil: Der Fall Schwerte/Schneider

Gjalt R. Zondergeld
Hans Ernst Schneider und seine Bedeutung für das SS-Ahnenerbe 14

Ludwig Jäger
Germanistik – eine deutsche Wissenschaft
Das Kapitel Hans Ernst Schneider 31

Klaus Weimar
Der Germanist Hans Schwerte 46

Zweiter Teil: Nationalsozialismus

Hellmut Seier
Die nationalsozialistische Hochschulpolitik und die Rolle von Technik und Technischen Hochschulen im Führerstaat 62

Gerhard Hirschfeld
Die nationalsozialistische Neuordnung Europas und die „Germanisierung“ der westeuropäischen Universitäten . . 79

Hermann von der Dunk
Die Niederlande und die Konfrontation mit dem nationalsozialistischen Deutschland 103

Susanne Heim
Sozialwissenschaftler als Vordenker der Vernichtung? . . . 118

Kurt Nowak
Rassenanthropologie – Rassenhygiene – Humangenetik . 133

Ulrich Kalkmann
Die TH Aachen unter dem Nationalsozialismus 146

Jan Philipp Reemtsma
Nationalsozialismus und Moderne 162

Dritter Teil: Bundesrepublik

Hermann Lübbe
Deutschland nach dem Nationalsozialismus 1945–1990. Zum politischen und akademischen Kontext des Falles Schneider alias Schwerte. 182

Norbert Frei
Identitätswechsel. Die „Illegalen“ in der Nachkriegszeit . 207

Axel Schildt
Im Kern gesund? Die deutschen Hochschulen 1945 223

Walter Kaiser
Wissenschaft und Technik nach 1945 241

Winfried Schulze
Doppelte Entnazifizierung. Geisteswissenschaften nach 1945 257

Heinz Bude
Die Achtundsechziger-Generation im Familienroman der Bundesrepublik 287

Helmut König
Das Erbe der Diktatur. Der Nationalsozialismus im politischen Bewußtsein der Bundesrepublik 301

Anhang

Anmerkungen und Literatur 318
Personenregister 351
Die Autoren und Herausgeber 357

Vorwort

Am 27. April 1995 erhielt die Rheinisch-Westfälische Technische Hochschule Aachen eine Selbstanzeige ihres vormaligen Rektors Hans Schwerte. In ihr erklärte dieser, am Ende des Zweiten Weltkrieges seinen Namen gewechselt zu haben. Tatsächlich sei er am 15.12.1909 als Hans Ernst *Schneider* in Königsberg geboren. Als der einstige Rektor dieses mitteilte, befand er sich bereits seit 17 Jahren im Ruhestand. Hinter ihm lag die erfolgreiche Karriere eines Lehrers und Forschers im Fach Germanistik – nach Promotion und Habilitation an der Universität Erlangen die Veröffentlichung einer aufsehenerregenden ideologiekritischen Untersuchung über „Faust und das Faustische", 1965 die Berufung an die RWTH Aachen, wo er, als Vertreter einer entschieden linksliberalen Hochschulpolitik, 1970 zum Rektor gewählt wurde. Gegen Ende seiner Laufbahn wurde er in mehrfacher Weise geehrt: Er wurde Beauftragter zur Förderung der Beziehungen des Landes Nordrhein-Westfalen mit seinen Nachbarländern Belgien und den Niederlanden, erhielt mehrere in- und ausländische Orden und wurde 1990 „Senator Ehren halber" seiner Hochschule.

Was die Selbstanzeige dieses auch in rheinisch-westfälischen Politikerkreisen hoch angesehenen Gelehrten so brisant und aufsehenerregend machte, war seine Eröffnung, unter seinem ersten Namen Hans Ernst Schneider im Range eines Hauptsturmführers in der SS gedient und an führender Stelle der SS-Unterorganisation „Ahnenerbe" angehört zu haben, für die er in den Niederlanden und Flandern während der deutschen Besetzung in den Jahren 1940 bis 1942 propagandistisch tätig gewesen war. In den Folgejahren bis zum Ende des Krieges arbeitete Schneider in der Abteilung „Germanischer Wissenschaftseinsatz" in der Reichshauptstelle des „Ahnenerbes" in

Berlin. Wenn auch seine Tätigkeit in der NS-Zeit bis zum Letzten noch nicht aufgeklärt ist, kann doch kein Zweifel bestehen, daß es sich bei ihm um einen prominenten Gefolgsmann des Hitlerregimes gehandelt hat.

Die Entdeckung, daß der hochgeehrte Aachener Germanist Hans Schwerte identisch war mit dem tiefbraunen Mitarbeiter des SS-Ahnenerbes Hans Ernst Schneider, löste bei allen, die Schwerte als Wissenschaftler, Kollegen und Menschen kennengelernt hatten, Betroffenheit aus. Weltweit machte die Nachricht in der Presse die Runde. Ein schier unglaublicher Fall: Ein Ex-Nazi, dem es über fünfzig Jahre hinweg gelungen war, seine wahre Identität zu verheimlichen, ein politischer Hochstapler, wie es schien, der die Verwegenheit besaß, auf seine alten Tage als Landesbeauftragter in dem Land wieder tätig zu werden, in dem er während des Krieges im Auftrage der SS gehandelt hatte! Der Verdacht kam auf, daß er seine Nachkriegskarriere einem Netzwerk ehemaliger Nationalsozialisten verdanke, daß es Mitwisser gebe, denen seine wahre Herkunft schon immer bekannt gewesen sei und die, aus dubiosen Gründen, Schweigen wahrten. Das zuständige Wissenschaftsministerium der Landesregierung Nordrhein-Westfalen setzte eine wissenschaftliche Untersuchungskommission ein, von der mittlerweile ein Zwischenbericht vorliegt. Sensationelle Enthüllungen enthält dieser nicht; er macht aber doch klar, welche Bereiche des Falles Schneider/Schwerte der historischen Forschung zugänglich sind und welche nicht. Wissenschaftlich analysiert sind alle Stationen der Karriere Schneider/Schwertes – für die Zeit des Hitlerregimes ebenso wie für die Zeit danach. Dagegen sind die Umstände, die fast genau zum 50. Jahrestag der Kapitulation des nationalsozialistischen Deutschlands zur Selbstanzeige Schwertes geführt haben, quellenmäßig noch nicht rekonstruierbar bzw. aus datenschutz- und dienstrechtlichen Gründen leider nicht publizierbar. Bekannt ist, daß das niederländische Fernsehen im Fall Schwerte recherchierte, als dieser sich zu seiner Selbstanzeige entschloß. Über die Hintergründe dieser Recherchen und anderer Vorgänge, die mit der Aufdeckung des Falles zusammenhängen, größere Klarheit zu gewinnen, wird erst später im Abstand von einigen Jahren möglich sein.

Um nicht falsche Hoffnungen zu wecken, hielten es die Herausgeber dieses Bandes für wichtig, die Grenzen ihres Untersuchungsfeldes von vornherein klarzustellen. Die in diesem Buch enthaltenen Beiträge sind also keine detektivischen Nachforschungen über die Umstände, die zur Aufdeckung des Falles geführt haben. Die Herausgeber sind dennoch überzeugt, daß alle Bereiche, die nicht unter diesen Vorbehalt fallen, – nämlich die im weiteren Sinne historischen, moralischen und politischen Dimensionen des Falles Schneider/Schwerte – ein allgemeines Interesse beanspruchen können und es damit verdienen, in möglichst vielen Aspekten und von möglichst vielen verschiedenen (auch z.B. generationsbedingten) Positionen her ausgeleuchtet und untersucht zu werden. Dies war der Zweck einer zweisemestrigen Ringvorlesung, welche die Herausgeber, von der Philosophischen Fakultät und dem Rektorat der RWTH Aachen ermutigt und tatkräftig unterstützt, veranstaltet haben. Die Vorträge der Ringvorlesung liegen diesem Buch zugrunde.

Sein Gewicht erhält der Fall Schneider/Schwerte durch seinen potentiell symptomatischen Charakter. Als Hans Ernst Schneider seinen Namen wechselte, betrieb er die „Bewältigung" seiner nationalsozialistischen Vergangenheit in einer aus seiner Situation heraus vielleicht verständlichen, aber nichtsdestoweniger auf den ersten Blick einzigartigen Weise: Er verleugnete, unterdrückte und ignorierte für seine Person diese Vergangenheit, indem er seine Identität ablegte und eine neue annahm. Abgesehen von den biographisch-psychologischen Problemen, die ein derartiger Identitätswechsel einer Persönlichkeit aufwirft, stellt sich für den Nachlebenden zunächst die Frage, wie die braune Vergangenheit, die Schneider/Schwerte für sich verleugnete, konkret ausgesehen haben konnte. Dazu gehört das Verhalten der deutschen Universitäten im NS-Regime zwischen Linientreue, Mitläufertum und, selten genug, Opposition ebenso wie die Stellung der Niederlande als Bestandteil der vom NS-Regime angestrebten europäischen Großraumordnung und die Verantwortlichkeit von Schreibtischtätern und Intellektuellen für das vom Nationalsozialismus über Europa gebrachte Unheil.

In gleicher Weise erstreckt sich der Fall Schneider auf den großen Problemkomplex, wie die Deutschen nach 1945 mit ihrer nationalsozialistischen Vergangenheit umgegangen sind. Wie die zu diesem Bereich gehörenden Beiträge des Bandes zeigen, waren es nicht nur moralische Überlegungen, sondern gleichzeitig auch Rücksichten auf politische Opportunität, die das Verhalten Nachkriegsdeutschlands zur NS-Vergangenheit und zu den Trägern des NS-Regimes bestimmt haben. Gleiches gilt für die Entnazifizierung und den Wiederanfang des deutschen Hochschulwesens. Deutlich ist heute auch, daß es verschiedene generationsbedingte Phasen im Prozeß der Auseinandersetzung mit dem NS-Regime gegeben hat – eine Auseinandersetzung, die durch die Bewegung der 68er neu angestoßen wurde und eine zentrale Rolle in der politischen Debatte erhielt.

Schließlich der Fall Schneider/Schwerte im engeren Sinne. Hier mußte seine Tätigkeit im „Ahnenerbe" im einzelnen untersucht und interpretiert werden. Ebenso war es nötig, das wissenschaftliche Werk Schwertes nach 1945 im Lichte seiner vorausgegangenen Vita und seines Identitätswechsels einer genauen wissenschaftlichen Überprüfung zu unterziehen. Wichtig war nicht zuletzt die Frage, wieweit Schneider/Schwertes Identitätswechsel einem 1945 und danach häufiger praktizierten Verhaltensmuster ehemaliger Anhänger des NS-Regimes entspricht. Es wird dadurch fraglich, ob sein Fall, in dem viele im Moment seiner Aufdeckung einen einmaligen Skandal zu erblicken gemeint haben, wirklich einzigartig ist.

Der Fall Schneider/Schwerte hat zu persönlichen Enttäuschungen, Erregtheiten und Konflikten Anlaß gegeben. Die Ringvorlesung blieb davon nicht unberührt. Einige Studenten hinderten Hermann Lübbe daran, seinen Vortrag zu halten. Die Herausgeber hoffen, mit dieser Publikation inen Beitrag zur Versachlichung der Diskussion leisten zu können.

Es ist selbstverständlich, daß jeder der Mitarbeiter dieses Bandes für seine Ausführungen und Meinungen selbst verantwortlich ist. Bleibt die angenehme Pflicht, allen denen zu danken, die zum Zustandekommen dieser Veröffentlichung beigetragen haben.

Helmut König
Wolfgang Kuhlmann
Klaus Schwabe — Aachen, Dezember 1996

Erster Teil

Der Fall Schwerte/Schneider

Gjalt R. Zondergeld

Hans Ernst Schneider und seine Bedeutung für das SS-Ahnenerbe

I.

Im Vorwort zu seinem Buch „Das Ahnenerbe der SS 1935–1945. Ein Beitrag zur Kulturpolitik des Dritten Reiches“ konstatierte Michael Kater (1974: 1), daß die Zurückhaltung auffallend sei, mit der verschiedene Autoren Himmlers kulturpolitische Ambitionen betrachteten. Die Erforschung der Strukturen und Mechanismen der NS-Herrschaft erscheine häufig wichtiger als die Ideengeschichte des Nationalsozialismus. Doch war es gerade die Ideologie, die dem NS-Herrschaftsapparat das Fundament gab und den Nazi-Mördern die Argumente für ihre grausame Arbeit lieferte. Speziell Himmler war sehr an der Schöpfung einer eigenen SS-Lehre als einer Art Muster-Ideologie für alle Nationalsozialisten interessiert (vgl. Ackermann 1970: 80ff.). Der SS-Mann sollte nach Himmler eine Art Supermann sein. Für ihn sollte der Nationalsozialismus eine wahre Weltanschauung bedeuten, ja eine Form des Lebens. Die SS-Ideologie beanspruchte, ein besonderes Nazitum darzustellen: die Verkörperung der Nazi-Weltanschauung.

Die verschiedenen Abteilungen der SS waren in sogenannte Hauptämter eingeteilt. Eines dieser Hauptämter war der persönliche Stab des Reichsführers-SS, der wieder aus verschiedenen Ämtern bestand, darunter auch „Das Ahnenerbe“, das insbesondere den Auftrag bekam, die SS-Ideologie wissenschaftlich zu begründen und auszuarbeiten. Das Ahnenerbe wurde im Jahre 1935 formell als eine selbständige Stiftung gegründet. Es hatte die Aufgabe, „Raum, Geist, Tat und Erbe des nordrassischen Indogermanentums zu erforschen, die Forschungsergebnisse lebendig zu gestalten und dem Volke zu vermitteln" (Ackermann 1970: 44). Es sollte klargestellt werden, daß die Germanen eine hohe Kultur gehabt hatten und daß sie keine Barbaren gewesen waren. Das Ahnenerbe sollte eine Art wissenschaftlich aussehende Propaganda treiben und seine Mitarbeiter hatten keine Bedenken, im Dienst der Propaganda auch Fälschungen in Umlauf zu bringen. Allerhand Scharlatane bekamen die Gelegenheit, im Ahnenerbe mitzuarbeiten. Himmler war so interessiert an dieser Pseudo-Wissenschaft, daß er selber als Präsident des Ahnenerbes antrat.

Anfangs spielte Dr. Hermann Felix Wirth die zentrale Rolle im Ahnenerbe. Wirth war ein typisch völkisch-nationalistischer Scharlatan. Er hatte 1933 eine neue Ausgabe der sogenannten Ura-Linda-Chronik, einer niederländischen Fälschung aus der Mitte des 19. Jahrhunderts, veröffentlicht und Himmler als neue Bibel der Germanen angeboten. Es handelte sich um eine phantastische Chronik des Friesischen Volkes (vgl. Kater 1974: 11–16, 41–43; Zondergeld 1978: 218–222; Jensma 1992: 8–52), die in der Wissenschaft längst als Fälschung entlarvt worden war. Es ist kennzeichnend für Himmler, daß er gerade den Mann, der diese Fälschung erneut als wissenschaftlich fundierte Wahrheit ausgegeben hatte, als den Führer des Ahnenerbes akzeptierte. Allerdings sah er sich Ende 1938 gezwungen, Wirth zu entlassen, weil dieser in Universitätskreisen völlig unmöglich geworden war. Kater zufolge hatte sich Himmler schon Anfang 1936 zu diesem Schritt entschlossen, obwohl er Wirth noch im März 1937 zum Ehrenpräsidenten ernannt hatte (Kater 1974: 43).

Viel wichtiger als der Phantast Wirth war schon seit 1935 Wolfram Sievers, der Generalsekretär und spätere Hauptgeschäftsführer des Ahnenerbes (vgl. Kater 1974: 28–36 und passim). Sievers war bis 1945 die wichtigste Person im gesamten Bereich des Ahnenerbes. Er war kein Akademiker, sondern ein ambitionierter junger Organisator. Er hatte in der völkisch-nationalistischen Jugendbewegung eine glühende Liebe für „Blut und Boden" und Germanische Geschichte entwickelt. Ebenso wie Himmler war er ursprünglich stark religiös orientiert und versuchte, dem Nationalsozialismus ein pseudoreligiöses Fundament zu verschaffen.

Das akademische Element im Ahnenerbe verkörperte Dr. Walter Wüst, der seit 1932 als angesehener Indogermanist Professor in München war (vgl. Kater 1974: 43–47 und passim). 1936 wurde Wüst Leiter der Abteilung für Wortkunde im Ahnenerbe. Drei Jahre später wurde er von Himmler zum „Kurator" des Ahnenerbes ernannt. Die wirkliche Führung behielt jedoch Sievers. Wüst und Sievers rückten schließlich beide in den Rang von SS-Standartenführern auf.

Das Ahnenerbe nahm im Laufe der Zeit an Umfang und Bedeutung immer mehr zu. Es umfaßte Lehr- und Forschungsstätten für Indogermanistik, Volkskunde, Archäologie, Runenschrift, Märchen, germanische Musik, Bauernhöfe, aber auch für Tibet (Himmler pflegte ein besonderes Interesse für das mysteriöse Tibet, das er als die Wiege des Ariertums ansah), Medizin, Biologie, Pflanzengenetik und verschiedene andere Naturwissenschaften. Die Abteilung für Medizin wurde wegen der medizinischen Experimente von Helmut Rascher in Dachau besonders berüchtigt. Zum Bereich des Ahnenerbes gehörte aber auch die Tätigkeit von Professor August Hirt, der in Straßburg eine Sammlung von Schädeln „jüdisch-bolschewistischer Kommissare" anlegte. Objektive Wissenschaft war natürlich niemals das Ziel des Ahnenerbe. Sie diente nur als Hilfsmittel bei dem Versuch, das deutsche Volk im Sinne der SS-Ideologie zu indoktrinieren. Und nicht nur das deutsche Volk allein, auch die anderen sogenannten nordischen Völker wurden zum Objekt der Propaganda des Ahnenerbes. Das Ahnenerbe war das Zentrum der deutsch-imperialistischen Infiltration auf dem Gebiet der Kultur.

II.

Die besetzten Niederlande wurden während der Kriegsjahre zum besonderen Objekt der Ahnenerbe-Aktivitäten. Hierbei spielte Dr. Hans Ernst Schneider die wichtigste Rolle. Schneider war kein Mitläufer im Nationalsozialismus, sondern hat sich in einer verantwortlichen und wichtigen Position ganz deutlich aktiv am Nationalsozialismus beteiligt.

Bei der Machtergreifung Hitlers war Schneider noch sehr jung, nur 21 Jahre alt. Er wurde am 15. Dezember 1909 in Königsberg als Sohn des Versicherungsbeamten (Filialdirektor) Max Schneider, selber Sohn eines Lokomotivführers, geboren. Von der Seite der Mutter her war der Großvater Polizeibeamter[1]. Diese Daten erscheinen unwichtig, aber sie sind von Bedeutung, weil wir aus ihnen schließen können, daß Hans Ernst in seinem Leben einen großen sozialen Aufstieg vollzogen hat. Das Dritte Reich hat dabei unverkennbar eine wichtige Rolle gespielt und im Falle Schneiders wirklich jene sozial-kulturelle Revolution bedeutet, von der z.B. David Schoenbaum in „Hitler's Social Revolution, Class and Status in Nazi Germany" (1966) im allgemeinen gesprochen hat. Aus dieser Sicht können wir auch verstehen, daß Hans Ernst Schneider ein so ambitiöser Draufgänger gewesen ist, ein wirklicher „social climber". Sein sozialer Aufstieg kommt z.B. auch darin zum Ausdruck, daß er während des Krieges für die Ferien ein zweites, sehr schönes Haus am Starnberger See bei München bewohnte (van Houten 1987: 62).

Seine Eltern schickten ihn auf ein Realgymnasium (1918–1928), und anschließend besuchte er die Universität in Königsberg, wo er 1935 mit einer Dissertation über Turgenjev und die deutsche Literatur promovierte. Diese Dissertation ist heute nicht mehr auffindbar. Trotzdem glaube ich nicht, daß sie eine Fälschung gewesen ist. Das hätte man sicher bei der SS nicht akzeptiert, und als er sich bei dieser Organisation anmeldete (15. April 1937 als Nr. 293691), bezeichnete er sich selber als Doktor. Er hat Germanistik, Theaterwissenschaft, Kunstgeschichte, Philosophie, Volkskunde und Urgeschichte studiert, in Königsberg, Berlin und Wien. Schon 1929 hatte er, wie er selber sagt, mit schriftstellerischen Tätigkeiten angefangen; seit Dezember 1933 arbeitete er an verschiedenen Zeitungen mit. Von April bis August 1933 diente er beim Freiwilligen Arbeitsdienst in der Kurischen Nehrung. Im Oktober 1933 wurde er

SA-Mitglied. Er wechselte von der SA in die SS, nach eigener Angabe auf Ersuchen des Rasse- und Siedlungshauptamtes. Die SS brauchte junge, ambitionierte Akademiker, und er hatte sich schon bei der SA und bei „Kraft durch Freude" als Referent für Volkstumsarbeit in Ostpreußen (August–Dezember 1934) verdient gemacht. Seit Mai 1936 war er bei der Abteilung „Volkstum und Heimat" tätig, von November 1936 bis April 1937 als Hauptabteilungsleiter. Schneider hat sich in dieser Funktion vor allem mit Volkskunst, Laienspielen und der Schöpfung einer neuen Art geselligen Volkstanzes beschäftigt. Er wurde allen Anforderungen gerecht. Seit 1936 publizierte er laufend in der „Preußischen Zeitung" und daneben noch in fünf anderen Zeitschriften. Im Dezember 1936 veröffentlichte er sein erstes Buch: „Königliches Gespräch".

Ein Mann mit Schneiders Voraussetzungen hatte gute Möglichkeiten, bei der SS Karriere zu machen, besonders beim Ahnenerbe, das sich gerade mit Volkstumsarbeit beschäftigte. Schneider sah seine Chancen und spezialisierte sich in diesen Bereichen, obwohl er, wenn man an das Thema seiner Dissertation denkt, vermutlich am Anfang ganz andere Interessen hatte. Zunächst bekam Schneider eine Stellung beim Rasse- und Siedlungshauptamt in Berlin unter Walther Darré, und zwar als Referent für Rassenkunde. Ab Oktober 1938 war er Referent beim Ahnenerbe. Wichtig war wahrscheinlich für ihn, daß er dem ganz normalen, harten Wehrdienst entgehen konnte. Er hat nur sehr kurz bei der Wehrmacht gedient: Sept.-Okt. 1936 und Nov. 1937-Jan. 1938 bei einem Flak-Regiment. Als Schneider zum Ahnenerbe kam, hatte Wolfram Sievers dort schon den ersten Ahnenerbe-Leiter Hermann Felix Wirth abgelöst (vgl. Kater 1974: 61–65). Mit Sievers, der 1951 nach seiner Verurteilung in Nürnberg gehängt worden ist, ist Schneider in seiner ganzen weiteren SS-Zeit aufs engste verbunden gewesen.

Im persönlichen Auftrag von Sievers und mit Genehmigung Himmlers leistete Schneider schon vor Kriegsanfang wichtige Arbeit, die er manchmal allein durchführen mußte. So machte er im August 1938 eine Reise nach England und später zwei

Reisen in die Niederlande, wo er längere Zeit blieb, namentlich im September 1938 und im April 1939. Im Frühjahr 1939 wirkte er für kurze Zeit in Salzburg und Wien bei der Einrichtung einer Ahnenerbe-Abteilung mit. Im Dezember 1939 war er mit einem Auftrag in Riga. Die baltischen Staaten Estland und Lettland waren laut deutsch-sowjetischem Nichtangriffspakt vom August 1939 zur russischen Interessensphäre erklärt worden. Deshalb ordnete Hitler Ende September die Rückführung von fast 90000 Volksdeutschen ins Reich an. Das Ahnenerbe machte sich dabei verdient, indem es deutsches „Kulturgut" (d.h. deutsche Kirchenbücher, Archivalien etc.) vor dem Einmarsch der Russen sicherte. Laut Kater (1974: 147) hatten Sievers und seine Männer diese Tätigkeit übernommen, um ihre Stellung zu behalten. Aber schon nach einigen Wochen waren sie damit fertig. Darum mußte neue Arbeit geschaffen werden.

In den Niederlanden hatte Schneider Kontakte mit einigen führenden Personen der größten faschistischen Partei geknüpft, der NSB (Nationaal-Socialistische Beweging), die übrigens 1937 nur 4% der Wählerstimmen bekam. Die Personen, mit denen Schneider Kontakte aufnahm, gehörten zur sogenannten völkischen Gruppe, die den radikalen germanischen Rassismus vertrat und damals schon stark pro-deutsch eingestellt war. Diese Gruppe hatte sich 1937 in einer Stiftung „Der Vaderen Erfdeel" (d.h. Das Ahnenerbe) nach dem Vorbild des Ahnenerbes organisiert. Sie gab eine ganz kleine Zeitschrift heraus, „De Wolfsangel", seit 1939 „Volksche Wacht" (d.h. Völkische Warte). Der Führer dieser Gruppe war der Teppichfabrikant Frans E. Farwerck, der sich viele Kenntnisse über Heimatkunde, Runen, Germanische Symbole etc. erworben hatte. Es war damals schon bekannt, daß er lange Zeit, eben während seiner NSB-Mitgliedschaft, einer Freimaurerloge angehörte, nämlich dem internationalen Freimaurerverein „Le Droit Humain", der stark französisch geprägt war und, weil er auch Frauen als Mitglieder akzeptierte, eine Sonderrolle bei den Freimaurern spielte. Farwerck war vor dem Krieg innerhalb der NSB als Ideologe im Hintergrund von wichtiger Bedeutung. Doch wurde ihm letztendlich seine Freimaurermitgliedschaft zum Verhängnis. Nach dem deutschen Einfall im Mai 1940 war ein ehemaliger Freimaurer als Führer einer Nazi-Partei nicht mehr zu halten. Es war Schneider, der ihm persönlich die Nachricht über seinen politischen Abgang zu überbringen hatte. Schneider war am 20. Juni 1940 mit einem direkten Auftrag Himmlers nach Den Haag abgereist, um dort mit Hilfe seiner Kontakte eine Abteilung des Ahnenerbes zu bilden. Schon Anfang August hat er sich offiziell in Den Haag als Zentralreferent für die Niederlande niedergelassen. Er suchte natürlich gleich Kontakt mit Farwerck und seinen völkischen Freunden, aber zwei Wochen später mußte er im Auftrag Hans Albin Rauters, des Höheren SS und Polizei-Führers in den Niederlanden, alle Kontakte mit Farwerck abbrechen. Am 21. August teilte er das Farwerck persönlich mit (vgl. Fraenkel-Verkade/van der Leeuw 1967: 141; In 't Veld 1976: 269). Farwerck war wütend, aber konnte nichts dagegen tun, weil sich auch der NSB-Führer Anton Mussert gegen ihn stellte.

Übrigens hat Schneider seinen Auftrag, Farwerck fallenzulassen, nur widerwillig und zögernd ausgeführt, weil er Farwerck wegen seiner Kenntnisse der Volkskunde schätzte. Es ist natürlich typisch, daß ein SS-Mann wie Schneider dennoch schließlich solche Aufträge ausführte. Das war auch deswegen geboten, weil Schneider viel daran gelegen war, in den Niederlanden arbeiten zu können. In einem Brief vom 7. Juni 1940 hatte er persönlich seinen Chef Sievers um sofortigen Einsatz in Holland gebeten: „Wenn ich im Augenblick nicht meinen Dienst mit der Waffe ableisten darf, so bitte ich mich nun zur Dienstberatung im SS-Sonderdienst für das besetzte Gebiet Holland abkommandieren zu lassen. Ich selbst kenne Holland von zweimaligem Aufenthalt. Ich hatte dabei Gelegenheit, u. a. Einblick in die holländische volkstümliche Wissenschaftsarbeit und vor allem in die holländische volkskulturelle Erziehungsarbeit zu gewinnen. Ich konnte mit verdienten holländischen und auch flämischen Persönlichkeiten, die in dieser Arbeit stehen, Fühlung aufnehmen" (BDC, H 917, 5935–5936). Über diese Tätigkeit hatte er einen ausführlichen Bericht für

Himmler geschrieben und dabei die Forderung nach stärkerer deutscher Orientierung dieser volkskundlichen Entwicklungsarbeit erhoben. Im Anschluß daran war er von Himmler zum SS-Untersturmführer und ein Jahr später zum Obersturmführer befördert worden.

Es zeigte sich, daß Schneider ein guter Organisator war. Er baute „Der Vaderen Erfdeel", die Organisation Farwercks in der „Volksche Werkgemeenschap" (Völkische Arbeitsgemeinschaft) neu auf. Leider mußte er den Namen ändern, weil „Der Vaderen Erfdeel" zu sehr mit dem Namen Farwercks assoziiert wurde. Als neuen Führer wählte Schneider den Historiker Dr. Johan Theunisz, Mitglied der NSNAP (Nationaal-Socialistische Nederlandse Arbeiders Partij), einer kleinen, sehr radikalen Nazi-Partei, die für den Anschluß der Niederlande an das Dritte Reich plädierte (In 't Veld 1976: 270). „Die Arbeit der Völkischen Arbeitsgemeinschaft ist gesichert", meldete Schneider an Sievers in einem Brief vom 17. Sept. 1940, „gesichert ist auch das Erscheinen der neuen Zeitschrift ‚Hamer'. Zu diesem Zweck ist ein Verlag gegründet worden unter der Leitung der Brüder Van Houten. Es wäre zu begrüßen, wenn dieser Verlag mit der Ahnenerbe-Stiftung und Ahnenerbe-Verlag zusammenarbeiten könnte, z.B. die Vertretung des Ahnenerbe-Stiftungs-Verlags für das Gebiet Holland bekäme" (BDC, H 917, 5900–5902). Es gelang Schneider, die Völkische Arbeitsgemeinschaft völlig in das Ahnenerbe einzugliedern. Aber sie wurde – ganz typisch für die komplizierte nationalsozialistische Organisationsstruktur – einerseits als Unterabteilung der Niederländischen SS, die Mussert unter deutschem Zwang im September 1940 errichtet hatte, andererseits formell als Unterabteilung der NSB und schließlich faktisch als Abteilung der deutschen Allgemeinen SS geführt.

In einer Notiz für Sievers machte Schneider am 17. August 1940 klar, daß er bei seiner Tätigkeit sehr vorsichtig zu Werke ging: „Ich trete nach außen grundsätzlich nur ‚beratend' auf, es muß den Anschein haben, als ob die Holländer alles ‚aus sich selbst' in Angriff nehmen. In Wirklichkeit soll ich jedoch andauernd der eigentliche ‚Anreger‘ sein. So ist der Wunsch von SS-Brigadenführer Rauter; in selber Weise arbeitet auch SS-Standartenführer Jungclaus beim Aufbau der niederländischen SS. SS-Brif. (= Brigadeführer, d. Verf.) Rauter äußerte sogar, daß das Ahnenerbe in Wirklichkeit eines Tages die wirkliche Leitung der ‚Volksche Werkgemeenschap‘ haben sollte“ (In ’t Veld 1976: 519).

Mitte 1943 war es tatsächlich soweit, und die Völkische Arbeitsgemeinschaft wurde unter dem neuen Namen „Germaansche Werkgemeenschap Nederland“ offiziell in das Ahnenerbe inkorporiert (In ’t Veld 1976: 272). Die Zeitschrift „Hamer“ war unter den Zeitschriften der Kollaborateure ein großer Erfolg. Sie zielte auf das große Publikum, war reich mit Photos und Zeichnungen illustriert und auf den ersten Blick so wenig politisch profiliert, daß sie außer der kleinen Gruppe überzeugter niederländischer SS-Mitglieder viele weitere Leser gewinnen konnte (insgesamt ungefähr 9000). Im Jahre 1943 brachte Schneider in Berlin eine deutsche und eine flämische Version dieser Monatsschrift heraus. Er selber war Mitglied der Redaktion der deutschen Ausgabe des „Hammer“. Die Themen in „Hamer“ waren Archäologie, Urgeschichte der Germanen, Heimatkunde, Volkstum, Brauchtum, Volkstanzen, Trachten, Bauernhäuser, alte Symbole, Runen, Geschichte des deutschen Reiches, die niederländische Ostkolonisation in Polen und Ostpreußen, Rassenkunde (besonders der sogenannten nordischen Rassen) und Genealogie. Obwohl man offenen Antisemitismus im „Hamer“ kaum findet, sind die Beiträge doch davon nicht zu trennen: Germanische Rassenkunde implizierte stets Antisemitismus und meistens auch neuheidnische Anti-Christlichkeit. Deshalb sind die schönen Trachten von Volendammer Fischermädchen und die alten Mühlen im Bauernland nichts anderes als die unschuldig aussehende, getarnte schöne Seite des grauenhaften Judenhasses (Zondergeld 1984: 111–116). Auch bei Schneider findet man deutlich antisemitische Äußerungen nur selten. In dem oben genannten Brief vom 17. September z. B. schreibt er einige Sätze über seinen ehemaligen Freund Farwerck und sagt dann, daß das Haupt seiner Loge ein französischer Jude namens Lucien Levi war.

Ein weiteres Ziel des „Hamer“ bestand darin, die Niederländer für die SS-Idee des Großgermanischen Reiches empfänglich zu machen, also die Auslöschung der niederländischen Ostgrenze mit Deutschland, sogar den Anschluß bzw. die Heimkehr ins deutsche Reich zu propagieren. Mussert und die meisten NSB-Leute stimmten dem nicht zu, denn sie strebten einen unabhängigen niederländischen Staat unter NSB-Führung an. Aber nicht nur mit der NSB, sondern auch mit anderen, deutschen NS-Organisationen hatte Schneider einen Konkurrenzkampf zu führen. Zum Beispiel mit zwei deutschen Beamten aus Berlin, Dr. Heinz Rehder Carsten und Dr. Willy Krogmann, die im Auftrag des Propaganda-Amtes von Reichskommissar Seyß-Inquart in der Provinz Friesland Kontakte mit friesischen Nationalisten und Volkstumspezialisten aufzunehmen versuchten (In ’t Veld 1976: 553, Zondergeld 1978: 291f.). Schneider, der gleichfalls in Friesland arbeiten wollte, protestierte augenblicklich und mit Erfolg. Beide Herren wurden im Herbst 1940 zurückgerufen, was Schneider dann wiederum für übertrieben hielt: „Merkwürdig, wozu immer diese Extreme? Sie hätten gut mitarbeiten können.“

Schneider gelang es, auch weitere Konkurrenten auszuschalten. Der in den Niederlanden bekannte Publizist Dr. R. P. Osswald, der schon während des Ersten Weltkrieges eine wichtige Agentenrolle in Belgien in der flämischen Bewegung gespielt hatte, versuchte nun dasselbe in Friesland. Mitte Oktober wurde auch er nach Berlin zurückgerufen (In ’t Veld 1976: 516, Zondergeld 1978: 292). Dasselbe geschah mit Dr. W. J. Bodens, einem Volkskundespezialisten an der Bonner Universität, der aber in seiner Funktion bei der Abwehr viel wichtiger war: Im Mai 1940 spielte er bei dem Überfall auf die Niederlande eine führende Rolle. Später war er vermutlich bei der Volksdeutschen Mittelstelle tätig, einer NSDAP-Stelle für die Beziehungen mit den Volksdeutschen im Ausland. 1941 wurde diese Organisation formell ein Hauptamt der SS (In ’t Veld

1967: 476, 493f.). Bodens war für das Ahnenerbe und Schneider ein gefährlicher Konkurrent. Es gelang Schneider jedoch, Bodens wegen seiner Kontakte zu bestimmten katholischen Kreisen in Deutschland zu verdächtigen und ihn auszuschalten (In 't Veld 1976: 516).

Mit einem anderen Konkurrenten, SS-Hauptsturmführer Dr. W. Ispert, Leiter der Forschungsstelle „Volk und Raum" und als Referent bei General-Kommissar F. Schmidt beschäftigt, fand Schneider einen Kompromiß. Schmidt war NSDAP-Funktionär und hatte den Auftrag, die politischen Organisationen in den Niederlanden soweit wie möglich auf die deutsche Seite zu bringen (In 't Veld 1976: 517). Ispert warnte Schneider vor Streitigkeiten zwischen Schmidt und Schneiders Chef H. A. Rauter. Schmidt wollte bevorzugt die NSB unterstützen, Rauter dagegen hielt mehr von einer kräftigen holländischen SS. Zum erstenmal kamen die beiden General-Kommissare über die Finanzierung der von Schneider organisierten „Volksche Werkgemeenschap" miteinander in Konflikt. Als Konfliktparteien standen also NSDAP, NSB und SS einander gegenüber. Mitte September 1940 gelang es Schneider und Ispert, einen Kompromiß zu erreichen. Schmidt sollte die Völkische Arbeitsgemeinschaft finanzieren, aber via Schneider als Sachbearbeiter von Rauter. Ispert wiederum sollte als Sachbearbeiter von Schmidt auftreten. Auch wurde verabredet, daß das General-Kommissariat Rauter für die volkstümlichen und volkstumserhaltenden, die organisatorischen und finanziellen Belange sowie für die Beziehungen zur SS und überhaupt für die allgemeine weltanschauliche Ausrichtung und Zielsetzung zuständig war. In der Praxis bedeutete dies, daß die Volkstumsarbeit völlig in den Einflußbereich der SS geriet und Schmidt nur zu bezahlen hatte. Ab Juni 1942 überließ Schmidt, der inzwischen allen Einfluß verloren hatte, der SS auch die Finanzierung. In den ersten zwei Jahren der Besetzung der Niederlande hatte diese zwitterhafte Situation zu „andauernden Unzuträglichkeiten und Meinungsverschiedenheiten" geführt, wie Schneider im Mai 1942 in einem Übersichtsbericht konstatierte (In 't Veld 1976: 272).

Neben dem „Hamer“ gab die Völkische Arbeitsgemeinschaft eine mehr wissenschaftliche Monatsschrift unter dem Namen „Volksche Wacht“ (Völkische Warte) heraus. Schneider konnte dieses Periodikum, das schon vor dem Kriege gegründet worden war, fortsetzen und bemühte sich darum, die ‚Wissenschaftlichkeit‘ des Blattes stärker herauszustellen (In ’t Veld 1976: 270).

Eine wichtige organisatorische Rolle spielte Schneider in separatistischen Kreisen in den Provinzen Friesland, Groningen und Limburg. Hier gelang es ihm, regionale Nationalisten unter dem Dach des Ahnenerbes zusammenzubringen. Die friesischen Regionalisten hatten bereits in den zwanziger Jahren Kontakte mit der Ostfriesischen Landschaft, einer stark rechtsorientierten Heimatbewegung Ostfrieslands (übrigens nicht friesischsprachig), und mit nordfriesischen Nationalisten aus Schleswig aufgenommen (Zondergeld 1978: 145–149, 257–263, Steensen 1986: 277–313, 413–421, von Reeken 1995: 84–96, 215–222). Einige dieser niederländischen Friesen orientierten sich in den dreißiger Jahren am Nationalsozialismus und strebten politische und kulturelle Autonomie für Friesland an. Allerdings gehörten diese friesischen Nazis einigen einander bekämpfenden kleinen Parteien an. Schneider faßte im Februar 1941 die friesischen Nazis in einem Verein zusammen, dem Friesischen Rat (de Fryske Rie), und brachte gemeinsam mit Ispert diesen Verein in einer Dachorganisation unter dem Namen Saxo-Frisia mit Regionalisten aus den Provinzen Groningen, Drente, Overijssel und Gelderland zusammen, wo keine friesische, sondern niedersächsische Mundart gesprochen wurde (In ’t Veld 1976: 275–280, Zondergeld 1978: 383ff., 417ff.). Das Ziel war, die friesischen und niedersächsischen Niederländer zum Anschluß ans deutsche Reich zu bringen, wobei natürlich die nahe Verwandtschaft der niedersächsischen Mundarten mit den plattdeutschen Mundarten als Argument ins Feld geführt werden konnte. Die meisten friesischen Nationalisten trauten dieser Sache jedoch nicht ganz, und Schneider hatte große Mühe, die Gruppe beieinander zu halten. Besonders der friesische Führer, der Dichter und Bauer Douwe

Kiestra, lag immer wieder im Streit mit dem autoritären Führer der Saxo-Frisia Prof. Dr. J. Kapteyn, Dozent in Anglistik, Germanistik und Frisistik und seit 1940 Rektor der Universität Groningen. Kapteyn lehnte die friesische Sprachbewegung ab und konnte schon deshalb nicht mit einem friesischen Schriftsteller wie Kiestra zusammenarbeiten.

Schneider wurde einigemale von Dr. Assien Bohmers unterstützt, einem niederländischen Archäologen, der schon seit 1939 für das Ahnenerbe arbeitete. Schneider empfahl ihm, bei seinen Versuchen, die Friesen für die deutsche Sache zu gewinnen, sehr vorsichtig aufzutreten, über seine Bindungen an die SS zu schweigen und ganz persönlich zu Werke zu gehen (In ’t Veld 1976: 278, Zondergeld 1978: 295). „Sprechen Sie wirklich nur mit Menschen“, schrieb Schneider am 16. Dezember 1941 an Bohmers, „auf die Sie sich hundertprozentig verlassen können, offen über gewisse Probleme. Nach außen ist unbedingt loyale Zusammenarbeit mit der offiziellen Parteipolitik notwendig.“ Bohmers war namentlich mit dem Beauftragten für Friesland W. Ross, einem Anhänger von Schmidt, in Konflikt geraten. Es sah so aus, als ob Schneider in diesem Konflikt aufs neue obsiegen könnte, denn sein Mann Bohmers wurde in den Vorstand der „Fryske Rie“ aufgenommen.

In einer Notiz vom 9. Dezember 1941 stellte Schneider fest: „Eine größere Zahl dieser friesischen Führer hat den Wunsch, in die SS zu treten, besonders dann, wenn ihnen auch seitens der SS die eigene Sprache zugestanden wird, wobei es selbstverständlich bleibt, daß die Friesen gerade dann sich in die größere germanische Aufgabe hineinfinden“ (In ’t Veld 1976: 610f.).

Ein halbes Jahr später wurde Bohmers dann doch gezwungen, seine Vorstandsfunktion in der „Fryske Rie“ aufzugeben. Schneider wies ihn sogar an, sich nicht mehr um friesische Dinge zu kümmern (RIOD, HSSPF 1–A, Schneider an Bohmers, 7.7.42, Zondergeld 1978: 423f.). Schneider war es nicht gelungen, Rauter und Himmler davon zu überzeugen, daß es gut wäre, der friesischen SS nachzugeben und den Gebrauch der friesischen Sprache in Friesland zu erlauben. Himmler war für diese Unterstützung des Separatismus nicht zu gewinnen. Einige Monate später wurde Schneider nach Berlin versetzt. Unter Schneiders Nachfolger in den Niederlanden, Friedrich Wilhelm Mai, fiel „Saxo-Frisia" auseinander, der Friesenrat wurde aufgelöst und Kiestra aus der SS ausgeschlossen (Zondergeld 1978: 430–437).

Unter Schneider hatte der Friesenrat eine sehr schön gestaltete Monatsschrift unter dem Namen „It Fryske Folk" (Das friesische Volk) herausgegeben. „Saxo-Frisia" veröffentlichte daneben noch zwei andere Zeitschriften, eine populäre Monatsschrift „Het Noorderland" und eine wissenschaftliche zweimonatliche Zeitschrift „Saxo-Frisia". In „Het Noorderland" wurden besonders solche Beiträge veröffentlicht, die sich für die Annäherung der niedersächsischen und friesischen Landesteile einsetzten, wobei die großen Unterschiede zwischen den beiden Sprachen übersehen wurden. In der Provinz Limburg gab Schneider den Anstoß für die Gründung der „Frankische Werkgemeenschap De Spade" (Fränkische Arbeitsgemeinschaft Der Spaten) mit der Monatsschrift „Frankenland". Dieser Verein hatte das Ziel, die Provinz Limburg zum Anschluß an das deutsche Reich zu bewegen (In 't Veld 1976: 276, 989). Saxo-Frisia, der Friesenrat und die Fränkische Arbeitsgemeinschaft waren unter dem Dach der Völkischen Arbeitsgemeinschaft zusammengefaßt.

Im Rahmen der Völkischen Arbeitsgemeinschaft brachte Schneider speziell für Genealogen eine weitere Zeitschrift heraus. Sie trug den Namen „Sibbe" (Sippe), sah völlig harmlos aus, zog viele tausend Leser an, war aber aufs tiefste dem Ariermythos und dem Antisemitismus verpflichtet. Die Auflagen der regionalen Zeitschriften waren jedoch nicht groß. „It Fryske Folk" hatte 300, „Het Noorderland" 400, „Saxo-Frisia" 800 und „Frankenland" 600 Exemplare. Auch für die holländischen Westprovinzen, das eigentliche Holland, hatte Schneider einen eigenen regionalen Verein formiert: „De Lage Landen" (Die Niederlande), der aber so wenig Anhänger hatte, daß es nicht zur Gründung einer Zeitschrift kommen konnte.

Als Ahnenerbe-Referent war Schneider während seiner Arbeit in den Niederlanden dem persönlichen Stab Hans Rauters zugeordnet, dem höchsten SS-Befehlshaber in den Niederlanden, der Himmler direkt verantwortlich war. Schneider stand mit Ahnenerbe-Chef Sievers und mit einer Menge anderer SS-Offiziere in Berlin in ständigem Kontakt. Er war schon 1940 Hauptschriftleiter der Zeitschrift „Die Weltliteratur", die in Berlin beim Schwerter Verlag herausgegeben wurde. (Vielleicht hat der Name „Schwerter Verlag" etwas mit dem späteren neuen Namen Schwerte zu tun.) An seinen Kollegen, den SS-Untersturmführer Hans Boehm in Berlin, schrieb Schneider am 20. Dezember 1940 über diese Zeitschrift: „Wenn wir später wirklich einmal die ‚Weltliteratur' grundsätzlich umgestalten wollen, dann muß in erster Linie ein neuer Ton in die Besprechung hinein" (BDC, H 917, 5831–5833). Schneider erklärte, daß er Schluß machen wolle mit den Lobhudeleien und Allgemeinplätzen, mit denen das Blatt bis dahin vollgeschrieben wurde, und er macht sich lustig über eine Menge Mitarbeiter, die er alle loswerden will. Schneider hatte seine Pläne bereits mit Prof. Dr. Ziesemer aus Königsberg besprochen. Zu den späteren Mitarbeitern der „Weltliteratur" gehörte u.a. Prof. Dr. Franz Alfred Six, Politologe in Königsberg und seit 1939 in Berlin. Er war SS-Oberführer und arbeitete beim Reichssicherheitshauptamt und beim SD-Hauptamt. Nach dem Kriege wurde er von den Amerikanern zu 20 Jahren Haft verurteilt, weil er als Kommandant eines Einsatzkommandos 1941 an Erschießungen zahlreicher Russen beteiligt war. 1951 kam er wieder auf freien Fuß, wurde Direktor bei Porsche und Mitarbeiter des Bundesnachrichtendienstes (Krauß/Müller 1995: 6).

Mitte Oktober 1942 wurde Schneider von Sievers nach Berlin zurückgerufen und zum Leiter des Germanischen Wissenschaftseinsatzes (GWE), einer neuen Ahnenerbe-Abteilung, die den ganzen historischen, volkstümlichen und rassenkundlichen Bereich umfassen sollte, ernannt. Himmler war namentlich mit Schneider sehr zufrieden. Er schrieb Rauter am 20. Juli 1942: „Es ist mir eine ganz besondere Freude zu wissen, daß unser Mitarbeiter SS-Obersturmführer Dr. Schneider die in ihn gesetzten Erwartungen voll erfüllen konnte und Ihnen, Gruppenführer, eine wertvolle Hilfe gewesen ist" (BDC, H 917, 5725). Und Rauter schrieb an Sievers: „Ich bedauere es sehr, daß damit SS-Obersturmführer Schneider der niederländische Raum für seine engere Arbeit verloren geht: aber ich sehe auch ein, daß seine Arbeit für den ganzen germanischen Bereich wichtiger ist als die hier in Holland und daß andererseits Dr. Schneider hier doch ganz große Erfahrungen gesammelt hat, die er in den anderen Bereichen sehr gut wird verwenden können. Jedenfalls danke ich dem Ahnenerbe für seine wirklich kameradschaftliche Hilfe ...". Rauter ist nach dem Kriege von einem niederländischen Gericht u.a. wegen seiner Hauptverantwortlichkeit für den Mord an 105000 Juden zum Tode verurteilt worden.

Der Germanische Wissenschaftseinsatz umfaßte nicht weniger als siebzig Organisationen, Zeitschriften etc. in Deutschland, Frankreich, Belgien, Holland, Dänemark, Norwegen, Schweden, Finnland und der Schweiz, also auch in zwei neutralen Ländern. In seiner Funktion hatte Schneider auch in Deutschland selbst mit der Konkurrenz anderer Organisationen zu tun, unter anderem mit dem Amt Rosenberg und mit der Germanischen Leitstelle, einer SS-Organisation (Kater 1974: 342–347). Von Berlin aus, wo er zum Hauptsturmführer ernannt worden war, hatte Schneider sich noch immer viel mit Holland zu beschäftigen. Im Januar 1943 bemühte er sich um eine leihweise Überlassung von medizinischen Geräten der Universität Leiden. Am 4. Februar war diese Sache noch nicht erledigt, denn Sievers und Schneider führten darüber eine Besprechung mit dem Archäologen Prof. Dr. Walther von Stokar in Den Haag (In 't Veld 1976: 943f.). Aus zwei vertraulichen Briefen vom 15. und 17. Mai, die Sievers an von Stokar schickte (damals in Apeldoorn, Niederlande), geht hervor, daß die Apparate noch immer nicht da waren, wo sie gebraucht werden sollten, nämlich im KZ Dachau bei „unserem Mitarbeiter SS-Hauptsturmführer Dr. Fr. Rascher" (BDC, H 866, 6180–6182). Rascher war einer der Ärzte, die sich mit sogenannten medizinischen Experimenten schuldig gemacht haben. Sievers hatte von Stokar nach einem Spektral-Mikroskop aus seinem eigenen Institut gefragt und das mit dem Hinweis verbunden, daß die Instrumente für „die Durchführung von Raschers Arbeiten von besonderer Wichtigkeit sind". Aus Leiden forderte er an: eine Mikroskopienlampe, ein Viskosimeter, ein Kalorimeter, ein Spirometer nach Krogh, ein Mikrotom für Gefrierschnitte und ein Mikrotom für Paraffinschnitte.

Sievers bedauerte, daß er die Apparate nur für ein halbes Jahr ausleihen konnte, und wollte den Leihkontrakt später abschließen, weil die nötigen Baracken noch nicht gebaut waren. Er schrieb: „Mit Fertigstellung der für das Institut notwendigen Barackenbauten ist erst um diese Zeit (September) zu rechnen. Die frühere Übernahme der Geräte würde keinen praktischen Wert haben". Sievers gab Schneider den Auftrag, die Apparate bei den richtigen Stellen zu besorgen. Schließlich kamen die Geräte in Dachau an, und die Leihzeit wurde verlängert. Es ist unwahrscheinlich, daß Schneider nicht gewußt hat, wofür Rascher die Geräte benutzen wollte. Deswegen kann meiner Meinung nach Schneider auch tatsächlich für die grausamen medizinischen Experimente mitverantwortlich gemacht werden.

Zusammengefaßt kann man sagen, daß Schneider ein wichtiger SS-Offizier war, der sich vielleicht nicht persönlich an Brutalitäten gegen Verfolgte beteiligte[2], der aber als wichtiger Nazi-Wissenschaftler in hohem Maße für die Propaganda der SS-Ideen verantwortlich war, welche letztendlich nach Dachau, Auschwitz und in die vielen anderen Konzentrationslager führten.

Ludwig Jäger

Germanistik – eine deutsche Wissenschaft[1]
Das Kapitel Hans Ernst Schneider

I. Das Problem Hans Ernst Schneider

Nach Auskunft der ‚Deutschen Dienststelle für die Benachrichtigung der nächsten Angehörigen von Gefallenen der ehemaligen deutschen Wehrmacht' ist Hans Ernst Schneider, geboren am 15.12.1909 in Königsberg, am 25.4.1945 in Berlin gefallen. Daß der ehemalige SS-Hauptsturmführer fünfzig Jahre später unter die Lebenden zurückgekehrt ist, hat nicht nur ein – ein halbes Jahrhundert währendes – ehrenwertes und erfolgreiches Leben – sein eigenes – in ein politisch-moralisches Zwielicht gesetzt; es hat auch deutlich gemacht, daß die jüngere Geschichte unserer Disziplin Germanistik noch immer eine terra incognita ist.

Der Fall Schwerte/Schneider hat fünfzig Jahre nach Ende des Zweiten Weltkrieges und des nationalsozialistischen Staates noch einmal in exemplarischer Weise – und vielleicht erst heute in der gebotenen Schärfe – vor Augen geführt, daß die Bundesrepublik Deutschland 1949 keine creatio ex nihilo war, sondern daß sie sich auf dem problematischen Grund der ideologischen, der politischen, der institutionellen und vor allem der personellen Konkursmasse des sog. Dritten Reiches als demokratischer Staat zu reorganisieren hatte.

In der fünfzigjährigen Geschichte der Republik besteht ein Mangel an Erinnerungs-, Reflexions- und historischer Aufklärungsarbeit, der vor allem in der Existenz einer Biographie vor Augen tritt, in der exemplarisch – wie in der Republik als ganzer – die Vergangenheit abgeschnitten und eingekapselt ist. Der Identitätswechsel Hans Ernst Schneiders zu Hans Schwerte ist insofern in gewissem Sinne das Modell des Identitätswechsels vom sog. Dritten Reich zur Bundesrepublik Deutschland. So wie die Bundesrepublik mehr oder minder die ihre, hat auch Schneider/Schwerte seine Vergangenheit durch Negation bearbeitet.

Dies läßt sich nirgendwo prägnanter ablesen, als an der Übergangsgeschichte der Germanistik, die wie kaum eine andere wissenschaftliche Disziplin den Neuanfang nach 1945 in weitgehender personeller und institutioneller Kontinuität vollzog, ohne sich wirklich durch die Reflexion ihrer Rolle als ideologische Legitimationswissenschaft des Nationalsozialismus irritieren zu lassen.[2] Kleineren ideologiekritischen Untersuchungen zur Fachgeschichte ist keine größere Analyse gefolgt, die das biographisch-institutionelle Netzwerk der Germanistik und ihrer Schulen zwischen 1925 und 1965 nachgezeichnet hätte.

Natürlich kann auch hier eine solche Rekonstruktion nicht vorgenommen werden. Ich möchte stattdessen lediglich versuchen, geleitet von der akademisch-politischen Biographie Hans Ernst Schneiders, einen Blick auf die Geschichte der Germanistik vor 1945 zu werfen.

II. Biographische Fragmente

Hans Ernst Schneider studiert nach seinem Abitur am staatlichen Hufenrealgymnasium in Königsberg/Preußen zwischen 1928 und 1935 mit verschiedenen Unterbrechungen an den Universitäten Königsberg, Berlin und Wien nach eigenen Angaben Deutsche Literaturgeschichte, Kunstgeschichte, Theaterwissenschaft, Philosophie, Volkskunde und Urgeschichte.[3] Als Studienabschluß gibt er Promotion an. Über den Verlauf des Studiums, die Abfolge, in der Schneider die verschiedenen Universitätsorte besucht, über die akademischen Lehrer, die an diesen Universitäten auf ihn wirken, sowie über seine Studienschwerpunkte lassen sich – trotz einer nicht immer einfachen

Quellenlage – aus verschiedenen Archivalien mit einiger Sicherheit verläßliche Erkenntnisse gewinnen.

1. Berlin: Die germanistische Initiation

Nach zwei Studiensemestern in Königsberg immatrikuliert sich Hans Ernst Schneider am 4.5.1929 an der Friedrich-Wilhelms-Universität in Berlin. Auch die Berliner Phase dauert zwei Semester bis zur Exmatrikulation am 5.3.1930. Auf welches universitäre Klima ist Schneider 1929 in Berlin gestoßen?

Zwischen 1920 und 1941 wird die Berliner Germanistik von dem „allmächtigen Groß-Germanisten" (Wiese 1982: 98) Julius Petersen beherrscht. Petersen ist neben Max Hermann – dem 1933 entlassenen und 1942 in das KZ Theresienstadt deportierten und dort zu Tode gekommenen Begründer der Berliner Theaterwissenschaft – lange Jahre Ko-Direktor des Germanistischen Seminars und des Theaterwissenschaftlichen Institutes, eine Funktion, die er 1933, nach der Entfernung Hermanns, alleine übernehmen kann. Zu seinen Schülern zählen 1928 eine ganze Anzahl später bekannter Lehrstuhlinhaber der Germanistik: Richard Alewyn, Erich Trunz, Friedrich Wilhelm Wentzlaff-Eggebert, Hans Pyritz, Wolfgang Kayser und Benno von Wiese. Petersen, von dem von Wiese 1982 feststellt, er habe *„ein vaterländisches, preußisch gesinntes Großbürgertum"* (Wiese 1982: 98) repräsentiert und er sei durch eine *„preußisch deutschnationale Gesinnung"* (Wiese 1982: 100) geprägt gewesen, ist durch diese Kennzeichnung nur sehr unzureichend charakterisiert.

1934 legt Petersen eine Schrift mit dem Titel „Die Sehnsucht nach dem Dritten Reich in deutscher Sage und Dichtung" vor, in der er die „nationalsozialistische Vorstellung eines Volksreiches, dessen Träger der deutsche Mensch ist", als Erlösung des gegenwärtigen Deutschland sieht und die sogenannte „Machtergreifung" überschwenglich feiert (vgl. Petersen 1934: 182). Er belobigt das Dritte Reich als eine Epoche, in der das „Goldalter reiner und treuer Naturhaftigkeit im nordischen

Menschentum der Vorzeit mit Einschluß des tragischen Opfergedankens (…) wieder vorbildlich (wird) (…)" (Petersen 1934: 175). Von Petersens am ‚nordischen Mythos' orientierter Feier des nationalsozialistischen Staates ist es dann nicht mehr weit bis zu dem völkischen Rassismus etwa Heinz Kindermanns, für den sich der „schöpferische Vorgang des Dichtens" nur „als biologischer Vorgang, als ein Blutkreislauf der Seele und des Geistes" verstehen ließ, weil „die schöpferische Persönlichkeit des Dichters ihre wichtigsten Kräfte aus der Gemeinschaft der Rasse, des Volkes, des Stammes empfängt (…)" (vgl. Kindermann 1939: 31). Wie die Germanistik insgesamt, die unter der 1936 von dem Bonner Ordinarius Karl Justus Obenauer ausgegebenen Parole „Die Wissenschaft dankt dem Führer" nicht zögert, das Fach zu prostituieren und es dem ‚Neuen Deutschland' anzudienen, beeilt sich auch Julius Petersen, der Präsident der Goethe-Gesellschaft, dem Nationalsozialismus Goethes Segen zu geben: Goethe würde – so beteuert Petersen 1935 – „den schwarzen Gesellen und den braunen Kameraden, die (…) für die innere Befreiung Deutschlands sich zu opfern bereit waren, seinen Gruß nicht versagt haben" (Petersen 1942: 52).

Lange vor 1933, also auch schon 1929, als Schneider in Berlin zu studieren beginnt, muß Petersen als eines der Schulhäupter jener „tiefnationalen Bildungsbewegung" angesehen werden, die mit Karl Vietor in der Germanistik eine „Deutschwissenschaft" sieht, deren Aufgabe darin besteht, „als Organ des deutschen Selbstverständnisses" zu fungieren (vgl. Vietor 1933: 344) und von der Vietor 1933 feststellt, „daß in dieser tiefnationalen Bildungsbewegung alles das angelegt ist und gefordert wurde, was wir heute als Gesamtaufgabe des totalen Nationalstaates in Angriff nehmen müssen" (Vietor 1933: 343).

Schneider wird es kaum vermocht haben, sich dem fachlichen und ideologischen Bannkreis einer Germanistik zu entziehen, deren intellektuelles Klima bereits zu dieser Zeit von Germanisten wie Kindermann, Obenauer und Vietor bestimmt wurde.

Daß Petersen einen Einfluß nicht nur auf die ideologische, sondern auch auf die im engeren Sinne fachliche Orientierung

Schneiders gehabt haben könnte, wird insbesondere durch den Umstand nahegelegt, daß er in Lehre und Forschung drei thematische Elemente vereinigt, die später Schneiders/Schwertes fachliche Orientierung prägen sollten: (1) Theaterwissenschaft, (2) Goethes „Faust" und (3) Volkskunde. Volkskunde, die für Schneider sowohl im Studium als auch in der frühen beruflichen und wissenschaftlichen Tätigkeit eine zentrale Rolle spielt, ist für Petersen ein konstitutiver Bestandteil der Germanistik. Das Konzept einer mit der Literaturgeschichte eng verwobenen Theaterwissenschaft, mit dem Schwerte nach dem Krieg seine germanistische Karriere begründet, läßt sich direkt auf das Modell Petersens zurückführen. Schließlich ist Goethe ein zentraler Forschungs- und Lehrgegenstand Petersens, der regelmäßig „Faust"-Seminare veranstaltet. Vielleicht hat der Student Schneider hier jenes thematische Interesse aufgebaut, das später Schwerte zu seinem Habilitationsthema „Faust und das Faustische" führt.

2. Königsberg: Studium und ‚Doktorexamen'

Am 5.3.1930 exmatrikuliert sich Schneider in Berlin, um in Königsberg weiterzustudieren. Hier ist er vom 1.3.1930 bis zum 11.4.1932 gemeldet, so daß es naheliegt anzunehmen, daß er für vier Semester vom Sommersemester 1930 bis zum Wintersemester 1931/32 sein Königsberger Studium wieder aufnimmt. In dieser Zeit ergeben sich einige personelle Veränderungen am Deutschen Seminar der Universität Königsberg.

1932 kommt mit Paul Hankamer ein neuer Professor für Literaturgeschichte nach Königsberg, der für die Biographie Schneiders insofern von Interesse ist, als Schwerte ihn heute als Betreuer seiner Königsberger Dissertation von 1935 über das Thema „Turgenjev und die deutsche Literatur" angibt.[4] Hankamer, ein renommierter Barockforscher, der auch nach 1933 seinen christlichen Humanismus nicht verleugnet, wird bereits 1936 aus politischen Gründen von seinem Lehrstuhl relegiert. Im Sommersemester 1932, zu dem Zeitpunkt also, zu dem

Hankamer kommt, ist Schneider – wohl um seinem Lehrer Josef Nadler zu folgen, der 1931 einen Ruf von Königsberg nach Wien angenommen hatte – zu einem Gastsemester in Wien. Nach seiner Rückkehr aus Wien Ende Oktober 1932 hätte Schneider allenfalls ein Semester bei Hankamer studieren können, denn vom 20.4. bis zum 19.8.1933 meldet er sich zu einem freiwilligen Arbeitsdienst, zu Schachtarbeiten im Memeldelta. Daß er im Wintersemester 1932/33 eine so enge Beziehung zu Hankamer hergestellt haben sollte, daß dieser sich bereit erklärte, die Betreuung eines Dissertationsprojektes zu übernehmen, ist unwahrscheinlich. Ein kontinuierlicheres und intensiveres Studium Schneiders bei Hankamer hätte frühestens im Wintersemester 1933/34 beginnen können. Zu diesem Zeitpunkt ist der Germanistik-Student aber bereits in die SA eingetreten, so daß die Wahrscheinlichkeit, der junge SA-Mann habe sich wegen eines Dissertationsprojektes ausgerechnet an Hankamer gewendet, ziemlich gering ist. Da Schneider als Prüfungsdatum seines ‚Doktorexamens' in seinen Lebensläufen den Juni 1935 angibt, wäre, selbst wenn man unterstellt, er habe Hankamer gebeten, seine Dissertation zu betreuen, eine Produktionszeit von gut drei Semestern für eine Doktorarbeit unglaubhaft kurz; dies zumal dann, wenn man sich vor Augen hält, daß Schneider in diesem Zeitraum auch noch in den Monaten September, Oktober, November und Dezember des Jahres 1934 als „Referent für Volkstumsarbeit in der Gaudienststelle der NS-Gemeinschaft Kraft durch Freude in der deutschen Arbeitsfront" tätig gewesen ist.[5] Die skizzierten Randbedingungen lassen es aus zeitlichen und politisch-sachlichen Gründen als unwahrscheinlich erscheinen, daß Schneider ein Dissertationsvorhaben bei Hankamer hat durchführen können.

Die bislang skizzierte Schwierigkeit, das Hankamer-Promotionsprojekt Schneiders für glaubhaft zu halten, wird – ganz abgesehen davon, daß sich Hankamer nie mit der Rezeption russischer Literatur in Deutschland beschäftigt hat – noch durch den Umstand verschärft, daß die Arbeit unauffindbar ist.

Wenn also einiges für die Annahme spricht, daß Schneider nicht bei Hankamer und nicht in einem ordentlichen Verfahren, vielleicht überhaupt nicht promoviert wurde, wer sind dann seine tatsächlichen akademischen Lehrer in Königsberg? Betrachtet man die in den Lebensläufen angegebenen Studieninteressen, so lassen sich an der Universität Königsberg insbesondere hinsichtlich der Fächer Deutsche Literaturgeschichte, Theaterwissenschaft und Volkskunde einschlägige Studienangebote vorfinden. Alle drei Fächer sind durch Professoren und Privatdozenten des Deutschen Seminars der Königsberger Universität vertreten: Literaturgeschichte durch den geschäftsführenden Direktor des Deutschen Seminars, Prof. Dr. Josef Nadler, Theaterwissenschaft durch den Privatdozenten Dr. Erich Jenisch und Volkskunde durch Prof. Dr. Walther Ziesemer, der neben seiner Direktorenfunktion am Deutschen Seminar zugleich als Direktor des Instituts für Heimatforschung und als Vorsitzender des Arbeitsausschusses der ‚Vereinigung zur Förderung der Wissenschaftlichen Heimatkunde' fungiert.

Josef Nadler

Josef Nadler, der bereits in Königsberg als einer der führenden deutschen Germanisten gelten kann, lehrt zwischen 1925 und 1931 in Königsberg. In die Zeit seiner Königsberger Tätigkeit fällt das Erscheinen bereits der dritten Auflage seines Hauptwerkes Literaturgeschichte der deutschen Stämme und Landschaften, an dessen Editionsgeschichte sich exemplarisch der weithin bruchlose Übergang der deutsch-nationalen Germanistik der Weimarer Republik zur rassistisch-nationalistischen ‚Deutschwissenschaft' des Nationalsozialismus demonstrieren läßt. Die kontinuierliche Fortschreibung, die Nadler seiner Literaturgeschichte zwischen 1912 und 1940 angedeihen läßt, kann als Modell dafür angesehen werden, daß die deutschpatriotische Gesinnung der Zeit vor 1933 die Möglichkeit zu einem bruchlosen Arrangement sowohl mit den herrschenden politischen als auch kulturellen Tendenzen danach eröffnete.

Mit der vierten Auflage, die zwischen 1938 und 1941 erscheint, ändert Nadler nicht nur den Titel seines Werkes in „Literaturgeschichte des deutschen Volkes. Dichtung und Schrifttum der deutschen Stämme und Landschaften", sondern er verschärft auch eine inhaltliche Tendenz, die er in einem Aufsatz von 1931 dezidiert ankündigt: die Unterordnung der Literaturgeschichte unter die ‚Stammesgeschichte'. Auch wenn die erste Auflage die Literaturgeschichtsschreibung noch nicht wie die vierte zur Hilfswissenschaft einer pseudo-biologischen Rassenforschung degradiert, enthält sie doch bereits alle Ingredienzen. Das im weitesten Sinne noch volkskundlich-literatursoziologische Konzept der ersten Auflage wird in der vierten Auflage gänzlich durch das Konzept „einer Synthese von Stammesidee und Rassenideologie" (Emmerich 1971: 145) ersetzt.

Schneider wird in der Zeit seines Königsberger Studiums kaum an Nadlers stammes- und rassenideologischer Idee der Literaturgeschichtsschreibung vorbeigekommen sein.

Erich Jenisch

Auch die ersten Einsichten in die Fragestellungen der Theaterwissenschaften könnte der theaterwissenschaftlich versierte Schwerte der Erlanger Zeit als Schneider in Königsberg erhalten haben. 1925 habilitierte sich hier Dr. Erich Jenisch für Neuere Deutsche Literaturgeschichte und Theaterwissenschaft. Zwischen 1925 und 1933 lehrt Jenisch als Privatdozent. 1933 wird er zum außerordentlichen Professor an der Universität Königsberg ernannt, eine Professur, die er bis 1939 innehat. Der Schwerpunkt seiner Lehre liegt auf theaterwissenschaftlichen Themen, in die er mitunter die „Faust"-Problematik' einbezieht. Auch wenn keine Belege dafür vorliegen, daß Schneider Jenisch gehört hat, ist die Wahrscheinlichkeit doch ziemlich hoch. Sowohl Petersen in Berlin als auch Jenisch in Königsberg sind sicherlich für das theaterwissenschaftliche Interesse Schwertes in Erlangen mit maßgeblich gewesen.

Walther Ziesemer

Neben Literaturgeschichte und Theaterwissenschaft kann als das dritte zentrale Studieninteresse Hans Ernst Schneiders die Volkskunde angesehen werden, die von zentraler Bedeutung für Schneiders berufliche Entwicklung ist.

In Königsberg ist die Volkskunde prominent durch Walther Ziesemer vertreten, der nicht nur dem Deutschen Seminar und dem der Universität Königsberg angegliederten Institut für Heimatforschung als Direktor vorsteht, sondern der auch als die treibende Kraft der ‚Vereinigung zur Förderung der Wissenschaftlichen Heimatkunde' fungiert. Ziesemer hatte sich 1911 in Königsberg habilitiert, war 1918 dort zum außerordentlichen Professor und 1922 zum ordentlichen Professor ernannt worden. Während seiner langen akademischen Karriere durchläuft er die politischen Systeme des Wilhelminischen Kaiserreiches, der Weimarer Republik, des sog. Dritten Reiches und der Bundesrepublik Deutschland, wobei er die Titel seiner Venia bzw. seiner Professur den jeweiligen Zeitläufen anpaßt.

Im Lehrbetrieb des Deutschen Seminars der Universität Königsberg ist Ziesemer für die Altdeutsche Abteilung zuständig. In der Forschung liegt sein Schwerpunkt in volkskundlich geprägten Untersuchungen der Sprache und Dichtung des ostpreußischen Raumes. Die Forschungsaktivität ist dabei auf das Institut für Heimatforschung konzentriert, das eine seiner Aufgaben in der Sammlung von Tanztexten, Melodien und Beschreibung ostpreußischer Volkstänze sieht, geht aber durch die ‚Vereinigung zur Förderung der Wissenschaftlichen Heimatkunde' über den engeren universitären Bereich hinaus.

Die Wahrscheinlichkeit, daß Schneider bei Ziesemer studiert hat, ist sehr hoch. Sein Interesse für das ‚Brauchtum' Ostpreußens, das seine berufliche Tätigkeit nach Abschluß des Studiums sowohl bei der ‚Abteilung Volkstum und Heimat der NS-Kulturgemeinde' (Mai 1936 bis 31.3.1937), als auch als Referent im ‚RuS-Hauptamt' (1.2.1938 bis Oktober 1938) bzw. in der ‚Forschungs- und Lehrgemeinschaft Ahnenerbe' (Oktober 1938 bis August 1942) prägt, geht ohne Zweifel auf die Anregungen und Bildungserlebnisse zurück, die er während seines Königsberger Studiums bei Ziesemer erhält. Es kann kein Zweifel daran bestehen, daß sich Schneider auch während seiner Tätigkeit als Referent im SS-‚Ahnenerbe' auf eine vertrauensvolle Zusammenarbeit mit Ziesemer und dessen Institut für Heimatforschung stützen kann, die auf seine Studienzeit zurückgeht.

III. Auf der „Germanischen Spielwiese"?

Schneider/Schwerte hat nach seiner Selbstanzeige in verschiedenen Äußerungen seine SS-Tätigkeit als harmloses Sich-Tummeln auf der „Germanischen Spielwiese"[6] Himmlers abgetan. Wie unangemessen beschönigend die Erinnerung des ehemaligen SS-Kultur- und Wissenschaftspolitikers hier ist, möchte ich an einem Beispiel erläutern.

Stalingrad und das ‚Tragische'

Schneiders „Germanische Spielwiese" hat sich in der Tat verschiedentlich in einen Exerzierplatz für den ‚Kriegseinsatz der Germanistik' (vgl. hierzu Kater 1974: 193ff.) verwandelt, auf dem die Legitimation von Verbrechen und Massensterben mit den subtilen Mitteln des germanistischen Diskurses geübt und ausgeübt werden konnte.

Am 7.2.1943 erscheint in der Zeitschrift „Das Reich" ein Artikel von Schneider unter dem Titel „Das Tragische", der ein aus dem „Raum Stalingrad" an die Redaktion gesandtes Gedicht eines Joachim W. Reifenrath mit dem Titel „Stalingrad" umrahmt. Hier entfaltet Schneider das ideologisch-rassistische Klischee des opferbereiten, tragikfähigen nordischen Menschen. Er betreibt dabei einen beträchtlichen verbalen Aufwand, um „das Tragische" als ein „rassisches Problem" und die Fähigkeit zur Tragödie als ein spezifisch „nordisches Phänomen" zu erweisen. Nur der nordische Konstitutionstyp, der als „rassischer Vollzug", als „Blut und Geist geschichtlich seit

Jahrtausenden" wirke, vermöge zu ermessen, worin die Größe des Tragischen liege. Die Tragikfähigkeit des „nordischen Geistes", in der sich das „tragische Urphänomen" enthülle, zeige sich dabei insbesondere in seiner „Opferbereitschaft", d.h. in seiner Bereitschaft, auch bei Gefahr des eigenen Untergangs unter Verzicht auf die Legitimation durch ein sittliches Prinzip durchzuhalten, ohne nach dem Sinn des Selbstopfers zu fragen:

„Die tragische Vernichtung, der Untergang des Menschen in solcher Bewährung und in solchem Nicht-Ausweichen (...) ist in Wahrheit nur jenes äußerste, fraglose Bestehen vor sich selbst, das das Wesen des Seins enthüllt. (...) Dieser Bewährung stellt sich nur der nordische Mensch, weil ihn von der Wahrheit nichts erlösen kann."

Der sogenannte „tragische" Untergang des nordischen Menschen in seiner Bewährung sei dabei Ausdruck seines „Schicksals", das darin bestehe, „Art zu haben und seiner Art gehorsam zu sein. Der Gehorsam des nordischen Menschen zielt auf Ordnungswahrung der Wirklichkeit (...). Das Bewußtsein des Tragischen dieser Wirklichkeit und ihm ohne Flucht sich zu stellen, ist der innerste Stolz des nordischen Menschen."

Es vermittle ihm „trotz der scheinbaren Vernichtung des Individuums" das „Gefühl einer – unerbittlichen – Geborgenheit in einem geordneten Ganzen" (vgl. Schneider 1943).

Daß Schneider diese Sätze, die vorgeben, in literarhistorischer Perspektive die Kategorie des ‚Tragischen' zu explizieren, zynisch und skrupellos in den unmittelbaren legitimatorischen Zusammenhang des sinnlosen ‚Opfertodes' hunderttausender deutscher Soldaten in Stalingrad stellt – von den Millionen russischen Opfern des deutschen Vernichtungskrieges ganz zu schweigen – zeigt exemplarisch, wie die angepaßten Geisteswissenschaften das vom Reichserziehungsministerium proklamierte Programm ‚Kriegseinsatz der Geisteswissenschaften' (vgl. hierzu Kater 1974: 193ff.) zu verstehen gedachten. Schneider versucht nicht nur mit der literarhistorischen Kategorie des ‚Tragischen' die im Lichte der Stalingrad-Katastrophe in ihrer Widersinnigkeit und Unmenschlichkeit besonders deutlich gewordenen sog. soldatischen Tugenden wie ‚Durchhaltewillen', ‚Opferbereitschaft' und ‚blinder Gehorsam' als ‚Tugenden' der ‚nordischen Rasse' zu rechtfertigen, er demonstriert zugleich, wie die Germanistik als ‚kriegseinsatzfähige Geisteswissenschaft' den Übergang vom ästhetischen zum politischen Diskurs zu vollziehen gedenkt.

Es kann meines Erachtens kein Zweifel daran bestehen, daß Schneider sich nicht nur harmlos auf der „Germanischen Spielwiese" getummelt hat. Dem widerspricht seine engagierte und programmatische Teilnahme an der Konzeption dessen, was der ‚Kriegseinsatz der Geisteswissenschaften' genannt wurde und dem widerspricht auch seine intensive Zuarbeit zum SD. So beobachtete Schneider von 1940 bis zum Kriegsende für den SD den kulturpolitischen Teil der Zeitschrift „Das Reich". Noch am 29.1.1945 verfaßt Schneider einen Vermerk für den SS-Obersturmbannführer von Kielpinski, in dem er auf dreieinhalb eng getippten Seiten die kulturpolitische Ausrichtung der Zeitschrift „Das Reich" wegen der Abwesenheit ideologischer Kampfstärke der Geisteswissenschaften kritisiert:

„Es stärkt nicht den Kämpfer, es gibt keinen Zuspruch, es gibt keinen Einblick in das innerste Ringen auch des deutschen Geistes heute mit den uns entgegenstehenden Kräften und in die leidenschaftliche Anteilnahme, die jeder verantwortliche deutsche geistige Mensch an diesem Kampf nimmt, sofern er nicht unmittelbar mit der Waffe daran beteiligt war."[7]

Schneider schließt seinen Vermerk so:

„Wenn die Schriftleitung vor dieser Aufgabe versagt und nichts anderes leisten kann, muß sie durch bessere Kräfte ersetzt werden. Wenn die Schriftleitung gegebenenfalls sogar ein geistiges Programm daraus macht und nicht anders will, soll sie zur Verantwortung gezogen werden, da sie die elementarsten Pflichten eines deutschen Soldaten negiert: nämlich sich im Kampf zu stellen".[8]

Dem Antrag Schneiders, nicht nur dem SD zuzuarbeiten, sondern ihm hauptamtlich anzugehören, stimmt der ‚Ahnenerbe'-Reichsgeschäftsführer Sievers in seinem Brief vom 3.3.1945 zu. Hier heißt es unter anderem:

„Unter den gegebenen Umständen habe ich gegen Ihre Mitarbeit beim Reichssicherheitshauptamt nichts einzuwenden".[9]

Eine solche Mitarbeit vermöchte auch zu erklären, wie Schneider – wenn er denn tatsächlich in Königsberg nicht ordnungsgemäß promoviert worden sein sollte – mit einem Doktortitel hätte Karriere in der SS machen können, als SD-Vertrauter nämlich im ‚Ahnenerbe', versehen mit einer akademischen Legende für die titelversessene SS-Forschungsgemeinschaft.

IV. Neue Chance – neues Glück

Das Wissen über die erste Biographie Hans Ernst Schneiders ist alles andere als trivial im Hinblick auf die Einschätzung der zweiten, der Schwerte-Biographie.

Schwerte hat nach seiner Entdeckung verschiedentlich den Eindruck erweckt, er habe im Schutz der neuen Identität als Schwerte nach dem Ende des Dritten Reiches gleichsam einen biographischen Neuanfang machen können, der nur in seltenen Einzelfällen durch Personen gefährdet worden sei, die ihn direkt nach dem Zweiten Weltkrieg als Schneider erkannt hätten. Die Theorie einer solchen auf wenige Einzelpersonen begrenzten Mitwisserschaft ist außerordentlich unwahrscheinlich, wenn man die fachliche und die personelle Kontinuität in der Germanistik (und in den Geisteswissenschaften insgesamt) im Übergang vom Dritten Reich zur Bundesrepublik Deutschland ins Auge faßt.

Hans Ernst Schneider hatte – vor allem nach seinem Aufstieg im ‚Ahnenerbe', also insbesondere zwischen 1938 und 1945 – außerordentlich vielfältigen Kontakt zu vielen Knotenpunkten des ‚Netzwerkes Geisteswissenschaften' in seinen Eigenschaften als SD-Schrifttums-Zensor, als Zeitschriften-Planer und Schriftleiter, als Projektförderer, als Tagungsorganisator bzw. -teilnehmer sowie als organisatorischer und strategischer Kopf der SS-Wissenschaftspolitik in den Niederlanden, in Belgien und darüber hinaus seit 1942 als Koordinator des

‚Germanischen Wissenschaftseinsatzes' in den sogenannten ‚germanischen Randländern'. Dabei knüpfte er neue Kontakte und pflegte diejenigen, die aus seiner Wissenschaftsbiographie herstammten. Natürlich resultierten aus diesen Tätigkeitsmerkmalen Schneiders nicht nur eine große kommunikative Reichweite seiner eigenen Aktivitäten, sondern auch ein Bekanntheitsgrad, der weit über den etwa eines Hochschulprofessors hinausging.

Schneider/Schwerte hat seine diskontinuierliche Wende sicher nicht alleine vollziehen können. Daß eine recht große Anzahl von Germanisten nach dem Zweiten Weltkrieg die Schneider-Identität Schwertes kannte oder von ihr gehört hatte, scheint mir eine unabweisbare Tatsache zu sein. Dabei waren die Fachwissenschaftler, die mit Schwerte sein beinahe öffentliches ‚Geheimnis' teilten, sicherlich, auch wenn sie eine politisch belastete Vergangenheit hatten, keine verschworene Gemeinschaft, die dem Nationalsozialismus nachtrauerte, höchstens eine, die zur Trauer über ihre Partizipation am oder ihre Widerstandslosigkeit im NS-System nicht willens und in der Lage war.

Warum Schneider glaubte, seine Identität wechseln zu müssen, während höherrangige SS-Führer dies nicht taten, ist unerfindlich und mag mit Handlungen zu tun haben, die nur ihm bekannt sind. In jedem Falle hat der Identitätswechsel dem Nachkriegs-Germanisten ermöglicht, Schneider gewesen und Schwerte geworden zu sein, ohne daß das belastende Erinnerungswissen eines Nachkriegs-Schneider für die Karriereentwicklung des Nachkriegs-Schwerte lästig hätte werden können. Insofern hat der Schneider-Schwerte-Übergang gleichsam Modellcharakter für den Übergang des NS-Deutschland zur Bundesrepublik Deutschland und die mit ihm verknüpfte ‚Stunde-Null-Ideologie'. Die radikale Diskontinuität der ausgetauschten Identitäten ist es, die die Suggestion eines unbelasteten Neuanfangs erzeugte, eines Neubeginns, der auf die Durcharbeitung der Vergangenheit verzichten zu dürfen glaubte. Solange aber die neue, die demokratische und vielleicht linksliberale Schwerte-Identität nur um den Preis einer weithin getilgten Erinnerung an die Schneider-Identität entstehen konnte, stellt das zweite Leben keine im Wissen der Vergangenheit intendierte Antwort auf das erste dar, sondern ist wie ein zweiter Versuch am Roulette-Tisch: Neue Chance, neues Glück. Und solange das öffentliche Bewußtsein der demokratisch verfaßten Bundesrepublik Deutschland nicht den zäh erhobenen Anspruch darauf, endlich vergessen zu dürfen, als gefährliche Selbsttäuschung durchschaut, bleibt das Nachkriegsdeutschland durch historische Selbstblindheit in seiner demokratischen Substanz beeinträchtigt.

Klaus Weimar

Der Germanist Hans Schwerte

Der SS-Hauptsturmführer Hans Ernst Schneider (geboren 1909 in Königsberg)[1] ist in den letzten Wochen oder Tagen des Krieges aus der Zentrale des ‚Deutschen Ahnenerbes' in Berlin (einer Dienststelle im Hauptamt SS, dem persönlichen Stab Himmlers) verschwunden und hat im Wintersemester 1945/46 als Hans Schwerte (geboren 1910 in Hildesheim) in Hamburg das Studium der Germanistik aufgenommen. Der weitere Lebenslauf in Stichworten: 1947 Assistent in Erlangen bei Heinz Otto Burger, 1948 Promotion, 1958 Habilitation und besoldeter ‚Diäten-Dozent', 1964 außerordentlicher Professor und Leiter der theaterwissenschaftlichen Abteilung am Deutschen Seminar, alles in Erlangen; 1965 ordentlicher Professor in Aachen, 1970 bis 1973 Rektor, 1976 bis 1981 Landesbeauftragter für die Pflege und Förderung der Beziehungen zwischen den Hochschulen Nordrhein-Westfalens, der Niederlande und Belgiens, 1978 Emeritierung, 1983 Bundesverdienstkreuz erster Klasse, 1985 belgischer Orden ‚Officier de l'Ordre de la Couronne', 1984 Honorarprofessur der Universität Salzburg, 1990 Ehrensenator der RWTH Aachen. Ende April 1995 hat Hans Schwerte, gedrängt durch Ermittlungen des niederländischen Fernsehens, der Hochschule seine Identität mit Hans Ernst Schneider mitgeteilt.

I.

Es besteht offenbar Einigkeit darüber, daß auch im Nachkriegslebenslauf von Hans Ernst Schneider bzw. Hans Schwerte einiges nicht in Ordnung ist, gemessen an den Vorstellungen davon, wie sich ein moralischer Mensch in der jeweiligen Situation zu verhalten hat. Diese möglicherweise unterschiedlichen, auf jeden Fall imperativen Vorstellungen sind meines Wissens nicht expliziert worden, und weil das doch wohl sein muß, hole ich es nach, indem ich einen Alternativlebenslauf konstruiere, der möglichst im Einklang mit jenen Vorstellungen steht. Er beginne bei Kriegsende.

Schneider wird nach seiner Flucht aus Berlin im Sommer 1945 in der britischen Besatzungszone verhaftet und im Lager Neuengamme bei Hamburg interniert. Im September 1947 wird er vom zuständigen Spruchgericht Bergedorf als Angehöriger einer verbrecherischen Organisation zu einer Haftstrafe von zwölf Monaten verurteilt und mit dem Urteil auf freien Fuß gesetzt, da die gut zweijährige Internierungshaft angerechnet wird. Ein Entnazifizierungsausschuß in Hamburg reiht ihn unmittelbar darauf in die Kategorie III (Minderbelastete) ein und verfügt die Eintragung der Strafe ins Strafregister.[2] Wären damit unsere imperativen Vorstellungen befriedigt?

Ich will das einmal annehmen und außerdem voraussetzen, daß wir einem, der seine Strafe verbüßt hat, die Chance eines Neuanfangs gewähren wollen. Schneider nimmt also im Wintersemester 1947/48 das Germanistikstudium in Hamburg auf, läßt sich seine zehn bis 1933 absolvierten Semester regulär anrechnen, promoviert, wird nach vorzeitiger Löschung des Strafregistereintrags irgendwo Assistent, habilitiert sich, kann Anfang der 60er Jahre in den Lebenslauf Schwertes einbiegen und 1965 als Ordinarius nach Aachen gehen; die gegenüber Schwerte verlorenen zwei Jahre lassen sich ohne günstige Fügung oder besondere Protektion wieder einholen durch Verkürzung des Abstandes zwischen Promotion und Habilitation bzw. zwischen Habilitation und Ordinariat (bei Schwerte: zehn bzw. sieben Jahre). Alles weitere kann den aus der Biographie Schwertes bekannten Gang nehmen bis hin zum Rektorat und zur Emeritierung, nur daß Schneider sich nicht zum Beauftragten für die Pflege der Beziehungen zu niederländischen und belgischen Hochschulen und auch nicht zum Honorarprofessor in Salzburg machen läßt, weil er in all diesen Gegenden als SS-Mann tätig war.

Wenn wir mit diesem Alternativlebenslauf doch noch nicht so ganz zufrieden sind, weil wir grundsätzlich keine Leute mit SS-Vergangenheit zu einem öffentlichen Lehramt zulassen wollen, dann verbietet sich die Ankoppelung an den Lebenslauf Schwertes. Schneider, so will ich nunmehr sagen, kommt im Herbst 1947 nach der Entlassung aus dem Internierungslager als Hilfsarbeiter im Lager einer Spedition unter, in der er sich in den Jahren des Wirtschaftswunders bis zum Geschäftsleiter und Mitinhaber hocharbeitet, um im Herbst 1978 allseits geachtet in den Ruhestand zu treten. War es also so gemeint? Nehmen wir an, daß dieser Lebenslauf in Ordnung ist.

Bekanntlich sind unsere Möglichkeiten begrenzt, die Welt, in der wir leben, in Übereinstimmung zu bringen mit der Wunschwelt mindestens *eines* tadellosen Lebenslaufs, wie sie in uns lebt. Sobald die fraglichen Ereignisse der Vergangenheit angehören, sind Wünsche und imperative Vorstellungen vollends machtlos. Was geschehen ist, kann nicht ungeschehen gemacht werden. Schneider *hat* sich der Rechenschaftsablage entzogen, er *hat* sich zu Schwerte gemacht, und Schwerte *hat* sich so verhalten, wie er sich verhalten hat. Unentschieden ist nur, wie *wir* uns zu diesem seinem Verhalten verhalten. Es ist in allgemeinerer Fassung die Frage nach unserem Verhalten (1) zum Verhalten (2) unserer Väter- oder Großvätergeneration zu ihrem Verhalten (3) unter dem Nationalsozialismus.

Moralisieren gegenüber dem Vergangenen kommt nicht nur hoffnungslos zu spät, es ist auch gegenwärtig sozial schädlich. Denn jeder moralische Vorwurf provoziert unvermeidlich zumindest Relativierungen, und jede Relativierung setzt sich unmittelbar dem Vorwurf der Weißwäscherei aus, der unweigerlich gekontert wird mit dem Gegenvorwurf der Inszenierung einer Verfolgungsjagd. Und so weiter. Auf welcher von beiden Seiten der elende Automatismus auch anfängt – einmal in Gang gesetzt, läuft er reibungs- und gnadenlos, und sein Laufen bedeutet zivilen Krieg mit sozialem Schaden, der unter Umständen irreparabel ist. Das zu durchschauen, kann jedem

Erwachsenen ebenso zugemutet werden wie die Vermeidung vermeidbarer Automatismen sowie der Konkurrenz um moralische Exzellenz, in der es keinen Sieger geben kann.

Erwachsenes Verhalten angesichts einer unerfreulichen (und sogar einer unerträglichen) Vergangenheit ist ge(kenn)zeichnet vom Aushalten der Spannung zwischen der schlechthinnigen Ohnmacht dem Unabänderlichen gegenüber und dem prinzipiellen Nicht-Einverständnis mit ihm, versagt sich eben deshalb das selbstgefällige Verweilen in der scheinhaften (‚reinen') Erfüllung der eigenen Forderungen im Irrealis der Vergangenheit (‚hätte sollen' und Äquivalente), stellt sich vielmehr der Faktizität des Geschehenen, um es selbst (nicht nur seine befriedigenderen Alternativvarianten) in den Blick nehmen zu können, und trägt um seiner selbst willen in der Mitteilung Sorge, anderen denselben Blick nicht zu versperren.

II.

Hans Ernst Schneider hat sich der Verantwortung für seine Jahre in SS-Uniform entzogen, indem er sich zu Hans Schwerte gemacht hat, und Schwerte hat die Verjährungsfrist für die strafbare Handlung der Namensänderung straflos überstanden. Da man ihn nicht mehr im Sinne ordentlicher Gerechtigkeit für die Namensänderung strafen kann – ist es außerordentliche oder überhaupt Gerechtigkeit, wenn man ihn jetzt, und sei es mit juristischen Mitteln, wenigstens noch schädigt? So oder so wäre es schlecht abstrakt, nur ein Allgemeines (d.h. die Strafbarkeit) der Namensänderung, nicht aber ihre konkrete Paradoxie zu sehen: Sie ist der totalitär motivierte Abschied vom Totalitarismus.

Denn die Panik, die am Kriegsende viele in den Selbstmord oder in das Versteck eines falschen Namens getrieben hat,[3] resultiert aus einer Totalisierung des Nationalsozialismus: aus der ideologisch bzw. propagandistisch erzeugten Unmöglichkeit, sich rechtsstaatliche Verfahren und Respektierung des Völkerrechts auch nur vorzustellen und also von den Siegern anderes zu erwarten, als was Nazis als Sieger praktiziert haben oder hätten.

Außerdem ist selbst eine solche Namensänderung im neuzeitlichen Westeuropa immer schon Variation einer anderen, der Annahme nämlich eines neuen Namens beim Eintritt in einen geistlichen Orden, die zweierlei erfordert: sowohl eine Generalbeichte als explizite Absage an den alten Adam anderen Namens als auch Öffentlichkeit. Die Notwendigkeit einer Generalbeichte in säkularem Zusammenhang wird man spätestens seit den stalinistischen Selbstbezichtigungszwängen nicht uneingeschränkt bejahen können. Über die Notwendigkeit von Öffentlichkeit dagegen kann man nicht gut streiten; denn der Eigenname wird verliehen im öffentlichen Akt der Taufe oder der amtlichen Registration und ist deshalb der Verfügung dessen entzogen, der ihn trägt.

Indem er seinen Namen *geändert* hat, *hat* Schwerte Abstand genommen von seiner Vergangenheit unter dem Namen Schneider; denn es ist wohl keine radikalere Distanzierung von der eigenen Vergangenheit denkbar, als daß man sie einer Person anderen Namens zuschreibt, aus welchen Motiven auch immer. *Indem* er die eigenmächtige Namensänderung *verborgen* hat mit mancherlei Kosten, *hat* Schwerte die Notwendigkeit der Öffentlichkeit anerkannt. (Zu den Kosten zähle ich z.B. die Absurdität, daß Schneider amtlich für tot erklärt werden mußte, um als Schwerte seine ‚Witwe' heiraten zu können.) Frage, ohne Präjudiz einer Antwort: Wären wir wirklich befriedigt, wenn jene implizite Distanzierung und diese implizite Anerkennung nach fünfzig Jahren explizit wiederholt würden?

III.

Das Entnazifizierungsprogramm der alliierten Siegermächte – mit Konstruktionsfehlern behaftet, inkonsequent und uneinheitlich ausgeführt, durch abrupte Kursänderungen beeinträchtigt, überhastet beendet (vgl. Henke 1991) – hat zweifellos die hochgesteckten Ziele nicht erreicht. Es hat zwar, zusammen mit der einschneidenden Erfahrung der Niederlage, in den ersten Nachkriegsjahren einen „unerhörten Änderungsdruck" (Henke 1991: 57) erzeugt und die politische Elite des NS-Staats dauerhaft neutralisiert, die gesellschaftlichen ‚Funktionseliten' aber (Professoren, Ärzte, Richter, Industrielle u.a.) nur unzureichend erfaßt. Die Hochschullehrerschaft konnte mit bewährtem Korpsgeist die Entlassungen bzw. Suspendierungen auf die exponiertesten ihrer Mitglieder beschränken und sich dazu auf das starke Argument stützen, daß weitergehende personelle ‚Säuberungen' einen ordentlichen Lehrbetrieb gefährden oder verunmöglichen würden (in der Tat fehlte qualifizierter *und* politisch unbelasteter Ersatz). Da die Besatzungsmächte auf eine längere Schließung verzichtet hatten, wurden die Universitäten ab Herbst 1945 wieder eröffnet mit einem Lehrpersonal, das zum allergrößten Teil das alte war[4] – belastet in einer Weise, die mit den formalen Kriterien der Entnazifizierung nicht zu fassen ist.

Wer auf eine Universitätsdozentur oder -professur gelangt war, hatte vorher all das erlegt, was ihm von Staats wegen als Eintrittspreis abverlangt worden war. Nur wenige ‚politisch Unzuverlässige' (z.B. die Germanisten Max Kommerell und Walther Rehm) waren in den letzten Jahren des NS-Regimes doch noch zu einer Professur gekommen, weil politisch genehme Kandidaten fehlten. Alle aber haben sie ihr Gehalt von diesem Staat bezogen und die Universität mitgetragen, wie immer ihr Verhalten als Universitätslehrer auch gewesen sein mag. Viele waren über dieses unvermeidliche Minimum hinaus Mitglieder der Partei, etliche Angehörige der SS, nicht wenige haben sich durch ihre Publikationen zusätzlich diskreditiert. Erhebliche graduelle Unterschiede hat es gegeben (z.B. auch gegenüber einem nicht-universitären SS-Mann wie Schneider), aber keinen kategorialen Unterschied. Im totalitären nationalsozialistischen Herrschaftssystem war es zumindest den Angehörigen des öffentlichen Dienstes nicht möglich, *nicht* involviert zu sein.

Die Hochschullehrer, die die Entnazifizierung überstanden hatten, blieben noch jahre- oder jahrzehntelang in ihren Ämtern. Bis weit in die 60er Jahre hinein war damit zu rechnen, daß in jedem universitären Gremium der eine oder andere ehemalige SS-Mann oder Parteigenosse oder doch jedenfalls jemand saß, dessen erste Anstellungsurkunde noch vom Reichserziehungsministerium ausgestellt worden war, in Erlangen und Aachen nicht anders als an anderen Universitäten. Trotzdem war die Nachkriegsuniversität bei aller personellen Kontinuität ebenso wenig eine bruchlose Fortsetzung der NS-Universität wie die Bundesrepublik Deutschland eine des Deutschen Reichs.

Daß jemand wie Hans Schwerte in dieser Institution Karriere gemacht hat, wäre ein Skandal dann und *nur* dann, wenn ihm *aufgrund* der SS-Mitgliedschaft von Hans Ernst Schneider Posten und Funktionen zugehalten worden wären, die ihm *ohne* sie nicht zugänglich gewesen wären. Das ist nicht der Fall. Schwertes Nachkriegskarriere war selbsttragend und nicht auf Nachhilfe von alten SS-Kameraden angewiesen. Bis zum Nachweis des Gegenteils, und dabei wollen wir die Erfordernisse historischer Gewißheit sehr ernst nehmen –, bis zum Nachweis des Gegenteils nehme ich darüber hinaus an, daß es eine solche an sich nicht nötige Nachhilfe auch tatsächlich nicht gegeben hat.

Schwertes akademische Karriere gehört nicht zu den schnellen. Siebzehn Jahre von der Promotion bis zur Professur – das liegt hart an der oberen Grenze des Normalen, zumal angesichts des selbst damals ungewöhnlich hohen Eintrittsalters. Schwerte hat wenig dafür getan, potentiellen Mitgliedern von Berufungskommissionen durch Publikationen in wissenschaftlichen Organen aufzufallen (bewerben konnte man sich ja noch nicht). Bis Anfang der 60er Jahre konnte man ihn außerhalb Erlangens fast nur aus der ‚Zeitwende', der von führenden Männern der evangelisch-lutherischen Kirche herausgegebenen Kulturzeitschrift, und aus Zeitschriften bzw. Sammelwerken für den Deutschunterricht kennen;[5] sechs kleine Arbeiten in der ‚Germanisch-Romanischen Monatsschrift' (1950–1954) und ein Kapitel in den ‚Annalen der deutschen Literatur' (1952) lagen schon reichlich lange zurück. Mit der Überarbeitung der Habilitationsschrift hat sich Schwerte nochmals vier Jahre Zeit gelassen. Erst ihr Erscheinen (Schwerte 1962) hat ihn in der Fachwelt allgemein bekannt gemacht und ihn offenbar auch zu einem zweckmäßigeren Publikationsverhalten bewogen.[6] Das dann allerdings zu einer Zeit, da kein habilitierter Germanist, gleich welchen wissenschaftlichen Formats, lange auf eine Berufung zu warten brauchte. Nach einer einsemestrigen Lehrstuhlvertretung in Münster (1963) wurde er 1965 zum ordentlichen Professor an der Technischen Hochschule in Aachen ernannt; sein relativ hohes Alter[7] bot Gewähr, daß er die Stelle nicht als Zwischenstation auf dem Weg an eine ‚richtige' Universität benutzen würde. Daß der eher unauffällige Erlanger Dozent als Aachener Professor Schule bilden, Respekt, Hochachtung und sogar Verehrung finden, in Aachen als einer der führenden deutschen Germanisten und als Exponent der Linken in universitären Gremien gelten, sich als Rektor in den ‚heißen' Jahren von 1970 bis 1973 bewähren, zwei Festschriften und weitere Ehrungen erhalten würde, – das alles war zum Zeitpunkt seiner Berufung kaum abzusehen.

IV.

Schon in den ersten Zeitungsmeldungen über die Entdeckung, daß Karriere und wissenschaftliches Werk Hans Schwertes eine Vorgeschichte in Werken und Taten Hans Ernst Schneiders haben, ist eine nicht begründete und vielleicht nicht einmal bemerkte (weil von der Umgangssprache diktierte) Entscheidung darüber getroffen, wie das Verhältnis Schwerte/Schneider zu denken sei: als das von Maske und Gesicht, von Tarnung und wahrer Gestalt, von Rolle und Person oder ähnlich. Die Lektüre von Schwertes Schriften[8] wird unter dieser Vorgabe zur Fahndung oder zu einem Unternehmen, das auf Demaskierung und Enttarnung zielt. Es ist nicht jedermanns Sache, als Funktionär vorgegebener Konzeptualisierungen zu arbeiten und als Verdachtsphilologe die Texte nach braunen Schleifspuren abzusuchen. Unabhängig davon aber kann das Konzept von

Maske und Gesicht aus zwei Gründen nicht einmal als heuristische Hypothese in Frage kommen. Zum einen kennt es nur ein räumliches Übereinander und kein zeitliches Nacheinander, schließt also im Sinne der Parole ‚einmal Nazi, immer Nazi' jede Möglichkeit einer Veränderung von vornherein aus und erreicht daher nicht den Grad von Differenziertheit, der es für wissenschaftliche oder überhaupt einfach redliche Zwecke erst diskutabel werden ließe. Zum anderen verlangt das Konzept von denen, die sich seiner bedienen, die Fähigkeit, unter der Textmaske das wahre Gesicht zu erblicken bzw. durch die Buchstaben hindurch in Bewußtsein und Gewissen dessen zu sehen, der sie geschrieben hat, und über diesen magischen Blick verfügt hienieden niemand.

Schwerte selbst hat sich in einem Interview gegen das ähnlich gebaute Konzept ‚Doppelleben' verwahrt: „Doppelleben? Das ist wohl ein bißchen übertrieben. Ich habe ein Leben und dann ein neues Leben geführt. Ich habe mich nicht verdoppelt."[9] Die Rede von zwei Leben hat etwas für sich, ist aber doch auch wieder metaphorische Rede. Denn das Leben Schneiders ist vom Leben Schwertes nicht durch Tod und Geburt getrennt, sondern durch eine unerlaubte Namensänderung, die im momentanen Vollzug den Träger des Namens unverändert läßt. Immerhin wird sichtbar, was im Verhältnis Schwerte/Schneider auf dem Spiel steht: die Möglichkeit einer Veränderung ohne Tod und Neugeburt, ob nun mit Namensänderung (Schneider/Schwerte, Deutsches Reich/Bundesrepublik Deutschland bzw. DDR) oder ohne Namensänderung (deutsche Literaturwissenschaft, Universität, Gesellschaft). Das war seinerzeit als *re-education* auf der Basis und als Fortsetzung der *denazification* anvisiert und konnte, wie sich bald gezeigt hat, nur von den Betroffenen selbst an sich selbst ausgeführt werden, wenn überhaupt.

Die Selbstveränderung der deutschen Literaturwissenschaft hat sich schnell und erstaunlich einheitlich vollzogen, ohne daß Orientierungshilfe von den Literaturwissenschaften in den Ländern der Siegermächte in Anspruch genommen worden wäre (die anfänglich desolaten Bibliotheksverhältnisse und die anhaltende Provinzialität als Nachwirkung der langen Isolation haben sicher das Ihre dazu beigetragen). Man wußte offenbar ohne Verabredung sehr genau, was zu ändern geboten war, und man hat es geändert durch Vermeidung einerseits und Restauration andererseits.

Vermieden wurde fortan das einzig Eigenständige der nationalsozialistischen deutschen Literaturwissenschaft, ihre Bewertungspraxis: die Verleihung des Prädikats ‚deutsch' an deutsche Texte. Sie war – als Re-Inszenierung der politischen Ereignisse von März/April 1933 an Texten – die beliebig wiederholbare aktive Teilhabe am Sieg des Nationalsozialismus (vgl. Weimar 1997).

Restauriert wurde das auch nationalsozialistisch genutzte traditionsreiche Modell, in dem literarische Texte konzipiert sind als Symptom oder Ausdruck eines Autors bzw. Über-Autors (z.B. des ‚Geistes' oder dann eben des ‚Volks' bzw. ‚Deutschtums'), den aus ihnen diagnostisch zu erkennen Aufgabe der Literaturwissenschaft sei. Die Restauration bestand darin, daß die Zentralposition des Modells, die als Produktionsrepräsentanz das Erkenntnisziel darstellt, geräumt und anders besetzt wurde, sei es wieder mit ‚Geist', sei es mit anderen vagen Konzepten wie ‚der Mensch' oder ‚das Individuum' oder auch ‚Existenz'. Dadurch wurden auf jeden Fall auch andere Elemente entbehrlich (rassenbiologische und antisemitische Äußerungen, Herleitungen aus Blut und Landschaft oder gar Boden, Wörter wie ‚völkisch' oder ‚Volksgemeinschaft' usw.), die sich zwar erst durch den Bezug auf jene ‚zeitgemäß' besetzte Zentralposition als nationalsozialistisch qualifizieren, aber doch auch den Behörden der Besatzungsmächte als nationalsozialistische Kennmarken hätten auffallen können.

Restauration des Modells und Verzicht auf die Bewertungspraxis waren gleich nach Kriegsende so einfach wie effizient zu bewerkstelligen. Das waren zweckmäßige (und berechtigte) Schreckreaktionen, aber die Unterlassung sowohl einer überlegten direkten Auseinandersetzung als auch einer theoretischen Begründung macht sich mehr als ein Jahrzehnt lang in zahllosen Publikationen der universitären deutschen Literaturwissenschaft bemerkbar als Unsicherheit oder Haltlosigkeit der ganzen Diktion. Wer darin NS-Überbleibsel will entdeckt haben,[10] handelt bestenfalls in Unkenntnis der nationalsozialistischen Literaturwissenschaft und betreibt jedenfalls deren Verharmlosung.

Die literaturwissenschaftliche (wie die politische) Restauration hat die nationalsozialistische Vergangenheit behandelt wie eine Peinlichkeit, über die man nach ihrem Ende und ihrer ‚Behebung' nicht mehr reden soll und zwanzig Jahre lang nicht geredet hat. Selbst als sich das dann geändert hat, ist jenes Modell kaum in Frage gestellt, sondern wiederum und weiterhin nur umbesetzt worden (‚sozioökonomische Verhältnisse', ‚das Unbewußte', ‚Diskurs' usw. in Zentralposition). Was nationalsozialistisch nutzbar war, wird in fortgesetzter Restauration immer noch und immer wieder genutzt, und solange sich *das* nicht ändert, kann nicht ernsthaft davon die Rede sein, daß der Nationalsozialismus in der Literaturwissenschaft ‚überwunden' sei oder auch nur hinter uns liege, sondern nur davon, daß er immer noch und immer wieder bevorsteht (vgl. Hamacher 1996).

Nicht-restaurative Selbstveränderung nach dem Kriege ist in der deutschen Literaturwissenschaft nur selten zu verzeichnen, etwa und vor allem bei Günther Müller, der nicht nur auf eine Umbesetzung jenes Modells, sondern auch auf es selbst verzichtet und dementsprechend die literarischen Texte aus dem Symptomstatus befreit und zum Gegenstand theoretischer Analyse gemacht hat. Zu der relativ kleinen nicht-restaurativen Fraktion der Nachkriegsgermanistik gehört auf seine Weise auch Hans Schwerte.

Er hat sich als einer der ersten, nicht ganz freiwillig vermutlich,[11] der schwierigen und dringlichen Aufgabe angenommen (vgl. Barner 1996), die deutsche Literaturgeschichte des 20. Jahrhunderts neu zu schreiben (Schwerte 1952). Schwierig war die Aufgabe, weil zum einen Kriterien für Auswahl, Gewichtung und Bewertung der nachexpressionistischen Literatur neu entwickelt werden mußten und zum anderen ein großer Teil der Literatur in den 30er Jahren, die Exilliteratur, unbekannt und im Nachkriegsdeutschland schwer oder gar nicht zugänglich war. Deshalb sind eklatante Ungleichgewichte in der Darstellung (gemessen am heute geltenden Kanon) und die Unkenntnis der Exilliteratur mit Händen zu greifen. Bemerkenswert ist indessen, wie Schwerte Verknüpfungen vornimmt und Zusammenhang herzustellen versucht: nicht nämlich durch Rekurs auf Produktionsrepräsentanzen wie ‚Geist', sondern durch die Konstruktion von Oppositionen zwischen Werkgruppen bzw. Autoren (Schwerte 1952: 719–722). Es gelingt ihm zwar nicht, die Oppositionen als einen durchgehenden Prozeß anzuordnen, aber trotzdem ist eine gewisse Nähe zum Evolutionskonzept des russischen Formalismus nicht zu übersehen, demzufolge literarhistorische Entwicklung zu denken ist als die Ablösung eines automatisierten Konstruktionsprinzips durch ein entgegengesetztes, das sich dann automatisiert und abgelöst wird durch ein entgegengesetztes usw. Schwerte tastet sich in diese Richtung vor, wohl ohne sie zu kennen oder auch nur kennen zu können, – die einschlägigen Schriften von Šklovskij und Tynjanov sind erst seit Anfang der 70er Jahre in deutscher Übersetzung zugänglich. In gleicher Weise konstruiert er die Einheit der Epoche ‚Wilhelminisches Zeitalter' aus der Entgegensetzung zweier Typen von Literatur, der konventionellen und der modernen experimentellen, ohne allerdings die Entgegensetzung im Sinne des russischen Formalismus zu dynamisieren (Schwerte 1964). In der Habilitationsschrift (Schwerte 1962) wird Zusammenhang in der Geschichte der von ihm so benannten ‚faustischen Ideologie' hergestellt über die Messung der Distanz zu Goethes ‚Faust' (genauer: zu einer bestimmten Interpretation des ‚Faust'), ohne den von manchen Kritikern gewünschten Rekurs auf ‚die Gesellschaft' oder dergleichen. Auch das unvollendete Projekt einer Darstellung von „Zeichen-Wiederholungen" (Schwerte 1983: 191) kommt offenbar ohne ein externes Referenzsubjekt aus (und ohne ersichtliche Kenntnis der Intertextualitätsdiskussion).

Schwertes literarhistorische Arbeiten sind der weder explizit gemachte noch theoretisch begründete Versuch, diejenige Systemstelle im methodologischen Modell, die vorher mit ‚Volk' besetzt und durch den verordneten Neubeginn der deutschen Literaturwissenschaft frei geworden war, gezielt oder doch wenigstens konsequent *nicht* wieder zu besetzen. Wegen der Unreflektiertheit und Theorielosigkeit dieser Nicht-wieder-Besetzung wirken die Arbeiten methodisch recht unsicher. Daß sie dabei nicht-restaurativ sind, hat ihn nicht vor der (bis in die zweite Hälfte der 60er Jahre epidemischen) Unfähigkeit geschützt, vom Nationalsozialismus anders als in dunklen Andeutungen zu reden, selbst da noch, wo die Darstellung ohne dessen Benennung und ausführliche Beschreibung geradezu defizient wird wie etwa die Geschichte der ‚faustischen Ideologie', die mit exemplarisch schwacher Begründung (vgl. Schwerte 1962: 189) ausgerechnet im Jahre 1933 abbricht. Diese Unfähigkeit war im Fach erst 1966 mit dem Münchener Germanistentag beendet, bei Schwerte zur selben Zeit (vgl. Schwerte 1967a, 1967b).

Sein historiographisches Verhalten stellt sich als eine relativ selbständige Variante dar: als ein nicht-nationalsozialistisches *und* nicht-restauratives. Nähere Bestimmungen über diese negativen hinaus geben die Texte nicht her. Die Konsequenz, die der Literarhistoriker Schwerte aus dem Ende der nationalsozialistischen Literaturwissenschaft gezogen hat, ist eine lediglich negative und als solche gewiß nicht der Weisheit letzter Schluß, im Ensemble der Germanistik in den 50er und 60er Jahren aber durchaus respektabel und jedenfalls nicht nichts.

Eine gleichermaßen pragmatisch orientierte Auswertung von Schwertes Interpretationen und Kommentaren zu einzelnen Texten führt zu einem vergleichbaren Ergebnis. Das Verhalten sowohl den Texten als auch den Lesern gegenüber ist wiederum nur negativ zu fassen, wenn man es auf politisch-soziale Positionen abzubilden versucht. Schwerte tritt im Verhältnis zu Lesern und Texten weder herrisch noch servil auf, weder agitatorisch im eigenen Interesse noch fremden Interessen hörig, und wenn (vor allem in den frühen Rezensionen) doch einmal Wertungen fällig werden, so ist der Maßstab wiederum ein negativer, daß nämlich Literatur *nicht* direkt politisch werden solle. Das allein findet sich auch in positiver

Wendung als Andeutung einer Theorie der „zweiten Wirklichkeit“ (Schwerte 1957: 488) bzw. des „Wort-Spiels“ (Schwerte 1955: 403), die in den 50er Jahren verpflichtenden Charakter zu haben scheint, aber nicht ausgeführt wird und später verschwindet. Seit den 70er Jahren schließlich macht sich ein Altersstil bemerkbar, der etwas zunehmend Monologisches bzw. Unkommunikatives an sich hat. Wie Schwertes Verhalten in seinen literarhistorischen Arbeiten nicht-nationalsozialistisch ist, so ist es in seinen interpretierenden Arbeiten *nicht* auf Dominanz oder gar Herrschaft aus. Auch das mag nicht alles sein, aber es ist deswegen auch nicht nichts.

Dasselbe Muster wird auch in der Biographie des Literaturhistorikers und Interpreten Hans Schwerte sichtbar. Sein Verhältnis zum SS-Mann Hans Ernst Schneider ist das einer Negation, die zumindest in der Öffentlichkeit hat leer bleiben müssen, weil der Akt, in dem sie vollzogen wurde, nichtöffentlich war. In dieser leeren Negation ist Schwerte, solange es nur an ihm lag, so fest geblieben wie in der Negation von Nationalsozialismus und Herrschaft in seinen wissenschaftlichen Arbeiten. Wie sich ein Leben leben läßt, dem fast 36 Jahre in leerer Negation amputiert sind, ist schwer vorzustellen. Nach Ausweis der Schriften Hans Schwertes wäre dessen Verhältnis zu Hans Ernst Schneider vielleicht nicht ganz unpassend als *diachrone Schizophrenie* zu benennen, als ein Syndrom, das auch in der deutschen Gesellschaft, Universität und Literaturwissenschaft aufgetreten ist. *Sie* können sich davon wohl erholen und heilen, weil ihnen mehrere Leben zur Verfügung stehen, ein Einzelner aus demselben Grunde *nicht*. Beneidenswert, wer frei davon.

Zweiter Teil

Nationalsozialismus

Hellmut Seier

Die nationalsozialistische Hochschulpolitik und die Rolle von Technik und Technischen Hochschulen im Führerstaat

I.

Die zeitgeschichtliche Forschung hat sich den Hochschulen der NS-Zeit vergleichsweise zögernd zugewandt und ist auf diesem Feld noch nicht als abgeschlossen anzusehen.[1]

Zwei Ergebnisse können aber bereits als gesichert gelten. Das eine besagt, daß sich die Einfügung der Wissenschaft ins Herrschaftssystem fast widerstandsfrei vollzog. Überall wich die Selbstverwaltung dem Führerprinzip, drang NS-Ideologie in Lehrinhalte ein, wurde Forschung auf Systemzwecke hinorientiert. Eine rigorose Personalpolitik sorgte für die Ausschaltung sogenannter Nichtarier und politischer Gegner. All dies veränderte die Hochschulen im Kern. Dennoch fügten sie sich, ja hatten sie Anteil daran. Zu nennenswerter Gegenwehr kam es nicht.

Das andere Ergebnis steht in gewissem Kontrast dazu und schränkt das Gleichschaltungsfazit möglicherweise ein. Denn es scheint ebenfalls festzustehen, daß eine konstruktive Neuentwicklung nicht erfolgte. Weder gab es eine für Partei und Staat verbindliche Wissenschaftstheorie, noch kamen Bestrebungen zum Zuge, die auf eine Fundamentalreform, auf die totale Einbindung aller Lehrenden und Lernenden, zielten. Aus den Universitäten wurden keine nationalsozialistischen Führerschulen. Unbeschadet verbaler Anpassung hielten sich im Windschatten der Politik Institute und Werkstätten fachwissenschaftlicher Arbeit. Darauf bezogen sich Hitlergegner wie der Heidelberger Philosoph Karl Jaspers, wenn sie nach dem Kriege die Auffassung vertraten, die Universität sei zwar existentiell bedroht gewesen, sie sei jedoch „nicht völlig zerstört" worden (Jaspers 1947: 14).

Ein zwiespältiger Sachverhalt. Er läßt sich verschieden akzentuieren, und seine Einschätzung ist strittig. Letztendlich hängt sie davon ab, wie dehnbar und relevant der trotz Gleichschaltung verbliebene Spielraum fachgelehrter Wissenschaft war, wie er sich intentional und funktional zum Herrschaftssystem verhielt und welche Folgen das hatte. Diesen Fragen wende ich mich im folgenden zu. Ich gehe dabei in zwei Schritten vor. Ich beginne mit einer entsprechenden Betrachtung der NS-Hochschulpolitik: ihrer Phasen, ihrer Formen, ihrer Durchsetzungsprobleme. Und ich überprüfe das dazu zu Sagende in einem zweiten Anlauf anhand desjenigen Aspekts, der hier besonders interessiert, nämlich dem der Technik. Er bietet sich im Licht der Fragestellung als Demonstrationsobjekt geradezu an. Hatte doch einerseits die Politisierbarkeit der technischen Wissenschaften sachzwanghafte Grenzen. Und kam doch andererseits ihren Ergebnissen im Zuge von Aufrüstung und Krieg gehobene Bedeutung zu.

II.

Im Rückblick wirkt die NS-Hochschulpolitik improvisiert und sprunghaft. Sie ist nicht leicht auf einen systematischen Nenner zu bringen. Drei Phasen sind zu unterscheiden:

Die erste war die des Weimarer Niedergangs und der sogenannten Machtergreifung bis Ende 1934. In dieser Phase vollzogen sich die Eroberung und Gleichschaltung der akademischen Lehranstalten. Es war eine Eroberung von außen, der aber Entwicklungen im Innern entgegenkamen. Vorangegangen war ein Wandel in der Mentalität der Studenten. Schon seit 1931 hatte sich der NS-Studentenbund bei Asta-Wahlen als stärkste Kraft etabliert. Im Wintersemester 1932/33 erzielte er absolute Mehrheiten an mehr als der Hälfte der Universitäten und an einem Drittel der Technischen Hochschulen. Immer öfter bestimmten Hörsaalprovokationen und antisemitischer Druck das Klima. Nach Bildung des Kabinetts Hitler begann dann die Umgestaltung der akademischen Lehranstalten im Wege der Gesetzgebung[2]. Dabei setzte den tiefsten Einschnitt das sogenannte Gesetz zur Wiederherstellung des Berufsbeamtentums vom April 1933. Es führte auf Anhieb zur Verdrängung von anderthalbtausend Wissenschaftlern, darunter 11% der Ordinarien, großenteils Juden. Und diese Zahlen verdoppelten, ja verdreifachten sich in den folgenden Jahren. Betroffen waren nicht zuletzt Naturwissenschaftler. Von ihrer Gelehrten-Elite emigrierten 15 Nobelpreisträger. Einschneidend wirkte aber auch zweitens der Numerus Clausus, der ab Februar 1933 die Studentenzahl kontingentierte. Er gab sich als Heilmittel gegen die Arbeitslosigkeit der Akademiker und schloß vorübergehend fast 60% der Abiturienten vom Studium aus, auch hier vorab sogenannte Nichtarier, ferner Frauen. Das studentische Leben wurde schroff reglementiert. An die Stelle der Korporationen trat das zeitweilig obligatorische Kameradschaftshaus. Ein dritter Eingriff bewirkte die schrittweise Einführung des Führerprinzips. Beseitigt wurde das Prinzip der Wahl und der förmlichen Mitentscheidung akademischer Gremien. Die Senate und Fakultäten mußten sich fortan mit dem Beratungsrecht begnügen.

Auf alle diese Maßnahmen reagierte die Hochschullehrerschaft eher verängstigt als inspiriert. Sie war bis dahin zwar überwiegend konservativ und subjektiv unpolitisch gewesen, bis auf eine Minderheit von wenig mehr als 1% aber nicht NS-orientiert. Jetzt trat etwa ein Fünftel in die Hitlerpartei ein, in der Folgezeit mehr, örtlich wohl knapp die Hälfte. Es waren freilich häufiger junge Dozenten als Altordinarien. Und wenn sie sich im Politischen als lenkbar und gefügig erwiesen, so blieb es gleichwohl ein Anliegen vieler, die überkommene Wissenschaftsfreiheit, symbolisiert durch die Fakultätsverfassung und durch die drei klassischen Privilegien der Promotion, Habilitation und faktischen Kooptation, in den Grenzen des Möglichen zu bewahren[3]. Jedenfalls blieb der Gegensatz bestehen, den Andreas Feickert, einer der Studentenführer, noch 1934 auf die ebenso knappe wie übertreibende Formel brachte: „Die Hauptschwierigkeit für die Hochschule ist heute, daß wir keine nationalsozialistischen Dozenten haben" (Feickert 1934: 19).

Schon die zweite Phase, die der Vorkriegszeit ab Mitte 1935, hat demgegenüber fast nur noch Verfestigungen erbracht. Zu grundlegender Weiterentwicklung kam es kaum noch. In der Röhm-Affäre wurde die SA entmachtet. Mit ihr verlor der NS-Studentenbund an Einfluß. Seine Übergriffe hörten auf, der Numerus Clausus entfiel, Studium und Forschung normalisierten sich, zumindest dem äußeren Anschein nach. Man lernte und lehrte in politikferneren Fächern fast wieder wie ehedem. Oder anders ausgedrückt: Staat und Partei gaben sich mit der Dienstbarkeit der Wissenschaft zufrieden. Reformen wurden zurückgestellt. Was an Zukunftsplänen geschmiedet worden war: die Auflösung der Großstadtuniversitäten etwa, eine völlig neue Fächerstruktur, die Abschaffung der Fakultäten und eine Studienreform mit Lagerleben und politischem Grundstudium für alle, – es verschwand in den Aktenschränken.

Stattdessen gab es Ansätze zu einer Wissenschaftstheorie, die auf Forschungsoffenheit in den Grenzen kontrollierter Themenwahl, vorgegebener Ziele und politischer Selbstbindung hinauslief. Und als im Sommer 1936, beinah zeitgleich mit den Berliner Olympischen Spielen, in Heidelberg die 550-Jahr-Feier der Universität begangen wurde, begangen wie ein internationales Fest, mit Abgesandten aus vieler Herren Länder, mit Talar und Barett und einer Ministerrede, die nicht gerade die Freiheit der Wissenschaft, aber doch die ihrer Resultatserzielung rühmte,[4] – da mochte mancher des Glaubens sein, das Schlimmste sei vorbei.

Es war aber nicht vorbei, denn dahinter stand die Zweckrationalität der Kriegsvorbereitung, und in der dritten Phase (der des Krieges) wurde der Zugriff der Diktatur wieder härter. Die Indienstnahme der Wissenschaft bemächtigte sich nun eines jeden, der nützlich schien: für die Rüstung, für die Propaganda, im Einzelfall für die politische Kriminalität. Ebenso litt das

Studium, besonders durch Kriegshilfsdienste aller Art, vom Luftschutz bis zur Trümmerräumung. Studieren durften nun nur noch wenige: Verwundete, Beurlaubte, Ausländer, Kranke, dafür wieder mehr Frauen. Ferner wurde die Regelstudienzeit massiv verkürzt: anfangs fast generell auf sieben Trimester, inklusive Examina also auf maximal zweieinhalb Jahre[5]. Und doch war selbst diese Kriegsphase von Ambivalenzen nicht frei. Denn gerade der Krieg öffnete auch Freiräume. Unter Berufung auf ihn ließen sich Arbeitsnischen schaffen. In gewisser Weise ging sogar der Einfluß der Partei zurück. Die Prioritäten des Krieges nötigten auch sie dazu, ihre Fernziele zu vertagen.

Überblicken wir die drei Phasen, so ist festzuhalten, wie früh einige Hauptmerkmale der NS-Hochschulpolitik sich abgezeichnet haben: die Volldurchsetzung des Herrschaftssystems, der Aufschub von fundamentalem Neubau und das zeitcharakteristische Manko an Rechtssicherheit bei der Umfunktionierung bestehender Institutionen. Hatte die erste Phase im Zeichen des Versuchs gestanden, eine „völkisch"-„arisch"-deutsche Wissenschaft neu zu begründen und organisatorisch zu untermauern, so stand während der zweiten und dritten die Absicht im Vordergrund, vorhandene Potentiale optimal einzusetzen, – für Zwecke des Systems oder, in der Sprache der Ideologie, zum Besten des „Volksganzen". Zu fragen ist, inwieweit das praktikabel war und was es im hochschulpolitischen Alltag bedeutete.

Es bedeutete zunächst, daß lange schon vor dem Krieg die Ziel- und Programmdiskussion verebbte und daß sich die Zukunftsperspektive im Ungewissen verlor. Nun gestattete die auf Mythen fixierte NS-Weltanschauung eine sachorientierte Programmatik nur bedingt und kaum in zentralen Bereichen. Gleichwohl hat es in den ersten Jahren durchaus Ansätze zur Präzisierung von Ziel und Weg gegeben. Alle hatten einen antimodernen Zug, gaben sich wissenschaftsskeptisch, rügten die Massenuniversität als Ausweis sozialer Fehlentwicklung und kulturellen Verfalls. Damit folgten sie aber keineswegs traditionalistischen Leitbildern. Denn sie wollten nicht zurück zur wilhelminischen Universität, beanspruchten vielmehr, revolutionär zu sein und eine Zukunftsvision zu haben. Das galt besonders für die Plänemacher der ersten Stunde, ob sie wie Heidegger die politisierende Rettung der Universität als Institution erstrebten oder wie die radikale SA im Gegenteil deren Beseitigung zugunsten von Führerschulen und Berufsfachausbildung, ob sie wie der Pädagoge Ernst Krieck die forschungsferne Gesamthochschule favorisierten, mit der Lehrerbildung als Mittelpunkt und unter Einschluß der technischen Fächer, oder wie Alfred Rosenberg, der Parteibeauftragte für die weltanschauliche Schulung, ein elitäres Gegenmodell, das sich „Hohe Schule" nannte und als „oberste Stätte für nationalsozialistische Forschung, Lehre und Erziehung" gedacht war.[6] Dieses ambitionierte Projekt dürfte die ernsteste Bedrohung der überkommenen Wissenschaft gewesen sein. Es blieb im Umriß jedoch vage und kam über Anfänge nicht hinaus. Zur definitiven Entscheidung raffte sich nie jemand auf. Stattdessen erklärte im Frühjahr 1939 das Reichserziehungsministerium, die endgültige Festlegung erfolge erst dann, wenn „sich die Grundgesetze unseres Seins und Handelns im Tatsächlichen bewährt haben" (Huber 1939: 18). Eine Verlegenheitsformulierung, aus der nicht zu ersehen war, worauf die Fakultäten und Fächer sich einzustellen hatten.

Im Grunde gab es keine einzige Autorität (ausgenommen den nicht befragbaren Führer), die von sich hätte sagen können, sie habe in diesen Dingen das letzte Wort. Einwirkungsmöglichkeiten hatten viele: anfangs vor allem das Hochschulamt der SA, der Lehrerbund und die Studentenführung, später auch Himmler mit seinem „Ahnenerbe", Heß mit seiner Kontrollkompetenz in Berufungsfragen und der spät gegründete Dozentenbund mit seinen Fachgutachtern. Nicht zu vergessen Bormanns Parteikanzlei und die Gauleiter und vollends nicht zu übergehen die für die Rüstung Zuständigen in Görings Vierjahresplan-Verwaltung und in der Wehrmacht. Sie alle rivalisierten untereinander und hatten dabei kompakte Interessen hinter sich. Das war nicht ohne weiteres eine Rivalität zwischen Partei und Staat, denn auch den Staat vertrat die Partei, oft aber ein Tauziehen um den Vorrang von Ideologie oder Effizienz sowie darüber, wie wehrpolitisch unabdingbar die Verwendung modernerer Methoden sei, wie nachteilig umgekehrt die prinzipielle Nichtbeachtung des internationalen Standards.

Hierbei hatte dann manchmal eine weitere Instanz einen gewissen Vorsprung, schon weil sie die meisten anderen an formalrechtlicher Zuständigkeit übertraf: das war das 1935 gegründete Reichserziehungsministerium als vorgesetzte Lenkungs- und Aufsichtsbehörde aller akademischen Lehranstalten und damit gleichfalls der Technischen Hochschulen. Der Vorsprung beruhte nicht auf dem Format oder dem Parteirang des Ministers. Von beidem konnte bei Bernhard Rust, dem braunschweigischen Studienrat, schwerlich die Rede sein. Sinn für fachliche Leistung und für Forschungseffizienz entwickelten aber manche Chefs seines Wissenschaftsamtes. Auch sie nicht etwa aus Distanz zur Partei, höchstens aus Abneigung gegen Rosenberg, und auch sie ohne Chance, wenn es in Schlüsselfragen um Hauen und Stechen ging. Im Alltag aber brachte die Ministerialbürokratie um 1936 bei Berufungsfragen und bei der Mittelvergabe Maßstäbe der Sachrationalität ins Spiel. Bei der Eindämmung des Ideologieprimats wirkten sie mit Rosenberg-Gegnern zusammen: mit der Wehrmacht, mit der Industrie und mit fachorientiert Denkenden an den Hochschulen selbst[7].

Möglich war das immer dann, wenn sich dort Restbestände der akademischen Selbstverwaltung in diesem Sinne aktivieren ließen. An sich war die Willensbildung reichseinheitlich geregelt. „Führer der Hochschule“, so hatte es in dem einschlägigen Erlaß von 1935 geheißen, „ist der Rektor. Er untersteht dem Reichswissenschaftsminister unmittelbar und ist ihm allein verantwortlich“ (Kasper u.a. 1942: I, 34). Dem Führerrektor wiederum unterstanden die Leiter der Studenten- und Dozentenschaft und de facto auch die Dekane. Nur die Rechtsstellung der eigentlichen Hochschulverwaltung, des Kurators oder Kanzlers also, blieb in der Schwebe. Diese Konstruktion war ein Unding: verwaltungsrechtlich und wissenschaftspsychologisch. Sie konnte unter günstigen Umständen aber Handhaben bieten zur Stützung von Wissenschaftsniveau und Forschungsinteressen. Alle Führerrektoren sind Nationalsozialisten gewesen. Ohne das Plazet der Partei gelangte niemand in das Amt. Aber nicht alle waren Parteigenossen aus der Zeit vor 1933. Auch wurde bei ihrer Auswahl Wert gelegt auf einen gewissen Rückhalt im Lehrkörper. Wahlähnliche Elemente der Rektorenfindung hielten sich noch 1935.[8] Vor allem entstammten alle Rektoren dem Kreis der auf Lebenszeit berufenen ordentlichen Professoren, also der Ordinarien. Diese Gruppe hatte viel vom alten Glanz verloren. Schon 1933 stand ihr Kurs, wie der Kirchengeschichtler Hans Lietzmann es einmal brieflich ausgedrückt hat, „tief unter pari" (Aland 1979: 741). Und eine Denkschrift, die während des Krieges kursierte, machte die NS-Agitation dafür verantwortlich: „Der Professor gilt, da man ihn einfach zum ‚Intellektuellen' stempelt, geradezu als grundsätzlich anfechtbare Erscheinung" (Seier 1964: 108). Immerhin aber hatten die Ordinarien als Gruppe den Umbruch überdauert. Daß der Führerrektor einer der ihren war, wertete sie auf. Auch schlug bei ihnen Fachautorität weiterhin zu Buche. Auf einen Lehrstuhl wurde bis auf Ausnahmen niemand berufen, der nicht habilitiert war. Und der Ruf hing zwar zu hohen Teilen, nicht aber ausschließlich vom politischen Leumund ab.

Andererseits kann man nicht eigentlich sagen, die im Führerrektor personifizierte Wissenschaftsdiktatur sei universitäre Verfassungswirklichkeit geworden. Dem stand einmal entgegen, daß Senate und Fakultäten auch nach Wegfall des förmlichen Abstimmungsrechts als Konsensfindungsgremien weiterbestanden. Zum anderen (und das war wichtiger) hielt sich der Antagonismus zwischen den Statusgruppen. Einflußreich war vor allem der örtliche Dozentenführer. In den Akten fungiert er gelegentlich als „Gegenrektor", sogar von „Doppelherrschaft" (Seier 1988: 270) ist die Rede. In Berufungsfragen hatte er eine Art Vetorecht. Hinter ihm stand gewöhnlich die Parteileitung, während der Rektor vermittelte und das Ministerium, wenngleich schwankend, lavierend und im Streitfall zurückweichend, den Ordinarienstandpunkt zu decken suchte. Nicht ganz so mächtig war die örtliche Studentenführung. Auch sie aber verstand sich eine Zeitlang als negative Berufungsinstanz. Später sank ihr Gewicht in dem Maße, wie die Studentenschaft sich von ihr löste. „Insgesamt", so resümierte das Reichssicherheitshauptamt bereits im Lagebericht 1938, „ist bei den jungen Studenten die Tendenz zu beobachten, sich möglichst von jeder Art der politischen Betätigung fernzuhalten" (Seier 1984: 155).

Alles in allem: Es ist zur Vollintegration der Gruppen und zum Führerrektor im Wortsinn höchstens im Ansatz gekommen. In der Fortdauer der Ordinariendominanz und im gruppendynamischen Antagonismus kündigten sich vielmehr schon Nachkriegskontinuitäten an. An diesen Grundgegebenheiten orientierten sich Hochschullehrer, die möglichst selbstbestimmt ihr Fach verwalten wollten.

III.

Das alles betraf indessen nicht nur die Universitäten. Es betraf ebenso die Technischen Hochschulen.[9] Auch sie hatten Führerrektoren. Auch ihre Wirklichkeit war vom Führungsanspruch der Partei und von unterschwelliger Gruppendynamik markiert. Gleichwohl bestanden Unterschiede. Denn der Führerstaat benötigte die Technik, und zwar zunehmend mehr als die Universitäten. Außerdem gab es Distanzen zwischen den beiden Formen akademischer Forschung und Lehre, die in der Emanzipationsgeschichte der Technik als Wissenschaft wurzelten.

Das nationalsozialistische Technikbild[10] schwankte. Es war negativ im Kontext der antimodernen Agrarromantik, positiv im Lichte militärischer Absichten. Bei Hitler in seinem Buch „Mein Kampf" überwog das letztere. Er lobte die Technik: als schöpferische Kraft, als arische Hervorbringung, als Trumpfkarte im Krieg (Hitler 1932: 317f., 495ff., 748f.). Gemeint war allerdings die personale Leistung, vor allem der angewandte Erfinder-Erfolg, speziell mit Blick auf die Rüstung. Daß Erfolg nicht möglich war ohne Grundlagenforschung, ohne die Fortschritte der theoretischen Naturwissenschaften, ohne industrielles Management und entsprechendes Ausbildungsniveau, kam nicht zur Geltung. Wenigstens aber ließ sich das oft zitierte Führervotum als Abschwächung des Zivilisations-Pessimismus deuten. Noch bei Spengler im „Untergang des Abendlandes" war die Maschinenwelt eine Horror-Vision der Dekadenz gewesen, abfällig konnotiert wie die Großstadt und das Großkapital (Spengler 1959: 397f.).

Wie standen nun umgekehrt die Techniker ihrerseits zum Staat? Sie betonten bis 1933 in der Mehrzahl die politische Wertneutralität. Die Konsequenz konnte sein, daß eine gemeinnützige Ausgleichsfunktion zwischen Kapital und Volk den Zielpunkt bildete, denn die Ingenieure in ihrer nichtbeamteten Stellung dachten meist weniger konservativ als Naturwissenschaftler und Professoren. Die Konsequenz konnte nüchtern und drastisch aber auch so formuliert werden wie in einer Schrift aus dem Jahr 1927, worin es hieß: „Welche Form der Staat hat, ist dem Ingenieur höchst gleichgültig, genauso gleichgültig wie die Frage, ob das Maschinenhaus mit weißen oder grünen Kacheln ausgelegt ist; wesentlich ist, daß die Maschine arbeitet, und zwar mit anständigem Wirkungsgrad" (Ludwig 1974: 42). Wer diesen Standpunkt teilte, schirmte sich ab gegen Ideologie, auch gegen die der NSDAP. Von den 300000 Ingenieuren, Architekten und Chemikern im Deutschland von 1932/33 haben nur 7000, also wenig über zwei Prozent, der Hitlerpartei angehört, deutlich weniger als in vergleichbaren Mittelstandskreisen (Ludwig 1974: 106f.). Die Resonanz nahm freilich zu, als Hitler am Ruder war, als nicht mehr nur Leute wie Feder und Ley, sondern auch wie Todt und später Speer den Berufsstand in der Führungsspitze vertraten und als anstatt des industriekritischen linken Parteiflügels ein vermeintlicher Wirtschaftspragmatismus sich durchsetzte, der mit Arbeitsbeschaffung durch Autobahnbau und mit Autarkie durch Innovation gerade auch Technikbelange ansprach. Die Berufsgruppe sah sich gefordert und umworben, und die Zahl der Parteimitglieder wuchs, wobei mitsprach, daß sich durch die Lockerung des Juristenmonopols nun auch Verwaltungslaufbahnen öffneten. Gewinn an politischem Einfluß aber war damit kaum verbunden. Selbst in der Ära Speer ab 1942, Höhepunkt der Rüstungsmobilisierung, konnte von wirklicher Technokratie nur in Partialbereichen die Rede sein.

So hat sich trotz wachsender Bedeutung der Technik denn auch kein wesentlicher Vorteil für die Technischen Lehranstalten daraus ergeben. Sie blieben Stiefkinder des Systems wie die Wissenschaft im allgemeinen, bloß ohne den Rückhalt einer in Jahrhunderten entstandenen und in sich ruhenden Tradition. Keiner der großen Einschnitte der Machtergreifungsphase hat die Technischen Hochschulen verschont. Alle zehn – von den drei größten (Berlin, München, Dresden) über die vier im Norden (Aachen, Hannover, Braunschweig, Breslau) bis zu den drei süddeutsch geprägten (Darmstadt, Karlsruhe, Stuttgart) – alle zehn sammelten Umsturzerfahrung mit studentischen Kampfgruppen, erfuhren Einbußen an Lehrpersonal, nahmen widerspruchslos den Numerus Clausus und das Führerprinzip hin. Dazu kamen dann die Sonderprobleme: wegen der – im Vergleich mit den universitären Fakultäten – oft größeren Nähe zu Praxis und Industrie und wegen der undeutlicheren Zukunft.

Was die Studentenschaft anbetrifft, so hatte sie sich zögernder als an den Universitäten der NSDAP geöffnet. Nur in Berlin, Breslau und Karlsruhe erzielte der NS-Studentenbund bei Asta-Wahlen vor 1933 eine absolute Mehrheit. In Hannover dagegen kam er nie auf über 20%, und in Braunschweig und Darmstadt erlitt er gerade im Januar 1933 auffällig starke Verluste (Ludwig 1974: 105f.). Die weitere Entwicklung ist zunächst vom Numerus Clausus bestimmt gewesen. Die Studentenzahl sank dramatisch, an den zehn Hochschulen zusammen um über die Hälfte (von 20000 auf 9000), was umso bedenklicher war, als zugleich der Bedarf an qualifiziertem Nachwuchs stieg. Denn 1935 endete die Arbeitslosigkeit in den Ingenieurberufen. Drei Jahre später, im Zeichen von Aufrüstung und Vierjahresplan und mit Blick auf die 1940er Jahre, winkten schon 30000 offene Stellen. Darauf reagierte der Maßnahmenstaat mit Hektik. Wer Luftfahrttechnik oder Schiffbau studieren wollte, brauchte schon 1936 kein Abitur mehr: die Versetzung nach Oberprima genügte. Schließlich wurde generell das 13. Schuljahr gestrichen und für sämtliche Technikstudenten die Ausbildung auf sechs bis höchstens sieben Semester, zeitweilig Trimester, verkürzt (Ludwig 1974: 280, 286f.). Trotzdem wuchs die faktische Frequenz nur wenig. Dafür kam zum Nachwuchsmangel nun noch der Niveauverlust hinzu.

Weiterer Verlust trat durch Entlassungen und Berufungen von Professoren ein. Zwar nahm die Verdrängung von Lehrenden aus politischen und rassistischen Gründen nicht ganz das Ausmaß wie an den Universitäten an. Die Quote, die ja auch von früherer Berufungspraxis abhing, schwankte zwischen zehn und zwanzig Prozent. Wo sie höher lag, wie mit ca. 25% an der TH Berlin (Rürup 1979: I, 28), war dies atypisch. Auch ist zu bedenken, daß anfangs mancher nur schwach Betroffene Unterschlupf fand in der Industrie oder der wehrmachtnahen Forschung. Wie denn auch die Hinwendung zu besser dotierter Firmentätigkeit gerade bei Hochschultechnikern keine Seltenheit war. All dies aber erschwerte die Neubesetzung. In die frei gewordenen Stellen rückte NS-orientierter Nachwuchs ein, dessen Qualifikation nicht immer außer Zweifel stand. Es kam auch zu technikinternen Umwidmungen. In Berlin etwa wurde eine gänzlich neue fünfte Fakultät geschaffen: die wehrtechnische mit zuletzt 14 Ordinariaten (Rürup 1979: I, 473). Neue Fächer, von der Flugphysik bis zur Wehrchemie, entstanden auch anderswo. Bei alledem blieb wie an den Universitäten der klassische Hauptfächerkranz aber erhalten. Von Stellenstreichungen wurden die technischen Fächer weniger berührt als die universitären Naturwissenschaften, die aber auch ihrerseits weniger litten als Jurisprudenz oder Theologie[11].

Die schwierige Frage ist die, wie speziell an den Technischen Hochschulen das Führerprinzip wirkte. Vergleichende Forschungen[12] liegen kaum vor. Aufgrund von Akten, darunter Protokollen von Rektorenkonferenzen, läßt sich vielleicht folgendes sagen. Zunächst ist sicher, daß die Politisierung der Selbstverwaltung auch die Technischen Hochschulen ergriff.

Ein wesentlicher Unterschied zu den Universitäten ist nicht zu erkennen. Wie dort gab es auch hier einzelne Hochschulen mit radikalerer NS-Grundierung. Als solche galten Berlin und Karlsruhe, schon wegen v. Arnim und Rudolf Weigel als Rektorpersönlichkeiten, während andere wie Stuttgart oder die TH München ein vergleichsweise konservativeres Image hatten.[13] Auch diesbezügliche Gegensätze in den Lehrkörpern sind nachzuweisen. Darauf deuteten unter anderem die Ergebnisse der wahlähnlichen Rektornominierungen vom Februar 1935 hin, bei denen sich in manchem Fall (so selbst in Berlin und München) nur eine Minderheit oder recht knappe Mehrheit für die vom Dozentenbund jeweils Begünstigten aussprach (Heiber II/2 1994: 30, 48). Dagegen spielten fachideologische Gegensätze wohl zumeist eine geringere Rolle. Ihr Hauptkriegsschauplatz war die universitäre Physik, wo die Gruppen um die Nobelpreisträger Lenard und Stark, Verfechter der antitheoretischen sogenannten „Deutschen Physik", die Maßstäbe setzten. Von den Schwerpunktfächern der Hochschulen, also Architektur, Bau- und Elektrotechnik, Maschinenbau, Chemie, wird ähnliches nicht berichtet, einige Stuttgarter Architekten höchstens ausgenommen. Man kann daraus sicher nicht folgern, es habe so etwas wie Fachautonomie gegeben. Wohl aber gab es ein Gefälle an Autonomiebedrohung. Dabei hatten die Praktiker größere Abschirmungsmöglichkeiten.

Ihre Sorgen gingen dafür in andere Richtung. Sie betrafen einerseits die Eigenständigkeit, andererseits die Forschung. Jeder wußte um Bestrebungen, Universitäten und Hochschulen zusammenzulegen.[14] Das ging konkret vor allem die größte und die kleinste an: Berlin, wo eine „Reichsuniversität Adolf Hitler" in Vorbereitung war, mit den Charlottenburger TH-Instituten als Brillanten in der Krone, andererseits Breslau, wo der fast schon peinliche Rückgang der Studentenzahlen zur Rationalisierung drängte. Aber auch Hannover und Braunschweig waren Fusionskandidaten. Am Ende blieb alles Gedankenspiel. Es schuf aber Beklemmung, zumal mancher Zusammenlegungsplan, besonders das Gesamthochschulprojekt Ernst Kriecks (Müller 1978: 387), die Techniker mit möglichem

Verlust erkämpfter Statussymbole konfrontierte, während die nichttechnischen TH-Fächer der allgemeinen Abteilungen in vermehrtem Grad politisiert worden wären.

Doch größer war die andere Sorge: die um die Forschung. Eine Sorge, die, soviel wir wissen, nicht oder nicht vordringlich fixiert war auf Fragen, wie man sie im Rückblick gern gestellt und beantwortet sähe und deretwegen gequält zu sein Veranlassung bestanden hätte. Es ging den hochschulnahen Zeitkritikern und Denkschriften-Verfassern nicht um das Für und Wider von Kriegswaffenproduktion, nicht um die Ungeheuerlichkeit der Massenvernichtung, nicht um Motive und Interessen daran beteiligter Firmen – ganz abgesehen davon, daß die Denkbedingungen der Diktatur verkennt, wer in den Quellen der Zeit Bekenntnisse solcher Art sucht. Die Sorge der Technikwissenschaftler zumal im Kriege war vielmehr die, es könne bei der Forschungsplanung zu Versäumnissen kommen. Oder überhaupt zu Fehlern, die auf Unkenntnis, Mangel an Tatsachensinn, ideologischem Wunschdenken beruhten und langfristig auch die Nachkriegsentwicklung aufs Spiel setzen konnten. In diesem Sinne argumentierte ja auch Rüstungsminister Todt, als er, gestützt auf die Sachrationalität der Techniker, im November 1941 mit Blick auf die Frontlage von Hitler den Abbruch des Krieges verlangte (Ludwig 1974: 389).

Wie sehr es von Anfang an an realistischem Kalkül gefehlt hat, zeigte zuerst die Förderung der sogenannten „Deutschen Physik". Die Bewegung hat zwar nie mehr als fünf bis zehn Prozent der entsprechenden Lehrstühle gewonnen (Beyerchen 1980: 197, 232f., 239). Und sie schien zurückgedrängt, als es ihr 1936 nicht gelang, die beiden wichtigsten Forschungsinstitutionen auf Dauer in die Hand zu bekommen: die Deutsche Forschungsgemeinschaft und die Kaiser-Wilhelm-Gesellschaft. In beider Leitung dominierten von da an Fachleute des Reichserziehungsministeriums bzw. der chemischen Industrie. Und alles überwölbte seit 1937 obendrein der nicht nach Parteibuch zusammengesetzte Reichsforschungsrat, an dessen Spitze ein Artillerie-General stand, der zugleich an der TH Berlin eine Physik-Professur innehatte.[15] Trotzdem wurde eine ideologiefreiere Lenkung nicht erreicht. Noch 1939 glückte der „Deutschen Physik" mit der Sommerfeld-Nachfolge in München eine Lehrstuhleroberung von besonderem Rang (Beyerchen 1980: 207ff.).

Dazu kamen die Folgen von Rassendogma, Autarkie und wissenschaftsskeptischer Bildungspolitik im allgemeinen. Rückläufig waren Examensergebnisse, Patentanmeldungen (Ludwig 1974: 227), Signale der Auslandsresonanz deutscher Entwicklungen, wobei der Emigrationseffekt eine Rolle spielte, desgleichen die vom Vierjahresplan begünstigte bloße Zweckforschung. Daß die Grundlagenforschung vernachlässigt werde, rügte im Jahreslagebericht für 1938 sogar schon das Reichssicherheitshauptamt (Seier 1988: 280). Auch aus der Sicht von TH-Experten war schon vor Kriegsbeginn die Schieflage eindeutig. Es hat schon damals eine Welle von Unmut gegeben, und eine Anmahnung aus dem Kreis der TH-Ordinarien trug zumindest dazu bei, daß es zu später Stunde noch zu einer Art Umkehr kam. Denn als sich im April 1940 William Guertler, Leiter des Dresdener Instituts für Werkstoffkunde, mit einem Klagekatalog an Hitler persönlich wandte, sandte die Reichskanzlei Ablichtungen davon an alle obersten Reichsbehörden. Damit kam eine Debatte in Gang, an deren Ende die Freigabe der theoretischen Physik und eine Rechtfertigung ihrer Vertreter stand. Das geschah 1943, zwei Jahre vor Kriegsende, und hat nicht mehr viel bewegt. Es ist aber für die Selbstdarstellung der Physiker in der Nachkriegszeit von erheblicher Bedeutung gewesen.[16]

Die Guertlersche Initiative war nicht die einzige ihrer Art. Ähnliche Denkschriften, auch von TH-Professoren, finden sich vielfach in den Akten.[17] Dennoch darf man sie wohl nicht als exemplarisch ansehen. Typischer für den Berufsstand war ein Verhalten, das eher auf Meidung von Konflikten bedacht war und sich bei der Abschirmung gegen Ideologie probater Mittel bediente. Obenan stand dabei die Schutzsuche bei mächtigen Mentoren: bei der Industrie vor allem und bei der Wehrmacht. Diesen Weg haben mit viel Erfolg insbesondere die Chemiker[18] beschritten. Er hatte den Vorteil, daß es zu

Kämpfen wie um die Physik nicht kam, daß die Rüstungsrationalität viel handgreiflicher alles deckte, daß die Machtstellung von IG-Farben ein Panzer im Alltag war. Überdies boten sich Zukunftsperspektiven über den Krieg hinaus. Denn was im Forschungslabor der Kriegszeit entwickelt wurde, war oft von Wert auch für die Friedenswirtschaft. Obendrein geriet, wer diesen Weg wählte, nicht mal ins Fadenkreuz der Partei. Die Vierjahresplan-Verwaltung unterstützte ihn. Es gab an allen Technischen Hochschulen zusammen bis Kriegsende etwa 25 Vierjahresplan-Institute (Ludwig 1974: 233). In der Ära Speer wurde die Industrie-Orientierung geradezu staatsoffizelles Credo.[19] Andererseits ist die Forschungseffektivierung durch Anlehnung an Industrie und Wehrmacht zugleich Teilhabe an der Kriegsverlängerung gewesen. Mehr noch: Auch eine weitere Stufe der Kriegsbarbarisierung wurde dadurch mitermöglicht. Gerade Chemiker standen deshalb später nicht selten im Zwielicht.

Im ganzen freilich überwog nach dem Krieg die Bereitschaft, die Rolle der Wissenschaft im Führerstaat differenziert zu sehen. Es gab Stimmen, die sie in die Nähe eher der Opposition als der Kollaboration rückten. Man muß sich, um dies zu verstehen, an die wissenschaftsfeindliche Atmosphäre im Führerstaat erinnern. Er stand den fachelitären, meist konservativeren Teilen von Bürgertum und Beamtenschaft ablehnend oder mißtrauisch gegenüber. Weckte dies bei den davon Betroffenen damals vielfach Angst und Sorge, so blickten sie nach dem Ende der NS-Zeit mit desto größerer Genugtuung darauf zurück. Nicht zuletzt viele Naturwissenschaftler betonten nun mit einigem Stolz ihre fachwissenschaftliche Selbstbehauptung.[20] Mittlerweile sind Urteile solcher Art seltener geworden. Häufiger liest man das Gegenteil. Und es ist auch nicht darum herum zu kommen: Kein Fach blieb völlig autonom, keine Lehranstalt ganz ohne NS-Signatur, keine Wissenschaft absolut hitlerfrei.

Wohl aber gab es (und so fasse ich meinen Befund zusammen) eine Stufenleiter der Anpassung und ein Gefälle partieller Abwehr. Die NS-Hochschulpolitik ermöglichte diesen Sachverhalt ungewollt-funktional, indem sie die anfangs intendierte Fundamentalreform unterbrach und sich in wichtigen Bereichen mit der Dienstleistung der Wissenschaft begnügte. Das öffnete Spielräume. Nur eben Spielräume ambivalenter Art: zur Weiterführung von Forschung und Lehre und zur Anbahnung von Nachkriegskontinuitäten, jedoch unter der Voraussetzung politischer Fungibilität und entsprechender Einordnung in die Rüstungs- und Kriegswirtschaft. Wer diese Spielräume nutzte, tat Dienst an der Wissenschaft und, mehr oder minder unfreiwillig, Dienst am System zugleich. Das galt auch für die Technik und ihre Adepten. Sie glaubten sich vergleichsweise immun gegen Ideologie und Mythos und erwiesen sich doch als gebunden. Unterlagen sie doch sogar einer spezifischen Dämonie: derjenigen ihrer immer mehr gesteigerten, immer mehr entfesselten Möglichkeiten.[21]

Gerhard Hirschfeld

Die nationalsozialistische Neuordnung Europas und die „Germanisierung“ der westeuropäischen Universitäten

Vor mehr als 57 Jahren fand an der Universität von Krakau ein Ereignis statt, das in den sorgfältig geführten Akten des Generalgouvernement Polen unter der Bezeichnung „Sonderaktion Krakau“ festgehalten ist. Zur (infolge von Krieg und Besatzung verspäteten) Eröffnung des Wintersemesters am 6. November 1939 waren wie üblich sämtliche Professoren und Dozenten der Jagiellonen-Universität und der Berg-Akademie Krakau in den großen Hörsaal des „Collegium Novum“ geladen. Als Redner hatte sich der Chef der Gestapo Heinrich Müller angesagt und das von ihm vorgeschlagene Thema lautete: „Die Haltung des Deutschen Reiches und des Nationalsozialismus gegenüber Wissenschaft und Universität“. Die gesamte Veranstaltung dauerte nicht einmal fünf Minuten, aber bereits in dieser kurzen Zeit wurde die Haltung des Nationalsozialismus gegenüber Wissenschaft und Universität mehr als deutlich. Alle anwesenden polnischen Professoren und Dozenten wurden verhaftet und in ein nahegelegenes Konzentrationslager deportiert (Batowski 1978, Gaweda 1981). Die „Sonderaktion Krakau“ war der Beginn einer Politik, die mit äußerster Brutalität und Entschiedenheit darauf angelegt war, die gesamte polnische Intelligenz auszurotten. Wie Christoph Kleßmann in seiner Studie über die „Nationalsozialistische Kulturpolitik und polnische Widerstandsbewegung im Generalgouvernement 1939–1945“ anschaulich gezeigt hat (Kleßmann 1971), gab es kein anderes europäisches Land innerhalb des geschlossenen nationalsozialistischen Machtbereichs, in dem die politische, aber vor allem auch die kulturelle Auslöschung einer gesamten Nation derart explizit zum Programm erhoben wurde.

Dies führt zu der grundsätzlichen Überlegung, ob es jenseits der Grenzen des Altreichs eine nationalsozialistische „Kultur-" und „Wissenschaftspolitik" gab, die diesen Namen auch nur ansatzweise verdient hätte. Welche Rolle war beispielsweise den Universitäten in den besetzten Ländern Nord- und Westeuropas zugedacht, in denen die einheimische Bevölkerung, gemäß dem nationalsozialistischen Modell einer Höherwertigkeit der Rassen, als natürliche Verbündete des neuen Deutschland angesehen wurde? Ist es überhaupt zulässig, von einer deutschen „Universitätspolitik" in den besetzten Ländern Westeuropas zu sprechen? Was verstanden die Nationalsozialisten unter der von ihnen propagierten „Neuordnung der Universitäten im besetzten Westeuropa"? Am Beispiel von drei Hochschulen, den Universitäten Leiden, Gent und Straßburg, soll im folgenden eine Antwort auf diese Fragen gegeben werden. Zu berücksichtigen ist allerdings, daß den drei Universitäten sehr unterschiedliche Funktionen zugedacht waren und sie darüber hinaus den Bedingungen divergierender Besatzungs- bzw. Herrschaftssysteme unterlagen.

I. Die „Germanische Universität" Leiden

Was die besondere Verwaltungsstruktur des „Reichskommissariats Niederlande" betrifft, die von dem SS-Juristen Werner Best als eine „Aufsichts- und Führungsverwaltung" beschrieben wurde,[1] setzte diese spezifische Form deutscher Herrschaft geradezu die aktive Zusammenarbeit, d.h. eine Kollaboration in fast allen Bereichen, seitens der niederländischen Bevölkerung voraus. Das anfängliche Fortbestehen eines funktionierenden Erziehungs- und Ausbildungswesens in den besetzten Niederlanden rekurrierte also keineswegs auf humanitäre Überlegungen der Besatzungsmacht und entsprach auch nicht der deutschen Absicht, die bestehenden niederländischen

Institutionen *eo ipso* zu erhalten oder zu tolerieren, sondern war das Ergebnis der in diesem Herrschaftstypus angelegten Notwendigkeit, die Struktur der einheimischen Verwaltung sowie die meisten öffentlichen Institutionen weitgehend unangetastet zu lassen. Doch wie ließ sich andererseits diese Eigenverantwortung im öffentlichen Leben der besetzten Niederlande mit den bekannten ideologischen Zielsetzungen der nationalsozialistischen Weltanschauung vereinbaren? Dies war das objektive Dilemma, mit dem sich die Chefs der deutschen Besatzungsverwaltung, Reichskommissar Seyß-Inquart und seine vier Generalkommissare, konfrontiert sahen (Hirschfeld 1984: Kap. 1).

Der hierbei zugrundeliegende Widerspruch wurde für die niederländischen Universitäten besonders evident mit der Verhängung der antijüdischen Maßnahmen und Anordnungen. Analog zur Entwicklung in Deutschland in den dreißiger Jahren wurden auch die niederländischen Juden (sowie die in den Niederlanden lebenden, dorthin emigrierten deutschen Juden) zunächst zunehmend gesellschaftlich isoliert und rechtlich ausgegrenzt und schließlich in eine allgemein menschliche Sonderstellung verwiesen. Auf Anordnung des Reichskommissars wurden bereits Ende November 1940 alle jüdischen Beamten und Angestellten von ihren Ämtern vorläufig suspendiert und drei Monate später endgültig entlassen (Hirschfeld 1991: 140). Wie bei nahezu all seinen öffentlichen Maßnahmen hatte sich der Reichskommissar zuvor der Mitwirkung der niederländischen Generalsekretäre (als Chefs der Ministerien) versichert und diese anschließend mit den Ausführungen seiner Anordnungen betraut. Offener Widerstand gegen die Maßnahmen der Besatzungsmacht innerhalb der Ministerien und Verwaltungen gab es kaum, und auch interne Proteste und Weigerungen einzelner Beamter waren in diesem wie in anderen Fällen eher selten.

Ganz anders sah es an den Hochschulen des Landes aus. Zahlreiche Professoren und Dozenten, vor allem aber viele Studenten, reagierten auf die Zwangsentlassungen mit Unterschriftenaktionen, Protestdeklarationen und Petitionen, in denen sie sich auf das nach wie vor bestehende niederländische Recht wie allgemein auf die Menschenrechte bezogen. An der Universität von Leiden, wo 31 Hochschulangehörige aufgrund der sog. „Arierbestimmungen“ entlassen worden waren – unter ihnen der international bekannte Experte für bürgerliches Recht Professor E. M. Meijers –, reagierten Studenten *aller* Abteilungen, also nicht nur die Juristen, mit dem Boykott von Vorlesungen und Seminaren (Idenburg 1978: 140–147). Die Aktion der Mehrzahl der Studenten an der Universität Leiden entsprang dabei keineswegs starken politischen Überzeugungen oder gar einer ausgeprägten demokratischen Tradition. Nur wenige Studenten waren in der Vorkriegszeit ausgesprochen politisch interessiert oder hatten sich gar politisch betätigt. Die meisten Studenten entstammten dem mittelständischen Bürgertum, sie waren eher liberal-konservativ orientiert, und sie organisierten sich, sofern überhaupt, in den sog. „Corpora“ oder in anderen studentischen Clubs und Verbindungen. Die Verbindungskomitees der niederländischen Studentenvereinigung, die sich spontan im Sommer 1940, also bereits während der Besatzungszeit, an nahezu allen Universitäten und Hochschulen des Landes konstituiert hatten, spielten bei diesen Aktionen keine entscheidende Rolle. Allerdings hatten sie in ihren Verlautbarungen bereits sehr früh zur Wahrung der intellektuellen Freiheit und der Unabhängigkeit der wissenschaftlichen Ausbildung aufgerufen (Studenten onder de bezetting, 1956).

Die zuständigen deutschen Behörden, an ihrer Spitze der verantwortliche Generalkommissar Wimmer, reagierten wie nicht anders zu erwarten war. Sie ordneten die Schließung der Universität Leiden an und verfügten zugleich auch die Einstellung des Lehrbetriebs an der Technischen Universität in Delft, wo die Studenten ebenfalls einen Boykott ausgerufen hatten. Doch während der Lehrbetrieb in Delft bereits im April 1941 wieder aufgenommen wurde, blieb die Universität Leiden für die Studenten offiziell für den Rest des Krieges geschlossen. Lediglich die Durchführung von Prüfungen und einige Studienabschlüsse wurden nach 1941 noch zugelassen. Die meisten Studenten der Universität schrieben sich an benachbarten Hochschulen ein, mehr als die Hälfte von ihnen an der Städtischen Universität von Amsterdam. Während der Lehrbetrieb in Leiden ruhte, blieben jedoch die Fakultäten geöffnet, mit anderen Worten: ausschließlich die Forschung und die Universitätsverwaltung funktionierten zunächst unter den eingeschränkten Bedingungen einer Besatzungssituation weiter.

Es war natürlich kein Zufall, daß gerade die Universität Leiden zum Zentrum des niederländischen Widerstandes an den Hochschulen des Landes wurde. Ebensowenig war es ein Zufall, daß die deutschen Besatzungsbehörden gerade diese Universität einer besonders scharfen Neuordnungspolitik unterzogen. Die Universität Leiden ist die älteste Universität der Niederlande: sie wurde 1575, drei Jahre nach dem Aufstand der holländischen Provinzen gegen die spanische Herrschaft, gegründet und galt stets, mit ihrer ehrwürdigen Bibliothek und ihren reichen Sammlungen, geradezu als ein Symbol der niederländischen Unabhängigkeit und Freiheit. Sowohl dem Selbstverständnis der Universität nach als auch in der Einschätzung der Besatzungsbehörden war Leiden der „Exponent [...] eines westlich orientierten demokratischen Liberalismus“ – so das Fazit einer internen Studie über die niederländischen Hochschulen, die der deutsche Generalkommissar für Verwaltung und Justiz Wimmer im Sommer 1940 in Auftrag gegeben hatte.[2]

Es waren nicht nur die Studenten, die in Leiden gegen die Diskriminierungen und Entlassungen der jüdischen Professoren protestierten. Auch Professoren und Dozenten hatten sich, wie bereits erwähnt, mit Unterschriftenaktionen und Bittschriften zugunsten ihrer jüdischen Kollegen eingesetzt. Der vom Reichskommissar neu berufene Generalsekretär für das Unterrichtswesen, Kunst und Wissenschaft, der niederländische Nationalsozialist Van Dam ordnete daraufhin die Entlassung dieser Hochschullehrer und ihre Ersetzung durch deutschfreundliche oder sich offen zum Nationalsozialismus bekennende Niederländer an (Knegtmanns 1996: 272). Es waren vor allem Mitglieder der NSB, der sog. nationalsozialistischen Bewegung der Niederlande, besser bekannt als „Mussert-Bewegung" (so genannt nach ihrem Anführer Anton Mussert), die nun in die vakanten Positionen aufrückten. Die NSB war bei Beginn der Besatzungsherrschaft noch eine politisch unbedeutende, wenngleich sehr lautstarke faschistische Partei mit etwa 32000 Mitgliedern gewesen. Ihre Zahl stieg während der nächsten Jahre auf etwa 100000 Mitglieder und organisierte Sympathisanten an. Nach der erzwungenen Auflösung der früheren parlamentarischen Parteien erklärten die deutschen Behörden im Dezember 1941 schließlich die NSB zur einzig noch zugelassenen Partei (vgl. hierzu und zum folgenden Hirschfeld 1984: Kap. 6).

Die Lancierung von NSB-Mitgliedern und pro-deutschen Wissenschaftlern in akademische Positionen geschah im übrigen in nahtloser Übereinstimmung mit der von Reichskommissar Seyß-Inquart betriebenen Politik einer „Selbst-Nazifizierung" der Niederlande. Als geeignetes Mittel hierzu wurden von ihm vor allem personalpolitische Veränderungen innerhalb der niederländischen Gemeinde- und Staatsverwaltungen angesehen. Zwischen Oktober 1941 und Juli 1943 etwa stieg die Anzahl der sog. NSB-Bürgermeister von etwa drei auf beinahe 35%. Da vorzugsweise die Bürgermeisterposten der größeren Städte und Gemeinden mit Anhängern der NSB besetzt wurden, lebte im Sommer 1944 schließlich weit über die Hälfte aller Niederländer unter einem nationalsozialistischen Stadtoberhaupt. Alle Versuche der Besatzungsbehörden jedoch, auch die nachgeordneten Verwaltungen mit in ihren Augen politisch zuverlässigen Beamten und Angestellten zu durchsetzen, blieben erfolglos. Lediglich in einigen Gemeindeverwaltungen, besonders im Süden der Niederlande, lag der Anteil der NSB-Mitglieder deutlich über dem Landesdurchschnitt. Anders hingegen sah es in jenen Behörden aus, die, zumal in Anlehnung an reichsdeutsche Institutionen, neu gebildet oder errichtet wurden, wie etwa das niederländische Ministerium für Volksaufklärung und Künste, das sich von Beginn an als eine Domäne der NSB präsentierte. Weder die Errichtung derartiger nationalsozialistischer Institutionen noch die Durchsetzung von Verwaltungen mit einheimischen Nationalsozialisten riefen einen irgendgearteten öffentlichen Protest oder gar Aufruhr innerhalb der niederländischen Bevölkerung oder aber auch der Verwaltung selbst hervor.

Ganz anders hingegen war die Situation an den niederländischen Universitäten, zumal in Leiden. Die Ankündigung der Besatzungsmacht, alle bislang von jüdischen Wissenschaftlern eingenommenen Professuren künftig mit Nationalsozialisten zu besetzen, und vor allem die Entlassung von Professor R. Kranenburg, der führenden Autorität des Landes für Verfassungsrecht, spitzten die ohnehin bestehende Krise weiter zu. Als Reaktion hierauf erklärten 58 Professoren und Dozenten, daß sie nicht mehr bereit seien, ihren Aufgaben an der Universität noch weiter nachzukommen. Bis zum Mai 1942 legten ca. 80% der Mitglieder der juristischen Fakultät ihre Arbeit nieder und schieden in der Mehrzahl aus ihren Positionen aus. Eine Anzahl dieser Professoren wurde später als Geiseln verhaftet und in St. Michielsgestel interniert. Die Universität Leiden wurde daraufhin auf Anweisung des Reichskommissars geschlossen und existierte fortan weder als Lehr- noch als Forschungsstätte. Nur in einigen Kliniken und physikalischen Laboratorien der Hochschule fand noch ein einigermaßen geregelter Betrieb statt (vgl. Idenburg 1978: 203–215).

Auch an den übrigen niederländischen Universitäten spitzte sich die Situation immer mehr zu. Im Februar 1943 verhaftete die deutsche Polizei über 600 Studenten und deportierte sie in das niederländische Konzentrationslager Vught. Betroffen waren vor allem die beiden Amsterdamer Universitäten sowie die Universitäten in Utrecht, Delft und die landwirtschaftliche Hochschule in Wageningen. Diese Aktion folgte dem Attentat – angeblich durch einen Studenten – auf den Chef der Freiwilligen Legion Niederlande, General Seyffard (Knegtmans 1996: 279). In Erwartung weiterer Verhaftungen und Geiselnahmen tauchten zahlreiche Studenten unter, an eine normale Fortsetzung des Universitätsbetriebes war nicht mehr zu denken. Da jedoch die endgültige Schließung aller Universitäten weder im Interesse der deutschen Besatzungsverwaltung noch in dem des neu errichteten und fast ausnahmslos von NSB-Mitgliedern kontrollierten niederländischen Erziehungsministeriums lag, verfielen die Verantwortlichen auf eine neue List: Studenten, die ihre Studien fortsetzen wollten, wurden aufgefordert, bis zum 10. April 1943 eine sog. „Loyalitätserklärung" abzugeben. Alle männlichen Studenten, die sich weigerten, diese „Loyalitätserklärung" zu unterzeichnen, sollten als arbeitslos gelten: Alle männlichen arbeitslosen Niederländer aber konnten jederzeit zum Arbeitseinsatz nach Deutschland verschleppt werden.

Der entscheidende Abschnitt der „Loyalitätserklärung" lautete: „Der Unterzeichner erklärt hiermit feierlich, daß er die in den besetzten niederländischen Gebieten geltenden Gesetze, Verordnungen und sonstigen Anordnungen nach Ehre und Gewissen befolgen und sich jeder gegen das deutsche Reich, die deutsche Wehrmacht oder die niederländischen Behörden gerichteten sowie solcher Handlungen und Äußerungen enthalten wird, die unter den jeweils gegebenen Verhältnissen die öffentliche Ordnung an den Universitäten und Hochschulen gefährden."[3] Der Text der „Loyalitätserklärung" wurde am 13. März veröffentlicht, die Studenten hatten also nicht einmal vier Wochen Zeit, sich zu entscheiden. Die Angelegenheit entwickelte sich zu einer Zeitbombe, zumal Empfehlungen zur Unterzeichnung, vor allem aber Aufrufe zur Verweigerung, aus allen Richtungen kamen. Appelle, die Erklärung nicht zu unterzeichnen, und statt dessen „unterzutauchen", kamen sowohl aus Kreisen des niederländischen Widerstandes als auch über den Sender „Orange" von der Exil-Regierung in London. Die Exil-Regierung kündigte den potentiellen Unterzeichnern harsche Konsequenzen an. Mit Konsequenzen im Falle einer Nicht-Unterzeichnung drohten aber auch die deutschen Besatzungsbehörden. Sie kündigten an, daß ihre bislang nur auf den einzelnen Studenten gerichteten Maßnahmen nun auch auf die jeweiligen Familienangehörigen ausgedehnt werden würden. Etwas moderater im Ton äußerten sich die niederländischen Generalsekretäre, also die Chefs der Ministerien, unter denen es ja nur wenige Nationalsozialisten gab. Immerhin gelang es diesen auf eine vorsichtige Kollaboration setzenden Beamten, bei den Deutschen die Entlassung der meisten Studenten aus dem Konzentrationslager Vught zu erreichen (Knegtmans, 1996: 280–284, Groeneveld 1979, 26–28).

Die Reaktion der einzelnen Universitäten fiel sehr verschieden aus: Die konfessionell orientierten Universitäten votierten zumeist gegen die Unterzeichnung, während die Fakultäten der übrigen Hochschulen ihren Studenten eine Unterzeichnung nahelegten, so in Delft, wo der Senat der Universität eine formale Empfehlung zur Unterzeichnung ausgesprochen hatte (die er im Juli 1944 allerdings mit dem Ausdruck des größten Bedauerns wieder zurücknahm). An den beiden Universitäten von Amsterdam stellten die Professoren die Entscheidung dem einzelnen Studenten frei (vgl. hierzu und zum folgenden De Jong 1975: 740–752, Bosmans 1993: 17–21).

Trotz des starken Drucks, der insbesondere von seiten der Besatzungsbehörden auf die etwa 9000 noch eingeschriebenen männlichen Studenten ausgeübt wurde, endete die gesamte Aktion mit einem Debakel für die Besatzungsmacht und ihre niederländischen Helfershelfer. Nur 14,2 Prozent (im Landesdurchschnitt) der Studenten unterzeichneten die „Loyalitätserklärung“, lediglich an der TH Delft waren es, nach der Empfehlung des Senats, 25,6%; den niedrigsten Anteil hatte die katholische Universität Nijmegen mit nur 0,3% der Studenten. Mancher der insgesamt ca. 2300 Studenten, der die Erklärung unterzeichnet hatte, tat dies im übrigen in der Annahme, daß eine Verpflichtung gegenüber einer ständig die Gesetze verletzenden Besatzungsmacht ohnehin gegenstandlos sei und daß die Unterschrift unter ein als „bedeutungslos“ erachtetes Papier ihn stärker schützen könne als der vorgeblich heroische Akt einer Weigerung. Die Organisatoren der Maßnahme, zumal jene auf deutscher Seite, reagierten schockiert und wütend. Ein hoher Beamter des zuständigen Generalkommissars Wimmer äußerte sich über die calvinistische Universität von Amsterdam, wo beispielsweise im Fach Theologie von den dort eingeschriebenen 350 Studenten lediglich 20 die Erklärung unterzeichnet hatten, wie folgt: „sie [die Universität] soll totgetreten werden, sonst glüht sie weiter wie ein fortgeworfener Zigarettenstummel".[4]

Obgleich in den folgenden Wochen unter der Androhung des Zwangs-Arbeitseinsatzes noch einmal etwa 3000 Studenten „kapitulierten" und die geforderte Erklärung unterschrieben, hatte sich die übergroße Mehrheit der Anmeldung entzogen. Von diesen wurden in den folgenden Monaten ca. 3000 zum Arbeitseinsatz ins Reich deportiert. Weitere Tausende tauchten unter, viele schlossen sich den zunehmend stärker agierenden Widerstandsorganisationen an.

Der Fehlschlag dieser nationalsozialistischen Maßnahme signalisierte den Verantwortlichen zugleich jedoch auch das Ende der universitären Ausbildung in den besetzten Niederlanden. Obwohl es weiterhin einige Hochschulen gab, an denen der Vorlesungs- und Seminarbetrieb für die zugelassenen Studenten (d.h. die Unterzeichner der „Loyalitätserklärung") eher mühevoll aufrechterhalten wurde, war an einen normalen Universitätsablauf nicht mehr zu denken. Mit Ausnahme der Technischen Hochschule in Delft blieben alle bedeutenden Universitäten und Technischen Hochschulen für die weitere Dauer der deutschen Besatzung geschlossen.

Nun war die Stunde der „großgermanischen" Plänemacher gekommen. Schon wenige Tage nach Abschluß der mißglückten Unterschriftenaktion machte Generalkommissar (und SS-Brigadeführer) Wimmer seinem Chef und Freund aus österreichischen Tagen, Reichskommissar Seyß-Inquart, einen Vorschlag: die Errichtung einer „Germanischen Universität" in Leiden. Wimmer hatte auch schon sehr konkrete Vorstellungen darüber, wer an einer solchen nationalsozialistischen „Elite-Uni" lehren und studieren dürfe. Bei Professoren und Dozenten dachte er an deutschfreundliche Niederländer und Mitglieder der NSB; ferner könnte man durch die Schließung einer der (so Wimmer) „doch viel zu vielen Universitäten im Reich" deutsche Hochschullehrer für dieses Projekt begeistern. Rektor müsse selbstverständlich ein Deutscher, sein Stellvertreter könne dann ein Niederländer werden. Die Studenten dieser „germanischen Reichsuniversität" gedachte Wimmer vor allem aus den Angehörigen der „niederländischen SS" zu rekrutieren. Außerdem sollten Niederländer, die schon an einer nationalsozialistischen Hochschule im Reich studiert hatten, sowie kriegsverwundete deutsche Soldaten zugelassen werden. Abschließend hieß es in dem Memorandum: „Wie aus der in Aussicht genommenen Zusammensetzung hervorgeht, würden neue und alte Frontkämpfer den Ton angeben und der SS-Gedanke maßgeblich sich durchzusetzen in der Lage sein."[5]

Dieser SS-Gedanke erweist sich bei näherer Betrachtung als ein Konglomerat unterschiedlicher, oft sehr verschwommener und zum Teil äußerst widersprüchlicher Ideen und Überlegungen. Im Mittelpunkt der Pläne Himmlers und seiner Gefolgsleute stand die Fiktion einer „pan-germanischen SS-Ordnung" in Europa, die auch eine spätere Auflösung des deutschen Reiches vorsah. In den Niederlanden gab es inzwischen sowohl innerhalb der Mussert-Bewegung als auch im Lager der Besatzungsmacht schon Stimmen, die offen für eine Aufhebung der nationalen Einheit der Niederlande und ihre „Rückgliederung" als deutscher Volksstamm „in ein großgermanisches Reich" eintraten (vgl. Hirschfeld 1984: 33–37, In 't Veld 1976).

Die Repräsentanten und Propagandisten dieser SS-Richtung entwickelten eine „enorme Betriebsamkeit" (In 't Velt), wie aus den zahlreichen uns erhaltenen Dokumenten hervorgeht. Unter diesen Vertretern war auch der Leiter des Kulturpolitischen Referats „Ahnenerbe", Germanische Leitstelle, Dienststelle Niederlande beim Reichskommissar für das Sicherheitswesen Rauter, ein gewisser Dr. Hans Ernst Schneider. Schneiders „Erziehungsarbeit" (so der von ihm selber verwandte Begriff) zielte vornehmlich darauf ab, durch eine „Arbeitsverbindung von Theorie und Praxis" (Schneider) die SS-Tendenzen innerhalb des niederländischen nationalsozialistischen Lagers zu verstärken und somit die „Germanisierung" von Kultur und Wissenschaft mit Hilfe einheimischer Personen weiter voranzutreiben. Dabei agierte Schneider zunächst sehr vorsichtig, wie er seinem Chef Sievers mitteilte: „Ich trete nach außen grundsätzlich nur ‚beratend' auf; es muß den Anschein haben, als ob die Holländer alles ‚aus sich selbst' in Angriff nehmen. In Wirklichkeit soll ich jedoch andauernd der eigentliche ‚Anreger' sein" (Schreiben vom 17.8.1940).[6] Bis zu seinem Weggang nach Berlin als hoher Abteilungsleiter des „Ahnenerbe" Anfang 1943 leistete Schneider in den Niederlanden engagiert kultur- und wissenschaftspolitische Basisarbeit: Er suchte Kontakte mit niederländischen Vertretern der SS-Richtung und widmete sich der Ausschaltung tatsächlicher oder möglicher Konkurrenten sowie der Positionierung sog. „Volkstumsexperten". Grundsätzlich stand für Schneider bei allem, was er sich vornahm, jedoch fest: „Mit einem liberalen akademischen Betrieb ist unserer Arbeit nicht gedient."[7]

Dem eher zögernd taktierenden Reichskommissar Seyß-Inquart allerdings gingen die Überlegungen der großgermanischen Protagonisten der SS zu weit. Wimmers Projekt einer „germanischen Reichsuniversität" in Leiden wurde auf seine Anordnung hin zunächst einmal zurückgestellt. Aber die SS-Strömungen, die nun zunehmend die dritte Phase der deutschen Besatzungspolitik in den Niederlanden bestimmten, waren zu mächtig geworden, als daß der als gemäßigt geltende Reichskommissar sie auf Dauer hätte ignorieren können. Schon nach wenigen Monaten lag der Plan erneut auf seinem Tisch. Diesmal war es ein Kölner Universitäts-Professor, der mit unerwarteter Vehemenz für die Gründung einer „germanischen Reichsuniversität" in Leiden agierte (Hirschfeld 1978). Walter von Stokar hatte 1941 in Köln den Lehrstuhl für Vor- und Frühgeschichte übernommen, und er wurde 1943 nach Intervention von Generalkommissar Wimmer als Beauftragter für Universitätsfragen und Kirchenwesen in den besetzten Niederlanden dessen Dienststelle zugeordnet. Der Kölner Professor sicherte sich als erstes die Unterstützung des „Ahnenerbe" unter dessen Generalsekretär Wolfram Sievers. Dem „Ahnenerbe" legte von Stokar einen Plan vor, den er bereits zuvor mit seinem Chef Wimmer abgesprochen hatte. Eine Neuheit dieses Plans war, daß von Stokar versuchte, die „germanische Reichsuniversität" in Leiden mit dem Wiederaufbau seiner eigenen Universität in Köln zu verbinden. Die

Universität Köln befand sich in den Sommermonaten 1943 in einem ziemlich desolaten Zustand. Bei schweren Bombenangriffen auf die Stadt im Juni waren auch die Universitätsgebäude erheblich in Mitleidenschaft gezogen worden, die Mehrzahl der Institute war vernichtet oder für den Forschungsbetrieb vorübergehend nicht zu gebrauchen, und die Studenten unterzubringen erschien bei dem großen Wohnungsmangel äußerst schwierig. In dieser Situation verfiel Stokar auf die Idee, die gesamte Kölner Universität einschließlich ihrer Bibliothek und ihrer Institute den Rhein herunter zu verschiffen und sie in Leiden als „Reichsuniversität" wieder zu eröffnen.

Die von ihm informierten „Stadtväter" von Köln, an ihrer Spitze Oberbürgermeister Winkelnkemper, lehnten allerdings den Verlegungsplan kategorisch ab. Es wäre sicherlich übertrieben, ihre Weigerung als einen Akt innerparteilichen Widerstandes zu bewerten. Die Kölner Nationalsozialisten galten zwar nicht zu Unrecht innerparteilich als städtisch-konservativ und der örtlichen und rheinischen Politik oft mehr verpflichtet als der Berliner Parteihierarchie. Den Ausschlag für ihre Weigerung gab jedoch ihre Furcht, daß sich eine Verlagerung der Universität nach Leiden negativ auf das Ansehen der Stadt auswirken würde. Welcher Oberbürgermeister, auch im nationalsozialistischen Deutschland, hätte sich wohl gerne nachsagen lassen, die eigene Universität zu „verspielen"? Die „großgermanischen Plänemacher" in den Niederlanden waren trotz des Mißerfolgs in Köln nicht bereit, die Sache zu den Akten zu legen. Während eines Besuchs von Reichsminister Bernhard Rust (zuständig für Wissenschaft, Erziehung und Volksbildung) im Oktober 1943 in den Niederlanden, wurde eine neue Version des Leiden-Projekts präsentiert: Aus der „Germanischen Reichsuniversität" wurde nun die „Frontuniversität Leiden". Das Ergebnis der Konferenz sah im einzelnen wie folgt aus: Die „Frontuniversität Leiden" wird eine reine Soldatenuniversität sein. Neben niederländischen SS-Freiwilligen werden ausschließlich aktive und verwundete deutsche Soldaten zum Studium zugelassen; Frauen bleiben grundsätzlich ausgeschlossen. Auch der Lehrkörper, Professoren und Dozenten, wird vorwiegend aus Soldaten gebildet, die u. k. zu stellen sind. Die Hochschullehrer wie die Studenten sollen, soweit möglich, einer der ausgebombten evakuierten reichsdeutschen Universitäten angehören. Das wieder war ein Anklang an den Plan Stokars mit der Universität Köln. Auch wollte sich das Reichserziehungsministerium bemühen, Bibliotheksbestände einer noch zu bestimmenden deutschen Universität nach Leiden schaffen zu lassen; darüber hinaus standen die Forschungseinrichtungen der von den deutschen Behörden geschlossenen niederländischen Universitäten zum Abtransport bereit.

Im Generalkommissariat wußte man sehr wohl, daß die „Frontuniversität Leiden" gegenüber der ursprünglich geplanten „germanischen Reichsuniversität" nicht nur ein taktischer Rückschlag war. Um sein Lieblingsprojekt nicht noch weiter von militärischen Bedenken und ministerialbürokratischen Verzögerungen verwässern zu lassen, entschloß sich Wimmer zu dem Versuch, nun auch Reichsführer-SS Heinrich Himmler für die „Reichsuniversität" zu begeistern. Da Himmler nicht sofort reagierte, bemühte man sich, über die SS-Organisation „Ahnenerbe" auf den Reichsführer-SS einzuwirken. Auch Walter von Stokar war inzwischen nicht untätig geblieben. Nach seinem Kölner Debakel beschäftigte er sich in den folgenden Monaten vor allem damit, Listen von zur Wehrmacht eingezogenen Professoren und Dozenten aufzustellen, die für Leiden in Betracht kamen. Darüber hinaus bastelte er auch schon an einer Hochschulverfassung der „Frontuniversität Leiden – Tochterstiftung von Köln", wie er anfangs noch in seiner Kölner Korrespondenz schrieb. Der Entwurf der von ihm vorgelegten Verfassung verpflichtete in ihrem ersten Artikel ironischerweise die Hochschullehrer, „frei und unabhängig zu lehren". Ansonsten war die Satzung ein getreues Spiegelbild der bereits nach autoritären Ordnungsprinzipien verfaßten Universitäten des Reiches, nur daß hier die militärisch-korporative Hierarchie noch stärker ausgeprägt war.

Die „Germanische Reichsuniversität Leiden", die als „Frontuniversität" zum Sommersemester 1944 ihre Tore öffnen sollte, ist niemals Wirklichkeit geworden. Noch mehrere Male machten ihre Befürworter Anstrengungen, um gemeinsam mit den verschiedenen Reichsorganisationen ihr Vorhaben in die Realität umzusetzen. Doch zeigte sich sehr bald, daß zwar alle Angesprochenen von dem Projekt fasziniert schienen, auf die Forderung, praktische Aufgaben zu übernehmen, jedoch nur sehr ausweichend reagierten. Die militärischen und politischen Ereignisse taten ein übriges. Eine Niederlage an der Front im Osten konnte nicht mehr länger ausgeschlossen werden, und man rechnete nun auch im Westen täglich mit einer Invasion der Alliierten. Angesichts dieser düsteren Aussichten schien selbst schließlich Generalkommissar Wimmer einzusehen, daß seinem Lieblingsplan kaum eine Zukunft beschieden sein würde. Eher resignierend schrieb er dem Reichsstudentenführer Scheel: „Wäre der Gedanke, hier die Hochburg der westlichen Wissenschaft ein für alle Mal für uns zu vereinnahmen, und ihre Tradition vor unseren Wagen zu spannen, nicht so faszinierend, und zwar umso mehr, als wir diese Chance nur während des Krieges besitzen, so könnte man unseren Plan begraben."[8] Einige Monate später wurde die „Frontuniversität Leiden" tatsächlich zu Grabe getragen. Eben dieser Krieg, der nach Wimmers Ansicht allein die Chance zur Errichtung einer „Germanischen Reichsuniversität" eröffnete, machte alle „großgermanischen" Pläne endgültig zunichte.

II. Die Universität Gent

Im benachbarten Belgien, das bis 1944 unter einer reinen Militärverwaltung stand, schien eine radikale Veränderung der Universitätslandschaft zunächst ausgeschlossen. Verantwortlich hierfür waren unterschiedliche Zielsetzungen sowohl ideologischer als auch pragmatischer – d.h. von der alltäglichen Besatzungsherrschaft bestimmter – Art, die sich kaum auf einen Nenner bringen ließen. Hierzu zählten zum einen die Erinnerung an die deutsche Besetzung Belgiens während des Ersten Weltkriegs, bei der der flämische Separatismus und die Kollaboration eines Teiles der flämischen Bevölkerung mit den

Deutschen eine nicht geringe Rolle spielten. Konsequenterweise hatte der „Gefreite des Ersten Weltkriegs" Adolf Hitler für Belgien die Parole ausgegeben, alles Flämische dem Französischen des Landes vorzuziehen. Die SS-Führung des Reiches, respektive Himmler, ging sogar noch einen Schritt weiter und forderte den möglichst raschen Anschluß Flanderns an das Reich, das man lediglich noch als einen deutschen „Reichsgau" erhalten wollte. Diesen flämischen Bestrebungen und radikalen Lösungen standen eher pragmatische Überlegungen, vor allem seitens des obersten Militärbefehlshabers, General von Falkenhausen, gegenüber, der für eine enge Zusammenarbeit mit der überwiegend französisch sprechenden Elite in der belgischen Wirtschaft und Verwaltung, vor allem in Brüssel, optierte. Die dahinterliegende Absicht war zum einen eine extensive Nutzung des wirtschaftlichen Potentials des Landes, zum anderen die Sicherung der Kollaborationswilligkeit seitens der Bewegung der belgischen Rexisten sowie die Unterstützung der frankophonen Brüsseler Presse (Warmbrunn 1993: Kap. 3 und 4).

Das Ergebnis dieser widerstreitenden Bestrebungen und divergierenden politischen Herrschaftsziele waren ständige Rivalitäten und Auseinandersetzungen zwischen den konkurrierenden deutschen Instanzen und Diensten. Während politische Lösungen für das besetzte Belgien aufgrund dieser Situation schlicht vertagt werden mußten und somit die Militärverwaltung, die zunächst ja nur als eine Übergangslösung angesehen worden war, sich auf mittelfristige Dauer fest etablieren konnte, gerieten die Bereiche Kultur und Bildung zum Experimentierfeld der „Volkstumspolitiker". Ihr oberstes Ziel war die Rückgewinnung alles Flämischen für die sogenannte „germanische" Welt. In allen elementaren wie weiterführenden Bildungseinrichtungen wurde die Verwendung der flämischen Sprache für verbindlich erklärt: dieser wurde fortan, besonders an den Brüsseler Schulen, der erste Platz zugewiesen. Damit einher ging eine zunehmende Zentralisierung der gesamten Schul- und Kulturpolitik, die statt den örtlichen und regionalen Verwaltungen den Ministerien in Brüssel direkt unterstellt wurde. So war beispielsweise das Innenministerium für die Ernennung sämtlicher Lehrer aller Schultypen zuständig. Doch ebenso wie in den besetzten Niederlanden erwiesen sich auch in Belgien die traditionellen Aufnahmebarrieren des öffentlichen Dienstes als durchaus intakt und ermöglichten etwa eine defensive Handhabung gegenüber den Bestrebungen faschistischer Organisationen, ihre Mitglieder auf diesem Wege mit entsprechenden Stellen zu versorgen. Alles in allem blieb das belgische Schulsystem von den Bestrebungen der „Volkstumspolitiker" weitgehend verschont.

Ihre vollen Energien richteten die nationalsozialistischen „Kulturpolitiker" stattdessen auf die Reorganisation und ideologische Ausrichtung des belgischen Universitätssystems. Vor allem die flämischen Universitäten waren von ihnen ausersehen, sich „zu einem germanischen Bollwerk gegen Westeuropa zu entwickeln, bei dem die Flamen, eingedenk ihrer germanischen Aufgaben, künftig mit den vorhandenen deutschen Stellen in einer gemeinsamen Anstrengung zur Erreichung des gemeinsamen Ziels zusammenarbeiten" sollten.[9]

Die Ergebnisse dieser vielfach beschworenen Kraftanstrengung nehmen sich hingegen eher mager aus. Im Gegensatz zu der Entwicklung im Ersten Weltkrieg, wo es der deutschen Besatzung gelungen war, die Volkstumsfrage mit Hilfe der von manchen Flamen praktizierten Kollaboration zu ihren Gunsten auszulegen, reagierte nun der überwiegende Teil der flämischen Bevölkerung auf die Einladung zur erneuten Kollaboration eher zögernd und mißtrauisch. Der Fehlschlag des flämischen Nationalverbundes, VNV (Vlaams Nationaal Verbond), sich als überzeugende politische Kraft zu artikulieren, war bezeichnend für diese Entwicklung. Doch trotz der mangelnden öffentlichen Unterstützung für die Ziele der nationalsozialistischen „Kulturpolitiker" erfreuten sich diese doch der Unterstützung der Militärverwaltung. Falkenhausen und sein Militärverwaltungschef Reeder waren entschlossen, die Universitäten des Landes funktionsfähig zu erhalten und sie nicht, wie dies im Ersten Weltkrieg geschehen war, zu schließen. Hier trafen sich also die pragmatischen Überlegungen der Militärverwaltung mit den ideologischen Intentionen der „Volkstums-“ und „Kulturpolitiker“.

Die Universität, die sich der größten deutschen Aufmerksamkeit und Förderung sicher sein konnte, war die Universität von Gent, die von den „Kulturpolitikern“ sozusagen als Flaggschiff der flämischen Wissenschaft ausersehen war. Die übrigen Universitäten hatten in dieser Hinsicht kaum etwas zu bestellen. Der Betrieb an der Katholischen Universität von Löwen, deren wundervolle und ehrwürdige Bibliothek bereits 1914 durch einen deutschen Angriff nahezu vollständig zerstört worden war und die bei einem Angriff 1940 erneut stark gelitten hatte, wurde mit nur wenigen Ausnahmen auf das Fach Theologie reduziert. Die Freie Universität Brüssel, jene „Bastion liberalen und freimaurerischen Gedankenguts“ – so der Jargon der „Kulturpolitiker“ – wurde zur „Grenzlanduniversität“ erklärt. Brüssel sollte sich hinfort, nach den Wünschen der Verantwortlichen, als „germanisches Bollwerk gegen das lateinische Westeuropa“ bewähren. Aber auch hier war das Ergebnis eher dürftig. Bereits 1942 wurde die Freie Universität Brüssel wegen der mangelnden Bereitschaft ihrer Lehrenden, sich an derartigen „großgermanischen Experimenten“ zu beteiligen, geschlossen (Warmbrunn 1993: 183–186).

Somit blieb nur noch Gent als einzige Hochschule im besetzten Belgien übrig, in der deutsche und belgische „Kulturpolitiker“ mit ihrem Ziel einer Neuordnung des Lehr- und Forschungsbetriebs zumindest ansatzweise erfolgreich waren. Bereits im März 1941 wurde an der Universität Gent die flämische Sprache für verbindlich erklärt; die Verwendung der französischen Sprache war innerhalb der Universität künftig verboten. Die Einrichtung sog. „völkischer“ Fächer wie „Volkskunde“ und „Rassenforschung“ war ein weiterer Schritt in die angestrebte Richtung. Große Hoffnungen richteten die Verantwortlichen auch auf einen Austausch von Wissenschaftlern mit den Kollegen an reichsdeutschen Universitäten. Bereits im Oktober 1940 arbeiteten 11 flämische Wissenschaftler an deutschen Universitäten, während zugleich 10 deutsche Professoren an verschiedenen belgischen Hochschulen unterrichteten.

Alles in allem war das wohl kaum der „große Wurf", auf den die deutschen und belgischen „Kulturpolitiker" gehofft hatten. Was blieb, war die Neubesetzung vakanter Stellen. Dies geschah zum einen durch eine ständige Überprüfung und Kontrolle der bereits dort lehrenden und forschenden Wissenschaftler, was in der Regel die Entfernung „unzuverlässiger" Hochschullehrer bedeuten konnte, zum anderen durch die Berufung von deutsch-freundlichen oder sich offen zum Nationalsozialismus bekennenden belgischen Professoren. Unter den belgischen Universitäten war es wiederum in Gent, wo eine derartige Berufungspraxis ihre größten Erfolge verzeichnete. Das Ergebnis dieser ausschließlich politischen Ernennungen war im übrigen weniger akademische Brillanz als bornierte Mittelmäßigkeit und ein Ausmaß von Anpassung und Opportunismus, das in Belgien seinesgleichen suchen konnte (Warmbrunn 1993: 184).

Man kann sich des Eindrucks nicht erwehren, daß die „deutsch-flämische Kulturpolitik" im Zweiten Weltkrieg vor allem die Fortsetzung von Bestrebungen aus der Zeit der deutschen Besetzung Belgiens im Ersten Weltkrieg war. Die deutschen „Experten" in der Kulturabteilung der Militärverwaltung unter der Leitung des späteren Münsteraner Professors Franz Petri bemühten sich, dort anzuknüpfen, wo sie und die vorherige Generation 1917 gescheitert waren.[10] Der entscheidende Unterschied zum Ersten Weltkrieg allerdings war, daß diese selbsternannten „Kulturpolitiker" auf deutscher Seite ihre Kollaborationspolitik nun im Kontext einer nationalsozialistischen „Kulturpolitik" absolvierten, deren radikalste Elemente und Intentionen von der reichsdeutschen SS und ihren Hilfstruppen in den besetzten Ländern markiert wurden.

III. Die „Reichsuniversität Straßburg"

Straßburg, in dem vom Deutschen Reich 1940 annektierten Elsaß-Lothringen, war die dritte „Reichsuniversität" nach Prag (November 1939) und Posen (April 1941). Das Konzept der

„Reichsuniversität" als einer „musterhaften nationalsozialistischen Hochschule" war ursprünglich bereits 1934 entwickelt worden. Zu Beginn des Jahres 1939 entschied das Berliner Wissenschaftsministerium vermutlich auf Anweisung Hitlers, daß „Reichsuniversitäten" künftig auf den dem Reich angegliederten Gebieten gegründet werden sollten. Die Errichtung einer Reichsuniversität in Straßburg wurde von ihren Betreibern durchaus in der Tradition der Gründung der Straßburger Universität von 1872 im damals neu erworbenen „Reichsland" gesehen. Bereits in der ersten Debatte des neuen Reichstags hatte der Historiker Heinrich von Treitschke die Idee einer wahren deutschen Universität (anstelle einer bloßen „Landesuniversität") verfochten. 70 Jahre später war es wiederum ein politischer Historiker, der in Straßburg „den Eckstein einer großen Festung für die gesamte westliche Gelehrsamkeit" errichten wollte. Es war dies der frühere „Reichsschulungsleiter" der nationalsozialistischen Studentenorganisation und seit Beginn des Krieges im sog. „wissenschaftlichen Weststab" des Oberkommandos der Wehrmacht für „westliche Fragen" zuständige Bonner Historiker Ernst Anrich, der sich zu einem der vehementesten Befürworter der neuen Idee einer „Reichsuniversität" aufschwang. Sein späterer Einfluß auf die Vergabe von Lehrstühlen und die Ernennung von (ausnahmslos deutschen) Professoren in Straßburg war bemerkenswert, auch wenn persönliche Auseinandersetzungen (u.a. mit Reichsjugendführer Baldur von Schirach) sich hemmend auf Anrichs anfänglich demonstrierten Enthusiasmus und schließlich auch auf seine weitere politische Karriere auswirken sollten (Kettenacker 1973: 184–194).

Trotz andauernder Kompetenzstreitigkeiten, interner Konflikte und des geradezu zum Wesen nationalsozialistischer Herrschaft gehörenden Kampfes um Einfluß und Machtgeltung (personifiziert im Streit zwischen Gauleiter Wagner und Reichsminister Rust) wurde die „Reichsuniversität Straßburg" schließlich am 23. November 1941 mit großem Pomp feierlich eröffnet. Die Festversammlung hatte nicht weniger als neun Grußadressen über sich ergehen zu lassen, allerdings keine von

Gauleiter Wagner, der endgültig als Verlierer des Machtkampfs um Straßburg feststand; Wagner hatte ursprünglich der Einweihung fernbleiben wollen, doch hatte Hitler ihn zur Teilnahme verpflichtet.[11]

Der Lehrkörper der neuen „Reichsuniversität“ setzte sich fast ausnahmslos aus reichsdeutschen Importen zusammen, nur wenige elsässische Professoren waren bei der Berufung berücksichtigt worden. Nicht einer der früheren 104 Universitätslehrer aus Straßburg hatte einen Lehrstuhl erhalten. Die Zahl der (ausschließlich männlichen) deutschen und elsässischen Studenten (Franzosen waren nicht zugelassen!) blieb relativ gering, und auch das Angebot an Studienfächern spiegelte in keiner Weise das ambitionierte Programm wider, das Anrich und andere Vorkämpfer für die „Reichsuniversität“ ursprünglich gefordert hatten. Eine Ausnahme bildeten ergänzende Vorlesungen und Seminare in den sog. germanischen Fächern, die das klassische Angebot von Geschichte, Philologie, Psychologie, Archäologie, Pädagogik und Volkstumskunde im Hinblick auf eine stärkere Nazifizierung des Lehrangebots („Rassenkunde“) erweitern sollten. Die organisatorische Struktur unterschied sich kaum von den Universitäten im Altreich. Auffällig war die Vielzahl sog. „Arbeitsgemeinschaften“, die zur Durchführung bestimmter wissenschaftlicher und politischer Forschungsaufgaben ins Leben gerufen wurden. Bemerkenswert war auch die starke Stellung der sog. „Führer“ der Dozentenschaft und des Lehrkörpers, die neben dem vom Wissenschaftsminister ernannten Rektor die Universitätsverwaltung kontrollierten. Zwar war für die Lehrenden die Mitgliedschaft in der NSDAP obligatorisch, doch nicht alle wissenschaftlich dort Tätigen waren blinde Anhänger der Partei und des Staates (Dietzel 1971, Kettenacker 1973: 191 f.).

Obgleich die Universität insgesamt sicherlich nicht stärker nationalsozialistisch oder „völkisch“ war als die meisten reichsdeutschen Universitäten, gewann die „Reichsuniversität Straßburg“ u.a. traurige Berühmtheit durch die barbarischen Menschenexperimente, die insbesondere von den Medizinprofessoren Eugen Haagen und August Hirt dort verübt wurden.

Der Virulologe Haagen benutzte Häftlinge aus dem benachbarten Konzentrationslager Natzweiler sowie Insassen des Arbeitslagers in Schirneck, um u.a. an ihnen Kontraindikationen bei der Behandlung von Typhusfällen zu ermitteln. Zahlreiche seiner sog. „Patienten" kamen bei diesen Experimenten um. Der Anatom Hirt, enger Mitarbeiter des SS-Ahnenerbe im Rang eines SS-Hauptsturmführers, legte die sog. „Skelettsammlung" des Anatomischen Instituts der Universität Straßburg an. Mit Unterstützung des Instituts für Wehrwissenschaftliche Zweckforschung – einer Unterabteilung des „Ahnenerbe" – und mit persönlicher Rückendeckung Himmlers forderte Hirt 115 (davon 109 jüdische) Häftlinge aus dem Konzentrationslager Auschwitz an, von denen 86 später in der Gaskammer von Natzweiler getötet wurden, um ihre Körper dann der Universitätsanatomie Straßburg zu überlassen. Außerdem nahm Hirt zahlreiche Gasexperimente an lebenden Häftlingen vor: Etwa ein Drittel der nachgewiesenen 150 Personen starb unter schrecklichen Umständen; die Überlebenden wurden anschließend nach Auschwitz, Belsen und Lublin deportiert, wo die meisten von ihnen ebenfalls zu Tode kamen (Kasten 1991).

Abgesehen von derartigen barbarischen Vorkommnissen lief der eigentliche Lehr- und Forschungsbetrieb an der mit großen Erwartungen begründeten Reichsuniversität „relativ normal", d.h. ihre hervorstechendsten Züge waren mit wenigen Ausnahmen Mittelmäßigkeit und nationalsozialistische Borniertheit. Weder entwickelte sich Straßburg zur ersten Universität eines großgermanischen Europas, noch gelang es ihr – wie Anrich dies mehrfach eingeklagt hatte – die Sorbonne in Paris als wahre „Elitehochschule" des Westens zu ersetzen.[12] Diese relative „Normalität" scheint auch der Grund dafür gewesen zu sein, daß sämtliche bei ihrer Gründung involvierten Reichsinstitutionen (und dies schließt auch das SS-„Ahnenerbe" ein) im Verlauf des Krieges sich eher skeptisch und schließlich sogar ablehnend zur weiteren Gründung von „Reichsuniversitäten" äußerten. Das Schicksal der Universität Leiden illustriert diesen Sachverhalt sehr deutlich.

IV. Schlußbemerkung

Die deutsche Universitätspolitik in den besetzten Ländern Westeuropas war, wie wir festgestellt haben, weder eine homogene Angelegenheit noch war sie das Ergebnis etablierter akademischer Traditionen oder einer organischen Wissenschaftsentwicklung. Die expansive Universitätspolitik des Nationalsozialismus war letztlich ein getreues Spiegelbild der divergierenden, an ihrer Realisierung beteiligten bürokratischen und politischen Institutionen und der zutage tretenden widerstreitenden Interessen. Insofern illustrierte die Universitätspolitik auch die „Normalität" einer nationalsozialistischen Besatzungsherrschaft im Westen und Norden Europas: Der permanente Kampf um Einfluß und Ämter, die Antagonismen und Machtkämpfe, die der „polykratischen" Struktur nationalsozialistischer Herrschaft ihren unverwechselbaren Stempel aufdrückten. Natürlich spielten auch die auf persönliche Macht und Einfluß gerichteten Ambitionen einiger Professoren (wie Von Stokar, Petri oder Anrich) eine gewisse Rolle, nicht zuletzt auch die Grundlagenarbeit „germanischer" Wissenschaftsfunktionäre (wie etwa Hans Ernst Schneider). Hitler selbst scheint der „großgermanischen Wissenschaftspoltik" keine allzu große Bedeutung beigemessen zu haben. Der „Führer" trat immer dann in Erscheinung, wenn es galt, gravierende Konflikte zwischen rivalisierenden Gruppen und Personen zu entschärfen – und auch dieses nur in wenigen Fällen (Gauleiter Wagner).

Historische Traditionen und Vorläufer, die, wie etwa im Fall Gent, bis zurück in den Ersten Weltkrieg reichten oder, wie im Fall Straßburg, auf die Gründung der deutschen Universität dort im Jahr 1872 verwiesen, wurden sehr rasch überlagert von radikalen Konzepten und ideologischen Prämissen, wie sie von den sog. „Kulturpolitikern" in Partei und Verwaltung und vor allem den SS-Repräsentanten vorgetragen wurden. Doch nicht zuletzt war die nationalsozialistische „Universitätspolitik" in den besetzten Ländern Westeuropas auch abhängig von den Zwangslagen, den Anforderungen und extremen Bedingungen eines Alltags, wie ihn die permanente Ausnahmesituation einer Besetzung von sich aus aufweist. All dies schuf die typische „Gemengelage“ nationalsozialistischer Politik, die inzwischen als charakteristisches Merkmal nicht nur der Besatzungsherrschaft, sondern darüber hinaus auch der Politik im Altreich gilt. Diese „Gemengelage“, in der sich radikale und traditionelle, modernistische und rückschrittliche Elemente mischten, macht es für den Betrachter, sei er nun kritischer Zeitgenosse oder forschender Historiker, schwierig, die Geschichte des Nationalsozialismus wie auch die der Universitäten jener Zeit auf einen Punkt zu bringen. Für künftige Historiker auf der Suche nach weiteren Forschungsfeldern sollte diese Feststellung durchaus tröstlich sein.

Hermann von der Dunk

Die Niederlande und die Konfrontation mit dem nationalsozialistischen Deutschland

I.

Um die Bedeutung der deutschen Besatzungszeit für die niederländische Kultur zu verstehen, muß man weiter in die Geschichte zurückgreifen. Grundlegend ist der ganz allgemeine Faktor einer Nachbarschaft von groß und klein, die für den Kleineren immer eine gewisse Gefahr in sich birgt, daß er zu stark in den Sog des Größeren gerät. Folglich wird er seine Eigenart und Selbständigkeit besonders betonen. Das gilt im niederländisch-deutschen Fall seit der Reichsgründung 1871 (vgl. von der Dunk 1970, 1980). Doch das Verhältnis hat eine lange Vorgeschichte. Im 17. Jahrhundert war die Republik der Generalstaaten eine europäische Großmacht, – dank ihrer wirtschaftlichen Potenz, ihrer Bedeutung als Seemacht, ihrer strategischen Lage und nicht zuletzt ihrer Kultur. Deutschland hingegen war staatlich zersplittert und durch die Religionswirren und den 30jährigen Krieg gegenüber Westeuropa stark zurückgeworfen. Die Niederlande, vor allem die Holländer, waren durchweg die Avancierten und Überlegenen. Sie sahen auf die zurückgebliebenen ärmeren und unzivilisierten Deutschen herab (vgl. Lademacher 1990).

Im Laufe des 18. und 19. Jahrhunderts wendete sich das Blatt immer deutlicher. Noch lange hingegen war die Haltung der Niederlande zu den deutschen Aufsteigern vom Bewußtsein ihrer ursprünglichen Superiorität bestimmt. Die Gefühle dem deutschen Riesen gegenüber blieben in etwa die eines älteren etwas anämischen Herrn, der der strotzenden körperlichen Kraft eines Jünglings das Bewußtsein seiner größeren Reife und Kultiviertheit entgegenhält. Dieser Jüngling führte sich in seinen Augen obendrein recht anmaßend auf, insofern er sich als Verwandter ausgab und sich daher das Recht zu gewissen Intimitäten nahm. Konkret: In der deutschen Nationalbewegung in der ersten Hälfte des 19. Jahrhunderts erinnerte man sich daran, daß die Niederlande einst größtenteils zum Heiligen Römischen Reich gehört hatten, und jedenfalls galt Holland allgemein als artverwandtes germanisches Brudervolk, woraus sich unter Umständen der Wunsch nach engerer Umarmung ergeben konnte und auch wiederholt ergab.[1] Der Einfluß der deutschen Kultur und Wissenschaft wuchs zusehends. Wirtschaftlich waren die Niederlande in hohem Grade auf den östlichen Nachbarn angewiesen (vgl. de Vries 1965, Bläsing 1973). Die persönlichen Beziehungen auf allen Ebenen blühten. Und eben diese Nähe und Verwandtschaft zwangen zur gleichzeitigen Betonung der Unterschiede und des Eigenen, wollten die Niederlande nicht allmählich ihre nationale Identität verlieren. Das hing eng mit dem Gefühl zusammen, im Gegensatz zu Deutschland zur ausgesprochen westeuropäischen politischen Kultur mit einer langen parlamentarischen Tradition und freiheitlichen Institutionen zu gehören. Noch Huizinga brachte das im Jahre 1934 in seinem vielzitierten Satz von der unsichtbaren Grenze von Delfzijl nach Vaals zum Ausdruck, die – kongruent mit der niederländisch-deutschen Grenze – Westeuropa von Mitteleuropa trenne (Huizinga, VW VII: 311). Der preußische Militarismus war verhaßt, die Kadaverdisziplin wurde verspottet, und der Obrigkeitsstaat galt als Mutterboden einer Herdenmentalität im Gegensatz zum eigenen liberalen Individualismus.

Trotz dieser strukturellen Sensibilität und Ambivalenz aufgrund der eigenartigen Kombination von Ähnlichkeiten und Gegensätzen wäre es sehr verfehlt, für die Zeit vor 1940 von einer natürlichen antideutschen Einstellung in der niederländischen Bevölkerung zu sprechen. In der Politik galt strikte Neutralität allen Mächten gegenüber als absolutes Gebot (vgl. Boogman 1962, von der Dunk 1980). Das schloß jede engere einseitige Annäherung, jedoch auch jede unfreundliche Haltung aus, und die Presse schloß sich diesem nationalen Kurs mit wenigen Ausnahmen meistens an. Hinzu kamen die beherrschenden Handelsinteressen, die sich ebenfalls schlecht mit Empfindlichkeiten vertrugen. Natürlich unterlag das Bild auch Schwankungen. Solange die Neutralität respektiert wurde, konnten die Niederlande das Bewußtsein, ein militärisch schwacher Kleinstaat zu sein, vor sich selbst kaschieren, indem sie sich erstens noch immer, dank ihres riesenhaften Kolonialreiches, international als Junior-Großmacht, oder, wie sie es dann später formulierten, als ‚Mittlere Großmacht' fühlten und zweitens sich gleichzeitig, innerhalb Europas, auch im Blick auf ihre ferne ruhmvolle Vergangenheit, als Muster betrachteten, dessen Friedenspolitik im Zeitalter aggressiver Machtambitionen allen zum schönen Vorbild gereichen sollte.

Das führt uns zu der typisch niederländischen politischen Tradition und Kultur und zur Erklärung der Tatsache, daß die Konfrontation mit dem Nationalsozialismus in den Niederlanden stärkere Auswirkung hatte als in anderen westlichen Ländern. Gewöhnlich wird – im Anschluß an Huizinga – der bürgerliche Charakter hervorgehoben, der die niederländische Kultur seit dem 16. und 17. Jahrhundert geprägt hat, sehr im Unterschied zu fast allen anderen europäischen Mächten.[2] Hinzu kam nach allgemeiner Auffassung der Calvinismus. Auf eine bei den Niederländern selbst sehr beliebte Kurzformel gebracht: Kaufmann und Pfarrer bestimmten die Mentalität (vgl. Boogman 1962). Diese allgemein auch im Ausland gängige Charakterisierung bedarf allerdings noch entscheidender Zusätze. Sie erklärt nur unzulänglich einige spezifische Züge und Verhaltensformen der Gesellschaft.

Fünf Faktoren haben die niederländische Gesellschaft, ihre Normen und politischen Leitbilder geprägt: Der religiöse Pluralismus, das föderative Staatsgebilde, die oligarchische Herrschaftsform, die lange Neutralität und der Handel. Was den viel zitierten Calvinismus anbelangt, so wird dessen Dominanz durch den religiösen Pluralismus und die libertinisch-erasmische Gegentradition relativiert. Die lange Neutralität ist ein Faktor für sich, doch darum für die politische Mentalität nicht weniger gewichtig. Was schließlich den Handelsgeist betrifft, der so eng mit der städtisch-bürgerlichen Gesellschaft verquickt ist, so muß dabei vornehmlich an Holland und die Seeprovinzen gedacht werden. Freilich hat Holland der alten Republik durch sein enormes Übergewicht einen entscheidenden Stempel aufgedrückt (vgl. Boogman 1962). Die im Ausland immer noch normale Gleichsetzung des Namens „Holland" mit den „Niederlanden" ist ein Ausfluß dieser Vormachtstellung. Aber genau besehen waren in den östlichen und südlichen Provinzen Landadel und Bauerntum noch lange von Bedeutung.

Der religiöse Pluralismus – eine Folge des Aufstandes gegen Spanien sowie der protestantischen Spaltungsmanie – konnte sich auch dank der geographischen Konstellation gegenüber einer absoluten Herrschaft der calvinistisch-reformierten Kirche behaupten. Im Osten und Süden zumal blieb außerdem ein guter Teil der Bevölkerung katholisch, trotz aller formalen Schikanen. Dies begünstigte die bezeichnende pragmatische Toleranz. Man mußte einfach auf kleinem, dicht besiedelten Raum miteinander auskommen können. Die Aufnahme von Verfolgten, früher aus religiösen, später aus politisch-ideologischen Gründen, galt deshalb immer als nationale Pflicht und Erkennungsmarke. Daß in der Praxis diese Gastlichkeit häufig von materiellen und auch wohl politischen Rücksichten begrenzt wurde, wie beispielsweise in den dreißiger Jahren und auch heute wieder bei dem ungekannten Flüchtlingsstrom aus den Ländern der Dritten Welt, steht auf einem anderen Blatt.[3] Immerhin war der Staat weniger an politischen und religiösen Glaubenssätzen der Einwanderer interessiert als an ihrer Börse. Die typische Verbindung von politischen mit moralischen Werten, das Bedürfnis, politisches Handeln irgendwie an weltanschauliche Grundsätze zu knüpfen, rührt aus einer alten Tradition ausgesprochen diesseitiger Religiosität. Letztere wurde fraglos vom Calvinismus gefördert, aber auch das enge Zusammenleben verschiedener Glaubensgemeinschaften leistete dazu einen Beitrag. Es führte dazu, daß sich jede Gruppe in Bekenntnisfragen klar abgrenzen und unterscheiden mußte, um die eigene Identität zu bewahren. Daher rührt jener öffentliche Bekenntnisdrang und die stark theologisch geprägte Ausrichtung öffentlicher Diskussionen. In Deutschland dagegen hat das Luthertum mit seiner Trennung zwischen Innerlichkeit und Welt tiefe Spuren hinterlassen. Der alte niederländische Pluralismus bildete ein sehr natürliches Gehäuse für das Aufkommen des modernen Parteiwesens. In der allbekannten niederländischen Versäulung blieb beides erhalten: die klare prinzipielle Abgrenzung der eigenen zur andern Gemeinschaft, die gegenseitige Respektierung im Bereich des Meinens bei gleichzeitiger Zusammenarbeit und Konzessionsbereitschaft in der Alltagspraxis.[4] Andererseits setzt diese Kombination von Toleranz und Versäulung dem offenen Dialog unsichtbare, aber deutliche Grenzen. Um jede Gruppe liegt eine Schutzzone, die es zu respektieren gilt, wenn man zusammen auskommen will. Darin unterscheidet sich diese Tradition von der deutschen, die in jedem Land nur ein dominantes Glaubensbekenntnis zuließ und derzufolge jede parteipolitische oder religiöse Gruppierung einen natürlichen Absolutheitsanspruch auch und gerade in der Praxis anmeldete.

Eine eigenartige Parallele zum gesellschaftlichen Pluralismus bildete ursprünglich das föderative Staatsgebilde. Es war der gemeinsame Kampf für ihre partikularistischen Rechte, der die verschiedenen Provinzen seinerzeit gegen den spanischen Absolutismus vereint hatte (vgl. Boogman 1982, Lademacher 1990). Bis zur Französischen Revolution blieben sie eine Konföderation, wenn auch allmählich neben dem gemeinsamen Interesse ein gemeinsames Bewußtsein nationaler Zusammengehörigkeit entstanden war, das zur Grundlage für den nationalen Einheitsstaat im 19. Jahrhundert wurde. Eine anti-zentralistische und anti-etatistische Tendenz, ein Denken, in dem der Staat Instrument und Sprachrohr der Gesellschaft zu sein hat (und nicht umgekehrt), hat sich, wiederum sehr im Gegensatz zu Deutschland, bis in unser Jahrhundert hinein erhalten.

Von größtem Belang für das niederländische Verständnis des politischen Handelns ist die oligarchische Tradition, die vor allem beim Patriziat der holländischen Städte aufkam. Eifersüchtig wandte es sich gegen jede absolutistische oder diktatorische Gewalt, an die sich die traumatischen Reminiszenzen des Aufstandes gegen Spanien knüpften.

Der starke Mann, der Alleinherrscher, die Philipp II, Ludwig XIV, Friedrich II, waren immer suspekt, ja sie galten als Unglück. Der Gedanke, daß die Souveränität gemeinsam bei einer Elite zur Führung des unmündigen Volkes liegen müsse, war selbstverständlich.[5] Gemeinsam mit der föderativen Struktur erklärt das den politischen Entscheidungsprozeß, der sich dadurch auszeichnet, daß die Verantwortlichen erst Beschlüsse fassen, nachdem sie sich eines Konsenses versichert haben. Der Prozeß läuft weder von oben nach unten, noch einfach von unten nach oben, sondern er macht eine Schlaufe von oben nach unten und wieder zurück.

Damit komme ich zum vierten Punkt, zur Neutralität. Dieser komplizierte und langwierige Entscheidungs- und Konsensprozeß konnte nämlich nur funktionieren, weil und solange Frieden herrschte und das Land nicht in internationale Machtkonflikte verwickelt wurde. In letzterem Fall zeigte sich immer sogleich ein Bedürfnis nach kräftiger Führung, nach einer deutlichen personalen Spitze.[6] Die Niederlande hatten das Glück, seit Napoleon ihre Neutralität, mit einer kurzen Ausnahme, bewahren zu können. Das förderte zwangsläufig eine introvertierte Haltung, bei der die inneren Probleme, die parteipolitischen und weltanschaulichen Gegensätze den Horizont völlig beherrschten. Das Ausland lag weit, hinter dicken Schutzscheiben. Das Außenamt war ein zweitrangiges Ministerium, eher ein Observatorium, denn Außenpolitik hieß vornehme Passivität. Dadurch entstand aber auf die Dauer auch ein unterschwelliges Gefühl der Unverwundbarkeit, das der Erste Weltkrieg, der das Land verschont hatte, noch bestätigte. In dieser Hinsicht blickten z.B. die Belgier auf eine völlig andere Geschichte und politische Kultur zurück.[7]

In dieser langen ungestörten Friedensperiode hatte sich die Symbiose von politischem mit ethisch-prinzipiellem Denken entwickeln können. Es war ein Ethos, das im gemeinsamen christlich-calvinistischen Erbe wurzelte. Der protestantische

Pluralismus beruhte, trotz aller theologischen Divergenzen, auf einem tieferen Konsens, d.h. auf einer Moral der klaren einfachen Unterscheidungen zwischen gut und böse, erlaubt und unerlaubt.

II.

Für eine Gesellschaft, die mit diesem politischen Credo immer verhältnismäßig gut hatte auskommen können, bedeuteten Überwältigung und Naziherrschaft mehr als nur die Besatzung durch ein auswärtiges feindliches Regime. Das galt natürlich auch für die andern überrollten Länder, aber dort war man – namentlich in Ost-Europa – durch die Geschichte nicht so verwöhnt gewesen und deswegen geübter, zwischen spezifisch politischer, allgemeiner und privater Moral zu unterscheiden. Daher hieß die Nazidiktatur in den Niederlanden mehr: Sie war ein Einbruch nicht nur in das Land, sondern in die moralische Weltordnung. Sie stellte das Selbstbild der Niederlande in Frage. Wer sich nicht sofort sozusagen vor die Gewehrläufe der deutschen Besatzer werfen oder ins KZ wandern wollte, mußte in einige, nicht nur politische, sondern auch moralische Verwirrung geraten. Aber die Bedeutung dieses Einbruchs und Schocks wurde erst allmählich klar. Das Verhalten der Institutionen und eines Großteils der Bevölkerung wurde deshalb lange Zeit von einem ebenfalls tief in der Tradition verankerten Legalismus bestimmt. Für die Gläubigen galt Römer XIII: „Jedermann sei untertan der Obrigkeit". Und das war nun formal der Besatzer. Dieser Legalismus ließ sich immer gut mit christlichen Werten verbinden. Er bot in der Verwirrung, in die der deutsche Überfall die Niederländer stürzte, jedoch nur einen scheinbaren Ausweg, da sich die Verordnungen der neuen Herrscher nicht so recht mit christlichen oder humanen Werten vertrugen.[8]

Es siegte selbstredend, wie immer, der elementare Überlebensdrang, der zur Anpassung zwang. Zwar gab es schon sehr bald die entschiedenen Neinsager zur Nazidiktatur, die kleine

Widerstandszellen gründeten. Die große Mehrheit, die einheimische Verwaltung, die Polizei, die Wirtschaft kooperierten, wenn auch oft widerwillig und ohne Sympathie, aus Furcht und eigenem Interesse (vgl. Hirschfeld 1984).[9] Der aktive Widerstand wuchs rasch, vor allem im letzten Kriegsjahr, als Hitlers Niederlage eine Frage von Monaten wurde. Es ist schwer, seinen genauen Umfang zu bestimmen, weil die Kriterien äußerst unklar sind. Die Schätzungen variieren zwischen 5% und 8%, aber gerade weil die große Mehrheit fraglos mit ihm sympathisierte, kam es hier nachträglich zu einer ansehnlichen Überschätzung und Verzerrung.

Eben weil die einfachen und klaren Werte und das damit so eng verbundene Selbstbewußtsein plötzlich in Frage gestellt waren, identifizierte sich die Bevölkerung nach der Befreiung zuerst weitgehend mit dem aktiven Widerstand. Diese Identifizierung bot einen psychischen Ausweg, weil so das alte Selbstbildnis wiederhergestellt werden konnte. Dabei verdrängte man die unschönen und peinlichen Aspekte der Besatzung, wie z.B. daß die Juden mit Hilfe niederländischer Instanzen separiert, verhaftet und deportiert worden waren und daß etwa 76% von 140000 nicht mehr zurückkehrten. Man verdrängte auch, daß die nationalsozialistische Propaganda nicht ganz erfolglos geblieben war. Wenn auch die NSB, die tief verhaßte faschistische Partei, niemals großen Anhang gewann, so stellten die Niederländer mit ca. 20000 SS-Freiwilligen für die Ostfront doch das größte westeuropäische Kontingent.

Diese Fakten waren seit langem bekannt, und ihre Erwähnung gehört heute zum festen Protokoll aller seriösen Rückblicke und Versuche einer Bilanz in Literatur oder Presse. Aber das war lange Zeit nicht so, und es ist psychologisch leicht verständlich, daß es nicht so war.

Bei der so sehr benötigten Restauration des nationalen Selbstbewußtseins nach der Katastrophe blickte man lieber auf die hellen als auf die dunklen Seiten des eigenen Verhaltens. Der Calvinismus hatte immer ganz besonders die Unterscheidung zwischen den Auserwählten und den Verworfenen betont. In säkularisierter Façon hatte sich dieser rigorose Gegensatz irgendwie erhalten und führte nun wiederum zur klaren Trennung zwischen gut und böse. Die Faschisten und die Kollaborateure wurden dabei als die Schlechten oder „Verkehrten" (fouten) rabiat aus der nationalen Gemeinschaft ausgeschlossen und mitsamt ihren Kindern fortan diffamiert. Die Schärfe und Unerbittlichkeit der Stigmatisierung bis in die jüngste Zeit beweist die tiefe moralische Zäsur der Besatzung. Die Mehrheit konnte sich bei diesem altbekannten Schwarz-weiß-Kontrast mit „den Guten" identifizieren. Ein großer Teil der Kriegsliteratur und der Sendungen in den Medien haben seit 1945 diese Sicht immer wieder neu verbreitet. Dabei verschob sich die heroisierende Identifikation mit dem Widerstand zu einer ebenso selbstverständlichen Identifikation mit den Opfern.

Von ihnen handeln fast alle Zeugnisse und Berichte, vor allem auch in den Medien; weniger vom Leben des Durchschnitts im Krieg und schon gar nicht von Kollaborateuren oder Faschisten, – es sei denn als den Schurken im Hintergrund. Namentlich seit den sechziger Jahren ist das so.

Von diesem Zeitpunkt an kam der Bevölkerung auch erst die Vernichtung der Juden in ihrem vollen grauenhaften Umfang, dank der nun beginnenden reflektierten Beschäftigung mit der Besatzungszeit, wirklich zu Bewußtsein. Eine Sache, die man ebenfalls zwar gewußt, doch hinter aktuelleren Sorgen versteckt hatte. Gleichzeitig war eine Nachkriegsgeneration auf dem Plan erschienen. Diese hantierte bei ihrem Rückblick unbekümmert mit einem moralischen Schwarz-weiß-Maßstab, und dabei kam die Kriegsgeneration erheblich schlechter weg als zuvor. „Weniger heroisches Verhalten, erheblich mehr feige Kollaboration!" so warfen junge Eiferer linker Observanz ihren Eltern nun vor. Das mag die genannte Verschiebung zur Identifikation mit den Opfern verstärkt haben. Es war in den Niederlanden, wie überall im Westen, die Periode der Kulturrevolution und einer radikalen, vielfach neomarxistischen Gesellschaftskritik. Der Faschismusbegriff erfuhr dabei seine bekannte Erweiterung.[10]

Die ungewöhnliche Intensität der Auseinandersetzung mit dem Krieg auch bei der Nachkriegsgeneration hängt fraglos damit zusammen, daß eben die traditionelle klare politische Moral, daß eine Gesellschaft, die sich selbst als human, gerecht und gut verstanden hatte, vor der braunen Gewalt hatte kapitulieren müssen. Die Nazis hatten ungewohnte Gegensätze geschaffen, gerade mit ihrer Judenverfolgung. Sie hatten diese weitgehend integrierte Minderheit erfolgreich separiert und vernichtet, und die wenigen, die aus dem Inferno zurückkamen, stießen vielfach auf wenig Wiedersehensfreude bei denen, die sich inzwischen hilfsbereit ihrer Besitztümer angenommen hatten, den „Bewariern", wie der Historiker Presser, der Chronist der Judenvernichtung, sie sarkastisch zu nennen pflegte.

Man muß bei der Reaktion auf das Besatzungsdesaster im Denken und Bewußtsein verschiedene Ebenen unterscheiden. Wie gesagt, blieb auf der Ebene des kollektiven öffentlichen Umgangs mit der Besatzung, wie er sich im Gedenkritual manifestiert, der Scheinwerfer vor allem auf die Opfer und den Widerstand gerichtet, womit immer wieder eine innere Identifikation nicht nur bewirkt, sondern ja auch angestrebt wird (vgl. Barnow et al. 1985; de Moor 1990). Dabei spielen fraglos Institutionen und Stiftungen, wie die Anne-Frank-Stiftung, das Auschwitz-Komitee oder Verbände von Widerstandskämpfern eine nicht zu unterschätzende Rolle. Ihr Ziel und ihre institutionelle „raison d'être" sind es, die Erinnerung an die Nazi-Verbrechen wach zu halten. Sie richten sich vielfach gezielt an die Medien und an die Jugend. Die Broschüren und Ausstellungen mit didaktischer Absicht, die im Lauf der Jahre speziell den Nachkriegsgenerationen die Kenntnis des Geschehenen beibrachten, sind ein nicht zu übersehender Faktor, wenn man erklären will, weshalb die Besatzungszeit keine Vergangenheit werden konnte. Sie sollte es gerade nicht für alle jene, die glauben, eine Wiederholung sei nur zu verhindern, wenn die Alarmglocke des steten Memento nicht zum Schweigen kommt. Das brachte jedoch mit sich, daß man ungern den Blick auf die anderen, fragwürdigeren Aspekte warf. Der Kultus des Leidens stiftete Zusammengehörigkeit zwischen den Generationen, und er stiftete nationale Identität. Die Erinnerung wurde dafür instrumentalisiert. Das Bild Nazideutschlands blieb dabei als Kontrastfaktor unentbehrlich, und das scheint fraglos einer der Gründe für die Zähigkeit des negativen deutschen Stereotyps zu sein. Irgendwie braucht man dieses Bild, auch wenn es nicht mehr stimmt, für das Selbstporträt.

Dabei zeigte sich auch eine ebenfalls letztlich mit dem calvinistischen Erbe zusammenhängende inquisitorische Moral: Deutschland war zwar nicht mehr das Land der Nazis, doch es war nun das Land der gewesenen Nazis! Hinter der demokratischen Maske mußte demnach doch irgendwie der alte SA-Mann oder Parteigenosse stecken. Die Tatsache, daß Millionen Hitler zugejubelt und bedingungslos bis zum bitteren Ende gefolgt waren, während nach 1945 fast keiner sich mehr zu ihm und seiner Lehre bekannte, daß der Nationalsozialismus mit ihm wie vom deutschen Erdboden verschwunden schien, dieses an sich schon bemerkenswerte Phänomen mußte vor allem einem Volk, dessen politische Kultur so stark von religiös-weltanschaulichen Prinzipien geprägt war, äußerst unglaubwürdig vorkommen: Man legt seinen Glauben nicht ab wie ein verschlissenes Hemd! Die zahlreichen Prozesse und Entlarvungen von Kriegsverbrechern, die sich jahrelang erfolgreich hatten tarnen können, mußten diese Überzeugung immer wieder bestätigen. Erst wenn alle Untaten öffentlich gesühnt, wenn die Bösewichter demaskiert waren und Schuld bekannt hatten, war die moralische Ordnung wieder hergestellt! Die Problematik von individueller Schuld, Abhängigkeit und sozialer Kontrolle in einem totalitären Staat, und vor allem die noch gravierendere Problematik des allgemein-menschlichen Bedürfnisses, sich der jeweiligen Macht und ihren Normen anzupassen, ist ja erst nachträglich durch die Erfahrung mit dem „Dritten Reich“ in ihrem ganzen Umfang sichtbar geworden, ebenso wie die aus diesem Bedürfnis rührende unermüdliche Verfälschungsarbeit des Gedächtnisses. Wie ein Bonmot lautet: Nach 1945 war in Deutschland keiner in der Partei und in den Niederlanden jeder im Widerstand gewesen.

Die christlich-calvinistische Forderung nach Buße, Reue und Entschuldigung für Vergehen konnte nun zur moralischen

Chantage in der Politik werden. Es ist die einzige Waffe, die ein kleiner Staat gegenüber einem großen hat. Manche übertrugen die inquisitorische Haltung auf die deutschen Jugendlichen, die sich für das, was die Väter getan hatten, verantworten sollten. So konnte man sich im moralischen Superioritätsgefühl den Deutschen gegenüber für die Tatsache schadlos halten, daß die Bundesrepublik wieder zum unentbehrlichen wichtigen Partner geworden war. Doch hinter dem Besatzungskult und dem inquisitorischen Sühnebedarf bleibt eine Beschädigung des Selbstbildnisses der verborgene Faktor, der letztlich erklärt, weshalb die Gedanken immer wieder um jene ominöse Zeit kreisen, – wie bei einem Wanderer, der seine Geldbörse verloren hat und den es stets an dieselbe Stelle zurückzieht, um sie dort zu suchen. Was da verloren wurde, war so etwas wie das Bewußtsein einer nationalen moralischen Immunität. Die Obsession lenkt obendrein ab von anderen historischen Fakten, mit denen die Niederländer noch nicht recht ins Reine gekommen sind, wie den Gewalttätigkeiten (mit Vorliebe als „Exzesse" bezeichnet), die während des Unabhängigkeitskampfes in Indonesien und in den Lagern stattgefunden haben, in denen man nach 1945 Faschisten und Mitläufer einsperrte. Noch immer schweigt man lieber über diese Kapitel in der Öffentlichkeit.

Aber diese Ebene des offiziellen kollektiven Blickwinkels und Kultes der Besatzung und ihrer Schrecken, so sehr sie auch vorherrscht, ist nur die eine Seite. Die Historiographie hat schon seit den fünfziger Jahren aufgezeigt, daß die Königin Wilhelmina, wenn sie von ihrem „Heldenvolk" sprach, Mythos und Wirklichkeit da etwas verwechselte.[11] Im Grunde hatten die meisten es immer gewußt, aber das Gedenkritual bekam eben seine eigene Dynamik. Unter den namhaften Historikern fehlte es nicht an einer kritischen Analyse, und namentlich von jüdischer Seite – de Jong, Presser, Sijes – wies man schon sehr bald auf die fragwürdige Haltung vieler Instanzen und Personen hin. Die Geschichtsschreibung maß – auch wo sie nuanciert war und nicht blind für die Probleme, vor die sich viele in der Besatzungszeit gestellt sahen – dennoch mit einem klaren Maß, um Böcke von Schafen zu trennen. Das blieb ihr unvermindertes Anliegen, und sie blieb einstweilen eingespannt zwischen die Pole gut und schlecht, antifaschistisch und faschistisch, die den festen selbstverständlichen Bezugsrahmen abgaben.

Eine jüngere Generation Historiker, die sich in den achtziger Jahren zu Wort meldete, verlangte, ohne die fundamentalen Werte in Frage zu stellen, eine distanziertere, weniger inquisitorische Behandlung (Blom 1983). Sie ging nicht so selbstverständlich von den Fragen der Kriegsgeneration aus: „Wo liegen die großen Fehler und wer sind die Verantwortlichen dafür, daß es schief ging?" „Wie kann eine Wiederholung verhindert werden?" „Was hat die Nachwelt hier zu lernen?" Sie akzeptierte das Faktum der zahlreichen Übergänge zwischen pro und contra und einer Haltung, die meistens weder weiß noch schwarz war.

Bei der dritten Ebene handelt es sich um die mehr literarische Verarbeitung (vgl. Müller 1993; 1995). Anfänglich stand auch die Literatur noch sehr im Zeichen einer Feier des Kampfes, des Widerstands und mehr noch des Leidens der Opfer. Sie setzte den absoluten Kontrast zwischen Guten und Bösen voraus und kannte kein Drittes. Bald auch setzte die Kritik ein, daß man das faschistische Ungeheuer nicht wirklich ausgerottet und die hohen Ideale der Widerstandsbewegung verraten habe. Überhaupt kann man von einem etwas moralinsauren Befreiungskater unter der vor allem linken Intelligenz in den fünfziger Jahren sprechen[12]. Es war die alte calvinistische Moral in säkularisierter Form, die sich hier gegen die Erfahrung aufbäumte, daß die heile Weltordnung, in der man vor 1940 gelebt hatte, nach der Nacht des Nationalsozialismus nicht, wie erwartet, wieder zurückgekehrt war. Dadurch erst spürte man die ganze Wucht des Schocks. Die Welt war böse geblieben. Da die große Katharsis und Sühne in der Bundesrepublik, so wie man sie sich gedacht hatte, ausgeblieben war, galten die Deutschen nunmehr erst recht als ein gefährliches unheilbares Volk, wie etwa bei dem populären Schriftsteller Godfried Bomans (1984). Wachsamkeit und Kritik der Intellektuellen als Gewissen der Gesellschaft richteten sich fortan speziell auf das Nachbarland, den unvergessenen Unterdrücker von gestern. Vielleicht gerade weil Politik und Wirtschaft eng mit der Bundesrepublik zusammenarbeiteten, sahen viele Intellektuelle es als ihre besondere Aufgabe an, hier unentwegt auf der Hut zu sein. Sie machten sich dabei jedoch zum Interpreten unverdauter Emotionen und Traumata in weiten Kreisen der Bevölkerung.

Die echte innere Konfrontation mit dem Nationalsozialismus fand somit erst im Nachhinein statt, seit den sechziger Jahren. Der nüchterne Selbsterhaltungstrieb und das Gewissen wehren sich immer gegen aktuelle Greuelberichte, und so war es auch vor und unmittelbar nach 1945. Andere Nöte und akute Forderungen standen im Vordergrund. Erst wenn die Verbrechen Geschichte und Literatur geworden sind, können wir uns unbeschwert über sie aufregen. Für die Nachkriegsgeneration galt das sowieso. Die intensive Nachwirkung stand für sie, die es nicht erlebt hatte, weniger im Zeichen der Besatzung und des Krieges als im Zeichen von KZ und Auschwitz. Vor allem letzteres begann nun als die größte Ungeheuerlichkeit die andern Aspekte zu überschatten. Wie erwähnt drang dies erst in Folge der beginnenden ausführlichen Dokumentation und auch des Eichmannprozesses allgemein ins Bewußtsein. Es war, als ob ein Vorhang, den die christlich-humane Tradition immer vor diese Seiten der menschlichen Natur gezogen hatte, durch die Erfahrung mit dem Nationalsozialismus zerriß und neues bis dato unbekanntes menschliches Urwaldgelände freigab. In letzter Zeit kündigt sich auch auf der literarischen Ebene ein Ausbruch aus den festgetretenen Spurrillen an, in denen die Deutschen immer noch automatisch mit den Besatzungserinnerungen und dem Terror in Verbindung gebracht worden waren. Bei Schriftstellern wie Cees Nooteboom und auch Tessa de Loo wird der Horizont in dieser Hinsicht wieder weit.[13]

Das hundertfach abgeleierte Nietzschewort vom Tode Gottes schien immerhin für viele Niederländer plötzlich aus einem interessanten theoretischen Aperçu zu einer greifbaren Wahrheit geworden zu sein. Und zwar noch nicht einmal so sehr während der Besatzungszeit selbst als vielmehr im Lauf ihrer mühseligen nachträglichen Verarbeitung. Dort, in der Zerstörung einer gewissen Unschuld der christlich-humanen Kinderstube, liegt vielleicht die bedeutendste Nachwirkung der Konfrontation der Niederlande mit dem Nationalsozialismus.

Susanne Heim

Sozialwissenschaftler als Vordenker der Vernichtung?

Folgt man ihrem eigenen Selbstverständnis und der fachinternen Geschichtsschreibung, so haben die meisten sozialwissenschaftlichen Disziplinen gegenüber dem Nationalsozialismus eine kritische Distanz gewahrt. In der Politikwissenschaft wurde bis in die jüngste Zeit der Mythos aufrechterhalten, die Disziplin sei überhaupt erst nach 1945 entstanden – quasi als „Demokratiewissenschaft". In der Soziologie wird auch heute noch darauf verwiesen, daß die herausragenden Vertreter des Fachs nach 1933 emigrieren mußten (Rammstedt 1985: 253). Lediglich einige Pseudowissenschaftler hätten sich zu eilfertigen Handlangern der Nazis machen lassen. Die Bevölkerungswissenschaftler verbreiten nach wie vor, wenige Akademiker ihres Fachs hätten sich bedauerlicherweise von den Nazis „mißbrauchen" lassen, die meisten und die wirklich ernst zu nehmenden hätten dagegen in der inneren Emigration überwintert, seien in politisch unverfängliche Randbereiche ausgewichen (Heim, Schaz 1996). Fragen nach der nationalsozialistischen Vergangenheit einzelner Wissenschaftsbereiche bezogen sich, auch nachdem die Studentenbewegung den „Muff von tausend Jahren" gelüftet zu haben glaubte, im wesentlichen auf die institutionellen Funktionen der Professoren, auf die Frage nach ihrer Parteizugehörigkeit sowie auf eine *direkte* Kontinuität in Gedankengut und Vokabular.

In den letzten Jahren zeichnet sich eine Änderung im Selbstverständnis dieser Wissenschaftszweige und dem Verhältnis zur eigenen Fachgeschichte ab. Dennoch werden die Sozialwissenschaften – nicht nur die bereits erwähnten Disziplinen, sondern auch Geographie, Wirtschafts- und Geschichtswissenschaften und andere – im Nationalsozialismus in der Regel als

Legitimationswissenschaften mit überwiegend propagandistischer Funktion angesehen, die zwar einen Beitrag zur Rechtfertigung und Stabilisierung der nationalsozialistischen Herrschaft geleistet haben mögen, mit der Vernichtungspolitik aber nichts zu tun hatten und denen somit in bezug auf die größten Verbrechen, verglichen etwa mit Medizin und Eugenik, eher eine sekundäre Bedeutung zukam.

Doch auch dieses Bild ist noch immer zu positiv. Das Verhältnis zwischen sogenannter Legitimationswissenschaft und politischer Praxis bleibt dabei weitgehend ausgespart, ebenso wie auch die Funktion, die Sozialwissenschaftler in zahlreichen mit der Vernichtungspolitik direkt befaßten Institutionen eingenommen haben. Möglicherweise spielt bei der positiven Fehleinschätzung auch die Tatsache eine Rolle, daß die „Aufarbeitung" der jeweiligen Fachgeschichte in der Regel universitätsintern verläuft, etwa unter dem Thema: „Die Universität xy in der Zeit von 1933 bis 1945". Universitäten, die nicht auf dem Gebiet der heutigen Bundesrepublik liegen, bleiben dabei in der Regel außerhalb des Blickfeldes, obwohl sie häufig sogar eine Art Vorposten-Funktion hatten (das Institut für Osteuropäische Wirtschaft in Königsberg, das Osteuropa-Institut in Breslau, die Reichsuniversitäten in Straßburg oder Posen). Das gleiche gilt für Forschungseinrichtungen, die nicht einer Universität, sondern einer Behörde wie dem Rasse- und Siedlungshauptamt, dem Reichskommissar für die Festigung deutschen Volkstums (RKF), der SS oder dem Sicherheitsdienst zugeordnet waren und schon deswegen 1945 aufgelöst wurden – etwa die Stiftung Ahnenerbe, das Wannsee-Institut, die Publikationsstelle Dahlem oder das Planungshauptamt des Reichskommissars für die Festigung deutschen Volkstums.

Ein Bereich, in dem sich die Aktivitäten etlicher dieser Institutionen sowie die Karrieren vieler Wissenschaftler kreuzten, war die sogenannte Ostforschung. Einige der erwähnten Institute hatten sich bereits in den 30er Jahren ausgiebig mit Osteuropa, insbesondere mit Polen beschäftigt. Einen wahren Boom erlebte die Ostforschung jedoch nach Beginn des Zweiten Weltkriegs sowie erneut nach dem deutschen Überfall auf die

Sowjetunion. Landschafts- und Raumplaner, Rassen- und Volkstumsforscher, Historiker, Bevölkerungs- und Siedlungsexperten dienten als Politikberater für ein deutsch beherrschtes Europa, das bis zum Ural reichen sollte.

Der Kriegsbeginn bedeutete für viele Wissenschaftler einen Karriereschub – den zweiten innerhalb weniger Jahre. Die junge intellektuelle Elite, die von 1939 an Gelegenheit erhielt, im besetzten Polen ihre Sporen zu verdienen, hatte überwiegend in einer Zeit studiert, die noch deutlich von der Weltwirtschaftskrise und deren Folgen geprägt war und in der die meisten angehenden Akademiker davon ausgehen mußten, nach dem Studium arbeitslos zu sein. Ab 1933 hatte ihnen die Vertreibung jüdischer und politisch unliebsamer Wissenschaftler jedoch im großen Stil Berufsperspektiven eröffnet – und damit nicht zuletzt auch ihre Loyalität gegenüber den neuen Machthabern befördert. Oftmals war es nicht so sehr die Identifikation mit den Inhalten nationalsozialistischer Politik als vielmehr die verlockenden Aufstiegschancen – oder anders ausgedrückt: der Opportunismus, der die jungen Intellektuellen dazu bewog, sich in den Dienst der neuen Regierungs- und Parteiinstitutionen zu stellen. In den Anfangsjahren war für viele sogar eine gewisse Distanz zu den als „pöbelhaft" geltenden Nazis selbstverständlich. Die beiden Phasen der Ostexpansion brachten dann den zweiten und dritten kollektiven Karriereschub. Ausschlaggebend dafür waren zum einen die Repression und Ermordung der polnischen Intelligenz nach dem Überfall der deutschen Wehrmacht, die zur Folge hatten, daß intellektuelle Führungspositionen im Polen des Zweiten Weltkriegs nicht, wie etwa im besetzten Frankreich, von einer kollaborierenden einheimischen Elite eingenommen wurden, sondern deutschen Akademikern vorbehalten blieben. Zum anderen stärkte der rassistische Herrenmenschendünkel gegenüber Polen und den slawischen Völkern allgemein die Überzeugung, daß die Deutschen im Osten nicht nur verwalten, sondern alles „neu gestalten" müßten, wodurch das Betätigungsfeld für die Wissenschaftler „im Osteinsatz" zusätzlich erweitert wurde. In unzähligen Biographien und persönlichen

Dokumenten, die deutsche Intellektuelle, aber auch Parteifunktionäre und Verwaltungsfachleute verfaßten, kommt zum Ausdruck, wie sehr sie sich durch die „große Aufgabe", der sie sich im besetzten Osteuropa gegenüber sahen, herausgefordert fühlten.

Der Drang zum „Neugestalten" fand seinen Niederschlag in den Konzepten von Architekten und Landschaftsplanern, besonders aber in der Bevölkerungs- und Siedlungspolitik. Wenige Wochen nach Kriegsbeginn übertrug Hitler die Zuständigkeit für die „Neuordnung der ethnographischen Verhältnisse in Europa" und damit praktisch für die Umsiedlungs- und Nationalitätenpolitik im besetzten Polen an Himmler. Dieser gründete daraufhin noch im Oktober 1939 eine Behörde mit dem Titel „Reichskommissar für die Festigung deutschen Volkstums". Innerhalb kurzer Zeit wurde aus dem zunächst kleinen Büro, das sich so nannte, ein ganzes Institutionengeflecht mit mehreren tausend Mitarbeiterinnen und Mitarbeitern, etlichen Unterabteilungen, Gesellschaften, Banken und Planungsstäben. Dem RKF oblag die sogenannte Volkstumspolitik im annektierten Westpolen; das hieß die Vertreibung der jüdischen und nichtjüdischen einheimischen Bevölkerung und die Ansiedlung der Volksdeutschen, die bislang als Minderheiten im Ausland gelebt hatten und nun „heim ins Reich" geholt wurden.

Der RKF beschäftigte neben Verwaltungsfachleuten und SS-Trupps mit Polizeifunktion vor allem Sozialwissenschaftler: Ökonomen, Agrarwissenschaftler, Raumplaner und Volkstumsexperten, sowohl Biologen als auch Soziologen. Für sie bedeutete der institutionelle Rückhalt des RKF vor allem Macht und praktische Einflußmöglichkeiten in einem bis dahin unbekannten Ausmaß: Abgesehen von den eigenen enormen Kapazitäten setzte sich der RKF als eine Himmler direkt unterstellte Behörde gegenüber anderen Dienststellen im Konfliktfall fast immer durch, wenn er nicht ohnehin auch formell weisungsbefugt war. Unterstützt wurde er bei der Selektion von Menschen in „Erwünschte", die bleiben durften, und „unerwünschtes Volkstum", das abgeschoben wurde, unter anderem vom Rasse- und Siedlungshauptamt der SS; zwischen beiden Institutionen gab es zahlreiche personelle Verflechtungen und enge Kontakte.

In einem Brief, den der SS-Hauptsturmführer Hellmut Müller aus dem Distrikt Lublin im Generalgouvernement am 15. Oktober 1941 an seinen Vorgesetzten beim Rasse- und Siedlungshauptamt sandte, werden die Arbeitsweise und das Selbstverständnis der „Volkstumsexperten" deutlich: Der SS- und Polizeiführer in Lublin, Odilo Globocnik, so schrieb Müller voller Bewunderung nach Berlin, halte „die allmähliche Säuberung des gesamten GG [Generalgouvernement; S.H.] von Juden und auch Polen zwecks Sicherung der Ostgebiete usw. für notwendig. Er steckt (...) voller weitgehender guter Pläne." Für deren bessere Durchsetzung auch gegenüber konkurrierenden (Zivil-) Instanzen baue Globocnik eine „Planungs- und Forschungsstelle GG" auf. „Ihr Zweck soll sein", so fuhr Müller fort, „dem Brif. [Brigadeführer, S.H.] die wissenschaftlichtechnische Grundierung und Vorbereitung seiner Pläne und Gedanken zu liefern." Zu deren Realisierung würden SS-Leute aus dem Reich in den Distrikt Lublin geholt: „Es sind dies werdende und fertige Akademiker aller gebrauchten Fachrichtungen. (...) Es soll hier allen Gelegenheit gegeben werden, die erarbeiteten Unterlagen gleichzeitig für Doktorarbeiten usw. zu verwerten." Der Tätigkeitsbereich, in dem den Jungakademikern quasi Gelegenheit zur Feldforschung geboten wurde, war die „Eindeutschung" des Distrikts Lublin, über den die Verbindung zwischen den deutschen Siedlungsgebieten im Baltikum und in Siebenbürgen hergestellt werden sollte – ein Teilstück des berüchtigten Generalplans Ost, der die Unterwerfung großer Teile Osteuropas mittels gigantischer Umsiedlungs- und Vernichtungsvorhaben vorsah. Auf diese Weise wollte man, so heißt es in dem Brief wörtlich über die Siedlungsvorhaben, „im westlichen Zwischengebiet das verbleibende Polentum siedlungsmäßig ‚einkesseln' und allmählich wirtschaftlich und biologisch erdrücken. (...) Ein sehr weites Ziel, aber in seiner Tendenz gut. Der Passivität im Bürokratismus erstarrter Regierungsstellen wird eine aktivistische Volkstums- und Siedlungspolitik mit weiter Zielsetzung entgegengestellt." (Madajczyk 1977: 29) Seine eigene Tätigkeit beschreibt Müller wie folgt: „Ich habe (...) neben den technischen Dingen die ansässigen Alt- und auch die Neusiedler (...) in Grobmusterung nach rassischen und erbbiologischen Gesichtspunkten überprüft. Hierbei habe ich das volle Verständnis des Brif. gefunden. Bei derselben Gelegenheit habe ich auch schon die Notwendigkeit angemeldet, daß man bei späteren Anläufen der Arbeit in größerem Umfang eine Auslese unter den abzusiedelnden Polen wird durchführen müssen, damit erstens eine Abziehung der rassisch- und biologisch wertvollen Kräfte erreicht wird (Kräftezersplitterung!) und zweitens den Notwendigkeiten des Reiches (Mangel an Arbeitern, Landarbeitern usw.) Genüge getan wird. Auch hierbei habe ich das volle Einverständnis des Brif. feststellen können."

In diesen Passagen wird ein Selbstverständnis deutlich, das für die Intellektuellen jener Zeit bezeichnend ist. Aus Müllers Brief spricht unverkennbar der Stolz, eine praxisrelevante Tätigkeit auszuüben und diese mit einer Qualifizierung von akademischem Nachwuchs im großen Stil (Doktorarbeiten) verbinden zu können. Er empfindet seine Tätigkeit als zukunftsweisend, gestaltend und als eine Herausforderung. Es ist die Zeit der „weitgehenden Pläne" und der „weiten Ziele". Das Utopische erscheint machbar, und eben dieses Bewußtsein wirkt sich förderlich auf beruflichen Ehrgeiz und intellektuelle Anstrengungen aus. Zumindest dem eigenen Selbstverständnis nach ist Müller derjenige, der die Vorschläge macht. Er führt nicht Befehle aus, sondern entwickelt Ideen, für die er „volles Verständnis" findet und Anerkennung erntet. Er versteht sich als Aktivist, der diejenigen in Bewegung bringt, die im „Bürokratismus erstarrt" waren. Und nicht zuletzt ist ihm die massenmörderische Dimension seines Tuns offenbar bewußt. Zunächst spricht er noch von „Säuberung", dann von „einkesseln", „wirtschaftlich und biologisch erdrücken".

Hellmut Müller hatte keine leitende Funktion in der deutschen Besatzungsverwaltung in Polen. Dennoch wird an seiner Person das Fundament deutlich, auf dem diese Verwaltung aufbaute. Leute seines Schlages haben quasi arbeitsteilig an der Ausgestaltung der großen Pläne gearbeitet, die ihnen nur in Umrissen vorgegeben waren. Sie sorgten dafür, die ehrgeizigen Ziele an die örtlichen und regionalen Verhältnisse anzupassen und weiterzuentwickeln.

Im deutsch besetzten Baltikum hielt, kaum daß die Wehrmacht dort einmarschiert war, ein ganzer Troß von Wissenschaftlern Einzug. Die Einsatzgruppen hatten zu diesem Zeitpunkt in Kooperation mit der örtlichen Sicherheitspolizei die jüdische Bevölkerung in Ghettos gesperrt oder bereits ermordet. Nun machten sich Raumordner, Agrarplaner, Bevölkerungsexperten und Rassenkundler an die Begutachtung und Selektion der verbliebenen Bevölkerung. In Lettland zum Beispiel wurde zwischen Letten und „Lettgallen" unterschieden. Während die Anwesenheit der Letten im Baltikum erwünscht war, da man sie für leistungsfähig, „rassisch wertvoll" und aufstiegsorientiert hielt, galten die „Lettgallen" als „rassisch unerwünscht" und „durch Polentum und Russentum weitgehend verdorben". Die Letten sollten zwar im Land bleiben dürfen, aber ihre Höfe für deutsche Siedler räumen, und sie sollten auf die im Durchschnitt viel kleineren Betriebe „lettgallischer" Bauern umgesetzt werden. Die rassisch „Unerwünschten" wollte man dagegen in andere Teile der besetzten Sowjetunion umsiedeln oder mit Hilfe von Aufstiegsangeboten zur Übersiedlung motivieren, weil sie aus Sicht der Besatzer die Eindeutschung des Baltikums behinderten. Dennoch rangierten sie in der deutschen Wertskala deutlich über der slawischen Bevölkerung und sollten daher als Statthalter deutscher Interessen zur „Kräftezersplitterung" unter den Russen angesiedelt werden. Die Praxis habe nämlich gezeigt, so heißt es im Protokoll einer Konferenz über diese Fragen am 4. Februar 1942 im Ostministerium, „daß man mit russischen Kräften eine Verwaltung der Gebiete nicht aufbauen könne".

An dieser Sitzung nahmen neben Mitarbeitern des Ostministeriums auch Vertreter des RKF und des Reichssicherheitshauptamts teil. Das Rasse- und Siedlungshauptamt hatte den Rassen- und Volkstumsexperten Prof. Bruno K. Schultz geschickt. Als weiterer Fachmann für Fragen der „Bevölkerungsqualität“ war der Direktor des Kaiser-Wilhelm-Instituts für Anthropologie, menschliche Erblehre und Eugenik, Professor Eugen Fischer, aus Berlin-Dahlem angereist. Das Institut für Grenz- und Auslandsdeutschtum in Berlin-Steglitz vertrat Dr. Gerhard Teich, zugleich Gruppenleiter im Ostministerium und dort für die politische Lenkung „fremden Volkstums“ im Ostland zuständig, für „Russen, Polen, Ukrainer, Schweden, Krimtataren und sonstige Volkstumssplitter“.[1]

Da die Deutschen davon ausgingen, ihre Herrschaft nicht auf russische Kollaborateure stützen zu können, einigte man sich in der Sitzung, daß es „sehr angebracht“ sei, „die rassisch unerwünschten Angehörigen der Baltikumvölker hier als eine Mittelschicht einzubauen“. Vorausgehen sollte dem eine „genaue Überprüfung der Bevölkerung, die nicht als rassische Bestandsaufnahme firmiert werden dürfte, vielmehr als hygienische Untersuchung u. dgl. getarnt werden müsse, damit keine Unruhe in der Bevölkerung entstehe“ (Heiber 1958: 296).

Auf den ersten Blick erscheint diese Art der Umsiedlungs- und Volkstumspolitik lediglich an einer rassistischen Hierarchie orientiert. Tatsächlich jedoch waren damit weitreichende soziale und bevölkerungsökonomische Umschichtungen verbunden. Es ging um eine Umwälzung und „Neuordnung“ der sozialen Verhältnisse nach Herrschafts- ebenso wie nach ökonomischen Effektivitätskriterien. Zu diesem Zweck sollten nicht nur, wie von Hitler angekündigt, die „ethnographischen Verhältnisse bereinigt“ und klare Volkstumsgrenzen gezogen werden – heute würde man das „ethnische Säuberung“ nennen –, Ziel war immer auch eine Reduzierung der Bevölkerungszahl.

Deutsche Wirtschafts- und Bevölkerungsexperten – unter ihnen an vorderster Stelle das bereits erwähnte Institut für osteuropäische Wirtschaft in Königsberg – hatten in ganz Osteuropa die „Überbevölkerung“ als das zentrale Entwicklungshindernis ausgemacht. Die andauernde Wirtschaftskrise, eine ineffiziente Landwirtschaft, Kapitalmangel und politische Instabilität galten lediglich als Symptome dieses einen Grundübels. In der polnischen Landwirtschaft war nach den Berechnungen des deutschen Ökonomen Helmut Meinhold jeder zweite Mensch „nichts als toter Ballast". Derartige Verhältnisse, beschrieben als circulus vitiosus oder auch als eine Abwärtsspirale von Armut, sinkender Arbeitsproduktivität und „Überbevölkerung", standen den ehrgeizigen deutschen Plänen für ein „neues Europa" ebenso im Wege wie kurzfristige kriegswirtschaftliche Überlegungen. Für die deutschen Wirtschafts- und Sozialwissenschaftler stellte die „Überbevölkerung" eine „sozialökonomische Krankheitserscheinung" (Oberländer) dar, für die sie eine spezifische, dem antisemitischen Zeitgeist entsprechende „Therapie" entwickelten.

Der bis heute hoch angesehene Sozialhistoriker Werner Conze schrieb im August 1939: „Die ländliche Überbevölkerung ist in weiten Teilen Ostmitteleuropas eine der ernstesten gesellschaftlichen und politischen Fragen überhaupt (...) In Rußland hat sie entscheidend den bolschewistischen Umsturz ermöglicht."[2] Zu den Maßnahmen, die diesem Mißstand Abhilfe schaffen sollten, rechnete Conze „die Entjudung der Städte und Marktflecken zur Aufnahme bäuerlichen Nachwuchses in Handel und Handwerk". (Conze 1940: 48)

Was Conze so formulierte, entwickelte sich Ende der 30er Jahre zum Konsens unter den deutschen Osteuropa-Experten. Noch im Jahr 1938 standen auch bei Conze antisemitisches Ressentiment und wirtschaftliche Neuordnungsvorstellung unverbunden nebeneinander. In einem Aufsatz über die Region Wilna[3] sagte er über die Juden in den Städten: „Wenn auch die beherrschende Stellung in Handel und Handwerk langsam zurückgeht, so ist die Macht dieses Fremdkörpers immer noch unerträglich genug." Drei Seiten weiter forderte er eine „durchgreifende Agrarpolitik" als Schlüssel für eine „wirkliche Ordnung im Wilnagebiet", allerdings noch ohne diese Forderung mit der Idee der wirtschaftlichen „Entjudung" zu verknüpfen. Im darauffolgenden Jahr hatte er beide Argumentationslinien in *ein* Konzept integriert.

Ebenso wie Conze lebte auch der Ökonom Peter-Heinz Seraphim Ende der 30er Jahre in Königsberg. Er war Abteilungsleiter an dem von Theodor Oberländer geleiteten Institut für osteuropäische Wirtschaft und hatte 1938 ein Buch über „Das Judentum im osteuropäischen Raum“ publiziert. Die Juden, so Seraphim, lebten in Osteuropa überwiegend in den Städten und seien in ihrer großen Mehrheit verarmt. (Seraphim 1938: 568) Für Polen schätzte Seraphim den Anteil der Armen auf 60 bis 70 Prozent aller Jüdinnen und Juden. Für besonders bedenklich hielt er es, daß die Juden vor allem in Handel und Handwerk ihr Auskommen suchten und damit gerade in jenen Wirtschaftssektoren, die in Polen allgemein als „überbesetzt“ angesehen wurden. Zudem würden die Juden dem bäuerlichen Nachwuchs die Möglichkeit versperren, vom Land abzuwandern. Später – nach dem deutschen Überfall auf Polen – formulierte Seraphim noch deutlicher: In ganz Osteuropa sah er die „Judenfrage“ als eine „bevölkerungspolitische Massenfrage“ (Seraphim 1942: 52). Indem die Deutschen in den von ihnen besetzten Gebieten die Juden aus der Wirtschaft „ausschalteten“ und auch verbündete Staaten dazu drängten, dies zu tun, sei im „überbevölkerten“ Osteuropa die Möglichkeit gegeben, den besagten circulus vitiosus aufzubrechen: Jahrelang seien, so Seraphim euphorisch in einem 1941 publizierten Artikel, die „nachgeborenen Bauernsöhne der bodenständigen Völker durch das jüdische Element (...) daran gehindert worden, in den Städten ihr Fortkommen zu finden. Die Städte waren gleichsam duch die Juden ‚blockiert‘! Jetzt scheint der Augenblick gekommen, dieses Monopol zu brechen.“ (Seraphim 1941: 45)

Neben Conze und Seraphim gab es zahlreiche ihrer Kollegen, die selbstverständlich davon ausgingen, daß die Eliminierung der jüdischen Kleinhändler und Handwerker aus der Sozialstruktur der osteuropäischen Städte den Durchbruch in der Lösung des „Bevölkerungsproblems“ sowie der wirtschaftlichen Strukturkrise ermöglichen würde.

In den Konzepten zur Wirtschaftsrationalisierung im besetzten Osteuropa wurden Rassismus und Sozialplanung miteinander kombiniert. Selektion nach rassistischen Kriterien widersprach nicht dem ökonomischen Kalkül, sondern wurde mit diesem kombiniert. Exemplarisch läßt sich das an Seraphim zeigen. Einerseits ließ er in seinem Buch kein antisemitisches Klischee aus, um den „Rassencharakter" der Ostjuden zu beschreiben. Doch liegt der Schwerpunkt seiner Arbeiten nicht auf den „völkerpsychologischen Betrachtungen", die er über die jüdische Minderheit anstellte, sondern er argumentierte durchgängig mit deren angeblicher oder auch tatsächlicher demographischer Entwicklung und ökonomischer Funktion: der Verarmung, der „Konzentration" der Juden in bestimmten Berufszweigen, dem jüdischen Bevölkerungswachstum oder der Migration. Sowohl er als auch Conze und viele andere, die „Bevölkerungsfrage" und „Judenfrage" miteinander kombinierten, argumentierten in erster Linie soziologisch und sozialhistorisch. Wenn sie für eine „Entjudung" der Städte plädierten, so taten sie dies unter Verweis auf die wirtschaftlichen Positionen jüdischer Kleinhändler und Handwerker.

Die deutschen Besatzungswissenschaftler und -planer zeichneten sich durch einen besonderen reformerischen Impetus aus; sie waren der Überzeugung, in Osteuropa quasi eine tabula rasa vor sich zu haben, die es neu zu „ordnen" gelte, eine Vorstellung, die sich nicht zuletzt auch in der Radikalität ihrer Konzepte und „Lösungsmodelle" niederschlug. Zygmunt Bauman hat dieses Bewußtsein, im Dienst einer glorreichen Zukunft zu stehen und wissenschaftlichen Erkenntnissen zum Durchbruch zu verhelfen als „gärtnerische Ambition" bezeichnet und sieht darin eine wesentliche Ursache für das Fehlen jeglicher moralischer Skrupel auf seiten der Täter. (Bauman 1992: 46 ff.)

Die handlungsorientierte Verschränkung von Bevölkerungs- und Judenfrage diente nicht nur der Durchsetzung ehrgeiziger Pläne zur „Neuordnung Europas", sondern wurde im Verlauf des Krieges immer mehr zu einem Lösungsmodell für Krisen und Engpässe in den unterschiedlichen Ressorts, egal ob es darum ging, Wohnungen „frei" zu machen, einzelne Branchen zu rationalisieren oder eine ganze Volkswirtschaft auf das Niveau der „optimalen Arbeitsorganisation im europäischen Großraum" anzuheben.

Selbst noch bei der Vertreibungs- und Eindeutschungspolitik im annektierten Westpolen, die gemeinhin als ausschließlich an rassistischen Kriterien orientiert gilt, wußten die deutschen Umsiedlungs- und Raumplanungsexperten Rassismus und fachwissenschaftliche Argumente zu verknüpfen, um den sozialpolitischen und wirtschaftlichen Nutzen ihrer Konzepte plausibel zu machen. Die Besitztümer der vertriebenen Juden und Polen, Wohnungen, Höfe, Werkstätten und Betriebe, wurden zur Ausstattung der volksdeutschen Siedler verwendet, die ihr Eigentum bei der Umsiedlung nur zu einem geringen Teil hatten mitnehmen können. Für den größeren Teil des Eigentums, den sie zurücklassen mußten, ließ sich der deutsche Fiskus vom jeweiligen Herkunftsstaat eine Entschädigung zahlen. Er verdiente somit unmittelbar an der Enteignung.

Darüber hinaus war der Raum polnischen und jüdischen Vermögens mit einer wirtschaftlichen Rationalisierung verbunden. Betriebe wurden stillgelegt oder fusioniert, bevor man sie den neuen Besitzern übergab. Die Folge davon war, daß die Umsiedlungsbehörden weit mehr Menschen ins Generalgouvernement abschoben, als sie Volksdeutsche neu ansiedelten: In Danzig-Westpreußen sollten für jeden deutschen Siedler zwei Einwohner evakuiert werden, im Warthegau sogar zwei bis drei Menschen und in Oberschlesien vier bis fünf. Auch die Definition, welche Polen als „eindeutschungsfähig" angesehen und in die Deutsche Volksliste eingetragen wurden, richtete sich nicht primär nach sogenannten Rassemerkmalen, sondern nach den Plänen für eine neue Bevölkerungsstruktur, nach Gewerbe- und Arbeitskräftebedarf. So wurden in Oberschlesien die Eindeutschungskriterien recht großzügig ausgelegt, weil dort Arbeitskräfte für den Bergbau benötigt wurden. Die deutschen Umsiedlungsexperten erklärten die polnischen Nebenerwerbsbauern kurzerhand zu Angehörigen einer deutsch-polnischen „Zwischenschicht", die in der Region bleiben sollte, um in Industrie oder Bergbau zu arbeiten. Autor dieses Konzepts war der Bevölkerungsexperte Fritz Arlt, ein Schüler Arnold Gehlens.

Während es für Polen durchaus möglich war, daß sie in der von den Besatzern festgelegten Hierarchie auch zu „Deutschen zweiter Klasse" avancieren konnten, wirkte sich die Kategorisierung für Juden ausschließlich in umgekehrter Richtung aus: Sie wurden enteignet, von ihren Arbeitsplätzen, aus Handwerksbetrieben und Wohnungen vertrieben und beraubt und auf diese Weise erst quasi in den Status der „Ballastexistenzen" gedrängt, mit dem die Deutschen schließlich ihre Vernichtung rechtfertigten.

Himmler lobte dieses volkstumspolitische Konzept, das in seiner Behörde, dem RKF, laufend perfektioniert wurde, mit den Worten: „Die Umsiedlung erfolgt auf Grund neuester Forschungsergebnisse und wird revolutionäre Ergebnisse bringen, weil sie nicht nur Volkskontingente verpflanzt, sondern auch die Landschaft völlig umgestaltet." (Aly, Heim 1995: 126) In diesem Sinne konnte der bereits erwähnte Helmut Meinhold im besetzten Polen zur Frage der Erweiterung des Generalgouvernements 1941 schreiben: Selbstverständlich sei „jede Eingliederung (neuer Territorien) ins Generalgouvernement, wenn sie wirtschaftlich von Nutzen sein soll, auch von Siedlungsbewegungen begleitet". Und er fügte hinzu: „wobei die Juden als mit auszusiedeln gelten sollen". (Aly, Heim 1995: 251)

Die Formulierung ist aufschlußreich: Die Juden sollen als auszusiedeln *gelten*. Zwischen den Zeilen wird deutlich, daß Meinhold wußte, daß die Juden nicht wirklich ausgesiedelt wurden. Dennoch brauchte er sie in seiner Statistik nicht mehr mitzurechnen. Seine Vorschläge lieferten die ökonomische Begründung für die Vernichtung der polnischen Juden. Vier Jahre später, im Herbst 1945, erarbeitet Meinhold – der im übrigen nie NSDAP- oder SS-Mitglied war; gerade das erleichterte seine Wiederverwendung – für die britische Besatzungsmacht eine Studie über den Wiederaufbau Großhamburgs. Die Situation im kriegszerstörten Deutschland sah er ähnlich wie kurz zuvor in Polen gekennzeichnet durch „Überbevölkerung", Kapitalarmut (aufgrund der Kriegszerstörungen) und durch ein ungünstiges Verhältnis zwischen Produktionsanlagen und Arbeitskräften. Meinhold plädierte für die Kapitalinvestition von außen in Form von Marshallplangeldern. Eben solche Investitionen hatten die Deutschen in Polen verweigert, als es um die Beseitigung der dortigen Krise ging. Ohne Kapitalzufuhr, so argumentierte Meinhold in seiner Studie über „Großhamburg“, komme es zu einer ungünstigen, wenn nicht gar verhängnisvollen Verzettelung der volkswirtschaftlichen Kräfte: „Deutschland kann sich selbst um der Arbeitsbeschaffung willen nicht erlauben, materialverbrauchende Arbeiten, die das Aufkommen an unbedingt existenzwichtigen Stoffen verringern, durchzuführen.“ In dieser Studie brachte der Ökonom noch einmal zu Papier, was er in Polen gelernt hat – nur diesmal unter umgekehrten Vorzeichen. Er war nicht mehr der Herrenmensch, sondern stand, wenn auch relativ privilegiert, auf der Seite der Verlierer. Es sei besser, so Meinhold, von 100 Arbeitern nur 50 zu beschäftigen, die die anderen mit „durchschleppen, als wenn 75 arbeiten und 25 verhungern. (...) Man könnte natürlich auch einen anderen Ausgangspunkt wählen. (...) Man kann nämlich sagen: Es sei besser, im Kampf ums Dasein bleiben die 75 sich bewährenden am Leben, der Rest kommt sogleich um, als wenn im Endeffekt alle 100 zu Grunde gehen. Ein solcher Standpunkt wäre zu vertreten, wenn es sich wirklich um eine Auslese handelte.“ (Aly, Heim 1995: 296) Eben die sah Meinhold im zerstörten Hamburg 1945 – anders als wenige Jahre zuvor in Polen – nicht als gegeben an.

Die Großhamburg-Studie war der Grundstein zu Meinholds zweiter Karriere, die ihn vom Amt für bizonale Wirtschaft zunächst in die Abteilung Grundsatzfragen im Bundeswirtschaftsministerium führte, dann als Professor für Wirtschaftswissenschaften an die Universität Frankfurt am Main. Mit dem Fortschritt der Karriere ging eine Reformierung des Vokabulars einher: In den 50er Jahren, zur Zeit des Wirtschaftswunders, argumentierte Meinhold mit dem „demokratischen Freiheitsbegriff“, der mit dem „Begriff der freien Konsumwahl“ unmittelbar verbunden sei. „Zur Freiheit des Individuums gehört auch die ökonomische Freiheit der Einkommensgestaltung und -verwendung als unlösbarer Wesensbestandteil.“[4] Seinen Ruf im Nachkriegsdeutschland begründete Meinhold vor allem durch seine Rolle als Schlichter in Tarifverhandlungen, bei denen er an die „volkswirtschaftliche Verantwortung“

aller Beteiligten appellierte. Die „Meinhold-Formel", nach der die Marge berechnet wurde, innerhalb derer sich Tarifabschlüsse zu bewegen hatten, wenn sie das gesamtwirtschaftliche Gleichgewicht nicht gefährden sollten, war als wissenschaftlich begründeter Kompromiß gedacht, mit dem die Vorstellung der Volksgemeinschaft auf das ökonomische System der Bundesrepublik übertragen wurde. Fast 30 Jahre lang war Meinhold Vorsitzender des Sozialbeirats und damit federführend an der Sozialpolitik aller Bundesregierungen, egal ob christdemokratisch oder sozialliberal geführt, beteiligt. 1986 schied er aus dem Amt und wurde wenig später mit dem Bundesverdienstkreuz ausgezeichnet. Im September 1994 verstarb Meinhold 80jährig. Bundesarbeitsminister Norbert Blüm nannte ihn in einer Art Nachruf einen „brillanten Wissenschaftler und beherzten Kämpfer für soziale Gerechtigkeit", der „immer auch auf die Praxis und die Machbarkeit seiner Vorschläge bedacht war".[5]

Damit hat Blüm unfreiwillig ein wesentliches Merkmal der „zweiten Karrieren" auf den Begriff gebracht: Die Anpassungsfähigkeit der im Nationalsozialismus ausgebildeten sozialwissenschaftlichen Intelligenz an die neuen politischen Verhältnisse nach 1945 basierte nicht darauf, daß sie sich „tarnten", ihre wahren Positionen verschleierten, sondern auf einem sicheren Gespür dafür, was unter welchen Umständen machbar sei. Antisemitismus sowie Polen- und Russenhaß waren nicht unverzichtbarer Bestandteil ihrer politischen Identität, sondern konnten auch zugunsten eines Bekenntnisses zu Freiheit und Marktwirtschaft zurücktreten, wenn die Umstände dies ratsam erscheinen ließen. Erhalten blieb bei allen ideologischen Wandlungen das Prinzip der „Auslese" als Grundlage einer selektiven Sozialpolitik, die der Bevölkerungsmehrheit soziale Sicherheit auf Kosten derjenigen verspricht, die man ungestraft diskriminieren kann.

Kurt Nowak

Rassenanthropologie – Rassenhygiene – Humangenetik

„Die NS-Psychiatrie hat in Deutschland lange Zeit im toten Winkel der wissenschaftlichen Forschung und des öffentlichen Bewußtseins gestanden." (Kersting et al. 1993: 9) Diese Feststellung eines westfälischen Forscherteams aus dem Jahr 1993 trifft auch auf die Rassenanthropologie, die Rassenhygiene und die Humangenetik, vormals „Vererbungslehre" genannt, zu. Das Thema war von einer Mauer der Tabuisierung umgeben. Mittlerweile hat sich die Situation verändert. Seit den 1970er Jahren begann ein Strom von kritischen Veröffentlichungen zu fließen. Ihr interdisziplinärer Charakter entspricht der Interdisziplinarität des Gegenstandes, um den es geht. Wir haben es mit einem Thema zu tun, in dem sich die Disziplinen überkreuzen: die Naturwissenschaften, die Medizin, die Geistes- und Sozialwissenschaften.

I. Der Traum der Menschenzüchtung

Die Beunruhigung, um nicht zu sagen die negative Faszination, die nach wie vor mit dem Thema einhergeht, hängt mit den technischen Möglichkeiten der Humangenetik zusammen. „Die Verbesserung der menschlichen Art rückt in den Bereich des Machbaren und in die Nähe des Vertretbaren. Diese Perspektiven erhalten angesichts der rasanten Fortschritte der neuen Fortpflanzungstechniken und der Genetik eine bislang unbekannte gesellschaftliche Brisanz." (Weingart/Kroll/Bayertz 1988: 15)

Tritt man genügend weit zurück und versucht, die Geschichte der europäischen Zivilisation aus der Tiefe ihres Herkommens zu sehen, werden weitreichende Träume sichtbar. Zu ihnen gehört die utopische Vision von der Verbesserung des Menschen nicht allein durch Religion und Ethik oder durch bestimmte Formen des Zusammenlebens, sondern durch planmäßige Züchtung. In der historischen Makroperspektive von der griechisch-mittelmeerischen Kultur der Antike über das Europa der Frühen Neuzeit bis hin zu unserer eigenen, scheinbar allseitig aufgeklärten Gegenwart muten die Jahre des Dritten Reiches wie die Nachtseite eines hellen Menschheitstraums an. Wir werden bei der Betrachtung der Entwicklungen etwas Entscheidendes zu begreifen haben. Der Satz „abusus non tollit usum" reicht nicht aus. Die historische Erfahrung, die sich mit dem Dritten Reich verbindet, ist illusionsloser: „usus non tollit abusum". Das Dritte Reich ist ein Lehrstück dafür, daß die Idee selber, die Utopie der Menschenzüchtung, und nicht erst eine bestimmte Art ihrer Realisierung den Keim des Scheiterns in sich trägt.

II. Von der Rassenanthropologie zur Rassenhygiene

Die Rassenanthropologie des 18./19. Jahrhunderts war ein Wissenschaftszweig, der sich im Vergleich mit allen späteren Entwicklungen noch weithin im Status der methodischen Unschuld befand. Die Entdeckungsreisen zu fremden Völkern hatten im Jahrhundert der Aufklärung Fragen nach den Eigenarten der Menschenrassen verstärkt. Pioniere der Rassenanthropologie wie Johann Friedrich Blumenbach fragten nach morphologischen Kriterien der Rassen. Man maß Schädel, Gliedmaßen, Wachstumsphasen, man regionalisierte die Rassentypen in mitunter schon recht feinkörnigen Untersuchungen. Das wissenschaftliche Binnenklima der Rassenanthropologen und -morphologen war freilich nicht unbeeinflußt von kulturellen Vorurteilen. Einen wissenschaftsgeschichtlichen Sprung machte die Rassenanthropologie im letzten Drittel des 19. Jahrhunderts durch die Theorie der „natural selection" Charles Darwins und durch die Wiederentdeckung der Vererbungsregeln Gregor Mendels im Jahr 1900. Der morphologisch-physiologische Begriff der Rasse wich dem seither vorherrschenden genetisch-biologischen bzw. populationsgenetischen Rassenbegriff.

Der Traum der Menschenzüchtung veränderte seit Darwin und Mendel seine Grundlagen und seine Ziele. Betrachtete man die Rassen, so schien die „erste grundlegende Bedingung ... das Vorhandensein vortrefflichen Materials“ zu sein. So formulierte es der Wahldeutsche Houston Stewart Chamberlain in seinen fünf „Grundgesetzen“ der Rassenzüchtung von 1899. (Dokumentation 1992: Nr. 4) Da es auch schon angeblich stichhaltige Statistiken über die Höher- oder Minderwertigkeit von Rassen gab, richtete sich der Rassenzüchtungsutopismus in manchen Kreisen auf die Hege und Pflege der „arischen Rasse“ (Gobineau) bzw. der „germanischen Rasse“ (Chamberlain).

1904 erschien unter der Herausgeberschaft des Mediziners und Biologen Alfred Ploetz, des Juristen Anastasius Nordenholz und des Zoologen Ludwig Plate die erste Nummer des „Archivs für Rassen- und Gesellschafts-Biologie einschließlich Rassen- und Gesellschaftshygiene“. Der umständliche Titel wollte bekunden, daß man sowohl im Bereich der Grundlagenforschung wie der praktischen Anwendungsforschung wirksam werden wollte. Abstrakt betrachtet mochte die Etablierung einer neuen Wissenschaft, die nicht im Ghetto einer Einzeldisziplin verharrte, sondern ein ganzes Bündel von Wissenschaften umfaßte, eindrucksvoll sein. Tatsächlich zeigte die Karriere der „Rassen- und Gesellschaftsbiologie“: Interdisziplinarität kann auch die wenig kontrollierbare Waffe zur Durchsetzung pseudo- bzw. unwissenschaftlicher Ziele sein. Indem sich wahre, halbwahre oder falsche Hypothesen verschiedener Wissenschaftszweige miteinander verbanden, entstand ein wechselweise gestützter Schein von Wahrheit, welcher in der wissenschaftlich ungeschulten Öffentlichkeit schnell zur „Gewißheit“ zu mutieren vermochte.

Am 22. Juni 1905 entstand die Berliner „Gesellschaft für Rassenhygiene“. Initiator war wiederum Alfred Ploetz, diesmal in Gemeinschaft mit dem Ethnologen Richard Thurnwald. Die Gesellschaft wollte Teil einer internationalen Vereinigung sein. Ernst Rüdin warb in Skandinavien und Frankreich um Anhänger. In England, Holland, Norwegen und den USA standen Vereinigungen kurz vor ihrer Entstehung. Als Ploetz 1907 nach München übersiedelte, gründete er dort eine weitere Vereinigung der „Gesellschaft für Rassenhygiene" (Vorsitz: Max von Gruber, Professor für Hygiene). 1910 kamen die Ortsgruppen in Freiburg i. B. und Stuttgart hinzu.

Die Einordnung der Frühgeschichte der „Gesellschaft für Rassenhygiene" in die nachmaligen Entwicklungen ist nicht ganz leicht. Impulse zur Sozialreform verbanden sich mit vererbungstheoretischen Perspektiven. Der Rassengedanke im Sinne einer expliziten Rassenideologie spielte keine prominente Rolle. Im Mittelpunkt stand die Erweckung der „Aufmerksamkeit auf die ungeheure Bedeutung der Vererbung für Gedeihen und Verfall der Völker", verbunden mit der Sorge um das biologische Wohl und Wehe der eigenen Fortpflanzungsgemeinschaft. Erstmals einer größeren Öffentlichkeit präsentierte sich die „Gesellschaft für Rassenhygiene" auf der Internationalen Hygieneausstellung in Dresden 1911. Die Aussteller bekundeten: „Mit Hilfe von mehr als 200 Tafeln und Tabellen und einer Anzahl von Naturobjekten werden zuerst die Grundtatsachen der ... Fortpflanzung dargelegt ... Hieran schließt sich die Darstellung der Gesetzmäßigkeit der Vererbung, wie sie namentlich durch die Experimente der jüngsten Zeit an Pflanzen und Tieren enthüllt worden sind ... Es wird der Weg angedeutet, auf dem zugleich eine ausreichende Proliferation und eine Verbesserung der Durchschnittsqualität der Erzeugten erreicht werden kann." (Dokumentation 1992: Nr. 8)

III. Rassenhygiene

Der aus heutiger Sicht äußerst belastete Begriff „Rassenhygiene" meinte im Deutschen Kaiserreich und in der Weimarer Republik vor allem das, was im Ausland „Eugenics" hieß: die

Lösung von bevölkerungspolitischen Fragen in Verbindung mit ihren sozialen Hintergründen auf der Basis der Erblehre. Debattiert wurde über die Steuerung der Geburtenziffer, die Ausschaltung von „Erbuntüchtigen" aus dem Fortpflanzungsprozeß sowie über den Schutz von Mutter und Kind. 1911/12 legte Dr. Hans Römer in der „Psychiatrisch-Neurologischen Wochenschrift" den Vorschlag zur Erarbeitung einer „Stammliste" vor. In ihr sollten alle Personen erfaßt werden, bei denen psychische Störungen zu sozialer Untüchtigkeit und infolgedessen zu Entmündigung, Ehescheidung, Selbstmord, Internierung geführt hätten. Bereits jetzt ließen sich, meinte Römer, von den Landesversicherungsanstalten die Namen der „wegen Geisteskrankheit Invalidierten" erfassen und in eine Zentralkartei einspeisen, desgleichen die Namen jener Personen, die der öffentlichen Armenpflege zur Last fallen. (Dokumentation 1992: Nr. 23) Im Kriegsjahr 1914 trat die „Deutsche Gesellschaft für Rassenhygiene" mit „Leitsätzen" hervor, welche der „Sicherstellung eines nach Zahl und Tüchtigkeit ausreichenden Nachwuchses" dienen sollten. (Dokumentation 1992: Nr. 12)

Wie bedrohlich das Programm der Rassenhygiene schon zu diesem Zeitpunkt auf wache Zeitgenossen wirkte, geht aus einer 1918 in Jena erschienenen Kampfschrift von Oscar Hertwig, Direktor des Anatomisch-Biologischen Instituts der Universität Berlin, hervor. Nach den bisher gemachten Vorschlägen – so Hertwig – „würde das Leben jedes einzelnen von der Wiege bis zum Grabe unter Zuchtwahlkontrolle gestellt werden. Ein System von Behörden würde geschaffen werden, in denen die Ärzte selbstverständlich die Hauptrolle spielen ... Und gibt es überhaupt für die sozialen Reformatoren des Darwinismus noch eine Grenze ihrer Neuerungsbestrebungen, solange sie glauben, nach den Gesetzen der Wissenschaft zu denken und zu handeln? Gleichen sie nicht in ihrem wissenschaftlichen Aberglauben in jeder Beziehung religiösen Fanatikern?" (Dokumentation 1992: Nr. 10)

Hertwigs Mahnrede verhallte ungehört. Was in seinen Augen bloßer Aberglaube mit gefährlichen Folgen für die Gesellschaft war, galt anderwärts längst als Zukunftswissenschaft, geeignet, zum Segen für die Menschheit zu werden. Politische Standortbindungen spielten hierbei nur insofern eine Rolle, als die Zukunftsvisionen deutsch-nationaler Rassenhygieniker in ein anderes kulturelles Licht getaucht waren als diejenigen ihrer sozialdemokratischen oder liberalen Kollegen. Ansonsten zog das rassenhygienische Paradigma sie alle in seinen Bann. Die politisch-weltanschaulichen Richtungsbegriffe Rechts, Links, Mitte versagen vor der Allgewalt, mit der sich der „rassenhygienische Gedanke" Bahn brach. „Selten hat eine Wissenschaft in so kurzer Zeit so rasch sich entfaltet, wie die Vererbungswissenschaft in den zwei Jahrzehnten ihres Bestehens." So hieß es in einem Bericht über die Gründung der „Deutschen Gesellschaft für Vererbungswissenschaft" im Jahr 1921. (Dokumentation 1992: Nr. 44)

Die konservative Wissenschaftselite Preußens und Deutschlands fand sich zu Entscheidungen herausgefordert. Einerseits sah sie die rassenhygienischen Gesellschaften, Gruppen und Bünde auf unsicheren wissenschaftlichen Grundlagen operieren, überladen von ideologischen Parolen. Andererseits erkannte sie an, daß ein Thema im Raum stehe und nach solider Grundlagenforschung rufe. Das war der Grund, weshalb sich die angesehene „Kaiser-Wilhelm-Gesellschaft zur Förderung der Wissenschaften" unter ihrem Präsidenten Adolf von Harnack 1927 zur Gründung des „Kaiser-Wilhelm-Instituts für Anthropologie, menschliche Erblehre und Eugenik" entschloß. Gemäß dem „Harnack-Prinzip", Institute um exzellente Fachexperten herum aufzubauen, ernannte die „Kaiser-Wilhelm-Gesellschaft" drei Abteilungsleiter. Zum Leiter der Abteilung „Anthropologie" berief man Eugen Fischer, 1913 weithin bekannt geworden durch seine Studie über „Die Rehobother Bastards und das Bastardisierungsproblem beim Menschen". Leiter der „Abteilung für menschliche Erblehre" wurde Otmar von Verschuer, Leiter der Abteilung „Eugenik" der Jesuitenpater und Vererbungsforscher Hermann Muckermann. Bereits drei Jahre zuvor hatte die „Kaiser-Wilhelm-Gesellschaft" die „Deutsche Forschungsanstalt für Psychiatrie" übernommen. Auf Außenstehende mochten die wissenschaftspolitischen

Weichenstellungen wenig spektakulär wirken. Tatsächlich waren sie es. Die „Kaiser-Wilhelm-Gesellschaft" war kein Vorreiter der rassenhygienischen Bewegung. Indem sie aber deren Impulse aufnahm und in wissenschaftlich qualifizierte Bahnen zu lenken versuchte, gab sie ihr den Segen der Mandarine.

Fixiert man in einer historischen Momentaufnahme die Zeit um 1925, wird deutlich, wie breit die rassenhygienische Bewegung inzwischen in Wissenschaft, Politik und Gesellschaft eingedrungen war. Der „Deutsche Bund für Volksaufartung und Erbkunde" in Berlin, eine Gründung des „Reichsbundes der Standesbeamten", forderte in seinen Werbekampagnen: „Erkenne deine Erbanlagen, dein Erbgut in deinen Vorfahren und damit erkenne dich selbst und handle danach". Das „Preußische Ministerium für Volkswohlfahrt" forderte durch Runderlaß vom 20. Dezember 1926 die beamteten Ärzte, die Gesundheits-, Sozial-, Wohlfahrtspfleger und die Lehrer auf, die Bestrebungen des Bundes zu popularisieren. Die Reichsmedizinalverwaltung unterstrich, sie verfolge „die Entwicklung der jungen Wissenschaft der Rassenhygiene seit Jahren mit Aufmerksamkeit". Sie nahm für sich in Anspruch, mit der Erarbeitung eines „Merkblatts für Eheschließende" bereits einen „wichtigen praktischen Schritt vorwärts" unternommen zu haben. (Dokumentation 1992: Nr. 48) Schließlich: Auf der sog. „Ge-So-Lei", der Düsseldorfer Ausstellung von 1926 für „Gesundheitspflege, soziale Fürsorge und Leibesübungen", nahm die Erziehung zur „praktischen Rassenhygiene und der Bevölkerungspolitik" einen wichtigen Platz ein. (Dokumentation 1992: Nr. 50)

IV. Rassenbiologie und NSDAP

So rasch die rassenhygienische Bewegung in den 1920er Jahren expandierte: Ihre Vorreiter waren der Meinung, es geschehe zu wenig und das Wenige zu langsam. Man hielt nach einflußreichen Bundesgenossen auf der politischen Ebene Ausschau und fand den Partner in der NSDAP. Forderte Adolf

Hitler nicht in „Mein Kampf“ eine volksbiologische Politik, die sich über die „sogenannten humanen Gründe“ energisch hinwegsetzte? Hieß es in den „Nationalsozialistischen Monatsheften“, der „wissenschaftlichen Zeitschrift der N.S.D.A.P.“, nicht, die „wissenschaftliche Erkenntnis von der Bedeutung der erbmäßigen Struktur eines Volkes ... findet im Nationalsozialismus ihren folgerichtigen Ausdruck“? (Dokumentation 1992: Nr. 102) Kenner der wissenschaftlichen und politischen Szene sahen die junge Disziplin „Rassenhygiene“ am Ende der 1920er Jahre an einem Scheideweg. Sollte die Disziplin sich unter Streichung des so ideologiegesättigten und unklaren Begriffs „Rasse“ auf die als wertneutral verstandene „Eugenik“ zurückziehen? Oder sollte sie sich auf den Boden der NS-Bewegung stellen und damit auch den NS-Rassenbegriff mittragen? Hermann Muckermann und andere Wissenschaftler zogen sich auf die „Eugenik“ zurück. Fritz Lenz, prominenter Mitautor des Standardwerks „Menschliche Erblichkeitslehre und Rassenhygiene“, schwenkte mit seinen Gesinnungsgenossen auf „Rassenhygiene“ ein. „So wie die Dinge liegen“, urteilte Lenz 1931, „wirkt zurzeit das Wort Rassenhygiene in völkischen Kreisen stärker werbend, das Wort Eugenik dagegen in jüdischen, sozialdemokratischen und katholischen Kreisen.“ (Dokumentation 1992: Nr. 56)

Um eine Paradoxie im Grundsätzlichen wußte jeder damals einigermaßen seriöse Gelehrte. Sowohl die Rassenlehre als auch jene Variante der Vererbungswissenschaft, die auf die Beimengung der Rassenlehre verzichtete, fußten auf z.T. fiktiven, z.T. schwankenden, z.T. falschen Voraussetzungen. Die Überführung der Theorie in die Praxis des Freiluftlaboratoriums Deutschland war, abgesehen von allen anderen Gründen, schon deshalb nicht indiziert, weil dem Projekt die wissenschaftliche Seriosität fehlte. Otmar von Verschuer, als Berater der evangelischen „Fachkonferenz für Eugenik“ vom 18. bis 20. Mai 1931 hinzugezogen, sah es und gab es intern zu Protokoll. (Kaiser 1989: 328) Ebenso sahen es andere Vererbungsforscher. Dem in ihren Augen fatalen Dilemma ausgesetzt, den dringend notwendigen Fortschritt der Forschung durch die

Suggestion einer reifen, d.h. praxisfähigen Grundlagenforschung zu erkaufen, entschieden sie sich für den Ritt über den Bodensee. Die Folgen für die Betroffenen waren tragisch.

V. Erb- und Rassenpflege im Dritten Reich

Die wissenschaftliche Implementierung und Institutionalisierung der Erb- und Rassenpflege nach 1933 vollzog sich auf den ersten Blick zielstrebig. Tatsächlich gab es zahlreiche Reibungsverluste und Widersprüche, die in der Sache selber lagen. Rassenkunde und Erblehre ließen sich nicht zu einer Superdisziplin vereinigen. Ihnen fehlte eine gemeinsame Matrix. Außerdem bildete sich mit fortschreitender Spezialisierung der Teilfächer deren eigene Forschungslogik aus. Was sollte ein empirisch forschender Rassenanthropologe mit H. F. K. Günthers „Rassenkunde des deutschen Volkes“ anfangen? Was Günther darbot, waren Phantasmagorien. Ähnlich abwinkend mußten sich die Psychiater gegen die „Erbpsychiatrie“ als angeblich solide Wissenschaft verhalten. Die Pathologen in den Medizinischen Fakultäten standen angesichts der „Erbpathologie“ vor analogen Problemen. Die Forschungsgebiete differenzierten sich. Man bewegte sich *fachintern* auf jenen Begriff zu, der heute noch gültig ist: Humangenetik. Sein Auftauchen in einem deutschen Lehrbuch ist erstmals für das Jahr 1940 belegt.

Die wissenschaftliche Binnendifferenzierung und Professionalisierung war die eine Seite der Entwicklung. Die andere Seite war bestimmt von Propaganda und Politik. Im Nachhinein ist mitunter schwer zu entscheiden, wo bei den einschlägig befaßten Fachleuten die wissenschaftliche Überzeugung aufhörte und wo die Propaganda und damit auch die Politik begann. War Ernst Rüdin, Vorsitzender der „Deutschen Gesellschaft für Rassenhygiene“ seit 1933, von der Validität der Indikationen, die dem „Gesetz zur Verhütung erbkranken Nachwuchses“ vom 14. Juli 1933 zugrundelagen, wirklich überzeugt? In Gemeinschaft mit einem ehrgeizigen Medizinalrat aus Wandsbek, Arthur Gütt, und einem Hauptabteilungsleiter im „Reichsausschuß für Volksgesundheitsdienst", Falk Ruttke, legte er den amtlichen Kommentar zu diesem Gesetz vor, die legislatorische Richtschnur für die Unfruchtbarmachung von ca. 350000 Menschen männlichen und weiblichen Geschlechts. Es erscheint schwer vorstellbar oder zumindest als schwer nachvollziehbar, daß der langjährige Leiter des „Instituts für Genealogie und Demographie" in der „Deutschen Forschungsanstalt für Psychiatrie" nicht gesehen haben sollte, was die Indikationsstellungen zur Unfruchtbarmachung in ihrer Mehrzahl waren: soziale Ausgrenzungsdiagnosen. Dennoch trug Rüdin einen Text mit, in dem es u.a. hieß: „Bei dem Stand der wissenschaftlichen Erkenntnis" könne „kein Zweifel daran bestehen, daß das Gesetz zur Verhütung erbkranken Nachwuchses sowohl vom medizinisch-wissenschaftlichen wie vom rechtlichen und auch vom sittlichen Standpunkt aus verantwortet werden kann." (Gütt/Rüdin/Ruttke 1936[2]: 54)

Müßte man den Rassenhygienikern vor und während der Zeit des Nationalsozialismus nur eine gigantische wissenschaftliche Fehlleistung nach dem Motto „Wissenschaft auf Irrwegen" unterstellen, wäre der historische Befund schon deprimierend genug. Die ganze Wahrheit ist sublimer und in ihrer Doppel- und Mehrdeutigkeit höchst alarmierend für künftige Generationen. Sie läßt sich auf den Nenner bringen: Handeln wider besseres Wissen.

VI. Zwischen Überzeugung und Opportunismus

Überblättern wir das blutige Kapitel der erb- und rassenbiologischen Praxis des Nationalsozialismus von 1933 bis 1945. Die Forschung bietet dazu ganze Bibliotheken an. Stattdessen werfen wir einen Blick über die Schwelle des Jahres 1945 hinaus. Wie wurden die Verbrechen des nationalsozialistischen Herrschaftssystems gegen Leib und Leben unschuldiger Menschen und die ihnen dienenden Zuarbeiten der Wissenschaftler nach dem Sturz des Dritten Reiches beurteilt? In welchem

Licht erschien in den Jahren nach 1945 der Beitrag der Vererbungsforscher, der Mediziner, der Sozialhygieniker und völkischen Demographen?

„Man würde erwarten", stellten Weingart, Kroll und Bayertz mit spürbarer Verbitterung fest, „daß die Wissenschaftler derjenigen Disziplinen, die so viel moralische Schuld auf sich geladen hatten, oder aber diejenigen, die als einzelne schwere Schuld trugen, eine besonders intensive Reflexion über ihre eigene Verstrickung und deren Ursachen begonnen hätten." (Weingart/Kroll/Bayertz 1988: 564) Tatsächlich geschah nichts von alledem. Die Kontinuität eugenischen Denkens siegte über Elemente der Diskontinuität. Auch die Justiz neigte zu großem Verständnis. Sie war zwar bestrebt, die Ungesetzlichkeit bestimmter Taten streng zu definieren, den Motiven der Täter gegenüber jedoch Nachsicht zu üben. Erst eine Entscheidung des Bundesgerichtshofs vom 28. November 1952 grenzte die Nachsicht auf den sog. „Verbotsirrtum" ein.

Bei den Krankenmorden vermochte die Justiz einigermaßen deutliche Grenzen zu ziehen, obschon es auch hier nicht wenige Täter gab, denen die Flucht durch die Hintertür des „Verbotsirrtums" gelang. Ganz anders war die Sachlage beim „Gesetz zur Verhütung erbkranken Nachwuchses". Es stand im Rang einer lex lata. Ihm kam der Charakter positiven Rechts zu. Selbst wenn man dieses Recht nach dem Sturz des Dritten Reiches für null und nichtig erklärte (was aber nicht sofort und überall geschah), galt für die Täter, daß sie nach seinerzeit geltendem Recht gehandelt hätten. Über diese formalrechtlichen Kriterien hinaus war man der Meinung, das „Gesetz zur Verhütung erbkranken Nachwuchses" gehöre nicht in den Katalog der NS-typischen Unrechtsgesetze. Ein solches Gesetz, hieß es, wäre auch in anderen Kulturstaaten möglich gewesen. Beispiele für Sterilisationsgesetze ließen sich aus verschiedenen amerikanischen Bundesstaaten, aus Kantonen der Schweiz und weiteren europäischen und außereuropäischen Ländern heranziehen.

Von führenden Vertretern der Vererbungswissenschaft und der Bevölkerungspolitik ist bezeugt, daß sie, falls überhaupt, allenfalls in Ansätzen ihrer moralischen Verstrickung in die Untaten des NS-Regimes inne wurden. Noch geringer entwickelt als die individuell-moralische Sensibilität war die Erkenntnisfähigkeit oder -bereitschaft für den höchst problematischen Entwicklungsgang der von ihnen repräsentierten Wissenschaftsdisziplinen. Keine der neuzeitlichen Wissenschaften war so intensiv durchsetzt von Ideologie wie die Vererbungswissenschaft (nebst ihren entsprechenden Filiationen), und keine Wissenschaft befand sich in einem so tiefgreifenden Widerspruch zwischen dem faktisch Behaupteten und dem tatsächlich Gewußten. Die These, es seien schwarze Schafe gewesen, die das Panier der Wissenschaft befleckt hätten, blieb an der Oberfläche des Problems. Die präzisere Diagnose lautet: Die Genetik als moderne Wissenschaft war international und z.T. auch in Deutschland bereits am Ende der 1920er Jahre weiter entwickelt als die öffentliche eugenische Diskussion mit ihren dann so schrecklichen Folgen. Das in Deutschland vor und nach 1933 gängige Konglomerat aus mendelistischer Eugenik und Rassentheorie war schon damals unhaltbar und veraltet.

Männer wie Verschuer trieben nach 1945 im Dilemma zwischen Überzeugung oder Opportunismus das Moment der Überzeugung voran. Nach Lage der Dinge mußten sie dies auf einer wissenschaftlichen Erkenntnisbasis tun, die sie eigentlich schon verlassen hatten. Allein diese Strategie machte den „Verbotsirrtum“ – jetzt in einem höheren als bloß formaljuristischen Sinn – glaubhaft, und allein sie diente der Pflege des guten Gewissens, wenn auch um den Preis des sacrificium intellectus. Wie wäre es sonst zu erklären, daß Verschuer als Professor an der Universität Münster ganze Reihen von Dissertationenprojekten ausgab, die sich mit katamnestischen Erhebungen an Opfern des „Gesetzes zur Verhütung erbkranken Nachwuchses“ befaßten? Wollte er nicht post festum belegen, was schon ante festum unbeweisbar war: nämlich den Zusammenhang von angeblich sicherer eugenischer Indikation und im Dritten Reich vollzogener Sterilisation? Weitere Beispiele der rückwirkenden Überzeugungsfestigung unter erledigten Vorzeichen sind bekannt.

VII. Schlußbemerkung

Die Geschichte der Rassenanthropologie, Rassenhygiene und Humangenetik ist nicht bloß die Geschichte einzelner akademischer Fächer. Bei ihrer Rekonstruktion blicken wir in den Spiegel unserer Kultur. Wir haben es zu tun mit der Geschichte von Sozialtechnologien, die weit über das Labor hinausgreifen. Michel Tournier sprach in diesem Zusammenhang von einer „utopischen Wette", in der Rationalität und Irrationalität miteinander im Kampf liegen. Der schreckliche Sieger der „utopischen Wette" ist die Irrationalität unter dem Anspruch der Rationalität.

Die heutige Medizinalisierung der Humangenetik, ihr Abrücken von den Träumen der Menschenzüchtung, ist noch keine Garantie zur Vermeidung künftigen Unheils. Was früher durch massive Staatsintervention archaisch durchgesetzt wurde, bietet sich heute z. T. in der moralisch elegant wirkenden Variante der individuellen Selbstverfügung dar. Mancher entsorgt sich genetisch schon „freiwillig".

Die Kern- und Meisterfrage ist die Balance zwischen öffentlicher Kontrolle und der Definitionsmacht, die der Wissenschaft zur Verfügung steht. Behält erstere die Oberhand, dann stirbt die Wissenschaft. Besetzt letztere ohne Kontrolle das Diskursfeld, können die Folgen für die Öffentlichkeit katastrophal sein.

Ulrich Kalkmann

Die TH Aachen unter dem Nationalsozialismus

I. Vorbemerkung

Der folgende Aufsatz beruht auf einem unveröffentlichten Zwischenbericht über mein Dissertationsprojekt zur Technischen Hochschule Aachen von 1933 bis 1945.[1] Bisher wurde der Gegenstand lediglich – beschränkt in Tiefe und Umfang – im Rahmen zweier Übersichtsdarstellungen der Hochschulgeschichte seit der Gründung im Jahre 1870 berücksichtigt; nämlich in der Festschrift zum 100jährigen Bestehen der RWTH Aachen und in der kürzlich erschienenen Monographie von Klaus Ricking.[2] Insgesamt hat sich aber die Forschung nur sporadisch dem Thema TH Aachen und Nationalsozialismus gewidmet. Monographien, Aufsätze oder Artikel über einzelne diesen Zeitraum betreffende Bereiche oder Personen gehen nur wenig auf die Verstrickung der Hochschule in den nationalsozialistischen Herrschaftsapparat ein.[3]

Im Vordergrund dieses Beitrags steht die Frage, wie weit die TH Aachen sich zwischen 1933 und 1945 dem Dritten Reich dienstbar gemacht hat. Meine Ausführungen konzentrieren sich auf vier Themenbereiche:

- die Politisierung der Hochschule im Jahre 1933,
- die Einbindung der Hochschulführung, d.h. der vier Rektoren von 1933 bis 1945, in den nationalsozialistischen Herrschaftsapparat,
- die zur Förderung von Aufrüstung und Kriegsmaschinerie in Aachen ausgeführten Forschungen sowie
- das politische Engagement des Aachener Lehrkörpers.

Schon vor der sogenannten Machtergreifung Adolf Hitlers war die TH Aachen kein ‚politikfreier Raum'. Reichsgründungsfeiern, Anti-Versailles- oder Anti-Völkerbund-Kundgebungen wurden vom überwiegenden Teil der Hochschulangehörigen unterstützt. Die Professoren vor 1933 waren zumeist konservativ, deutschnational eingestellt. Unter den im Wintersemester 1932/33 lehrenden 123 Lehrkräften befand sich kein Mitglied der NSDAP. Aktive Rechtsradikale, wie den Extraordinarius Karl Schreber, der sich nach eigenen Angaben an der TH Aachen bereits seit dem Ersten Weltkrieg gegen die „französisch-jüdische Wissenschaft" gewandt hatte und der mit seinen teilweise äußerst abstrusen wissenschaftlichen Thesen Heiterkeit bei allen politischen Richtungen hervorgerufen hatte, gab es nur wenige. 1934 wurde er gegen seinen Willen in den Ruhestand versetzt, weil er mehrmals den „Hitler-Gruß" mit einem „Grüß-Gott" beantwortet hatte und nicht der NS-Volkswohlfahrt beitreten wollte. Andererseits blieben genauso diejenigen Professoren eine Ausnahme, die die Weimarer Republik ausdrücklich bejahten. Zu nennen ist hier beispielsweise Carl Max Maedge, der 1930 einer der Mitbegründer der „Staatspolitischen Arbeitsgemeinschaft" an der TH Aachen war.

II. Die Politisierung 1933

Die treibende politische Kraft im nationalsozialistischen Sinne war an der Hochschule zunächst die Studentenschaft. Und dies, obwohl im Gegensatz zu den meisten anderen deutschen Hochschulen der Nationalsozialistische Deutsche Studentenbund im AStA der TH Aachen noch nicht einmal zu Beginn des Jahres 1933 die absolute Mehrheit hatte.

Die ersten Wochen nach der sogenannten Machtergreifung blieben an der TH Aachen relativ ruhig. Erst die Denunziationsschreiben des von den katholischen Studenten geführten AStA an den Reichskommissar im Erziehungsministerium, Bernhard Rust, vom 18. März und vom 10. April radikalisierten die Atmosphäre. Einige der in die SA eingetretenen Studenten glaubten, die Hochschule eigenmächtig säubern zu müssen und verhafteten Professoren, die als ‚Kommunisten' denunziert worden waren. Nachdem auch Vorlesungen jüdischer und politisch unliebsamer Professoren boykottiert wurden und SA-Studenten vor verschiedenen Instituten patrouillierten, nahm Rektor Paul Röntgen Verbindung mit dem neuen Studentenführer auf. Dies war seit der gewaltsamen ‚Gleichschaltung' des AStA Ende April 1933 durch die Nationalsozialisten das NSDAP-Mitglied Willi Roeser. Gemeinsam veröffentlichten sie am 28. April 1933 einen Appell an die Studierenden, nicht durch ‚wilde Aktionen' den Entscheidungen aus Berlin vorzugreifen. Daß die Studentenführung die Situation an der TH Aachen nicht unter Kontrolle hatte, zeigt ein zweiter Aufruf vier Wochen später, in dem Roeser scharf gegen jede Disziplinlosigkeit Stellung bezog. Auch dieser Appell hatte nur wenig Erfolg; die Boykotte wurden fortgeführt.

Bereits Ende 1933 institutionalisierte der Staat mit der Einführung des ‚Führerprinzips' und dem Aufbau der ‚Dozentenschaft' sowie später des ‚Dozentenbundes' die massive Einflußnahme der NSDAP auf den gesamten Hochschulbereich. Die Dozentenschaft umfaßte automatisch alle Assistenten, Privatdozenten und nichtbeamteten Professoren. Beamteten Professoren war eine Mitgliedschaft freigestellt. Hingegen waren im Dozentenbund alle Parteimitglieder an der Hochschule organisiert, doch konnten in der Nachfolgezeit auch Nicht-Parteimitglieder beitreten. Eine der Hauptaufgaben des Dozentenbundes bestand in der politischen Betreuung des Hochschullehrernachwuchses. Die Stellung des Rektors war ab Dezember 1933 die eines unangefochtenen ‚Führers' der Hochschule, der auch die Dekane ernannte. Er unterstand nur dem Reichserziehungsminister.

Am 10. November 1933 ging aus der ersten Vollversammlung der Aachener Dozentenschaft der Lehrbeauftragte für Gießereiwesen, Heinrich Nipper, als sogenannter Führer der Aachener Dozentenschaft hervor. Wenig später wurde ihm in Personalunion die Führung des Dozentenbundes übertragen. Der Leiter des Dozentenbundes als Vertreter der NSDAP an der Hochschule mußte bei allen Berufungs- oder Ernennungsangelegenheiten gefragt werden. Damit war der Partei ein entscheidendes Mitspracherecht bei der Besetzung neuer Stellen gegeben. Die wichtigsten Funktionäre des Dozentenbundes waren neben Heinrich Nipper Heinz Borchers, Dozent für Metallhüttenkunde, Hans Ehrenberg, Privatdozent für Mineralogie, und Helmut Pfannmüller, Lehrbeauftragter für Stahlbau. In diesem Personenkreis ist der frühe Kern der aktiven Nationalsozialisten an der TH Aachen auszumachen. Alle stiegen später in hohe Positionen im Hochschulwesen oder in der Verwaltung auf. Unter ihnen befand sich mit Hans Ehrenberg ein späterer Rektor der TH Aachen.

Besonders die studentischen Aktionen und die Maßnahmen zur Politisierung der Hochschule bewirkten 1933 eine Atmosphäre der Unsicherheit und Angst. Die Autonomie der Hochschule und ihre seit Jahrzehnten gewachsene Struktur als kooptative und ‚elitäre' Institution waren 1933 ernsthaft bedroht. Ziel der NSDAP war die Kontrolle und die Umgestaltung der Hochschule. Von Göring zur Hilfspolizei ernannte SA-Studenten hatten Professoren verhaften dürfen, der Erziehungsminister konnte mit dem Berufsbeamtengesetz vom 7. April 1933 aus politischen und ‚rassischen' Gründen Hochschulangehörige entlassen, und es deutete sich bereits 1933 an, daß nicht mehr nur die wissenschaftliche und pädagogische Qualifikation für eine Hochschulkarriere ausschlaggebend sein würden, sondern immer mehr die politische Haltung. Aus ‚rassischen' und politischen Gründen wurden bis 1935 zwölf Professoren, vier Assistenten und ein Angestellter aus dem Hochschuldienst entlassen. Widerstand gegen das Regime leisteten nur einige Studierende und der als Kommunist denunzierte Ordinarius für Volkswirtschaftslehre und Soziologie, Alfred Meusel, durch die Herstellung und Verbreitung anti-nationalsozialistischer Flugblätter. Der Übergang von einer Selbstverwaltung zur ‚Führerhochschule' verlief an der TH Aachen reibungslos, es gab keinen öffentlichen Protest.

Fünf Monate nach der sogenannten Machtergreifung wurde der seit Mai 1932 amtierende Rektor, der Metallhüttenkundler Paul Röntgen, einstimmig in seinem Amt bestätigt. Röntgen symbolisiert das ambivalente Verhalten eines Teils der nationalkonservativen Kräfte in der Übergangszeit von der Weimarer Republik bis in die Anfänge des Dritten Reiches. Einerseits führte er die staatlichen Unrechtsmaßnahmen aus, andererseits setzte er sich für die Vertriebenen und ihre Familien ein und scheute dabei nicht den Versuch, persönlich im Reichsministerium in Berlin für die Betroffenen Partei zu ergreifen. Es ist aber unklar, ob er am 26. Januar 1934, vor Ablauf seiner Amtszeit, aus Protest gegen die Entlassung seiner Kollegen und die Gleichschaltung der Hochschule zurücktrat. Röntgen trat nicht in die NSDAP ein und wurde 1946 als erster Nachkriegsrektor erneut in dieses Amt berufen; er galt aus Sicht der britischen Militärregierung als einer der wenigen ‚unbelasteten' Aachener Hochschullehrer.

Bei den anschließenden Neuwahlen wurde 1934 der Ordinarius für Baukonstruktionslehre, Otto Gruber, als erster Kandidat gewählt und von Berlin bestätigt. Obwohl er erst am 1. Mai 1937 in die NSDAP aufgenommen wurde, kam mit ihm ein Mann ins Rektorat, der sich deutlich für die Umgestaltung der Hochschule im nationalsozialistischen Sinne einsetzte. Gruber war aus einer konservativen Position heraus auf die Partei-Linie eingeschwenkt. Schon seine Antrittsrede am 12. Mai 1934 „Über die Möglichkeiten einer deutschen Baukunst" ließ vieles erahnen. Programmatisch umschrieb er am 15. Februar 1935 in seinem Rechenschaftsbericht die Aufgabenstellung der TH Aachen. Bedingt durch die Grenzlage im äußersten Westen des Reiches, so Gruber, dürfe kein Handbreit Boden mehr verloren gehen. Weiter führte er aus: „Aachen heißt ‚Front' und Front heißt ‚Kampf' und Kampf heißt Bereitschaft und Angriffsgeist. Front heißt aber auch Gefolgschaftstreue dem Führer im Kampf." Grubers Unterstützung für das NS-Regime läßt sich aus seinem Gesamtwirken heraus deutlich erkennen. Er ernannte aktive Nationalsozialisten, wie den Geographen Max Eckert, den Chemiker Karl Kellermann, den Geologen Karl Rode, den Wasserbauer Alfred Buntru und den Mechaniker Wilhelm Müller zu Dekanen.

Nach Gruber kam 1937 mit Alfred Buntru ein alter NSDAP- und Hochschulstratege ins Rektoramt. Protegiert wurde er durch höchste Parteikreise. Darunter befanden sich Karl Hermann Frank, rechte Hand Heydrichs und zweiter Mann im späteren ‚Protektorat Böhmen und Mähren', sowie Konrad Henlein, der Führer der Sudetendeutschen Partei und spätere Gauleiter. Obwohl Buntru den Rang eines SS-Standartenführers erhielt, ist hier anzumerken, daß er Ende 1939 schärfster Kritik durch den Sicherheitsdienst der SS ausgesetzt war. Diese warf ihm unter anderem vor, auch nach der deutschen Besetzung Prags weiterhin freundschaftlichen Kontakt zu dortigen jüdischen Professoren gepflegt zu haben. Nur durch eine Ehrenerklärung konnte Buntru diese Vorwürfe aus den eigenen Reihen abwehren.

Die Amtszeit Alfred Buntrus ist durch einen verstärkten Umbau der Fächerstruktur im Sinne einer wehrwissenschaftlichen Forschung und die weitere Stellenbesetzung durch Nationalsozialisten gekennzeichnet. Wie Gruber war Buntru erst am 1. Mai 1937 in die NSDAP eingetreten. Vorzeitig wurde er 1940 ins Rektoramt der TH Prag abberufen.

Der letzte Rektor, der Parteiaktivist und SS-Hauptsturmbannführer Hans Ehrenberg, knüpfte an die Politik seiner beiden Vorgänger an. Besonders die Kriegsanstrengungen und die Bemühungen der TH Aachen, als Grenzlandhochschule an den Plänen zur Gewinnung der westlichen Nachbargebiete in den Niederlanden und in Belgien für Deutschland teilzunehmen, standen programmatisch im Vordergrund. Die „Aufgaben der Technischen Hochschule Aachen im westdeutschen Grenzraum", so der Titel seiner Antrittsrede am 5. März 1941, konnten aber nur im begrenzten Maße durchgeführt werden. Immer mehr Wissenschaftler wurden zur Wehrmacht eingezogen oder an andere Hochschulen versetzt. Die Ernennung von Hermann Roloff zum Dozenten für Raumordnung und Raumforschung im März 1943 änderte nichts Wesentliches mehr an dieser Tendenz. Ehrenbergs politische Haltung als fanatischer ‚Nazi' ist eindeutig. Ab 1942 hatte er mit dem Führer der Aachener Studentenschaft, Werner Rauterkus, ernsthafte Auseinandersetzungen, in deren Verlauf er sich die Feindschaft des Reichsstudentenführers Gustav Adolf Scheel zuzog. Im wesentlichen ging es um die Frage, ob die Studentenführung – als Vertreter einer Parteistelle – dem Rektor – als Repräsentant des Staates – unterstand. Zwar konnte Ehrenberg seine Auffassung nicht durchsetzen, doch erreichte er im Juli 1944 die Ablösung von Rauterkus.

Anfang September 1944 sollte ein Rektoratswechsel erfolgen und der Maschinenbauer und ‚Alte Kämpfer' Erich Böddrich zum Rektor ernannt werden. Durch die Evakuierung der Hochschulverwaltung nach Dillenburg im September 1944 konnte dies nicht mehr ausgeführt werden. Kurz vor dem Einmarsch der amerikanischen Truppen in Dillenburg floh der bis dato ‚vorbildliche' Nationalsozialist Ehrenberg im März 1945 in Richtung Wachenhausen. Der Anglist und Privatdozent Gustav Plessow wurde von den Zurückgebliebenen zum Rektor bestimmt und von Ehrenberg, der am 4. Juni – also nach Kriegsende – wieder überraschend in Dillenburg auftauchte, bestätigt. Diese Entscheidung wurde vom Oberpräsidenten der Rheinprovinz allerdings einige Wochen später für nichtig erklärt.

IV. Rüstungsforschungen der Aachener Hochschule

An einer Technischen Hochschule waren naturgemäß die technischen und naturwissenschaftlichen Fächer für Vorbereitung und Durchführung des Krieges von größter Bedeutung. An die TH Aachen wurden die ersten Rüstungsaufträge bereits 1933 vergeben. Spätestens aber bei Ausbruch des Krieges waren fast alle Institute auf ‚Kriegsforschung' umgestellt. Im Jahre 1943 meldete Rektor Ehrenberg, daß 15 TH-Institute mit „kriegsentscheidendsten“ Forschungen betraut seien. Ein Jahr zuvor hatte das Rüstungskommando Köln die Hochschule als Rüstungsbetrieb anerkannt. Insgesamt ist festzustellen, daß die Kriegsaufträge zumeist Auftragsarbeiten waren, doch zeigte hierbei eine Reihe von Professoren eine besonders starke Eigeninitiative.

Für die in Aachen traditionell stark ausgebildete Luftfahrtforschung lagen die Schwerpunkte auf wärmetechnischen Arbeiten, auf den Arbeiten zur Statik und Festigkeit und selbstverständlich auf der Aerodynamik. Insgesamt wurden Forschungs- und Entwicklungsaufgaben für eine Reihe verschiedener Flugzeugtypen und Raketen durchgeführt. Der Privatdozent Rudolf Hermann nahm die grundlegenden aerodynamischen Untersuchungen für die Entwicklung der Raketenwaffe V 2 (A 4) vor. Der Ordinarius für Angewandte Mathematik und darstellende Geometrie, Robert Sauer, berechnete u.a. die Geschoßbahnen für diese Waffe, ein Forschungsauftrag, der als „Geheime Reichssache“ deklariert war, und auch der Mechanikprofessor Fritz Schultz-Grunow hatte an der Entwicklung der V-Waffe Anteil. Nach dem Krieg erklärte Schultz-Grunow, er habe nichts über den Zweck der Waffe gewußt und nur „die Form mitkreiert“, eine Äußerung, die nicht weiter zu kommentieren ist.

Fast alle Fächer der Aachener Hochschule stellten sich auf Kriegsforschung um. Aufzuzählen sind die Mitarbeit an und die Entwicklung von: Panzern, Lastkraftwagen, Krafträdern, Schlachtschiffen, Untersee- und Schnellbooten, Geschützen und Geschossen, Sperrballons oder Minensuchgeräten. Doch nicht nur die direkte Arbeit an Waffensystemen stand im Vordergrund, sondern auch – oder vielleicht im besonderen – die wehrtechnische Grundlagenforschung.

Zumindest im Bereich der Eisenhüttenkunde und Metalle war Aachen unter den deutschen Hochschulen führend. Die TH Aachen war vor 1933 das bedeutendste deutsche Ausbildungszentrum für Eisenhüttenkunde. Über zwei Drittel aller Eisenhüttenleute wurden in Aachen ausgebildet. Nach 1933 wurde diese Vormachtstellung weiter ausgebaut. Die Forschungen auf diesem Gebiet zielten auf Autarkie und Kriegsforschung. Konkret dienten diese Entwicklungen u.a. der Einsparung von Erzen, Metallen und anderen Stoffen. Besonders Paul Röntgen und die späteren Wehrwirtschaftsführer Eugen Piwowarski, Walter Eilender, der Honorarprofessor Eduard Houdremont, der Extraordinarius Max Haas oder der Dozent Roland Wasmuth arbeiteten auf den Gebieten Stahl und Eisen, Leicht- und Sondermetalle sowie neue Werkstoffe und Legierungen an den Grundlagen für die deutsche Kriegsindustrie. Die Institute wirkten erfolgreich mit den bedeutendsten Rüstungskonzernen, wie Krupp, Hoesch oder Klöckner, aber auch mit mittelständischen Unternehmen zusammen. Vielfach resultierten diese Verbindungen aus persönlichen Kontakten. Stark ausgebaut wurde in Aachen das Gebiet Textilwesen. Im Jahre 1941 wurde der Bereich Textiltechnik eine eigene Fachabteilung innerhalb der Fakultät für Maschinenwesen. Als Kriegsaufträge seien hier nur beispielhaft Faserverarbeitung, Kautschuk sowie die Entwicklung synthetischer Stoffe und Seide genannt.

Ein weiterer Schwerpunkt war der Bereich Bergbau – besonders hinsichtlich der Bedeutung Aachens für das Ruhrgebiet. Die Forschung konzentrierte sich hier auf die Leistungssteigerung. Nachteilig für die Umsetzung großzügiger Ausbaupläne wurde die sich immer wieder verzögernde Besetzung des neugeschaffenen Lehrstuhls für Bergwerks-, Hütten- und Baumaschinenkunde. Erst im April 1943 konnte Heinrich Koch berufen werden.

Im Maschinenbau ist besonders das Laboratorium für Werkzeugmaschinen und Betriebslehre (WZL) unter Herwart Opitz zu nennen, das eine der bedeutendsten Forschungsstätten für die Panzerfertigung war. Die Elektrotechnik dagegen wurde in Aachen im Vergleich zu anderen Hochschulen weniger ausgebaut, obwohl mit Walter Rogowski, Walter Größer oder Robert Brüderlink hervorragende Vertreter ihres Faches zur Verfügung standen. Hier hatten Grundlagenforschungen wie zum Beispiel Stoffuntersuchungen mit dem Elektronenmikroskop oder der Elektromaschinenbau Vorrang. Ferner wurde Kriegsmaterial wie Minensuchgeräte oder elektrische Zwischenantriebe für Panzer entwickelt.

Neben Grundlagenforschungen gab es im Bereich Chemie Arbeiten über Giftgase wie Carbonylselen, Clark 1 und 2, Perstoff sowie Lost. Obwohl hier die Gasabwehr im Vordergrund stand, konnten diese Forschungen im Bedarfsfall für einen offensiv geführten Gaskrieg genutzt werden. Hauptsächlich sind hier die Institute von Alfred Benrath und Karl Kellermann zu nennen.

Aber nicht nur für den Krieg, sondern auch für die Zeit nach dem Krieg wurden Vorkehrungen getroffen. Bereits am 26. August 1941 erteilte der Oberbürgermeister von Aachen dem Architekten Hans Mehrtens den Auftrag, mit der Planung für den Wiederaufbau der Stadt Aachen zu beginnen. Der Parteiaktivist Mehrtens, seit 1935 Ordinarius an der TH Aachen, war Gebiets-Vertrauensarchitekt der Partei. Hinsichtlich seines Kollegen Hans Hugo Schwippert ist bemerkenswert, daß er, obwohl kein Parteimitglied, im Auftrag des Reichsführers SS Heinrich Himmler an den Entwürfen für eine Besiedelung ‚des Ostens' mitgewirkt hat.

Ein Hauptziel der nationalsozialistischen Hochschulpolitik war, den zukünftigen Ingenieur nicht allein in den technischen Fertigkeiten auszubilden, sondern ihn auf seine erwünschte politische Führerschaft im späteren Berufsleben ideologisch vorzubereiten. Die für dieses Ziel ab 1933 von der TH Aachen geforderte Einführung neuer Fächer, wie beispielsweise Geschichte, scheiterte allerdings zumeist an finanziellen Schwierigkeiten. Vielfach mußten außerplanmäßige Fachvorträge, Schulungskurse oder das Außen-Institut aushelfen. Erwähnt sei hier nur die rassenkundliche Vortragsreihe des Extraordinarius Wilhelm Gemünd oder die Erteilung eines Lehrauftrags über die „Methoden einer deutschen Betriebs- und Wirtschaftsführung" an Carl Arnhold. An der bereits erwähnten Grenzlandforschung waren die Geographen und verschiedene Professoren aus anderen Bereichen beteiligt. Neben Hermann Overbeck wirkten hier die nach Aachen berufenen Partei-

Aktivisten Hans Breddin, Walter Geisler, Leo von zur Mühlen und Karl Rode. Zu dieser Gruppe zählten auch der Philosoph Peter Mennicken und Hermann Roloff. Erst im Krieg kam diese Arbeit aufgrund der Einberufungen zur Wehrmacht und des Weggangs von Walter Geisler nach Posen nahezu zum Erliegen.

Nicht nur durch die Grenzlandkunde wirkte sich der Einfluß Aachener Forscher auf das Ausland aus. In vielen von den deutschen Truppen besetzten Gebieten halfen sie mit, zerstörte Produktionsanlagen, Kohlen- oder Erzgruben wieder aufzubauen sowie neue zu errichten. Dies galt ebenso für Straßen und Befestigungsanlagen und vieles mehr. Die Aktivitäten erstreckten sich geographisch von Frankreich über Norwegen bis in die Ukraine.

Einige Fächer mußten aber trotz ihrer Bedeutung für die Rüstung um ihre Existenz kämpfen, da die Lehrstuhlinhaber, Dozenten, Oberingenieure und Assistenten oftmals einberufen wurden. Betroffen waren insbesondere die Geographie oder auch das wichtige Gebiet der Fernmeldetechnik, das 1942 in Aachen aufgelöst wurde. Der gravierende Nachwuchsmangel auf wissenschaftlichem Gebiet verschärfte die Tendenz noch. Eine der Ursachen war der ständig gestiegene Bedarf in Industrie, Wehrmacht, Verwaltung und Hochschulen an gut ausgebildeten Fachkräften. Für die Technischen Hochschulen wurde es immer schwieriger, qualifizierte Wissenschaftler zu einem Übertritt von der Industrie in die akademische Laufbahn zu bewegen.

Daß auch noch während des Krieges politische Motive die Forschungstätigkeiten beeinträchtigten, belegt das Beispiel der Berufung auf den 1942 neugeschaffenen Lehrstuhl für Luftfahrzeugbau. Als im April 1943 der Wunschkandidat der TH Aachen, Wilhelm Flügge aus Berlin, den Ruf nach Aachen ablehnte und eine Forschungsprofessur der Luftwaffe annahm, kam nach wissenschaftlichen Gesichtspunkten nur Albert Teichmann, Abteilungsleiter der DVL in Berlin, in Frage. Einer sofortigen Berufung, die unter wehrwissenschaftlichen Überlegungen ratsam gewesen wäre, standen aber politische Bedenken entgegen. Die Reichsführung des Dozentenbundes urteilte über Teichmann: „In politischer Beziehung hat er auf diejenigen, die sich ein Urteil über ihn erlauben können, keinen überzeugenden positiven Eindruck gemacht.“ Aus diesen Gründen sei zu empfehlen, „den Plan seiner Berufung einer gewissenhaften Nachprüfung zu unterziehen“. Die Parteikanzlei in München, für politische Beurteilungen die entscheidende Stelle, konnte sich zu keiner Stellungnahme durchringen, obwohl die TH Aachen und das Erziehungsministerium die Angelegenheit äußerst dringlich machten. Hier standen sich politische Bedenken und wehrpolitische Notwendigkeiten gegenüber. Erst im März 1944 stimmte die Parteikanzlei einer Berufung zu, und Teichmann konnte am 8. Juni seine Stelle antreten. Inzwischen war das Aerodynamische Institut längst aufgrund der Luftangriffe nach Sonthofen ausgelagert worden, so daß Teichmann zwar noch seine Stelle antreten konnte, wohl aber nichts mehr für die Aachener Luftfahrtforschung bewirkt haben dürfte.

V. Politische Aktivitäten des Aachener Lehrkörpers

Insgesamt gehörten zwischen 1933 und 1945 ca. 75 % des Lehrkörpers der NSDAP, der SA oder der SS an. Hierbei sind nicht die Mitgliedschaften in anderen Organisationen wie beispielsweise in der NS-Volkswohlfahrt oder dem NS-Bund Deutscher Techniker, in den automatisch alle Mitglieder des Vereins Deutscher Ingenieure (VDI) überführt wurden, mitgezählt. Auffallend ist, daß auch bei einer Unterscheidung zwischen den verschiedenen Gruppen, d.h. den Ordinarien, den Extraordinarien, den Honorarprofessoren, den Privatdozenten und Lehrbeauftragten der jeweilige prozentuale Anteil nahezu identisch ist.

Es bestand kein direkter Zwang, in die Partei einzutreten, doch wurde eine wissenschaftliche Karriere ohne Parteibuch selten gefördert. Parteimitglieder erhielten eine bevorzugte Behandlung, besonders bei Neuberufungen auf Lehrstühle.

Vor diesem Hintergrund ist der hohe Anteil der aufstrebenden Kräfte, wie der Assistenten, Privatdozenten und Extraordinarien, erklärbar. Bei den bereits in der Weimarer Zeit berufenen Ordinarien kann ein beruflicher Aufstieg dagegen schwerlich als Grund angenommen werden, da sie mit der Besetzung eines Lehrstuhls bereits die oberste Stufe der akademischen Karriereleiter erreicht hatten.

Die Parteimitglieder waren in unterschiedlichem Ausmaß für die NSDAP engagiert. Als Beispiel, bei dem die Parteimitgliedschaft eine reine Alibifunktion übernahm, kann der Fall des Lehrstuhlinhabers für Physik, Hermann Starke, gelten. Im Frühjahr 1933 in übelster Weise von Studenten denunziert, trat er im Mai 1933 der NSDAP bei, um sich vor weiteren Angriffen zu schützen.

Die größte Gruppe unter den Parteimitgliedern, die der Mitläufer und Opportunisten, blieb während der gesamten NS-Zeit politisch farblos. Die einzelnen politischen Biographien sind praktisch austauschbar, denn sie weisen lediglich eine Parteimitgliedschaft auf.

Der Anteil der aktiven Nationalsozialisten unter allen Lehrkräften betrug etwa 15 bis 20%. Hierbei können die Assistenten nicht berücksichtigt werden, da bei dieser Gruppe die Aktenlage ungenügend ist. Die Gründe für politischen Aktivismus reichten von Überzeugung und Machtstreben bis hin zu Opportunismus und Karrieredenken. Hier ist besonders auf die Führer des Dozentenbundes und einige ihrer Stellvertreter hinzuweisen, die dafür sorgten, daß den „unzuverlässigen Nachwuchskräften" ein Aufstieg verwehrt blieb. Die ‚Alten Kämpfer', d.h. alle, die vor 1933 in die Partei eingetreten waren, mußten nach Aachen importiert werden. Dabei wurden oft Abstriche an der wissenschaftlichen Qualifikation gemacht, gegen die sich die TH – allerdings erfolglos – vehement zur Wehr setzte.

Ein Beispiel für diese Politik des Ministeriums ist die Besetzung des Lehrstuhls für Chemische Technologie. Der erst 1932 auf diesen Lehrstuhl berufene jüdische Professor Walter Fuchs war 1933 aus politischen Gründen entlassen worden. Am

20. Dezember 1933 schlug die Fakultät für Stoffwirtschaft in einem Schreiben an den Minister den Aachener Extraordinarius Gustav Lambris für eine Neubesetzung vor. Wissenschaftlich war Lambris dadurch, daß er schon längere Zeit erfolgreich den Lehrstuhl vertreten hatte, und durch seine Mitgliedschaft im wissenschaftlichen Beirat der Kaiser-Wilhelm-Gesellschaft qualifiziert; sein ‚Nachteil' war, daß er erst am 1. Mai 1933 in die Partei eingetreten war und er sich politisch nicht weiter engagierte. Das Ministerium forderte im Februar 1934 die Benennung von sechs neuen Kandidaten durch die Hochschule, was Aachen als einen deutlichen Verweis verstehen sollte. Aus einem Aktenvermerk des Erziehungsministeriums geht hervor, daß durch Anweisung aus Berlin Karl Kellermann, ein seit 1932 aktiver Nationalsozialist, auf die Liste gesetzt wurde. Trotzdem stand er in der von der Hochschule im Juni 1934 aufgestellten Berufungsliste lediglich an vierter Stelle. Im Gutachten der Fakultät fand zwar sein Engagement für die NSDAP lobende Erwähnung, doch zu seiner fachlichen Qualifikation hieß es: „Bei aller Anerkennung der wissenschaftlichen Leistungen Kellermanns glaubt die Fakultät nicht, ihn für Aachen empfehlen zu können. [...] Experimentelle Arbeiten sind selten, [und] die Arbeitsgebiete [...], auf denen sich Kellermann betätigt hat, sind in Aachen schon vertreten. [...] Die Arbeitsrichtungen überschneiden sich [,] und die Basis der technischen Erfahrung ist für diesen Lehrstuhl zu schmal." Diesem Votum fügte die Hochschule noch drei Berichte über die wissenschaftliche Eignung Kellermanns zu, die diesen Eindruck unterstützten. Obwohl auch das Erziehungsministerium zugab, daß die fachliche Eignung Kellermanns „nicht ganz eindeutig" sei, fiel die Entscheidung für ihn aus, da sich unter den fünf übrigen Kandidaten keine ‚Alten Kämpfer' befanden.

Daß dies kein Einzelfall blieb, belegen u.a. die Berufungen von Walter Geisler, Leo von zur Mühlen, Wilhelm Müller, Johannes Christ oder Robert Brüderlink. Es gab allerdings auch Berufungen von ‚Alten Kämpfern' und Aktivisten mit guter wissenschaftlicher Qualifikation und in Übereinstimmung mit der Hochschule. Hier sind u.a. die Fälle Erich Böddrich, Hans

Mehrtens und Erich Marquard zu nennen. In Aachen legte auch Heinrich Nipper durch seine Tätigkeit als Führer des Dozentenbundes den Grundstein für eine Berufung als Ordinarius an der TH Berlin und als Referent im Erziehungsministerium. Er war zweifellos ein hervorragender Wissenschaftler, seinen überaus schnellen Aufstieg hatte er jedoch seinem Engagement in der Partei zu verdanken.

Die Auswirkungen der Förderung und Berufung von aktiven Nationalsozialisten zeigten sich neben der absinkenden Qualität in Forschung und Lehre in vielfältiger Weise. So wurde beispielsweise am 1. April 1943 der SA-Obertruppführer Wilhelm Schultes zum Lehrstuhlinhaber für Dampfkesselbau ernannt. Während viele überzeugte Parteimitglieder gegen Ende des Krieges auch politisch mehr oder weniger abtauchten oder sich durch scheinbaren Widerstand eine Fortsetzung ihrer Karrieren auch für die Zeit nach einem Sieg der Alliierten zu sichern suchten[4], ist Schultes ein Beispiel dafür, daß sich Teile der Professorenschaft bis zur letzten Stunde für das Regime einsetzten. Schultes trat in den Tagen vor der Evakuierung der TH als Vertreter des Rektors in SA-Uniform auf und erteilte den Auftrag, den Dampfkessel des Heizkraftwerkes zu sprengen. Mehrmals drohte er, bei Nichtbefolgung seiner Anweisungen Leute ins Zuchthaus zu bringen. Nach der Verlagerung seines Instituts nach Dessau befehligte er die Angehörigen des Maschinenlaboratoriums im Volkssturm. Er selber meldete sich im Januar 1945 freiwillig zu einem Volkssturmführerlehrgang. Daß er nicht auf Befehl gehandelt hatte, zeigt die Tatsache, daß er Rektor Ehrenberg erst nachträglich darüber informierte.

Andere Aktivisten, die sich in Wort und Tat für die Nazi-Ziele einsetzten, waren beispielsweise: Johannes Christ, der das Außen-Institut der NS-Doktrin anpaßte, Wilhelm Müller, der als einer der führenden Exponenten der Deutschen Physik und als extremer Antisemit auftrat, Walter Geisler, der an der Planung zum sogenannten Generalplan Ost beteiligt war, Max Semper, Karl Rode oder Albert Sulfrian, die pseudowissenschaftliche Schriften übelster Machart aus den Bereichen Paläontologie, Geologie und Chemie verbreiteten.

Trotz dieser Beispiele wäre es falsch, den Lehrkörper der Hochschule als geschlossen nationalsozialistisch anzusehen. Teile der Professorenschaft waren den neuen Machthabern skeptisch gegenüber eingestellt, traten der Partei nicht bei und hielten sich aus der Politik heraus. Hierbei handelt es sich um eine Größenordnung von ca. 15%. Ein Beispiel hierfür ist Franz Krauss, seit dem Jahre 1934 Ordinarius für Mathematik. Bei ihm ist besonders bemerkenswert, daß er keine Kriegsaufträge bearbeitete. Er wandte sich den Grundlagenforschungen, wie der Beweistheorie oder der Methodologie, zu. Mag auch Krauss' Verhalten als Ablehnung der nationalsozialistischen Machthaber interpretiert werden, so kann eine nennenswerte Opposition an der TH Aachen gegen die Nationalsozialisten aus den vorliegenden Quellen nicht belegt werden.

Es ist aus heutiger Sicht nahezu unmöglich zu beurteilen, wie weit die Professoren von den Verbrechen in den Konzentrationslagern tatsächlich wußten. Sie hätten allerdings durchaus die Möglichkeit gehabt, es zu erfahren. Der Privatdozent für Wärmetechnik und Feuerschutz, Robert Mulsow, der als SS-Mitglied zeitweise zum KZ Mauthausen als Bewacher abkommandiert worden war, hätte Auskunft geben können.

Zusammenfassend ist festzustellen: Die Gleichschaltung der Aachener Hochschule nach der ‚Machtergreifung' geschah fast ohne Widerstände, im Gegenteil, die Eintrittswelle vieler Hochschullehrer in die NSDAP oder deren Gliederungen im Mai 1933 läßt auf eine weitgehende Anpassung oder in Einzelfällen sogar auf Übereinstimmung mit den nationalsozialistischen Machthabern schließen. Hinsichtlich der Kriegsforschung hat sich, von wenigen Ausnahmen abgesehen, die gesamte Hochschule dem NS-Staat dienstbar gemacht. Die Beurteilung der Prozentzahlen der Parteimitglieder des Aachener Lehrkörpers ist schwierig, da keine aussagekräftigen Vergleichszahlen aus anderen Technischen Hochschulen vorliegen. Nach einer ersten vorsichtigen Einschätzung unterscheidet sich die TH Aachen in ihrem ‚Verhalten' während des ‚Dritten Reiches' nicht wesentlich von dem der anderen neun Technischen Hochschulen, die 1933 zum Deutschen Reich gehörten.

Jan Philipp Reemtsma

Nationalsozialismus und Moderne

I.

Wenn wir vom Nationalsozialismus als einem Problem für unser Bild von der Moderne sprechen, dann sprechen wir von Auschwitz, von einem Ereignis, das in krassem Widerspruch zu unserem Kulturzusammenhang steht – wie wir hoffen –, das vor allem aber aus ihm nicht erklärbar scheint, das heißt mit den intellektuellen Mitteln, die er uns zur Verfügung stellt, nicht begriffen werden kann. So empfinden wir es jedenfalls ab einem bestimmten Punkt intellektueller und emotionaler Anstrengung immer wieder.

Wir sprechen von einer Gesellschaft, die einen bürokratisch organisierten Massenmord verübt hat, und deren Zustand wir nicht als regressiven Schub in eine Vormoderne abtun können, weil sie in zu vielen Zügen und Kontinuitäten mit unserer Gesellschaft verbunden ist, so stark die Versuchung ist, den Antisemitismus, die nackte Brutalität seiner Exekution und die öffentlichen Inszenierungen der Volksgemeinschaft als archaische Fremdkörper, die im Grunde nicht in dieses Jahrhundert gehören, zu empfinden.

Darum geht es, wenn wir über „Nationalsozialismus und Moderne" sprechen – wir sprechen dabei immer wieder über die Frage, die Tom Segev (1992: 18) in seinem Buch über die Geschichte der KZ-Kommandanten „die Kardinalfrage der Geschichtsschreibung" genannt hat: „Wie konnte das alles geschehen?" Ich denke, daß man diese Frage inzwischen recht gut beantworten kann, aber man kann gleichzeitig zeigen, wie wenig, in Abwandlung eines bekannten Zitats, damit gewonnen ist, daß man es kann. Abgewehrt werden kann mit den möglichen Antworten auf die Frage, wie es geschehen konnte, nicht das Entsetzen darüber, daß es geschehen konnte – mit den Worten Adornos (1966: 359): „daß es geschehen konnte inmitten aller Tradition der Philosophie, der Kunst und der aufklärenden Wissenschaften".

Ein historiographisches oder sozialwissenschaftliches Erkenntnisbemühen, das nicht von diesem Entsetzen ausginge und zu ihm zurückkehrte, machte sich selber zu einem Teil der Barbarei, die es zu beschreiben trachtete. Gleichwohl bleibt ihm gar nichts anderes übrig, als dieses zwar nicht zu suspendieren, aber gleichsam abzuspalten für einen Teil des intellektuellen Weges, den es zurückzulegen hat. Ohne diese Abspaltung wäre es zum Scheitern verurteilt, aber der Preis dieser Abspaltung auf Zeit ist nicht gering. Wir zahlen ihn um der Erhaltung unserer geistigen Gesundheit, oder sagen wir weniger pathetisch: unserer emotionellen Balance willen.

Dafür, daß es möglich wurde, kann man, denke ich, das Zusammenwirken von drei Faktoren verantwortlich machen, wobei „verantwortlich" eine Metapher ist – verantwortlich sind immer nur Menschen. Diese drei Faktoren sind der nachreligiöse Antisemitismus als selbstreferentielles Gedanken- bzw. Wahnsystem, die Volksgemeinschaft als Phantasma und Realität, die (um den Weberschen Terminus zu gebrauchen) charismatische Herrschaft als Charakteristikum der nationalsozialistischen Herrschaftsweise.

II.

(1) Daß der Antisemitismus ein politischer Faktor in der Moderne war, wurde oder geblieben war, haben nicht erst die Wahlsiege der Nazis gezeigt. Die russischen Pogrome der Jahre 1881/82 hatten es gezeigt – aber waren das nicht die letzten Konvulsionen eines vormodernen Aberglaubens? Die Dreyfus-Affäre hatte es gezeigt. Aber andererseits war ein Disraeli englischer Premierminister geworden. Die Zionisten hatten den Glauben aufgegeben, daß Nichtjuden mit Juden in

Europa zusammenzuleben gewillt seien – aber bewiesen sie etwas?

Nicht einmal die Wahlsiege der Nazis schienen etwas zu beweisen, denn daß die Wähler der NSDAP mehrheitlich keine fanatischen Antisemiten waren, war klar. Sie waren, was man „normale Antisemiten" nennen könnte, also solche, für die der Antisemitismus kein Lebensthema ist; solche, denen die fanatischen Antisemiten eher peinlich sind; solche, die im Gegensatz zu jenen selbstverständlich bestreiten, Antisemiten zu sein, die nur sagen, daß es eben eine Tatsache sei, daß die Juden im öffentlichen Leben eine proportional zu große Rolle spielten; kurz: solche, die die NSDAP nicht wegen ihres programmatischen Antisemitismus wählten, in diesem aber auch keinen Grund sahen, sie nicht zu wählen; und dazu gehören alle die, die die NSDAP aus sehr vielen Gründen nicht wählten, ja bekämpften, aber nicht auf die Idee kamen, ausgerechnet ihr Antisemitismus könnte ein besonders guter Grund sein, sie nicht zu wählen oder sie zu bekämpfen.

Diese normalen Antisemiten, von denen es auch in der NS-Führungselite genug gab, würden von sich aus nie ein weitgehendes Diskriminierungsprogramm und sicherlich kein Mordprogramm initiiert haben oder initiieren. Aber, wie sich gezeigt hat, waren sie bereit, solche Programme mehr oder weniger aktiv zu unterstützen – aus was für Gründen auch immer. Das gilt für die Führungselite wie für die Gesamtbevölkerung.

Was in den Vernichtungslagern geschah, wußte nur eine Minderheit, wenn diese auch nicht ganz so klein war, wie man es nach 1945 gerne gehabt hätte. Was diejenigen Massenmorde an den Juden auf dem Balkan und in der Sowjetunion anging, die von der Wehrmacht durchgeführt wurden, waren es schon mehr. Aber alle wußten von den Rassegesetzen, alle wußten von Deportationen, alle wußten, daß es wenigstens in Deutschland keine Juden mehr gab. Die NS-Führung verkündete es immer wieder in Rundfunk und Presse. Und als Goebbels im „Völkischen Beobachter" schrieb, Hitler habe sein Versprechen aus dem Jahre 1939, ein neuer Krieg werde das Ende der jüdischen Rasse in Europa zur Folge haben, eingelöst –

wann hätte sich je eine Regierung öffentlich in der Presse eines Massenmordes gerühmt? –, hielten wirklich alle Leser dieser Zeilen das für eine Metapher oder eine façon de parler, die nichts weiter besagen sollte, als daß nun die Arisierung des Einzelhandels auch im Osten abgeschlossen worden sei?

Um die mörderische Energie und mörderische Toleranz auch bei jenen zu verstehen, die keine fanatischen Antisemiten waren, hat man versucht, das Problem wegzudefinieren: Es sei im Grunde um die Juden selbst nicht gegangen, sie seien Sündenböcke, Stellvertreter für andere gewesen; oder es sei nur um ihr Eigentum gegangen, oder um Wirtschafts- oder Bevölkerungspolitik, die man auf ihre Kosten verwirklicht habe, und so weiter. Forschungen, die auf solchen Hypothesen aufgebaut wurden, haben zu wichtigen Erkenntnissen geführt. Sie haben vor allem deutlich gemacht, wie breit die praktische und intellektuelle Zusammenarbeit bei diesem beispiellosen Ausrottungsprogramm gewesen ist.

Eine Frage aber können diese Forschungen nicht beantworten (dazu sind sie ja auch nicht da, sondern dazu, dieser Frage auszuweichen): Warum die Juden? Warum konnten sich diese verschiedenen Interessen, Bereicherungswünsche, wirtschaftspolitischen Kalküle, bevölkerungspolitischen Visionen etc. auf einen antisemitischen Nenner einigen? War es Zufall? Hätte es auch ein anderer sein können, aber die Gruppe der Juden hat sich eben durch ihr Vorhandensein einfach angeboten? Keiner wird diese Frage mit Ja beantworten wollen noch können, denn die Juden waren ja nicht einfach „da“, man mußte einen ziemlichen Definitions- und Gesetzesaufwand treiben, um klarzustellen, wer Jude war und wer nicht. Und die Vorstellung, alle Interessen, die später von der Judenvernichtung profitierten, seien schon zuvor dagewesen und hätten sich dann auf ein gemeinsames Objekt geeinigt, auf dessen Kosten alle auf die ihren kommen konnten, ist absurd.

Man muß die Prioritäten umkehren: Ein deutschland-, dann europaweites antisemitisches Programm erlaubte es allen möglichen Individuen oder Gruppen, praktische und intellektuelle Zusatzgewinne zu machen. Es wurde ihnen ein Feld eröffnet, auf dem sie rücksichtsloser Gewinne machen, Bevölkerungspolitik betreiben, ökonomische Formeln Politik werden lassen, Theorien den letzten Schliff geben und mit praktischen Tips versehen konnten. Dazu brauchte es nur den Minimalkonsens, daß es in Ordnung war, wenn es auf Kosten der Juden ging. Dieser Minimalkonsens setzt aber zweitausend Jahre Antisemitismus voraus – ohne diese Geschichte wäre es zu solcher mörderischen Selbstverständlichkeit nicht gekommen.

Wer das sagt, wird oft zu Recht darauf hingewiesen, wie sehr der moderne Antisemitismus sich vom traditionellen unterscheide. Der alte religiöse Antisemitismus habe seine historische Rolle ausgespielt, an seine Stelle sei der moderne Rassismus getreten – und mit ihm das bürokratische Vernichtungsprogramm an die Stelle des Pogroms. Das ist einerseits richtig. Einen Beleg für diese These kann man nicht zuletzt in den Schriften der modernen Antisemiten finden, etwa in Hitlers „Mein Kampf".

Nur ergibt sich für den antisemitischen Theoretiker wie für den Theoretiker des Antisemitismus dasselbe Problem; er muß die Frage „Warum die Juden?" beantworten. Der antisemitische Theoretiker hat es leicht, er sagt, er habe die Antwort auf diese Frage, an der seine religiösen Vorläufer nur herumgerätselt hätten, bei der Hand. Der Theoretiker des Antisemitismus wird nicht umhinkommen, je mehr Unterschiede er zwischen vormodernem und modernem Antisemitismus feststellt, desto mehr die Frage nach der Gemeinsamkeit aufzuwerfen, denn die Konstanz des Objektes wird um so rätselhafter, je variabler die Affekte sind, die auf es gerichtet sind. Der Theoretiker des Antisemitismus hat also die Wahl, entweder selber antisemitisch zu optieren, also den Grund der Sache im Objekt zu suchen, sprich: den Antisemitismus auf eine Eigenschaft der Juden zurückzuführen –, oder den scheinbaren Wechsel der Affektlage (von der Religion zum Rassismus) als eine Transformation zu verstehen, die aus der langen Geschichte des Antisemitismus selbst resultiert.

Unser Abendland ist ein christliches. Das Christentum und der Antijudaismus sind siamesische Zwillinge, und ob es je gelingen wird, sie vollständig zu trennen, ist, wenigstens solange das Johannes-Evangelium unter die kanonischen Schriften zählt, eine offene Frage. Unter religiösen Voraussetzungen ist die Frage, ob einer Jude sei oder nicht, eine religiöse, also eine, die sich mit der Konversion erledigt. Mithin eine, die christlicherseits oft die Form „Taufe oder Tod" annahm. Für den rassistisch denkenden Antisemiten ist das Judentum nichts, was einer mit der Konversion hinter sich lassen könnte, für ihn lebt es im Blute. Hier liegt für das potentielle Opfer des Antisemiten der große Unterschied zwischen religiösem und nachreligiösem Antisemitismus.

Fahrlässig wäre es, den Unterschied zwischen der Möglichkeit, sein Leben zu retten, indem man eine andere Konfession annimmt (oder, indem man es opfert, Märtyrer der eigenen zu werden), und der Tatsache, von Standesamts wegen zum Tode verurteilt zu sein, gering zu schätzen. Doch ist es, um die Dynamik des nachreligiösen Antisemitismus zu verstehen, von entscheidender Bedeutung zu sehen, daß es diesen Unterschied so rein nie gegeben hat, dagegen aber Praktiken, für die wir heute kein anderes Wort wüßten als „rassistisch", als es noch keinerlei Begriff von Rasse oder Biologie im modernen Sinne gab.

Es gibt ein Bewußtsein der Untat; dieses Bewußtsein führt zur Erwartung einer Vergeltung, und diese zu projektivem Haß – so kann man in der Moderne die Ursachen des Antisemitismus vergessen oder verurteilen und doch fanatisch antisemitisch sein und zusätzlich ein Argument daraus gewinnen: Die Juden müssen schon sonderbare Leute sein, wenn wir sie dauernd verfolgen. Dieser Satz ist das nun in der Tat banale Geheimnis des nachreligiösen, modernen Antisemitismus, der kein Rätsel ist, wenn man die Tatsache einer irgendwann selbstreferentiell werdenden Verfolgungsgeschichte, die nicht von sich lassen kann, akzeptiert.

(2) Aber wenn man diese Tatsache, die sich auch darin zeigt, daß die antijüdischen Gesetze der Nationalsozialisten auf nichts weiter als auf die jüdische Religionszugehörigkeit der Vorfahren rekurrierten, einzusehen bereit ist, so bereitet es doch große Schwierigkeiten einzusehen, wie eine solche Ob-

session die Macht über die Politik eines modernen mitteleuropäischen Landes erhalten konnte. Daß eine Majorität Chancen wittert, wenn ein zuvor diffuser Wahn so klare Konturen erhält, daß man die eigenen Interessen darauf setzen kann, leuchtet vielleicht ein, aber wie kann es dazu kommen, daß sogar Interessen hintenangesetzt werden? – Das klassische Beispiel sind die an der Front gebrauchten Züge, die für die Deportationen nach Auschwitz eingesetzt wurden.

Um das zu verstehen, muß man die andere Seite der Vernichtungspolitik des Nationalsozialismus betrachten, die Idee von der Volksgemeinschaft. Ziel des Nationalsozialismus war die Schaffung einer rassisch (heute würden wir sagen: ethnisch) homogenen Gemeinschaft, einer Gemeinschaft, in der es aufgrund ihrer Homogenität keinen Dissens mehr geben kann, weil alle möglichen Träger des Dissens von vornherein ausgeschaltet worden sind. Diese Gemeinschaft war als europäische Herrenrasse phantasiert, herrschend über die übrige, von ihr abgesonderte und zu Teilen dezimierte und versklavte übrige Bevölkerung Europas.

Ich möchte den Blick aber weniger auf den phantasierten Herrschaftsstatus dieser Gemeinschaft lenken als vielmehr auf die dieser Phantasie zugrundeliegende Idee der homogenen Gemeinschaft. Diese Idee oder dieses Phantasma ist, wiewohl wir von einem politischen Ziel sprechen würden, identisch mit dem Versuch, Politik abzuschaffen.

Am 12. März 1944 sagte Karl Dönitz in einer Rundfunkrede zum „Heldengedenktag“ folgendes (nach Taylor 1994: 472): „Was wäre unsere Heimat heute, wenn der Führer uns nicht im Nationalsozialismus geeint hätte? Zerrissen in Parteien, durchsetzt von dem auflösenden Gift des Judentums und diesem zugänglich, da die Abwehr unserer jetzigen kompromißlosen Weltanschauung fehlte, wären wir längst der Belastung dieses Krieges erlegen und der erbarmungslosen Vernichtung unserer Gegner ausgeliefert worden.“ Dies ist die knappste Formel, auf die die Idee der Volksgemeinschaft gebracht werden kann: Einigung durch Abschaffung der Politik und ethnische Homogenisierung.

Politik und Dissens gehören zusammen. Man könnte pointiert sagen, daß Politik die Methode ist, Handlungsfähigkeit ohne Konsens herzustellen, denn das Ziel politischer Koalition ist die Herstellung von Mehrheiten – mehr nicht. Ferner ist keine Koalition Garant irgendeines Konsenses, denn sie besteht nur auf Zeit. Ein starkes Bedürfnis nach Stabilität und Konsens steht also immer in Spannung zur Politik.

Die Angst vor der Politik aus Angst vor dem Dissens ist alt, sie begleitet wahrscheinlich die Politik und taucht immer wieder auf, wenn sich die Vorstellung breitmacht, es stehe irgendein „Ganzes" auf dem Spiel, das durch den Parteienhader gefährdet werde. Den berühmtesten Ausdruck hat diese Angst im Werk von Thomas Hobbes gefunden, für den jede Idee von Gewaltenteilung, Bürgerrechten, Checks and Balances die zentrale Macht schwächt und also eine potentielle Quelle des Bürgerkriegs darstellt. Hobbes reagierte auf den englischen Bürgerkrieg, die letzte der großen Krisen des 16. und 17. Jahrhunderts, die „unsere Moderne" hervorgebracht hat.

Aber diese Angst durchzieht auch weniger offensichtlich das moderne Denken, etwa in der Idee, daß einzig das Streben nach Konsens einen Streit rechtfertigen könne, wie bei Kant in der „Kritik der Urteilskraft" nachzulesen. Diese Angst liegt auch der sozialistischen Idee zugrunde, daß politischer Dissens nur als Ausdruck von Herrschaftsverhältnissen verstanden werden könne und mit der Verwirklichung ökonomischer Gleichheit von selbst verschwinde, und vorher schon im Proletariat ein Mangelzustand sei, der von unzureichend entwickeltem Klassenbewußtsein zeuge. Die Angst vor der Politik prägt auch zu Teilen unsere Gegenwartspolitik. Es gibt einen parteienübergreifenden Konsens, daß man sich in den wirklich wichtigen Fragen einig sein sollte. Das ist alles andere als evident. Nichts macht Streit so wahrscheinlich – und oft nötig – wie die wirklich wichtigen Fragen (und die Frage, welche diese eigentlich seien).

Damit diese Furcht vor der Politik in der Politik virulent werden kann, ja so virulent, daß sie zur Abschaffung der Politik führt, braucht es Voraussetzungen, und die kann man – die

Geschichte ist kein Mechanismus – nicht systematisieren. Rückblickend wissen wir, daß der Erste Weltkrieg zwei antipolitische Bewegungen begünstigt hat, den Bolschewismus und den Nationalsozialismus. Wo Totalitarismustheorie sich auf diesen gemeinsamen Zug der Abschaffung von Politik bezieht, hat sie recht im Betonen der Gemeinsamkeiten. Unrecht hat sie, wo sie die jeweils ganz unterschiedlichen Gewaltdynamiken verkennt, die beide Bewegungen hervorgebracht haben.

(3) Der sogenannte Führungsstaat Hitlers – jedenfalls seine intendierte Realität – läßt sich am besten erfassen mit dem, was Max Weber charismatische Herrschaft nennt. Dieser Vorschlag ist schon öfter gemacht worden, etwa von Martin Broszat oder Ian Kershaw, aber keiner von ihnen hat meines Erachtens deutlich genug gemacht, wie wichtig diese Art antipolitischer Selbstorganisation für die nach außen mörderische, nach innen zunächst zusammenhaltende, dann im Endeffekt selbstdestruktive Dynamik der nationalsozialistischen Volksgemeinschaft gewesen ist. Wenn man die politische Dynamik dieser Herrschaftsform versteht, gewinnt man auch einen Blick für den erwähnten selbstdestruktiven Zug, oder, wenn man es anders ausdrücken will, für jene sich so signifikant von dem, was uns als politische Rationalität geläufig ist, unterscheidende Prioritätensetzung des Nationalsozialismus.

Weber unterscheidet charismatische Herrschaft von legaler einerseits und traditionaler andererseits. Bedeutsam an dieser Unterscheidung ist, daß charismatische Herrschaft im wesentlichen in der permanenten Demonstration dieser Unterscheidung besteht – sie ist nicht nur nicht-traditional und nicht-institutionell, sondern anti-traditional und anti-institutionell. Legale Herrschaft begründet ihre Legitimität durch Institutionen und gesetzlich vorgeschriebene Verfahren, traditionale durch Traditionen des Hergebrachten. Hitlers Abneigung gegen festgeschriebene Ideologien oder die Partei als den Führerwillen legitimierende Instanz zeigt den anti-institutionellen Zug bereits in nuce. Charismatische Herrschaft ist eine direkte Führer-Gefolgschaftsbeziehung, die, im idealtypischen Falle, nichts außer dieser kennt. Der Führer ist der Führer, weil er der Führer ist, nicht weil er irgend etwas repräsentierte (außer, natürlich, das gesamte Volk oder eine beliebig abstrakte Größe, etwa die Vorsehung).

Max Weber (1968: 227f.) weist nun auf einen interessanten Umstand hin – die Verwobenheit von charismatischer Diktatur mit basisdemokratischen Elementen: „Das seinem primären Sinn nach autoritär gedeutete charismatische Legitimitätsprinzip kann anti-autoritär umgedeutet werden. Die tatsächliche Geltung der charismatischen Herrschaft ruht auf (der) Anerkennung der konkreten Person als der charismatisch qualifizierten und bewährten durch die Beherrschten. Nach der genuinen Auffassung des Charisma wird diese Anschauung dem legitimen, weil qualifizierten Prätendenten geschuldet. Dieses Verhältnis kann indessen leicht dahin umgedeutet werden: daß die freie Anerkennung durch die Beherrschten ihrerseits die Voraussetzung der Legitimität und ihre Grundlage sei (...). Dann wird die Anerkennung zur ‚Wahl' und der kraft eigenem Charisma legitimierte Herr zu einem Gewalthaber von Gnaden der Beherrschten und kraft Mandats. (...) Der Unterschied zwischen einem gewählten Führer und einem gewählten Beamten bleibt dann lediglich ein solcher des Sinnes, den der Gewählte selbst seinem Verhalten gibt und (...) gegenüber dem Stab und den Beherrschten zu geben vermag."

Nun gibt es eine reine charismatische Herrschaft wahrscheinlich nur an Bord eines Piratenschiffes, aber das ändert nichts an der Tatsache, daß die anti-institutionellen und antitraditionalen Elemente des Ideals charismatischer Herrschaft auch in einem komplexen Staatswesen virulent werden können. Sie konnten im Nationalsozialismus zum Beispiel selber institutionalisiert sein durch das Element der „Führererlasse", also den Zugriff auf dem Verordnungswege an den fortbestehenden Instanzen vorbei oder durch sie hindurch. Diese Führererlasse konnten einerseits rechtsändernde Kraft haben, durften aber andererseits nicht veröffentlicht werden, weshalb Richter gezwungen waren, dem geschriebenen Recht zuwiderlaufende Urteile zu fällen, ohne dies legitimieren zu können. Das bedeutet natürlich nicht, daß das ganze Rechtssystem instrumentalisiert wurde, in vielen Bereichen existierte die bürgerlich-institutionelle Ordnung unverändert weiter; das hieß auch nicht, daß die Bedeutung detaillierter Gesetzgebung und eines gewissenhaften Verordnungswesens unterschätzt wurde – im Gegenteil: Die Nürnberger Rassegesetze schafften ja jene Willkürsicherheit, die dem Regime die Loyalität eintrug, die es brauchte. Aber alle diese Institutionen standen zur Disposition, und dadurch transformierte sich auch Rechtssicherheit von einer Garantie zu einem gewährten Privileg.

Besonders grotesk zeigte sich das Neben- und Durcheinander von Gesetzen, Verordnungen und Willkür in den Konzentrationslagern. Es gab immer peinlich genaue Vorschriften über zulässige und unzulässige Strafen und Strafanlässe, die nie außer Kraft gesetzt wurden, sie koexistierten aber stets mit einer vollständigen Willkür der Gewaltpraxis in den Lagern. Die Realität eines Schlachthauses vertrug sich mit einer Vorschriftenlage, die besagte, daß Prügelstrafen an weiblichen Häftlingen von Himmler persönlich und schriftlich zu genehmigen seien. Diese Verfassung der Lager erlaubte es der SS-Führung, hier ihren Leuten freie Hand zu lassen und dort Disziplinarverfahren durchzuführen, je nachdem, wie sie es für richtig hielt. Hier konnte ein Lagerkommandant foltern, morden und sich bereichern, dort konnte ein anderer wegen derselben Taten getadelt, versetzt, bestraft, sogar hingerichtet werden.

Auch die SS hielt nicht eine definierte Rolle im nationalsozialistischen Staat und noch weniger eine gemeinsame Ideologie zusammen als vielmehr eine gemeinsame Praxis und das Gemeinschaftsgefühl, eine Elite zu sein. Das aber ist charakteristisch nicht für eine Institution, sondern für eine Bande. Die von Max Weber angesprochene Rolle des charismatischen Führers ist die des Bandenchefs. Viele der Entscheidungen Himmlers sind dadurch motiviert, seine Leute bei Laune zu halten. Es werden manchmal SS-Männer zu KZ-Kommandanten gemacht, bloß weil man keinen anderen Job für sie findet, weil sie für eine Frühpensionierung zu wenig Rente zu bekommen haben, weil sie für jede andere Arbeit unqualifiziert, aber schon seit den zwanziger Jahren dabei sind (vgl. Segev 1992: 153ff.).

Aber es gibt auch einige direkt plebiszitäre Elemente im Nationalsozialismus. So ist die Bücherverbrennung des Jahres 1933 keine von oben verordnete Angelegenheit, sondern eine studentische Initiative revolutionär-demokratischer Tradition, mit Anspielung auf die Bücherverbrennung auf der Wartburg 1817 (vgl. Reemtsma 1993: 518ff.). Hans Mommsen spricht von einem immer wieder zu beobachtenden „Vorpreschen der Basis", dem die politische Führung folgt und Form gibt. Charismatische Herrschaft entwirft von sich das Bild eines Handelns aus gemeinsamem Geiste. „Wir suchen eine Bindung", schrieb Carl Schmitt (1933: 45), „die zuverlässiger, lebendiger und tiefer ist als die trügerische Bindung an die verdrehbaren Buchstaben von tausend Gesetzesparagraphen. Wo anders könnte sie liegen als in uns selbst und unserer eigenen Art? (...) Auch hier münden alle Fragen und Antworten in dem Erfordernis einer Artgleichheit, ohne die ein totaler Führerstaat nicht einen Tag bestehen kann."

Wir hören hier das Leitmotiv der ethnisch homogenisierten und politikfreien Volksgemeinschaft, mit der die Idee des Führerstaates in eins gesetzt wird. In der Rede von den beliebig verdrehbaren Buchstaben wird aber noch eine Eigenschaft der charismatischen Herrschaft deutlich: Sie kann sich nur beweisen, indem sie gegen die Merkmale anderer Herrschaftsweisen verstößt. Daß einer wirklich im Geiste des Führers handelt, zeigt er am sichersten, indem er gegen Tradition und Satzung verstößt. Hier zeigt sich der Hang der nationalsozialistischen Rhetorik und Praxis zur „radikalen Lösung", zum „Fanatismus", zum „Eiskaltsein", zur „Rücksichtslosigkeit", zur Abrechnung mit dem „was bloß auf dem Papier steht".

Der Nationalsozialismus war so autoritär wie antiautoritär, er liebte seine Archaismen, wenn sie gegen Traditionen ins Feld geführt werden konnten. Und vor allem liebte er die Gewalt, denn die gewaltsame Lösung eines Problems, der rücksichtslose Zugriff ohne langes Fackeln, verbürgte die Unkonventionalität, die sich um Gesetz und Herkommen nicht schert und den getreuen Vollzug des Führerwillens und den gemeinsamen Geist beweist, indem er keine anderen, also eigentlich keine

Rücksichten nimmt. „Der Nazi“ war kein folgsamer Untertan, sondern ein kreativer Barbar, der seine Barbarei als Ausweis seiner Kreativität und umgekehrt ansah – ob er nun ein Wehrwirtschaftsführer war, der Skizzen von territorialen Neuordnungen entwarf, oder ein SS-Mann, der sich in der Kantine rühmte, herausgefunden zu haben, daß es effektiver sei, Häftlinge mit dem Kopf in einen Wassereimer zu stecken, als nur auf sie einzuschlagen (vgl. Segev 1992: 41).

Die Frage, ob der Massenmord an den europäischen Juden angeordnet war oder ein Ergebnis einer sich selbst radikalisierenden Maßnahmenpolitik, ist wie viele andere dichotomischen Probleme, in denen die Geschichtsschreibung des Nationalsozialismus sich immer wieder verstrickt, ein Scheinproblem. Er war beides. Im Modell charismatischer Herrschaft tendieren Befehl und Freie-Bahn-Geben dazu, eins zu werden; jedes Problem, das eine „radikale Maßnahme“ zur Folge hatte, wurde durch die nächste beantwortet. Befehl und Ausführung, Intention und stufenweise Realisierung wuchsen zusammen.

III.

Raul Hilberg berichtet in seinem Buch „Täter, Opfer, Zuschauer“ dieses: Im Herbst des Jahres 1942 standen eine Mutter und ihre Tochter vor einer mit Leichen gefüllten Grube. Ein deutscher Soldat kam auf sie zu und fragte die Mutter: Wen soll ich zuerst erschießen? Sie schwieg, er riß ihr das Kind aus den Armen. Es schrie und wurde erschossen. Dann schoß er auf die Mutter. – Daß sie überlebte und die Geschichte erzählen konnte, war Zufall.

Der deutsche Soldat hatte gefragt. Die Mutter hatte geschwiegen. Sie hätte sagen können: Das Kind. Das Kind hätte es gehört und wäre erschossen worden. Dann die Mutter. Sie hätte sagen können: Mich. Sie wäre erschossen worden. Das Kind hätte es gesehen und wäre dann erschossen worden. Die Mutter schwieg, der deutsche Soldat riß ihr das Kind aus den Armen. Es schrie und wurde erschossen. Dann die Mutter.

Es sind solche, wie Hannah Arendt sagte (1989: 135), „Anekdoten", in denen wir „Momente der Wahrheit finden" können und in äußerster Kürze erkennen, „worum es eigentlich ging". Es sind diese Szenen, in denen wir fühlen, daß die Welt, zu Teilen wenigstens, eingestürzt ist, und die uns in Erinnerung halten sollten, daß die unbeschreibliche Gleichförmigkeit des Grauens von Auschwitz, Treblinka, Sobibo, Babi Jar, Belaja Zerkov durch den perspektivischen Abstand so gleichförmig ist, der uns zwingt, das Morden durch die Augen der Täter zu betrachten, vor denen die Opfer, wie Franz Stangl, der Kommandant von Treblinka es ausdrückte, nur eine „Masse" waren: „Ich sah sie kaum als einzelne. Sie waren immer eine riesige Masse. Manchmal stand ich auf dem Erdwall und beobachtete sie auf ihrem Weg durch den „Schlauch". Aber – wie soll ich es Ihnen erklären – sie waren nackt, zusammengepfercht; sie rannten, von Peitschen angetrieben, wie ..." (nach Sereny 1995: 257).

Aber es ist eben nicht nur die Distanz, sondern auch die Notwendigkeit, daß wir, wenn wir begreifen wollen, wie das Extrem des Grauens Normalität werden konnte, durch die Augen jener sehen, für die es Normalität wurde, zudem erschließt sich die Besonderheit des Verbrechens gerade dem Blick, der von den Besonderheiten absieht.

So wird die historische Wahrheit der menschlichen, die allein in der Besonderheit bewahrt bleibt, entgegengesetzt. Das ist die geschichtsphilosophische Lektion des Nationalsozialismus. Man liest mit Entsetzen, wie der 1947 in Polen freigesprochene, von Januar 1944 an in Auschwitz im Hygiene-Institut arbeitende SS-Arzt Dr. Münch, heute Landarzt im Allgäu, in einem von Bernhard Frankfurter (1995) arrangierten und dokumentierten Gespräch mit Dagmar Ostermann, einem ehemaligen Häftling von Auschwitz, in furchtbar belehrender Weise Recht behält: „Sie waren doch kein Mensch, nicht wahr, das waren Sie doch nicht in dem Sinn. Sie waren eine Nummer" (Frankfurter 1995: 58), und auf der Höhe der intellektuellen Einsicht Ostermanns Bestehen auf dem Worte „unmenschlich" oder „Greuel" mit dem Hinweis bescheidet, mit solchen konventionellen Worten sei das Entsetzliche nicht zu erfassen.

Die Perspektive mit den Tätern zu teilen – aus dieser Situation kann sich die historische, die sozialwissenschaftliche Analyse nie ganz befreien. Ebensowenig wie das Deutschland nach 1945 das kann. Ich meine damit nicht in erster Linie die krassen Fälle, die schleswig-holsteinischen Beamten, die den Arzt Dr. Fritz Sawade deckten, obwohl sie wußten, daß er der Massenmörder Werner Heyde war; diejenigen, die wußten oder ahnten, daß der Förster Karl Neumann früher Richard Baer geheißen hatte und der letzte Kommandant von Auschwitz gewesen war; diejenigen an der Universität Aachen, die wußten, daß Schwerte Schneider war; nicht den Vorsitzenden der „Gesellschaft für bedrohte Völker", meinen Vetter Tilman Zülch, der die Identität seines Beiratsmitgliedes Peter Grubbe alias Klaus Volkmann für nicht erwähnenswert hielt, allenfalls vielleicht etwas peinlich; nicht alle jene Staatsanwälte, denen Jean Amérys (1990: 62) Mitteilung des Namens seines Folterers im Polizeihaftlager Breendonk in Belgien („Warum soll ich eigentlich seinen Namen verschweigen, der mir später so geläufig wurde? Es geht ihm vielleicht gut zur Stunde, und er fühlt sich wohl in seiner gesund geröteten Haut, wenn er vom Sonntagsausflug im Auto heimkehrt. (...) Der Herr Leutnant, der hier die Rolle eines Spezialisten für Folterungen spielte, hieß Praust – P-R-A-U-S-T") keine Ermittlung wert war – alle die meine ich nicht in erster Linie, weil sie im Grunde nur den Grundkonsens unserer Gesellschaft in für seine Bewahrung etwas zu krasser Weise demonstrieren.

Ich meine den Umstand, daß unsere Gesellschaft einen Aspekt der NS-Gesellschaft reproduzieren muß, um sich zu demonstrieren, daß sie von ihr getrennt ist. So sehr die nationalsozialistische Volksgemeinschaft zur Bande sich transformierte, so sehr mußte sie doch neben ihrer Realität das Bild ihrer historischen Normalität bewahren. Sei es in der Kriegs- wie Nachkriegsphrase, daß die andern auch nicht besser seien, sei es in der Prätention der in Nürnberg Angeklagten, Staatsmänner zu sein, die Robert Ley vor seinem Selbstmord in diese

Worte faßte: „Stellt uns an die Wand und erschießt uns! – Alles schön und gut – Ihr seid die Sieger. Aber warum soll ich vor einen Gerichtshof geschleppt werden wie ein V..., V..., wie ein V..., V..., (...) Ja, ich kann das Wort nicht einmal aussprechen." (nach Gilbert 1982: 13)

Oder wie diejenigen, die auf Walter Kempowskis Umfrage, ob sie von den Lagern gewußt hätten, mit einem klaren „Nein" antworteten, und dann erzählten, sie hätten sich darüber unterhalten, daß die Juden nun alle in Dachau seien. „Der Gedanke", schrieb Adorno (1951: 61) „daß nach diesem Krieg das Leben „normal" weitergehen (...) könnte (...) ist idiotisch. Millionen Juden sind ermordet worden, und das soll ein Zwischenspiel sein und nicht die Katastrophe selbst. Worauf wartet diese Kultur eigentlich noch?" Es ist normal weitergegangen, durch bloßes Insistieren darauf, die Katastrophe sei eben bloß eine Ausnahme gewesen, und durch die gleichzeitige Integration der Katastrophe in den Alltag.

Das Extrem kann in die Normalität integriert werden, indem man darauf besteht, die Normalität sei nicht außer Kraft gesetzt. Die Volksgemeinschaft betrachtet sich mit den Augen des Sozialwissenschaftlers und sagt, wie es dazu kommt. Sie muß Probleme lösen. A führt zu B; und weil X, so Y.

Die Geschichtsschreibung und die Sozialwissenschaften sind einem widersprüchlichen Auftrag ausgesetzt: Sie sollen erklären und für unerklärlich erklären, sie sollen das Entsetzen mildern und doch nicht verharmlosen, sie sollen wissenschaftlich sein und einem Gefühl den adäquaten Resonanzraum geben, was eine ästhetische Anforderung ist. Es läßt sich nicht umgehen: Etwas verstehen heißt durchaus nicht, es zu verzeihen, aber doch eine gedankliche Brücke zu konstruieren, die von hier nach dort und zurück begangen werden kann. Die Frage „Wie konnte es dazu kommen?" beharrt in dem in ihr zur Floskel gewordenen Schrecken aber darauf, daß diese Brücke nicht einfach rekonstruierbar sei – gerade darum fragt sie so insistent. Wenn man auf diese Frage antwortet, verfehlt man den in ihr aufbewahrten Wunsch, unbeantwortbar zu sein.

„Wie konnte es dazu kommen?" heißt: Wie kann etwas in der Welt sein, das nicht von dieser Welt sein darf?, und die Antwort, die die Geschichtsschreibung und die Sozialwissenschaften geben können, ist, nur zu zeigen, daß es in der Welt ist. Weil es der Fall gewesen ist, ist es möglich gewesen, und auf die Frage, wie es dazu gekommen ist, kann man nichts weiter antworten als zu zeigen, wie es dazu gekommen ist. Ich glaube nicht, daß die uns so quälende Frage, wie es zu einer historischen Katastrophe kommen konnte, so neu ist. Ich glaube, daß es neu ist, daß sie uns so quält. Ich glaube, daß das daran liegt, daß wir uns von dieser Katastrophe nicht distanzieren können, so sehr wir – soll heißen: der alltägliche Gang der Dinge und die Gesten der Politik – stets Distanz zu halten suchen. Und darum glaube ich, daß die Frage im Grunde anders lautet. Wir fragen nicht danach, wie die Welt einstürzen konnte, sondern wir fragen, warum wir das einerseits wissen, andererseits aber nichts davon zu sehen ist, obwohl doch eine große kollektive Anstrengung dahin geführt hat. Wir fragen nach dem harmlosen Förster Neumann, nach dem linksliberalen Rektor Schwerte, nach dem Versicherungsarzt Sawade, dem für die Belange der Dritten Welt so engagierten Journalisten Peter Grubbe, nach unseren Nachbarn, Bekannten, Freunden, Onkeln, Vätern, Großvätern, nach den vielen, die nur deshalb die Ausstellung des Hamburger Instituts für Sozialforschung „Vernichtungskrieg. Verbrechen der Wehrmacht 1941 bis 1944" besuchen, weil sie wissen wollen, ob eines der dort gezeigten Fotos vielleicht ihren Vater, Onkel, Großvater zeigt. Eine Frau hat ihren Vater gefunden. Er war dabei, Partisanen zu henken.

Die Wiedergewinnung der Normalität nach 1945 hat uns die Notwendigkeit eingetragen, die Nähe des Entsetzlichen nicht nur zu dulden, sondern herzustellen, um sie zu wissen und sie nicht zu bemerken. Die politische Dynamik der Judenvernichtung setzt sich fort: Was die Volksgemeinschaft gemeinschaftlich beging, war nicht allein der Menge der Opfer, sondern der Menge der Täter und Komplizen wegen so ungeheuer, daß eine Ahndung wiederum nur mit Methoden wie Massenhinrichtungen und -internierungen möglich gewesen wäre. Wie sehr die Deutschen an eine solche Form der strafenden Gerechtigkeit geglaubt haben respektive glauben, zeigte sich zum Beispiel an Redereien in der Friedensbewegung von einem Atomkrieg als der jüdischen Rache für Auschwitz und in den – man lese nur die Rezensionen von Christoph Ransmayrs „Morbus Kitahara" nach – an den Namen Morgenthau geknüpften Phantasien (vgl. Neumann 1995).

Die Frage nach „Nationalsozialismus und Moderne", die Frage nach diesem so unendlich nahen Fremdkörper, ist die Frage, wie es geschehen konnte, und wie es sein kann, daß uns die Mörder so nahe sind. „Die Mörder sind unter uns", das geht als Filmtitel durch. Daß das Nachkriegsdeutschland auf einem Schindanger errichtet worden ist, und daß die Mehrheit der Schinder auf ihm in Pension gegangen ist, ist eine Tatsache, die niemals ganz emotionell begriffen werden kann. „Ich kann mir nicht vorstellen", schreibt eine Emmi Lange in einem Leserbrief auf den Vorabdruck von Robert Liftons „Ärzte im Dritten Reich" im „Spiegel", daß „die von Ihnen erwähnten Ärzte weder in der DDR noch in der BRD nicht bestraft worden wären, wenn sie tatsächlich solche Verbrechen begangen hätten. Mehr als schleierhaft finde ich den Bericht des Juden Lifton, der sogar mit vielen Tätern und Helfern, unter ihnen 28 Ärzte, darunter SS-Angehörige, die in Auschwitz tätig waren, gesprochen haben will. Noch dazu auf Tonband."

Sie kann es sich nicht vorstellen, also lügt der Jude Lifton. Nur können wir es uns auch dann nicht wirklich vorstellen, wenn wir wissen, daß Lifton nur Tatsachen berichtet, und längst nicht alle, die berichtet werden könnten. Wir führen aus der Haut, verlören den Verstand. Das wollen wir nicht, und also schließen wir den Kompromiß mit den Tatsachen und delegieren unsere Gefühle an das Erklären mit der Frage, wie es dazu kommen konnte. So kommen wir mit der Frage zurecht, wie wir damit leben können, und gleichzeitig mit der Antwort: ganz gut. Wir sind nicht aus der Haut gefahren und haben den Verstand nicht verloren. Wir haben mit Fragen wie der nach dem Zusammenhang von Nationalsozialismus und Moderne, unseren Verstand zu bewahren verstanden. Aber so etwas gelingt nie völlig. Daß die Antworten der Historiographie und Sozialwissenschaften nicht zu befriedigen vermögen, ist ganz gut. Das bedeutet, daß sie noch nicht in der Lage sind, unsere Gefühle mit den Tatsachen so zu amalgamieren wie unser sonstiges Leben.

Dritter Teil

Bundesrepublik

Hermann Lübbe

Deutschland nach dem Nationalsozialismus 1945–1990 Zum politischen und akademischen Kontext des Falles Schneider alias Schwerte

I.

Wir haben ein Maß unseres Selbstgefühls am Ausmaß der jeweiligen eigenen Vergangenheit, zu der wir uns zustimmend verhalten können. Das gilt für Individuen, und das gilt auch für Kollektive und ihre Institutionen. Zustimmungsfähige Vergangenheiten – das sind dabei insbesondere jene, an die sich gegenwärtig anknüpfen läßt, in deren Prägungen und Fortwirkungen wir uns also als zukunftsfähig erfahren.

Die damit angedeuteten Zusammenhänge erklären die auffällige Schwäche des nationalen Selbstgefühls der Deutschen im Vergleich mit ihren Nachbarnationen. Die totalitäre Diktatur der Nationalsozialistischen Deutschen Arbeiterpartei, die im Versuch, das Deutsche Reich zu imperialer Weltmachtstellung zu führen, einen Kontinent verwüstete und überdies einen Völkermord exekutierte, verbleibt uns als Last einer Vergangenheit, „die nicht vergehen will“[1]. Das gilt jedenfalls dann, wenn sich die Deutschen auch weiterhin als Nation verstehen. Die letzten individuellen Täter oder Tätershelfer, die noch unter uns leben mögen, werden in absehbarer Zeit begraben sein und wenige Jahre später auch der letzte Pimpf, der noch im letzten Kriegsjahr sein Braunhemd bekommen hatte. Nur kraft der fortdauernden historisch-politischen Einheit einer Nation sind dann noch die Schrecken des nationalsozialistischen Totalitarismus den Deutschen zurechenbar, während mit der Auflösung ihrer historisch-politischen Nationalität zugleich das Subjekt verschwände, das sich die nationalsozialistische

Vergangenheit als Teil seiner eigenen Vergangenheit zurechnen lassen muß.

Für den Umgang mit schlimmer Vergangenheit gibt es Regeln. Die Akzeptanz dieser Regeln setzt freilich voraus, daß man bereit ist, die fragliche Vergangenheit als eigene Vergangenheit anzuerkennen und somit der eigenen Identität zuzurechnen. Wer, wie die Angehörigen verwirrter Randgruppen, „Nie wieder Deutschland!" plakatiert, bekundet damit, einen historisch-politischen Identitätswechsel vollziehen zu wollen. Aber wer ist man alsdann, und werden auch die anderen, die Angehörigen der Nachbarnationen nämlich, akzeptieren, daß die fragliche schlimme Vergangenheit, die man über den nationalen Identitätsverzicht gern loswerden möchte, irgendeine Vergangenheit, aber eben nicht mehr die eigene sei? Immerhin: Der Deutschen Demokratischen Republik wäre es kraft einer konsequent praktizierten ideologischen Identitätsmanipulation fast geglückt, die Last schlimmer deutscher Geschichte abzuwerfen und diese Last exklusiv der Bundesrepublik Deutschland aufzubürden. Das geschah mittels einer Faschismustheorie, die wissen wollte, der Faschismus sei gar nicht speziell deutsch, vielmehr generell eine Phase in der Geschichte des Spätkapitalismus, der sich noch einmal mit terroristischen Mitteln zu behaupten sucht, bevor er zusammenbricht. Es gehörte zur nationalpsychologischen Vorzugsstellung ideologisch korrekter DDR-Bürgerschaft, sich die nationalsozialistische Vergangenheit nicht zurechnen lassen zu müssen. Die Prätention, daß man auf diese Weise der privilegierte Erbe des besseren Teils deutscher Geschichte sei, hat nachweislich sogar im Ausland Eindruck gemacht.[2] Innerhalb Westdeutschlands folgen die mannigfachen residualen Versuche der Selbstbefreiung von schlimmer Vergangenheit durch großzügige Zuordnung mißliebiger anderer zu dieser Vergangenheit analogen Mustern der Selbstentlastung.

Aber zurück zu den Regeln rationalen Umgangs mit zustimmungsfähiger und damit auch zukunftsträchtiger eigener Vergangenheit –: drei dieser Regeln seien hier ausdrücklich genannt. Erstens hat man der Versuchung zu widerstehen, in der eigenen Schwäche eine höhere Tugend erkennen zu wollen. Eben dieser Versuchung wird in der angedeuteten Flucht aus der nationalen Identität nachgegeben. Solche Flucht wirkt stets als Medium zusätzlicher Selbstbeschädigung. Das folgt aus der Unglaubwürdigkeit deutscher postnationaler Prätentionen im Ausland. Wer exklusiv universal und so niemand Bestimmtes sein möchte, wirkt, statt beruhigend, seiner Unberechenbarkeit wegen unheimlich. Wird die Postnationalität dann sogar als vermeintlich generell geltende Norm nach außen gekehrt, so wirkt sie sogar aggressiv. Auch am postnational gewordenen deutschen Wesen wird die Welt nicht genesen. Das glaubwürdige Verhältnis zu einer schlimmen Vergangenheit ist die Selbstannahme als derjenige, dem diese Vergangenheit zuzurechnen ist. Das gilt, noch einmal, für Individuen, und es gilt für Nationen nicht anders.

Die zweite Regel rationalen Umgangs mit der Last einer zustimmungs- und zukunftsfähigen Vergangenheit ist trivial, aber fundamental. Sie besagt, daß man sich gegenwärtig so zu verhalten habe, daß, wenn auch diese Gegenwart Vergangenheit geworden sein wird, sie dem zustimmungsfähigen Teil der eigenen Herkunftsgeschichte wird zugerechnet werden können.

Die dritte Regel des Umgangs mit Vergangenheitslasten besagt, daß man den zustimmungsfähigen Teil der eigenen Herkunftsgeschichte zu schonen habe. Wer nichts hätte, was ihn im Rückblick nicht stärkt und mit Vertrauen in seine Zukunftsfähigkeit erfüllt, wäre auch gar nicht imstande, Vergangenheitslasten zu tragen.

Am Maßstab dieser drei Regeln gemessen darf man die bisherige Geschichte der jungen Bundesrepublik Deutschland im Rückblick als Erfolgsgeschichte beurteilen. Das gilt nicht nur in wirtschaftlicher und politischer Hinsicht. Auch für die moralische Verfassung der zweiten deutschen Demokratie gilt es.

Das Gelingen der deutschen Staatsrekonstruktion nach dem Ende der nationalsozialistischen Diktatur und damit nach dem Reichsuntergang ist freilich von einer ganzen Reihe begünstigender Voraussetzungen abhängig gewesen. Drei dieser Voraussetzungen seien ausdrücklich genannt. Die erste Voraussetzung ist, insbesondere im Kontrast zur Lage Deutschlands am Ende des Ersten Weltkriegs, die Vollständigkeit der Niederlage und die Evidenz, daß man sie der eigenen nationalen Politik zuzuschreiben hatte. Das bedeutete: Für eine neue Dolchstoßlegende gab es keinerlei Anknüpfungspunkte. Endsiegsphantasien im nachhinein hätten nach 1945 die Anmutungsqualität der Verrücktheit gehabt. Die Desillusionierung war vollständig. Die Deutschen fanden sich nach dem Ende nationalsozialistischer Machtphantasien auf dem Boden der nationalen und internationalen Tatsachen wieder. Zugleich war unwidersprechlich, daß die Widerständler, politisch und moralisch, das bessere Urteil gehabt hatten. Weder Rachegefühle noch Ressentiments, über die die nationale Selbsttäuschung konserviert worden wäre, konnten sich bilden. Der Zusammenstoß mit der Wirklichkeit war von einer Härte, die definitiv auf den Boden der Tatsachen zurückzwang. Das sollte sich als Gewinn erweisen.

Zweitens wurde die Rekonsolidierung Deutschlands, wirtschaftlich und politisch, durch die Herausforderung des Kalten Krieges begünstigt, die freilich die Teilung Deutschlands für vorerst unabsehbare Jahre endgültig machte. Westdeutschland, das als Elendsregion auf Dauer für kommunistische Verheißungen vielleicht hätte empfänglich werden können, erhielt die ökonomischen Starthilfen des Marshallplans. Sogar verteidigungspolitisch gewann Deutschland, nun auf der richtigen Seite, alsbald die Position eines Bündnispartners. Nachdem die 1952 vertraglich gegründete Europäische Verteidigungsgemeinschaft 1954 am Veto der französischen Nationalversammlung gescheitert war, fand sich ein Jahr darauf Westdeutschland als gleichberechtigtes Mitglied in die nordatlantische Allianz, in die NATO, aufgenommen. Der Kalte Krieg bewirkte also eine weltpolitische Lage, in der man sich, nämlich im Westen, auf ein rekonsolidiertes und handlungsfähiges Deutschland angewiesen fand. In der Alternative von Neutralismus oder West-Integration hat, in der Zeit der Regierung Adenauers, die junge Bundesrepublik Deutschland diese Lage als Chance in zukunftsfähiger Weise genutzt.

Drittens ist die Europäische Einigung Deutschland zugute gekommen. Churchill hatte bereits 1946, in einer Zürcher Rede[3], dauerhaft gutes Einvernehmen zwischen Frankreich und Deutschland als wichtigste Fälligkeit für die politische Rekonstruktion Europas herausgestellt. Befragt, was er denn von dieser Idee halte, antwortete damals der französische Ministerpräsident George Bidault ebenso diplomatisch wie unmißverständlich: „Churchill's Genie ist von besonderer Art, mehr kann ich nicht sagen."[4] Aber Churchill sollte recht behalten: Siebzehn Jahre später unterzeichneten De Gaulle einerseits und Adenauer andererseits den Elysée-Vertrag, und das berühmte Photo, das uns die beiden europäischen Staatsmänner betend in der Kathedrale von Reims zeigt, gehört seither bis in die Schulbücher hinein zu den Ikonen der europäischen Einigung. Wahr ist, daß die Einbindung Deutschlands zu den Hauptmotiven dieser Einigung gehört – von der Europäischen Gemeinschaft für Kohle und Stahl bis hin zur Europäischen Wirtschaftsgemeinschaft. Es ist in Deutschland nicht populär, das zu sagen. Indessen: Die Vorteile dieser Einbindung sind mehr als jedem anderen europäischen Land Deutschland zugute gekommen. Auf keine andere Weise hätte Deutschland so rasch aus dem Zustand, in welchem es sich, international vollständig isoliert, 1945 befand, herausfinden können.

II.

Noch einmal sei zu der ersten der genannten Voraussetzungen der gelungenen Rekonsolidierung Deutschlands zurückgelenkt, nämlich zur Totalität der deutschen Niederlage, die die Konservierung von Illusionen über die politische und moralische Natur dieser Niederlage ausschloß. Zu den Befindlichkeitsfolgen dieser Niederlage gehörte zunächst eine radikale Vereinfachung deutscher Lebenssituation – kollektiv und individuell. Not macht das Leben existentiell unproblematisch. Wie lebt man in Städten, deren Wohnsubstanz zu mehr als zwei Drittel zerstört ist? Wie versorgt man sich nach dem Zusammenbruch industrieller Güterproduktion? Wie lassen sich die vielen Millionen Opfer der radikalen ethnischen Säuberung Ostmitteleuropas, der östlichen Provinzen Preußens wie Böhmens von allen Deutschen, integrieren? Und mehr noch: Wie verarbeitet man den Verlust von Recht und Ehre, die in Vertreibung und sonstiger Gewalt, die nun auf einen zurückschlug, sich manifestierte? Die Antwort scheint mir zu lauten: Man erduldet es wie etwas, das noch in seinen Gewalt- und Unrechtsgehalten einen nicht überrascht, nämlich in Präsenz der Herren- und Gewaltbringerrolle, in der die Deutschen doch kurz zuvor noch sich befunden hatten.

Sowohl materiell wie moralisch resultierte aus den skizzierten Umständen eine sehr einfache Lage. Die objektiven Folgen der selbstverschuldeten Katastrophen konsolidierten die deutsche Befindlichkeit subjektiv. Wer kein Dach über dem Kopf hat und zu Winterbeginn weder Kohle noch Kartoffeln im Keller, existiert notwendigkeitsstabilisiert. In moralischer Hinsicht gilt Analoges. Ich vergegenwärtige es mit der Schilderung von Selbsterlebtem. In der Zeit, als man als junger Pimpf über die Erfolge der deutschen Sportler bei der Berliner Olympiade, 1936, begeistert war, wurden die Kinder jüdischer Nachbarn aus den öffentlichen Schulen verwiesen. Einer von ihnen war nun, 1946, als britischer Besatzungsoffizier ins eigene Heimatstädtchen zurückgekehrt und lud uns Ex-Pimpfe, jetzt junge Studenten, zu Gesprächen ins Casino ein. Relevante moralische Fragen, die noch offen, gar umstritten gewesen wären, gab es in dieser Situation nicht und überdies nicht in der Präsenz deutscher Kommilitonen, deren Väter als politische Repräsentanten der Weimarer Republik im Konzentrationslager gesessen hatten und nun durch die Militärregierung zu Chefs neuerrichteter deutscher Behörden ernannt worden waren. Wie hier Recht und Unrecht verteilt waren – das also verstand sich bei diesen Gesprächen von selbst, so daß sie inhaltlich sich alsbald Fragen von der Art zuwandten, wie das denn alles Möglichkeit und schließlich Wirklichkeit hatte werden können, was einen, als Pimpf, hatte begeistert sein lassen, was einen zweifeln ließ und wie man sich nun die eigene Zukunft in der Zukunft des eigenen Landes denke.

Die Gunst und näherhin die Zukunftsträchtigkeit dieser objektiv sehr bedrängenden, subjektiv aber sehr einfachen Lage sei noch mit ein paar Strichen am Beispiel studentischen Lebens nach Wiederaufnahme des Studienbetriebs ab 1946 erläutert. Unvergeßlich blieb, daß man sich, nur wenige Monate nach Kriegsende, über CARE-Pakete und Sterzbrei aus Mensaküchen vom Kriegsgegner ernährt fand. Fürs jungakademische Studium demokratischer Lebensverhältnisse wurden einem durch die militärregierungsamtliche Universitätsleitung Sommerschulaufenthalte in Schweden vermittelt. Die berufliche Zukunft, gewiß, lag gänzlich im dunkeln. Um so bezwingender war die Evidenz, daß es unter allen Umständen und für alle Fälle gut sei, die naturgemäß recht eingeschränkten Studiengelegenheiten zu nutzen, und die Zukunftsgewißheit setzte sich in eine Gegenwärtigkeit um, die einen für Neues einschließlich desjenigen Alten, das im Nationalsozialismus als „entartet" galt, in besonderer Weise aufgeschlossen sein ließ.

An einem einzigen Beispiel sei das erläutert. Nach nationalsozialistischer Maßgabe begann der gymnasiale Literaturkurs im Fache „Deutsch", wie ich mich erinnere, mit den Zaubersprüchen von Merseburg. Gegen diese Zaubersprüche ist selbstverständlich gar nichts zu sagen. Sie gehören zu den wenigen althochdeutschen Texten, die uns überliefert sind, und inhaltlich wären sie, zumal nach der deutschen Wiedervereinigung, sogar aktualisierbar; denn sie sagen ja, unter anderem, daß zusammenwachsen soll, was zusammengehört. Nichtsdestoweniger bliebe es nationalistisch bornierter Unfug, die Quellen deutscher Weltliteratur in diesen althochdeutschen Texten finden zu wollen. Diese Quellen liegen vielmehr bei Homer, in der griechischen Tragödie und der römischen Komödie sowie in der Bibel und ihrer Wirkungsgeschichte. Das, unter anderem, war es, was uns damals jungen Studenten durch Ernst Robert Curtius' „Europäische Literatur und lateinisches Mittelalter" mit Wirkungen enthusiasmierender Entbornierung sichtbar gemacht wurde.

Wahr ist freilich, daß viele von uns, die Philosophie studierten, darunter auch ich, sogar den Studienort wechselten, um einen berühmten Philosophen zu hören, der zeitweise der nationalsozialistischen Revolution zugewandt gewesen war, Heidegger nämlich, der im Anfangsjahr der nationalsozialistischen Diktatur Rektor in Freiburg im Breisgau war und deswegen nach einer generell geltenden Entnazifizierungsmaßgabe der französischen Militärregierung als Universitätsdozent nicht amtieren durfte. Beweist solche Zuwendung zu Ex-Nationalsozialisten unter den eigenen Lehrern Mängel nötiger Kritik und Selbstkritik im Verhältnis zur braunen Vergangenheit? Das wäre ein Mißverständnis aus der Perspektive der durch die Gnade der späten Geburt begünstigten Jüngeren. Es liegt doch in der Natur totalitärer Regimes, daß sie alle wichtigen Ämter, auch Professorenämter, tunlichst mit Linientreuen, zumindest Anpassungs- oder doch Schweigebereiten besetzen, und entsprechend war auch der Anteil der Ex-Nationalsozialisten unter den Professoren der wiedereröffneten Universitäten, sofern sie nicht gerade Rektoren gewesen oder sonstwie als prominente Parteigenossen auffällig geworden waren, beträchtlich. Das war also damals deutsche Normalität, und im Falle Heideggers kam hinzu, was uns auch aus anderen prominenten Fällen vertraut war: Dem nationalsozialistischen Regime, zumal in seinen Anfangsjahren, verbunden gewesen zu sein – das schloß ja nicht aus, daß man Leistungen aufzuweisen hatte, die auch ganz unabhängig vom Nationalsozialismus Geltung hatten und behielten. Und wenn sogar bekannte französische Intellektuelle und Besucher aus anderen Teilen der Welt Heidegger aufsuchten – was hätte uns junge deutsche Studenten hindern sollen, über die Lektüre seiner Bücher hinaus ihn auch persönlich zu hören? Ich möchte den argumentativen Sinn dieser Frage sogar noch verstärken mit der Vergegenwärtigung der Gründe, die uns damals gänzlich bedenkenlos auch solche Prominente unter den Ex-Nationalsozialisten aufsuchen ließ, die sich ausdrücklich sogar mit nationalsozialistischen Verbrechen identifiziert hatten – Carl Schmitt zum Beispiel, der, immerhin, die von Hitler befohlene Ermordung der höheren SA-

Führerschaft und vieler sonstiger mißliebiger Persönlichkeiten Ende Juni 1934 mit dem Satz kommentiert hatte „Der Führer schützt das Recht."[5]

War man also damals, in den späten vierziger und in den fünfziger Jahren, im Umgang mit der nationalsozialistischen Vergangenheit allzu unsensibel? Das zu unterstellen wäre, noch einmal, ein Urteil Spätgeborener, die in empörter Nicht-Akzeptanz ihres nationalen Schicksals, als individuell gänzlich Unbeteiligte doch die Nazi-Erbschaft übernehmen zu sollen, für die Umgangsformen, die nach dem Ende des Nationalsozialismus zwischen Alt-Nazis und jungen Ex-Pimpfen, ja zwischen Alt-Nazis und ehemals verfolgten Remigranten sich herausbildeten, ohne Verständnis sind, und das mit Folgen eines historischen Wirklichkeitsverlustes. „Prüfet alles und behaltet das Gute", rät der Apostel, und es entspräche, genau komplementär zu diesem guten Rat, dem üblen totalitären Syndrom, wenn man vermeinte, daß, wer, wie der erwähnte Carl Schmitt, erwiesenermaßen ideologie- und regimekonform sich geäußert hat, auch darüber hinaus zu keiner dauerhaften Einsicht hätte fähig sein können. Man soll keine Wahrheiten bloß deswegen verschenken, weil man sie rechtsliegend angetroffen hat, fand Ernst Bloch, und die Angehörigen meiner Generation, die ihr Studium unmittelbar nach dem Ende des Zweiten Weltkriegs begannen, hätten, wenn das denn partout nicht hätte gelten sollen, kaum studieren können – bei so vielen Alt-Nazis unter den akademischen Lehrern, ohne die die Wiedereröffnung des akademischen Unterrichts 1946 gar nicht möglich gewesen wäre.

Es gibt die These, komplementär zur Weiter- und Wiederbeschäftigung ehemaliger Parteigenossen an deutschen Universitäten nach ihrer Wiedereröffnung, späterhin zusätzlich motiviert durch die ideologiepolitischen Erfordernisse des Kalten Krieges, sei an den westdeutschen Hochschulen die Gelegenheit zum Studium marxistischer Theorien den Studenten tunlichst vorenthalten worden. Schon für die frühen Jahre der jungen Republik Deutschland trifft das nicht zu. Ganz selbstverständlich gehörte die Tradition des marxistischen Denkens zu den Gehalten, auf die sich das Interesse zumal der politisch interessierten Philosophiestudenten allein schon deswegen richten mußte, weil man doch wissen wollte, was denn das eigentlich gewesen war, worauf sich der ideologische Säuberungswille der Nationalsozialisten von Anfang an, in Frankfurt und anderswo, mit besonderer Konsequenz erstreckt hatte. Überdies legitimierte sich doch die Sowjetunion, die durch ihren Triumph über das nationalsozialistische Deutschland zur Weltmacht aufgestiegen war, ideologiepolitisch durch die Doktrin des Marxismus-Leninismus, und für die nicht-totalitären Gegner des Kommunismus war es eine Sache des Selbsterhaltungsinteresses zu wissen, wie diejenigen denken, die, wie die Sowjets und ihre intellektuellen Sympathisanten, nach dem Ende des Nationalsozialismus auch das zukünftige Ende des Kapitalismus für eine in den Gesetzmäßigkeiten des Geschichtslaufs begründete Notwendigkeit hielten. Überdies waren doch auch in der westlichen Welt marxistische Denominationen überall präsent – in organisatorischer Nähe zu sozialistischen oder sozialdemokratischen Parteien, vor allem aber in der Intellektuellenszene und in den akademischen Milieus zumal. Überall stieß man auf Anti-Antikommunisten. Das alles schlug, über Remigration, intellektuelle Konversionen und desgleichen kraft erhalten gebliebener Kennerschaft sogleich voll auch in der vom nationalsozialistischen Bann befreiten deutschen Hochschulwelt wieder durch.

Es war doch, zum Beispiel, unvermeidlich, daß man im Studium der außerordentlichen Wirkungsgeschichte der Philosophie Heideggers auch auf die in den Marxismus hineinreichenden Transformationen dieser Philosophie stieß – auf die frühen Arbeiten Herbert Marcuses zum Beispiel und später dann auf das philosophische Amalgam von Marxismus und heideggersch geprägter Phänomenologie, mit dessen Hilfe sich Teile der akademischen Intelligenz Tito-Jugoslawiens aus der marxistisch-leninistischen Dogmatik emanzipierten. Ich selber wurde, 1951, auf Antrag eines remigrierten ungarischen Juden promoviert, der in Freiburg den Lehrstuhl Martin Heideggers zu vertreten hatte, und dieser Ungar war, immerhin, Mitarbeiter Georg Lukács in der Zeit der kommunistischen Diktatur gewesen. Wir studierten somit schon Ende der vierziger Jahre Lukács, Korsch, die Klassiker selbstverständlich. Alsbald remigrierte auch in ihren prominentesten Repräsentanten die Frankfurter Schule, und damals, Anfang der fünfziger Jahre, war ich in Frankfurt Assistent. Die fünfte Vorlesung, die ich dann später, Ende der fünfziger Jahre, in Münster, als Privatdozent angekündigt habe, war dem Werk Lenins gewidmet. Akademische Correctness-Wächter, die einem das übelgenommen hätten, gab es damals nicht. Einladungen an die Adresse Wolfgang Abendroths, die ich als Vorstandsmitglied eines historischen Vereins mitzuverantworten hatte, fanden ein interessiertes Publikum, und so könnte man endlos mit der Schilderung von Gelegenheiten fortfahren, in der vermeintlichen Restaurationsepoche der Adenauer-Zeit sich mit den Traditionen des Marxismus bekanntzumachen. Zumindest für die akademische Welt gilt somit: Allein schon die mannigfachen Anlässe und Gelegenheiten, sich mit dem nationalsozialistisch perhorreszierten Marxismus zu beschäftigen, schließen aus, daß darüber der Nationalsozialismus selber hätte verdrängt werden können.

III.

Aber auch über die Sonderwelt der Hochschulen hinaus scheint mir für die frühen Jahre der Bundesrepublik Deutschland die These historisch unangemessen zu sein, das Verhältnis der deutschen Öffentlichkeit zum Nationalsozialismus sei damals vor allem ein Verhältnis progressiver Verdrängung dieser Vergangenheit gewesen. Natürlich ist unklar, was „Verdrängung" eigentlich genau heißen soll. Der Verdrängungsbegriff entstammt bekanntlich einer Wissenschaft, deren theoretische Validität umstritten ist, und auch für den Verdrängungsbegriff gilt, daß die Assoziationen, die der Begriffsname „Verdrängung" auslöst, einer methodisch-analytischen Disziplin nicht unterworfen sind, und das bedeutet: Insoweit ist der

Dauerstreit zum Thema „Verdrängung" überhaupt unentscheidbar.

Nennt man indessen „Verdrängung", gemeingebrauchsnah, ein Nicht-wahrhaben-Wollen des eben dadurch Verdrängten, so wäre es überwiegend unangemessen, die deutsche Nachkriegsöffentlichkeit durch Verdrängung der nationalsozialistischen Vergangenheit geprägt zu sehen. Es ist ja richtig, daß die überwiegende Mehrheit der Deutschen vom systematisch betriebenen Völkermord an den Juden nichts gewußt hat. Die nationalsozialistische Partei- und Reichsführung hatte ihre Gründe, die sich selbst rassenideologisch legitimierenden Massenliquidationen[6] tunlichst geheimzuhalten, und das gelang überwiegend. Das ist nicht entlastungshalber gesagt; denn im Unterschied zu den Massenliquidationen waren die vorauslaufenden Massendeportationen und sonstigen Bürgerrechtsverletzungen aller Art der übergroßen Mehrheit der Deutschen wohlbekannt. So oder so: Sogleich nach 1945 wurde alles allen Deutschen bekannt – in der britischen Besatzungszone zum Beispiel durch Vorführung von Filmen, die die Briten gleich nach der Befreiung Bergen-Belsens zur Dokumentation der Lagerwirklichkeit hergestellt hatten. Es erging an die Deutschen ein Militärbefehl, daß man sich das anzuschauen habe, und so geschah es.[7] Wie hätte es möglich sein sollen, das und die Inhalte analoger Medienberichterstattung nicht wahrhaben zu wollen? Man darf dabei dahingestellt sein lassen, ob nicht in individuellen Fällen, sogar zahlreich, trotziges oder auch verzweifeltes Augenverschließen stattfand, nämlich durch mentale Emanzipation aus der Wirklichkeit durch Flucht in allerlei Theorien, die die Überbringer und Verbreiter der schlimmen Nachricht als notorische Deutschenfeinde, Judenfreunde und überhaupt als Subjekte diffamierender Propaganda einzuordnen erlaubten. Die herrschende deutsche Nachkriegsöffentlichkeit blieb von solchen Meinungsextremismen unberührt.

Was das Verhältnis zum Nationalsozialismus anbelangt, so gaben früh schon Publikationen gänzlich anderer Intention den Ton an. Über die Wirklichkeit der Konzentrationslager berichtete in seinem in erster Auflage schon 1946 erschienenen

Buch Eugen Kogon.[8] Walther Hofers Dokumentensammlung nationalsozialistischer Ideologie und Politik, die auch Manifestationen des rassenideologischen Menschheitssäuberungswillens der Nationalsozialisten jedermann zugänglich machten, erschien zuerst 1957. Und es kann keine Rede davon sein, daß solche Veröffentlichungen weggeschoben und auf den Ladenhüterregalen der Buchhandlungen verstaubt wären. Die erwähnte Dokumentation Walther Hofers erreichte bereits wenige Monate nach ihrer Erstpublikation einen Absatz von weit über einhundertausend Exemplaren.[9] Das Tagebuch der Anne Frank fand sich in jeder Schülerbibliothek und Margarete Buber-Neumanns Bericht über ihre Gefangenenschicksale bei Hitler wie bei Stalin rückte in sachangemessener Weise rechts-links-indifferente Züge totalitärer Gewaltherrschaft ins öffentliche Bewußtsein.[10] Den Anfang der nationalsozialistischen Katastrophe am Ende der Weimarer Republik hatte Karl Dietrich Bracher schon in der ersten Hälfte der fünfziger Jahre zum Gegenstand seiner wirkungsreichen einschlägigen Forschungen gemacht[11], und Anfang der sechziger Jahre erschien, als erste deutsche Gesamtdarstellung des Faschismus in seinen europäischen Dimensionen, Ernst Noltes frühes Buch.[12] Phänomenologisch abgesättigte Schilderungen zum Beispiel der Reichsparteitage in Nürnberg in ihrer Inszenierung als Gesamtkunstwerke machten in diesem Buch historisch aufklärend die Begeisterung nachvollziehbar, mit dem der überwiegende Teil des Volkes hier mitgefeiert hatte. Daß am Ende die Katastrophe stand – das ist ein politisch und moralisch einfaches Urteil. Um so weniger leicht ist es zu verstehen, wie es dazu kommen konnte, und eben das will historisch in zukunftsbezogener politischer Absicht geleistet sein. Gewiß läßt sich sagen, daß man doch die zitierten Bücher der Historiker von Bracher bis Nolte gern schon fünf Jahre früher verfügbar gehabt hätte. Aber es wäre allein schon forschungspraktisch naiv anzunehmen, daß das hätte möglich sein können.

Mit Vergegenwärtigung solcher Exempel repräsentativer und wirkungsreicher Auseinandersetzungen mit dem Nationalsozialismus in der Vor- und Frühgeschichte der Bundesrepublik

Deutschland ließe sich endlos fortfahren. Die These, Verdrängung, nämlich im erläuterten Sinne des Nicht-wahrhaben-Wollens nationalsozialistischer Gewaltherrschaft und ihrer Verbrechen, habe die Öffentlichkeit der Adenauer-Jahre geprägt, ist derart realitätsfern, daß die Frage nach der Funktion dieser These sich aufdrängt. Diese Frage sei aber zunächst noch zurückgestellt, und es seien zuvor die Bedingungen der außerordentlichen Wirkung erörtert, die die vieldiskutierte amerikanische Holocaust-Fernsehserie beim deutschen Medienpublikum auslöste. Kritische Nationaltherapeuten[13] fanden damals, die Erschütterung des Publikums habe den Charakter einer endlich, partiell jedenfalls, bewirkten, abrupten Verdrängungsauflösung, und somit sei diese Erschütterung als definitiver Beweis der zuvor praktizierten Verdrängung zu werten. In Wahrheit vollzog sich über die Wirkungen der Holocaust-Serie eine Bekräftigung des politisch-moralischen Gemeinsinns im Urteil über die nationalsozialistische Judenverfolgung. In deutscher intellektueller Pseudosouveränität hat man seinerzeit den Holocaust-Film aus Gründen seines vermeintlich sowohl in ästhetischer wie in politpädagogischer Hinsicht bedenklich geringen Niveaus für unzumutbar gehalten und entsprechend seine deutsche Erstaufführung ins Dritte Programm verlegt.

Das deutsche Publikum hingegen fand sich in seinen Erinnerungen an den Nationalsozialismus bestätigt und durch die filmästhetisch sehr einfache und eben dadurch eindrückliche Illustration der schlimmsten Konsequenzen dessen, wofür man doch in seinen Anfängen sich engagiert hatte, erschüttert. Kurz: Die amerikanischen Filmemacher hatten den nationalsozialistischen Totalitarismus in einigen wichtigen Hinsichten tatsächlich besser verstanden als ihre aus verständlichen Gründen weniger urteilssicheren deutschen intellektuellen Kollegen. Auf das Medienpublikum wirkte gerade die Reduktion aufs Triviale, das heißt auf das historisch-politisch und moralisch Fundamentale, wie befreiend: Gerade das nicht mehr banale Böse wird dem einfachen moralischen Urteil, dessen gemeinhin jedermann fähig ist, unterworfen, und der Rest sind Versuche zur Beantwortung der Frage, wie es möglich gewesen war, das Urteil des moralischen Gemeinsinns außer Kraft zu setzen.

Beides hat der Holocaust-Film tatsächlich geleistet, und ich habe das in einer Berliner Rede bei Gelegenheit der Internationalen Konferenz zur nationalsozialistischen Machtübernahme mit folgenden wichtigen Gehalten der Serie exemplifiziert. Zunächst wurde hier die Mitläuferkarriere, bis in ihre extremsten Konsequenzen hinein, als potentielle Jedermanns-Karriere verständlich und damit nachvollziehbar gemacht: Mit naheliegendem Opportunismus macht man den Anfang, und alsbald ist man, zur Erhaltung seiner moralischen Selbstachtung, zu glauben gezwungen, wobei man zunächst lediglich mitlief. Sodann wurde der Massenterror als ein politisches Phänomen transparent, das möglich wird, wenn wir in ideologisch bedingtem Realitätsverlust auf common-sense-transzendente Ziele verpflichtet werden, die in ihrer historisch singulären Größenordnung für die letzte Schlacht, die noch zu schlagen ist, die Außerkraftsetzung gemeinsinnsfähiger moralischer und politischer Normalität verlangen. Genau komplementär dazu vergegenwärtigte der Holocaust-Film den unaufgebbaren Sinn traditioneller Tugenden wie der Tapferkeit zum Beispiel, die durch ihren Mißbrauch im Nationalsozialismus diskreditiert zu sein schien, aber just durch die Evidenz der Angewiesenheit der Opfer des Nationalsozialismus auf sie im Widerstand gegen ihn in ihrer Geltung neu bekräftigt wurde. Schließlich erwies der Holocaust-Film den Deutschen die Wohltat, daß in der Kultur der Opfer des nationalsozialistischen Terrors traditionelle, unaufgebbare Gehalte ihrer eigenen, deutschen Kultur vorgeführt wurden, und eben das entlastete vom pathologisch wirkenden idiosynkratischen Zwang zur Selbstverdächtigung des Ganzen der eigenen Kultur mit der Wirkung, daß eben diese Kultur als ein gegen den Nationalsozialismus und gegen jeden Totalitarismus verteidigungsbedürftiger Bestand erschien.[14]

Nun läßt sich aber, wie schon gesagt, im konsensuell nicht geregelten Gebrauch des Wortes „Verdrängung" auch ein ganz anderer Bestand als der des Nicht-wahrhaben-Wollens schlimmer eigener Vergangenheit meinen. Als ich einmal Anfang der achtziger Jahre in einem Vortrag darauf bestand, das Nichtwahrhaben-Wollen nationalsozialistischer Verbrechen habe die deutsche Öffentlichkeit auch in der Frühzeit der Bundesrepublik Deutschland nicht geprägt, wurde mir mit höhnischer Polemik empfohlen, ich solle doch einmal in einem Lexikon unter dem Stichwort „Verdrängung" nachlesen, um endlich zur Kenntnis zu nehmen, was denn damit fachlich eigentlich gemeint sei. Gemeint sei nämlich nicht banales Nicht-wahrhaben-Wollen, vielmehr die beharrliche Weigerung, aus der möglicherweise durchaus in der Erinnerung präsenten schlimmen Vergangenheit angemessene praktische Konsequenzen zu ziehen. Ich habe damals erwidert: Wenn man in diesem Sinne die angemessenen praktischen Konsequenzen, und zwar näherhin die angemessenen politischen Konsequenzen aus den Erfahrungen der nationalsozialistischen Diktatur in Deutschland, vermisse, dann sei man offensichtlich nicht bereit, der zweiten deutschen Demokratie den Status einer nach Moral, Recht und Politik adäquaten Antwort auf die Herausforderungen der nationalsozialistischen Vergangenheit Deutschlands zuzubilligen. Man erkennt: In der Auseinandersetzung um Angemessenheit oder Unangemessenheit des Verhaltens der Deutschen zu ihrer nationalsozialistischen Vergangenheit verbirgt sich nicht zuletzt eine Auseinandersetzung um die Anerkennungsfähigkeit der moralischen und politischen Geltungsansprüche der liberal verfaßten zweiten deutschen Demokratie, und darauf ist noch zurückzukommen.

Zunächst kann es sich selbstverständlich nicht darum handeln, die Bundesrepublik Deutschland und ihre Geschichte sozusagen schönzureden, und als einer der stärksten Einwände der Angemessenheit jenes Verhältnisses zum Nationalsozialismus, das in der Frühgeschichte der Bundesrepublik Deutschland vorherrschend war, hat stets die Massenintegration ehemaliger Nationalsozialisten in das gesellschaftliche, administrative und politische System der Bundesrepublik Deutschland gegolten. Diese Massenintegration hat es tatsächlich gegeben, und es ist wahr, daß hier viele Fehler gemacht worden sind. Die Empfindlichkeit überlebender Opfer nationalsozialistischer Rassenverfolgung gegenüber der Ernennung eines Mannes zum Staatssekretär, der, in welcher näheren Absicht auch immer, die Nürnberger Rassengesetze kommentiert hatte, hätte sich doch voraussehen und in dieser Voraussicht zugleich die Respektbedürftigkeit dieser Empfindlichkeit anerkennen lassen. Andererseits darf man die Massenintegration ehemaliger Nationalsozialisten in das öffentliche Leben der jungen Bundesrepublik Deutschland nicht als einen Vorgang der politischen Rehabilitierung nationalsozialistischen Engagements mißverstehen. Überdies hat die fragliche Massenintegration auch ihre ganz andere Vorgeschichte. Der „Führer" und seine Alten Kämpfer der allerersten Reihe von Himmler bis zu Goebbels und Göring entzogen sich doch den Konsequenzen ihrer gescheiterten deutsch-völkischen Vorherrschaftserrichtung bekanntlich durch Selbstmord, und zahllose Mitgescheiterte folgten ihnen. Andere Hauptbeschuldigte wurden gemäß den Urteilen einer neuen Art von internationalen Gerichtshöfen aufgehängt. Im Rahmen der Entnazifizierungsprogramme der Militärregierungen verschwanden die Parteigenossen sogleich aus ihren höheren Ämtern, und bis auf die Ebene der Ortsgruppenleiter hinab konzentrierte man sie über Wochen, ja über Monate hinweg, in allerlei Lagern, die ja in Deutschland reichlich vorhanden waren. In der sowjetischen Besatzungszone war das sogar mit Massentodesfällen verbunden, und Willkür und Säuberungswahn bezogen hier auch sonstige politisch unliebsame Deutsche ein, deren Unliebsamkeit nicht in erster Linie in ihrer Mitgliedschaft in der Nationalsozialistischen Deutschen Arbeiterpartei begründet lag. In Fragebögen hatte jeder Deutsche, der altersmäßig dafür in Frage kam, seine Nazi-Karriere einschließlich etwaiger Zugehörigkeiten zu Neben- und Unterorganisationen offenzulegen, und die Wiederaufnahme von qualifizierten öffentlichen Tätigkeiten war an die Voraussetzung geeigneter Spruchkammerbescheide gebunden.

Selbstverständlich gehörte es in dieser Lage zum Gemeinverhalten, seine jeweilige Nazi-Karriere nicht an die große Glocke zu hängen. Man beschwieg sie tunlichst. Abermals hat das mit einem Verhalten, das sich sinnvoll als „Verdrängung" kennzeichnen ließe, nicht das Geringste zu tun. Es wäre sogar falsch, hier nichts als Feigheit und Opportunismus am Werk zu sehen. Auch beschämt schweigt man bekanntlich, und wer gar eine Familie zu versorgen hatte, bemühte sich banalerweise zur Vorbereitung auf die Spruchkammerverfahren um Entlastungszeugnisse, die sprechend „Persilscheine" genannt wurden und einem, möglichst mit der Zeugenschaft von Gegnern des Nationalsozialismus, mäßigende Einflußnahmen oder sonstige Anständigkeiten bescheinigten.

IV.

Es ist in diesem Zusammenhang, daß man auch den Fall Schneider alias Schwerte sich historisch vergegenwärtigen muß. Die skizzierten Umstände der Entnazifizierung mußten SS-Offiziere mit gutem Grund Sanktionen befürchten lassen, und wenn man bedenkt, daß es doch auch in der Geschichte des gewöhnlichen Verbrechens nicht die vorherrschende Praxis der Täter ist, sich freiwillig zu stellen, so hat es seine triviale Plausibilität, daß so mancher den Konsequenzen seines totalitären politischen Engagements über einen Identitätswechsel zu entkommen trachtete. Man darf annehmen, daß solcher Identitätswechsel sich im Zusammenbruch der nationalsozialistischen Diktatur vieltausendfach vollzogen hat. In der Mehrzahl der Fälle dürfte sich das inzwischen durch den Tod erledigt haben. Die Schätzung, wie viele Personen mit falscher Identität noch unter uns leben, bleibe den Experten überlassen.

Selbstverständlich begründet jeder Identitätswechsel den Verdacht, daß damit sehr schwerwiegende Fakten der öffentlichen Beurteilung entzogen werden sollen. Das bleibt aufzuarbeiten. Im übrigen ist dann der Identitätswechsel auch als solcher ein aufarbeitungsbedürftiges, zum Beispiel oft mit Urkundenfälschungen verbundenes Faktum und bei Beamten ein Disziplinarfall. Es ist naheliegend, einen solchen Fall, wenn er zugleich der eines ehemaligen Hochschulrektors ist, zum Anlaß einer interdisziplinären Vorlesungsreihe mit dem Zweck neuerlicher Vergangenheitsaufarbeitung zu machen. Ein zwingender Anlaß ist es allerdings keineswegs. Man hat vielmehr zunächst einmal zu erkennen, daß die Aufdeckung solcher Fälle, sogar nach Jahrzehnten, zu den unvermeidlichen Folgelasten einer totalitären Diktatur gehört, die man hinter sich hat.

Als ehemaligem Erlanger Privatdozenten war mir Schwerte als geschätzter Privatdozenten-Kollege gut bekannt. Jedermann traute ihm damals eine akademische Karriere von der Art zu, die er dann tatsächlich auch gemacht hat. Sollten, übrigens, die Verwicklungen Schneiders alias Schwertes in die SS-Geschichte, die mir insoweit unbekannt sind, die Grenze des Bereichs strafrechtlich relevanter Tatbestände nicht überschreiten, so hätte der Fall Schwerte zugleich die Merkwürdigkeit, daß die Flucht aus der Identität der Person Schneider im Sinne der Intentionen des Identitätswechslers eigentlich überflüssig gewesen wäre. Denn in den späteren Jahren der Frühgeschichte der Bundesrepublik erfolgte ja, wie schon erwähnt, die Reintegration der Alt-Nazis in das politische System der Bundesrepublik Deutschland massenhaft – für den öffentlichen Dienst vor allem mit dem sogenannten 131er-Gesetz vom 11. Mai 1951. Das bedeutet: Unter der skizzierten Hypothese, der Nationalsozialist Schneider sei nicht im Sinne heute geltenden Strafrechts ein Straftäter gewesen, gegen die oder für die mir keinerlei Gründe bekannt sind, hätte Schwerte alsdann auch als Schneider seine Karriere machen können.

Wäre aber nicht eben das der Skandal, als der uns noch im nachhinein der früh-bundesrepublikanische Umgang mit den Alt-Nazis zu erscheinen hätte? In Beantwortung dieser Frage darf man sich nicht von einem allzu harmlosen Bild totalitärer Herrschaft leiten lassen. Totalitäre Herrschaft legitimiert sich durch Massenzustimmung. „Veredelte Demokratie" nannte entsprechend Joseph Goebbels die nationalsozialistische Herrschaft, und dem Massenbewegungscharakter dieser Herrschaft entsprechend war denn auch tatsächlich die überwiegende Mehrheit des Volkes dem Herrschaftssystem mit größerem oder geringerem Engagement verbunden. Wie aber kann aus Millionen und Abermillionen totalitär organisierter „Volksgenossen“ das Staatsvolk einer freiheitlichen Demokratie werden? Die die Masse des Volkes betreffende Antwort scheint mir zu lauten: einzig durch Integration und nicht durch Ausgrenzung. Das gilt für die Wirtschaft und für die Industrie, für die öffentliche Verwaltung und für das Militär, und es gilt selbstverständlich auch für die Wissenschaft. Bei der Aufarbeitung erledigter totalitärer Herrschaft ist im Umgang mit den Menschen, die dieser Herrschaft entstammen, im Regelfall die Frage nicht, wieso sie denn in diese Herrschaft involviert waren, vielmehr die ganz andere Frage, wohin sie von nun an zu gehen bereit sind. Das ist die Formel, die uns Richard Löwenthal für die personelle Aufarbeitung totalitärer Erbschaft angeboten hat. Ich kann nicht erkennen, wie das anders hätte eingerichtet werden können. Unter den Alternativ-Projekten, die man statt dessen gelegentlich, als leider versäumte Projekte, favorisiert findet, halte ich eines für ganz absurd: die spontane, radikal und dann unvermeidlicherweise blutige Selbstbefreiung des Volkes von seinen totalitären Schindern. Diese Idee ist deswegen absurd, weil dergleichen ja überhaupt nur in einem gelingenden politischen Akt der Erledigung totalitärer Herrschaft denkbar gewesen wäre, die man selber zustande gebracht hat – nicht aber in einem von außen besiegten System. Die Sieger, gewiß, hätten ihrerseits natürlich eine Abrechnung im revolutionären Stile veranstalten können. Stalin bot die Erschießung von 50 000 deutschen Wehrmachtsoffizieren an, und mit der Liquidation von Offizierskorps hatte er ja sowohl im Falle der Roten Armee wie im Falle der polnischen Armee seine Erfahrungen. Die freie Welt mußte darauf wie Churchill, nämlich mit Abscheu, reagieren, und die Deutschen selbst, die ja nun zur Rechtsstaatlichkeit zurückgebracht werden sollten, hatten insofern allein schon aus moralischen Gründen keine andere Wahl als die der verfahrensförmigen Aufarbeitung nationalsozialistischer Staatsverbrechen. Überdies hat man sich klarzumachen, daß Akte der Herrschaftsliquidation vom Typus blutiger Revolution für den einer solchen Revolution entkommenen Volksteil die Wirkung vollständiger Entlastung haben. Für die Aufarbeitung des Nationalsozialismus, wie sie in der Geschichte der Bundesrepublik Deutschland tatsächlich stattgefunden hat, hätte alsdann jede motivationale und legitimatorische Voraussetzung gefehlt.

So vollzog sich also die Liquidation des nationalsozialistischen Erbes in personeller Hinsicht durch Integration der Alt-Nationalsozialisten in das System der freiheitlich-demokratischen Grundordnung der Bundesrepublik Deutschland. Durch die erwähnten Spruchkammerverfahren war man, im glücklichen Falle, entlastet, und eine öffentliche Verteidigung seines Nazi-Engagements, gar ein Anspruch auf Dauergeltung der damaligen Gründe dieses Engagements, war niemandem öffentlich zugebilligt. Und so kooperierte man denn – der aus Verfolgung und Emigration, gar aus dem Untergrund wiederaufgetauchte frühere Kollege amtierte als Rektor, der örtliche ehemalige NS-Dozentenbundführer fand sich nach dem erwähnten 131er-Gesetz in sein Professorenamt wieder eingesetzt, und der Pedell, einst ein rüstiger SA-Mann, hatte sich ohnehin halten können. Im Hörsaal saßen in großer Zahl Ex-Offiziere und sonstige Wehrmachtsangehörige, sogar noch in ihren Uniformjacken mit abgetrennten Rang- und Ordenszeichen. Wie ging man nun miteinander um – diejenigen, die recht behalten hatten, und diejenigen, die ihre Irrtümer und sonstigen Verstrickungen nun hinter sich hatten? Nicht eine einzige Universität, keine Kommunalverwaltung, kein privater Betrieb, kein Unternehmen hätte sich wiederaufbauen lassen, wenn im Umgangston der auf Kooperation Angewiesenen der Ton des Vorwurfs („Wie konnten Sie nur...?“) zum herrschenden Dauerton geworden wäre. Es hatte doch seine bezwingende Evidenz, wie im Rückblick auf die Vergangenheit Recht und Unrecht verteilt waren. Niemandem wurde entsprechend gestattet, rezente nazistische Überzeugungen öffentlich zu äußern. Die wiederhergestellte Rechtsstaatlichkeit hatte ihre unwidersprechliche Verbindlichkeit, und wer in praktischer Anerkennung dieser Verbindlichkeit seine Arbeit tat, wurde dann in der Tat nicht täglich oder jährlich neu mit Aufforderungen konfrontiert, sich für sein früheres Nazi-Engagement zu rechtfertigen. Genau in diesem Sinne, so habe ich das in einem größeren Aufsatz plausibel zu machen versucht, verhielt man sich als Remigrant in der Wiederaufbaukooperation zu den ex-nazistischen Kollegen im Modus asymmetrisch-diskreten Beschweigens[15], und auch das hat mit „Verdrängung" ersichtlich nicht das Geringste zu tun.

V.

Das so vorzutragen wurde mir in Aachen mit Lärmgewalt von Studenten verwehrt, die meiner hier noch einmal knapp wiederholten Analyse der integrativen Funktion der Diskretion im Verhältnis Anti-Nazis und Alt-Nazis in ihrer Wiederaufbau-Kooperation die moralische und politische Verpflichtung entgegenhielten, die damit vermeintlich erklärte „Schweigepflicht" im Verhältnis zum Nationalsozialismus endlich zu brechen. „Wir werden NICHT schweigen"[16], und entsprechend setzte man Trillerpfeifen in Tätigkeit. Mein Kommentar dazu lautet: So verhält man sich in den Konsequenzen erfolgreicher Weigerung, die Realität totalitärer Gewaltsysteme einschließlich ihrer Folgelasten historisch zur Kenntnis zu nehmen. Im übrigen bewies man, nach alter, nicht zuletzt auch deutscher politischer Tradition noch immer nicht begriffen zu haben, daß in der Normalität zivilen, auch akademischen Lebens Rechte und Freiheiten nicht durch Gesinnungsgewalt, vielmehr einzig durch Respekt vor geltenden Verfahren und den in ihnen geschützten Rechten anderer sich sichern lassen. Es hat seinen Grund in der immer noch nicht überwundenen Bürgerferne deutscher akademischer Milieus, daß in diesen Milieus unverändert Randgruppen gedeihen, deren Gesinnungsintensität das Komplement ihrer historisch-politischen Weltfremdheit ist.

Für die jüngere Geschichte der Bundesrepublik Deutschland handelt es sich dabei zugleich um einen Nachhalleffekt der 68er-Bewegung, die natürlich in der Geschichte des deutschen

Nachkriegsverhältnisses zum Nationalsozialismus ihre Bedeutung hat. Diese 68er-Bewegung, Teil eines in fast allen hochentwickelten Ländern auffällig gewordenen Schubs im Verhaltens- und Wertewandel, kam für viele Alt-Bundesrepublikaner überraschend, und zwar unangenehm überraschend in ihren sie kennzeichnenden ideologischen Protuberanzen und Exzessen – bis hin zu manifesten Rechtsbrüchen. Politiker, vor allem aber maßgebende Medien-Intellektuelle bewältigten diese Überraschung damals bevorzugt durch Erhebung der fraglichen Jugendbewegung in den Rang von Manifestationen einer endlich kritisch gewordenen jungen Generation. Sogar moralisch fand sich diese Generation nobilitiert durch den Mythos, sie sei die erste Generation gewesen, die das Schweigen der Väter über den Faschismus nicht länger mehr hinnehmen wollte. Richtig ist: „Faschismus" – nicht „Nationalsozialismus" – wurde in der 68er-Bewegung tatsächlich zum Thema. Aber damit verband sich doch damals keineswegs die Meinung, vom Nationalsozialismus müsse, nachdem er so lange beschwiegen worden sei, endlich die Rede sein. Die Meinung war vielmehr, man habe die Bedingungen zu liquidieren, denen das faschistische System entstamme, nämlich den Monopolkapitalismus, der eben, von fortschrittlichen Kräften bedrängt, im Faschismus zur terroristischen Form seiner Selbstverteidigung übergegangen sei und wieder überzugehen drohe. Das bedeutet: Die verblüffende Renaissance von allerlei marxistischen, ja sogar leninistischen Theorien einschließlich der kanonisch gewordenen bolschewistischen Faschismus-Formel Dimitroffs –: das war der Kontext der Faschismus-Thematisierung durch die 68er-Bewegung, und ihre politische Funktion war die der ideologischen Delegitimierung des liberalen, marktwirtschaftlich organisierten Systems der Bundesrepublik Deutschland.

Meine eigene Generation hat sich dem damals, überwiegend, widersetzt. Meine Generation war in den Konsequenzen der von ihr geleisteten Aufarbeitung der nationalsozialistischen Vergangenheit antitotalitär orientiert, und in aktueller politischer Orientierung bedeutete Antitotalitarismus damals primär

Antikommunismus. Eben dieser Antikommunismus, in dessen Konsequenzen doch auch die deutsche Sozialdemokratie nur wenige Jahre zuvor, nämlich 1959, ihre Programmatik konsequent von allen Relikten altmarxistischer Doktrin befreit hatte, galt nun plötzlich als sicheres Indiz für rezenten Faschismus, und das bis in feinste Intellektuellen-Zirkel hinein, denen nicht wenige unserer Politiker ungern widersprachen und insofern sich anpaßten. Scharf formuliert: Der antitotalitäre Konsens, der doch zu den politisch-orientierungspraktischen Selbstverständlichkeiten der Bundesrepublik Deutschland vor dem Hintergrund nationalsozialistischer Vergangenheit gehört hatte, löste sich partiell auf. Antikommunismus galt nun sogar als Störfaktor in der Politik friedenssichernder Koexistenz, und jugendbewegte totalitäre Verhaltenssyndrome – Führerikonen von Lenin über Mao bis Che Guevara, Maschinenpistolen-Lyrik, Fahnen-Wallen – wurden, weil sie, im Unterschied zu den dominanten studentischen Engagements vor 1933,[17] für dieses Mal von links kommend in Erscheinung traten, als Beleg erfreulich gelungener Emanzipation aus üblen deutschen politischen Traditionen gefeiert.

Das hatte Folgen für das politisch-moralische Urteil über die totalitären Massenverbrechen unseres Jahrhunderts. Im Schatten der jetzt erst Gewicht erlangenden These von der Unvergleichlichkeit von Nationalsozialismus einerseits und Internationalsozialismus andererseits wurden aus den Millionenopfern des bolschewistischen Weltverbesserungsexperiments „Exzesse des russischen Bürgerkriegs".[18] Über eine Kandidatin fürs Bundespräsidentenamt war in der Bundesversammlung abzustimmen, die den nordkoreanischen Diktator für einen Wegweiser zur Menschheit der Zukunft hielt. Honecker wurde beim Besuch seiner westdeutschen Heimat von denselben Jungparteigenossen bejubelt, die Reagans Besuch des Hambacher Schlosses für eine Schändung dieser Traditionsstätte deutscher Frühdemokratie hielten etc.

Für die Auseinandersetzung mit dem Nationalsozialismus hatten diese possenhaften Konsequenzen des sich auflösenden antitotalitären Konsenses die mißliche Wirkung, daß die Faschismus-Kritik ihrerseits zur ideologiepolitisch eingesetzten Waffe im Kampf gegen rezente, aus der Frühzeit der Bundesrepublik Deutschland überkommene Alt-Liberale wurde. Elementare Standards intellektueller Kultur gerieten in Verfall – zum Beispiel in den Konsequenzen des Vergleichsverbots[19], mit dem doch zugleich die kognitiven Voraussetzungen für die Einsicht in die singulären Besonderheiten nationalsozialistischer Massenverbrechen außer Verkehr gezogen wurden und ineins damit die Identifizierbarkeit dessen, was generell unser Jahrhundert zu einem Jahrhundert historisch beispielloser Massenverbrechen hat werden lassen.[20]

Noch das adäquate Verhältnis zum erfolgreich gewesenen Kampf zur Abschaffung der zweiten totalitären Diktatur auf deutschem Boden, nämlich der der Sozialistischen Einheitspartei Deutschlands, blieb von den skizzierten Folgen der Auflösung des antitotalitären Konsenses belastet. Statt Freiheitswillen sah man Konsumismus am Werk. Eine Banane, auf dem Bildschirm vorgezeigt, schien als Symbolisierung der Motivlagen derer geeignet, die die Mauern gestürmt hatten, und etwas subtiler nannte sich das dann „DM-Nationalismus". Die Unaufhaltsamkeit des Zusammenbruchs des real existierenden Sozialismus wirkte wie ein Schock, und wer sich mit der Verarbeitung dieses Schocks schwertat, hielt sich an den Antifaschismus als kostbares, unaufgebbares Erbe dieses Sozialismus in der Phase seiner Liquidation.

Für das Verhältnis zum Nationalsozialismus hat das üble Folgen gehabt. Die intellektuelle und politische Ernsthaftigkeit der Auseinandersetzung mit ihm litt bis in die akademischen Räume hinein unter den Folgen zwanghafter Geneigtheit, überall rezente Altfaschismen oder Neofaschismen am Werk zu sehen – so auch in Aachen beim angekündigten Vortrag eines Professors, den man für den Verkünder einer „Schweigepflicht" im Verhältnis zum Nationalsozialismus hielt, während er in Wahrheit nur plausibel zu machen versucht hatte, wie in den wiedereröffneten Hochschulen nach 1945 remigrierte Nazi-Opfer einerseits und ihre ex-nazistischen professoralen Kollegen alltagspraktisch miteinander umgingen.

Norbert Frei

Identitätswechsel
Die „Illegalen" in der Nachkriegszeit

Die Szene spielt kurz nach dem Krieg auf einem Bauernhof und dauert nur Sekunden: Hans Boeckel, ein junger Familienvater mit Rucksack und Leiterwagen auf Hamsterfahrt, erkennt verblüfft seinen ehemaligen Schulkameraden Bruno Tiches, vormals ein hohes braunes Tier, jetzt offensichtlich ein gewiefter Schieber und bereits wieder mit eigenem Auto unterwegs.

„Tiches!"

„Keinen Namen! Ich heiße jetzt Anders."

„Bruno mal ganz anders."

„Alter Kumpel!"

Viel mehr haben sich Hans und Bruno nicht zu sagen, doch daß der gutmütig-verträumte Nicht-Nazi (Hansjörg Felmy) seine historische Chance gegenüber dem bedenkenlosen Tatmenschen (Robert Graf) schon in der vermeintlichen „Stunde Null" verpaßt, daran läßt Kurt Hoffmanns Spielfilm *Wir Wunderkinder* keinen Zweifel. Im Rückblick erweist sich die 1958 entstandene Satire nicht nur als ein erstaunliches Stück Gesellschaftskritik, sondern auch als eine ziemlich präzise Illustration vergangenheitspolitischer Verhaltensweisen in der Ära Adenauer. Gerade die Reaktion des „kleinen Mannes" auf den untergetauchten „Amtswalter" ist gut getroffen: verwundert, mit einer Spur von Verachtung vielleicht – aber ohne jede Intention, ihn noch zur Rechenschaft zu ziehen.

Für Typen wie Bruno Tiches hielt der Jargon der fünfziger Jahre viele Bezeichnungen bereit: „Braun-Schweiger", „Schwarzbürger", „U-Boote" nannte man jene Parteifunktionäre, SS-Leute und Schreibtischtäter, die 1945 rechtzeitig ihren

Posten verlassen und sich eine neue Identität zugelegt hatten, um der zu erwartenden politischen Säuberung zu entgehen. Wieviele Aktivisten des bankrotten Regimes auf diese Weise entkamen, ist bis heute unbekannt, und auch über das dadurch auf immer ungesühnt gebliebene Ausmaß an Schuld herrscht keine Klarheit.

Einer größeren Öffentlichkeit wird die Problematik der „Illegalen" überhaupt erst bewußt, seit im Frühjahr 1995 der ehemalige Rektor der Rheinisch-Westfälischen Technischen Hochschule Aachen als vormaliger SS-Hauptsturmführer und Mitarbeiter von Himmlers „Ahnenerbe" enttarnt worden ist. Besonders interessant am Fall des Germanisten Dr. Hans Ernst Schneider: Unter seinem Falschnamen Hans Schwerte promovierte er nach dem Krieg ein zweites Mal und begründete damit eine jahrzehntelange Karriere als dezidiert liberaler Literaturwissenschaftler, der nicht zuletzt durch seine Aufgeschlossenheit gegenüber den Achtundsechzigern auffiel. Konfrontiert mit seiner vor einem halben Jahrhundert abgelegten Identität, wies der 85jährige Emeritus denn auch alle Vorhaltungen zurück, er lebe ein Doppelleben: „Ich habe ein Leben und dann ein neues Leben geführt."[1]

I.

Der Journalist

Im jüngsten der drei Analogiefälle, die hier zunächst geschildert werden sollen, reagierte der Betroffene ganz ähnlich: Auch Claus Volkmann alias Peter Grubbe bemühte sich nach Kräften, seine im Nachgang zur Affäre Schneider/ Schwerte von der *taz* enthüllte Vergangenheit herunterzuspielen und seine Meriten hervorzuheben, die er sich in einem langen Journalistenleben zweifellos erworben hat.[2]

Volkmann/Grubbe, Jahrgang 1913, war als 19jähriger der NSDAP beigetreten, hatte Jura studiert und nach dem Staatsexamen Ende 1939 seine Laufbahn als persönlicher Referent des stellvertretenden Generalgouverneurs im besetzten Warschau begonnen. Ab August 1941 bekleidete er für etwa zwölf Monate den Posten des Kreishauptmanns (sprich: Landrats) im galizischen Kolomea. Während dieser Zeit wurde dort die Ghettoisierung der jüdischen Dorfbevölkerung vorangetrieben. Für die deutschen „Herrenmenschen“ und ihre Helfer ergaben sich dabei nicht zuletzt mannigfache Möglichkeiten persönlicher Bereicherung. Wie es scheint, lag darin schließlich auch der Grund für Volkmanns Amtsenthebung, die ihm die administrative Mitwirkung an der letzten Etappe der „Endlösung“ in Galizien wohl ersparte. Fest steht aber, daß Volkmann in Kolomea mehr zum Nachteil der Juden tat, als er mußte, und klar ist auch: Nach Kriegsende stand sein Name auf Kriegsverbrecherlisten.

Letzteres könnte die Erklärung dafür sein, daß der noch immer ziemlich junge Jurist seine schon während des Studiums begonnene Nebenkarriere als Journalist bei der *Frankfurter Zeitung* nun unter dem Pseudonym Peter Grubbe fortsetzte. Jedenfalls wäre das ein plausiblerer Grund als seine heutige Behauptung, er habe nicht mit seinem schriftstellernden Vater verwechselt werden wollen. Ein gänzlicher Identitätswechsel, für den Volkmann die notwendigen amtlichen Briefbögen offenbar schon gesammelt hatte, erwies sich aber trotz der gegen ihn eingeleiteten Ermittlungen als unnötig: Verfügte er doch über eine Ausweichmöglichkeit zu seiner Schwester nach London, von wo aus er seit 1948 für deutsche Zeitungen berichtete.

Als Volkmann/Grubbe zehn Jahre später in die Bundesrepublik zurückkehrte, hielt er das Thema Vergangenheit für erledigt – und stand mit dieser Auffassung keineswegs allein: Die Mehrheit der Bundesdeutschen glaubte sich dessen sicher, hatte man doch beobachtet, wie die Bereitschaft der Justiz, NS-Strafsachen zu ahnden, seit Anfang der fünfziger Jahre rapide zurückgegangen war. Mittlerweile herrschte praktisch Stillstand, und als sich die Zustände nach Gründung der Zentralen Stelle zur Aufklärung von NS-Verbrechen in Ludwigsburg Anfang der sechziger Jahre langsam besserten, lebte Volkmann/Grubbe längst so sehr in Harmonie mit seinem neuen

Selbstverständnis, daß ihn offenbar nicht einmal mehr die Einleitung eines Vorermittlungsverfahrens in Darmstadt irritierte.

Wie auch? Seit den zwölf Monaten in Kolomea waren mehr als zwanzig Jahre vergangen, Grubbe zählte zu den kritischen Edelfedern der deutschen Presse, und sein beharrliches Engagement für die „Dritte Welt“ hatte ihm gerade einen Sitz im Beirat der „Gesellschaft für bedrohte Völker“ eingetragen. 1967 wurde er zwar – unbemerkt von den journalistischen Kollegen – gerichtlich einvernommen; Jurist, der er ist, zog er es aber vor, sich an nichts zu erinnern. Zwei Jahre später setzten ihn die Richter „außer Verfolgung“. Hinter dem bekannten Autorennamen Peter Grubbe trat der amtlich nicht aufgegebene Name Klaus Volkmann nun immer weiter zurück.

Ein „Illegaler“ im melderechtlichen Sinne war Volkmann/Grubbe nie gewesen; den letzten Schritt zum Identitätswechsel hatte er vermieden. Aber daß er sich eine Tarnung zugelegt hatte, das wird man sagen können – und daß er, statt in den Untergrund, aus triftigen Gründen ins Ausland gegangen war.

Der Mediziner

Einen Ortswechsel wenigstens innerhalb Deutschlands konnte kaum vermeiden, wer im Frühjahr 1945 eine neue Identität benötigte, aber in den Wirren des militärisch-politischen Zusammenbruchs fiel er damit auch kaum auf. Zwischen Millionen umherirrender Flüchtlinge, Ausgebombter, Displaced Persons und von den Fronten zurückströmender Soldaten war es nicht besonders schwierig, an einem Ort, an dem einen niemand kannte – oder aber: wo man selbst die richtigen Leute kannte –, mit einer erfundenen Lebensgeschichte neu zu beginnen. Und gefälschte Papiere waren damals reichlich im Angebot, auch für denjenigen, der sich nicht schon (wie die höheren Funktionsträger des Regimes) in den Wochen vor dessen Untergang entsprechend eingedeckt hatte.

SS-Standartenführer Dr. Werner Heyde hatte diese Form der Selbstversorgung erstaunlicherweise versäumt.[3] Seit 1939 ordentlicher Professor für Psychiatrie und Neurologie an der Universitätsklinik Würzburg und als „Obergutachter" eine der zentralen Figuren der mörderischen „Euthanasie"-Aktion, befand er sich am Tag der Kapitulation als Chefarzt in einem Hirnverletzten-Lazarett der Waffen-SS in der Nähe von Flensburg. Gut möglich aber, daß es dem Mediziner auch einfach nur an Unrechtsbewußtsein fehlte. Denn während seiner nun folgenden Internierung durch die Alliierten (für Heyde galten aufgrund seiner SS-Zugehörigkeit die Bestimmungen des *automatical arrest*) machte er keinerlei Anstalten, seine Identität zu verheimlichen. So hielt er vor den medizinisch gebildeten Mitinternierten sogar mehrfach Vorträge über sein Fachgebiet. Nachdem die in Sachen „Euthanasie" ermittelnde Staatsanwaltschaft in Frankfurt am Main ein Verfahren gegen ihn eingeleitet hatte, kam Heyde im Februar 1947 in Untersuchungshaft. Vier Monate später jedoch gelang ihm die Flucht.

Zurück in Schleswig-Holstein, beschaffte sich der Nervenarzt einen Personalausweis auf den Namen Dr. med. Fritz Sawade und ließ sich Ende 1949 in Flensburg nieder. Fast zehn Jahre lang konnte er dort nicht nur ungehindert praktizieren; dank des Wohlwollens einflußreicher Verbandsvertreter und einer Reihe von Gönnern innerhalb der Landesjustiz flossen ihm auch lukrative Nebenaufträge zu. Insgesamt verfaßte der einstige „Obergutachter" bis zu seiner zweiten Inhaftierung im November 1959 annähernd 7000 neurologisch-psychiatrische Fachgutachten. Doch der Skandal, der Schleswig-Holstein nun erschütterte, hing nicht nur mit der offenkundigen Unterstützung zusammen, die Dr. Sawade dort genossen hatte, obwohl man in Fachkreisen längst von seiner falschen Namensführung munkelte, ja sogar seine wahre Identität kannte; als noch peinlicher für die Landesregierung erwies sich, daß die eigene Justiz Heyde offensichtlich in voller Absicht hatte entkommen lassen, obwohl sein Name seit Jahren im Polizeifahndungsbuch stand.

Über die Gründe, die Heyde/Sawade bewogen, sich nur eine Woche nach seiner Flucht aus Flensburg in Frankfurt freiwillig zu stellen, ließe sich nur spekulieren.[4] Jedenfalls sollte aus dem großen „Euthanasie"-Prozeß nichts werden, den der hessische

Generalstaatsanwalt Fritz Bauer – eine Ausnahmeerscheinung in der deutschen Nachkriegsjustiz – daraufhin vorbereitete: Am 13. Februar 1964, fünf Tage vor Beginn der Hauptverhandlung, nahm sich Heyde in seiner Zelle das Leben.

Der Politiker

Der dritte Fall datiert aus der ersten Legislaturperiode des Deutschen Bundestages und spielt auf offener Parlamentsbühne. Am 20. Februar 1952 erläuterte der Vorsitzende des Geschäftsordnungsausschusses dem Plenum eine Peinlichkeit, die „in der Geschichte des deutschen Parlamentarismus einzig dastehen dürfte": Der angebliche Studienrat Dr. Franz Richter, einer der Matadoren jener Splittergruppe, die sich im Bundestag unter dem Namen „Nationale Rechte“ zusammengetan hatte, war in Wirklichkeit der ehemalige NSDAP-Ortsgruppenleiter und Abteilungsleiter im Schulungsamt der Gauleitung Sachsen Fritz Rössler. Nach den Ermittlungen des Bundeskriminalamts war Rössler/Richter am 7. November 1946 vor dem Standesamt in Luthe bei Hannover mit seiner Ehefrau Ruth Rössler ein zweites Mal seine vor zehn Jahren geschlossene Ehe eingegangen. Die vom Stenographen an dieser Stelle notierte „Heiterkeit“ der Abgeordneten steigerte sich noch, als der Berichterstatter ergänzte, Rössler/Richter habe dabei geschworen, „daß er nicht verheiratet sei, keine Kinder habe und Zeuge für den Tod des gefallenen Ehemannes ‚seiner Braut‘, des Hauptmanns Dr. jur. Fritz Rössler, gewesen sei“[5].

Zugleich hatte Richter/Rössler vor dem Standesamt einen neuen Lebenslauf präsentiert und behauptet, keiner Parteiorganisation angehört zu haben, wohl aber bis 1945 im Schuldienst tätig gewesen zu sein. Tatsächlich war es dem NS-Funktionär aufgrund falscher Angaben 1946 gelungen, an der örtlichen Volksschule unterzukommen, wo er bis zu seiner Wahl ins Bonner Parlament tätig blieb und im schönsten Frieden bei seiner doppelt angetrauten Frau und seinen „Stiefkindern“ lebte. So ins Bild gesetzt, folgte der Bundestag natürlich umgehend – und sogar einstimmig – der Ausschußempfehlung, die

Immunität des Abgeordneten aufzuheben; durch Unterzeichnung der Anwesenheitsliste hatte sich dieser praktischerweise auch gerade erst wieder der Urkundenfälschung schuldig gemacht und konnte deshalb aus dem Stand heraus verhaftet werden. Derart überrumpelt, gab Richter/Rössler sein Mandat sofort zurück, und daß die Parlamentarier dies mit Erleichterung quittierten, wird man verstehen können.[6] Merkwürdig aber war, daß vor der Abstimmung niemand das Wort ergriffen hatte – sieht man von einem Einwurf des KPD-Abgeordneten Heinz Renner ab, der „Vorsicht, Vorsicht" rief, als der Berichterstatter von „diesem glücklicherweise einzig dastehenden Falle" sprach.

II.

Die geradezu offensive Art und Weise, in der das Problem der „Illegalen" selbst in einem Moment beschwiegen wurde, in dem es den Parlamentariern durch einen Fall in den eigenen Reihen buchstäblich auf den Leib gerückt war, bedarf der näheren Betrachtung: Wie erklärt sich dieses „kommunikative Beschweigen" der NS-Vergangenheit, von dem Hermann Lübbe meint, es sei nicht nur ein allgegenwärtiges, sondern auch ein notwendiges Signum der fünfziger Jahre gewesen?[7]

Unbestreitbar bestand eine Aufgabe der deutschen Nachkriegspolitik in der Transformation der vormaligen NS-„Volksgenossen" in die Bürgerschaft der Bundesrepublik. Dieses *making of democracy (and democrats)* sollte allerdings weder umgehend noch umstandslos erfolgen: Dazwischen lag die Phase der direkten Besatzungsherrschaft mit dem vor allem von den Amerikanern forcierten Projekt einer durchgreifenden politischen Säuberung Deutschlands vom Nationalsozialismus. Mit anderen Worten: Aus der Perspektive der ganz überwiegenden Mehrheit der Deutschen war, was sie im Frühjahr 1945 erwartete, eine Politik der Abrechnung und der Bestrafung. Grund zur Sorge sahen nicht nur jene, die in den vergangenen zwölf Jahren konkret faßbare Schuld auf sich geladen hatten; je mehr einer dem ideologischen Referenzsystem des Nationalsozialismus noch verhaftet war, desto bedrohlicher mußte ihm die angekündigte Säuberungspolitik erscheinen, selbst wenn er persönlich keine Verbrechen begangen hatte.

Die Entscheidung für den Versuch, sich der politischen Säuberung durch Untertauchen oder Identitätswechsel zu entziehen, war deshalb nicht zwingend ein Eingeständnis massiver persönlicher Schuld. Dahinter konnte auch „bloß" besondere ideologische Verbohrtheit stecken. In manchen Fällen war es vielleicht einfach nur die günstige Gelegenheit gewesen, sich mit ein paar falschen Angaben bequem aus dem Staub zu machen – oder aber eine (unter Umständen sogar zu Recht) als besonders riskant empfundene Situation, in der mit einer nüchternen Reaktion der Besatzer nicht gerechnet werden durfte. Kurz: Nicht alle, die im Frühjahr 1945 abtauchten, hatten soviel Grund dazu wie Heinrich Himmler, der trotz abrasiertem Schnauzbart und Augenklappe am 21. Mai in eine britische Kontrolle geriet und dem Versteckspiel dann per Giftkapsel selbst ein Ende setzte, oder wie Julius Streicher, der sich als Kunstmaler tarnte, aber am 23. Mai bei Berchtesgaden von einem amerikanischen Offizier erkannt und 1946 in Nürnberg zum Tode verurteilt wurde.

Wenn es also keineswegs ausschließlich die verbrecherischen Spitzen des Regimes und die Herren des Repressionsapparates waren, die sich mit falschen Papieren versorgten, dann bedeutet dies, daß die Zahl der „Illegalen" nicht ganz klein gewesen sein kann. Interessant ist in diesem Zusammenhang der Blick auf jene, die statt oder zugleich mit der Flucht in eine neue Identität auch die Flucht aus Deutschland wählten: Aus neueren Untersuchungen wissen wir, daß es wohl mehrere Hundert waren, die sich auf „Rattenwegen" vorzugsweise nach Südamerika oder in den Nahen Osten retteten – zum Teil mit Unterstützung des Vatikans, zum Teil sogar mit Hilfe alliierter Geheimdienste, die dafür freilich Gegenleistungen erwarteten und auch erhielten.[8] Doch solche Möglichkeiten standen nur den Raffiniertesten offen, und gemessen an den dafür notwendigen Verbindungen war es geradezu ein Leichtes, auf dem

Schwarzmarkt eine gefälschte Kennkarte zu erwerben. Die Zahl derjenigen, die innerhalb Deutschlands untertauchten, dürfte deshalb um ein Vielfaches höher gelegen haben als die Zahl derer, die dies mit einer Flucht ins Ausland verbanden.

Allerdings ließ sich ein falscher Name in der ersten Nachkriegszeit auch relativ leicht wieder ablegen: Im Zweifelsfalle konnte man bei der Rückkehr an den Heimatort behaupten, gerade erst aus der Kriegsgefangenschaft oder aus einem Internierungslager entlassen worden zu sein. Tatsächlich dürfte mancher, der im ersten Schock der Niederlage oder aus Angst vor der Entnazifizierung in eine erfundene Biographie geflüchtet war, seine Reaktion schließlich selbst als übertrieben angesehen und das Bedürfnis verspürt haben, seinen Schritt zu revidieren. Je mehr sich die Verhältnisse – vor allem Bürokratie und Meldewesen – konsolidierten, desto heikler aber gestaltete sich das Wiederauftauchen.[9]

Vor diesem Hintergrund überraschten die linkskatholischen *Frankfurter Hefte* im Sommer 1949 ihre Leser mit einem großen Bericht über „Menschen unter falschem Namen".[10] Kern des Artikels waren zehn anonymisierte Kurzbiographien, mit deren Hilfe Karl Wilhelm Böttcher ein Thema vorzustellen suchte, von dem „in Deutschland manche etwas ahnen, wenige etwas wissen: die Frage nach der Existenz jener höheren und mittleren Führer der NSDAP, des nationalsozialistischen Staates und der Wehrmacht, die sich der Entnazifizierung entzogen haben, indem sie nach dem Zusammenbruch ‚untertauchten'". Die zehn „Schicksale", die der Autor mit einiger Empathie präsentierte, hatte er nach dem Schneeballprinzip recherchiert. Sie waren wohl schon deshalb nicht repräsentativ, weil sich keiner der Befragten zu Verbrechen im strafrechtlichen Sinne bekannte; die Kategorie der Konzentrationslager-Funktionäre etwa war überhaupt nicht vertreten.

Kontakt hatte der Journalist nur zu „Illegalen" gefunden, die sich selbst als rein „politische Fälle" sahen. Für diese wichtige Gruppe allerdings konnte er eine bemerkenswerte Soziologie vorlegen: Fast alle waren zwischen 1904 und 1914 geboren, jetzt also zwischen 35 und 45 Jahre alt, meist akademisch gebildet und aufgrund ihrer Karriere innerhalb der NSDAP oder der SS „Anwärter auf Spitzenfunktionen". Die Entscheidung zur Illegalität, so Böttcher, zeige den Willen dieser Männer, „ungeachtet aller Schwierigkeiten in Freiheit ihr Leben zu versuchen". Dazu bedürfe es – und hier sind Anklänge heroischer Stilisierung unüberhörbar -„Kaltblütigkeit in fatalen Lagen, Vorsichtigkeit und nüchterne Überlegung bei jedem Schritt in der Öffentlichkeit; Mut, Ausdauer, Unternehmungsgeist und jenes unerläßliche Fingerspitzengefühl für den richtigen Augenblick, in dem man alles auf eine Karte setzen muß."

Zwar verheimlichte Böttcher nicht, daß er bei seinen Gesprächspartnern auf lebhafte Ressentiments gegen die Demokratie und auf „übersteigerten Nationalismus" gestoßen war, doch die Stoßrichtung des Aufsatzes war eindeutig: Er empfahl, wenn auch verhalten, die Lösung des „Illegalen"-Problems durch eine Amnestie. Am direktesten zielten darauf einige am Ende des Artikels abgedruckte Stellungnahmen prominenter Zeitgenossen, darunter ein Polizeipräsident, ein Bankdirektor, ein Minister, ein Ordensgeistlicher, ein Arzt, zwei Landtagsabgeordnete und ein Staatsanwalt. Das Auffälligste daran: Während sich die politischen Funktionsträger bedeckt hielten, plädierten einige der anderen offen für die Amnestie. Besonders entschieden zeigte sich dabei der junge Alexander Mitscherlich, der wegen seiner gerade erschienenen Dokumentation des Nürnberger Ärzteprozesses vielen Kollegen als Nestbeschmutzer galt: „Wir müssen [...] durch eine Amnestierung (die sich selbstverständlich nicht auf Verbrechen gegen die Menschlichkeit beziehen wird) den ehemaligen Nazis mit der Konsolidierung der deutschen Verhältnisse die Möglichkeit geben, in einem politischen fair play mitzumachen."

Im Frühsommer 1949 waren das Worte, die zwar viele dachten, aber nur wenige schon so deutlich auszusprechen wagten. Und doch bewegte sich der Zug der Zeit genau in diese Richtung.

III.

Zu den ersten Gesetzesinitiativen, die die Regierung Adenauer im September 1949 auf den Weg brachte, gehörte eine Amnestie.[11] „Wir haben so verwirrte Zeitverhältnisse hinter uns", erklärte der Kanzler seinem Kabinett, „daß es sich empfiehlt, generell tabula rasa zu machen." Doch nicht nur die Regierungsparteien, auch die oppositionellen Sozialdemokraten waren bereit, dem in weiten Teilen der Gesellschaft vorhandenen Wunsch nach kollektiver Entschuldung zu entsprechen.

Dieses Bedürfnis nach dem schon damals vielzitierten „Schlußstrich" bezog sich beileibe nicht nur auf die massenhaft begangenen Wirtschaftsstraftaten aus der Schwarzmarktzeit, sondern auch und vor allem auf die seit 1945 nicht weniger massenhaft ergangenen individuellen Schuldzuschreibungen im Rahmen der politischen Säuberung. Die Idee einer Amnestie für möglichst vieles, was im weitesten Sinne mit der Vergangenheit zusammenhing, war also höchst populär, und so gesehen konnte es nicht überraschen, daß im Laufe der Beratungen auch die „Illegalen" ihre Fürsprecher fanden.

Bezeichnend allerdings war, daß diese Interessen auch jetzt nicht offen diskutiert wurden, sondern auf ziemlich dubiose Weise Eingang in den Gesetzesvorschlag fanden. Am 29. November 1949 – einen Tag, bevor die in wochenlangen Diskussionen ausgehandelte Vorlage an den Bundestag ging – wurde das Amnestieprojekt am Rande eines Koalitionstreffens im Kanzleramt auf Druck der rechtsnationalen Deutschen Partei (DP), die sich als vergangenheitspolitische Klientelpartei zu profilieren suchte, gleichsam im Handstreichverfahren um eine „Illegalen"-Regelung erweitert.

Während der ursprüngliche Entwurf eine allgemeine Straffreiheit nur für Taten vorsah, die mit Gefängnis bis zu sechs Monaten geahndet werden konnten, stellte der zusätzliche „Illegalen"-Paragraph ohne Rücksicht auf die Höhe der zu erwartenden Strafe eine Amnestie für „Vergehen" und „Übertretungen" in Aussicht, die seit dem 10. Mai 1945 zur

„Verschleierung des Personenstandes aus politischen Gründen" begangen worden waren. Voraussetzung dafür war, daß der Täter seine unwahren Angaben bis spätestens zum 31. März 1950 bei der Polizei widerrufe. Die knappe, im Bundesjustizministerium ersonnene Begründung des Spezialparagraphen sprach zwar von „zahlreichen" Personen, die sich „bis zum heutigen Tage wegen ihrer früheren Verbindung mit dem Nationalsozialismus unter falschem Namen, mit falschen Papieren oder ohne ordnungsmäßige polizeiliche Meldung im Bundesgebiet aufhalten"; eine konkrete Zahl aber erfuhren die Parlamentarier in dieser Vorlage nicht. Bezeichnenderweise blieb es der von den Amerikanern in München herausgegebenen *Neuen Zeitung* vorbehalten, die unter Insidern kursierende Schätzung von bis zu 80000 „Illegalen" publik zu machen. Der offenbar tröstlich gemeinte Hinweis, in den Genuß der Amnestie werde nicht kommen, wer sich in der NS-Zeit an Verbrechen beteiligt habe, war allerdings *wishful thinking*.[12]

Die von der *Neuen Zeitung* genannte Zahl konnte man in den nächsten Jahren noch öfter lesen; sie stammte mit ziemlicher Sicherheit aus den trüben Quellen der Lobbyisten für eine sogenannte Generalamnestie, die vor allem im Umkreis der nationalsozialistisch unterwanderten nordrhein-westfälischen FDP angesiedelt waren und für die Freilassung sämtlicher Kriegsverbrecher eintraten.

Doch wie groß die insgeheimen Erwartungen der „Illegalen"-Lobby auch gewesen sein mochten: Eine Legalisierungswelle blieb aus, als die vom Bundestag einstimmig verabschiedete Amnestie zu Silvester 1949 schließlich verkündet wurde. Zwar zählten die Statistiker fast 800000 Strafbefreiungen und Verfahrenseinstellungen im Rahmen der allgemeinen Amnestie, aber nur 241 „Illegale" machten von der Möglichkeit Gebrauch, ihre Identität straflos zu offenbaren.[13] Die anderen fürchteten wohl weniger die längst zur Formsache gewordene Entnazifizierung als eine Anklage wegen NS-Verbrechen.

Zumindest nachträglich konnten sie sich in dieser Furcht durch einen Artikel im *Spiegel* bestätigt sehen, der im Sommer

1950 berichtete, im Hamburger Polizeipräsidium hätten aufgrund der Amnestie lediglich 20 Reumütige um neue Kennkarten nachgesucht, obwohl nach Vermutung von Experten allein in der Hansestadt noch mindestens 4000 ehemalige Angehörige der SS, des SD, der HJ-Führung und der Sicherheitspolizei illegal lebten. Mit unverhohlener Genugtuung berief sich das Blatt auf einen „Schwarzbürger Hans Söhnlein, früher Gestapo-Beamter, heute Chauffeur", der nicht auf den „Amnestie-Köder" der Bundesregierung gebissen, sondern alle seine Bekannten in gleicher Lage davor gewarnt habe. Der Bericht war reichlich garniert mit Beispielen aus den Werkstätten der Dokumentenfälscher. Gipfel aber war die Schlußpassage, angeblich ein Zitat, in Wirklichkeit eine unverfrorene Forderung, mit der sich der *Spiegel* augenscheinlich identifizierte: „Wir haben erfahren, daß die Namen der sich meldenden Schwarzbürger von der deutschen Polizei sofort an die Besatzungsmacht weitergegeben werden. Wer gibt uns Garantien, daß es nicht so ist? Solange bleiben wir jedenfalls noch auf unserem U-Boot und warten auf eine umfassendere Amnestie."[14]

Tatsächlich kam im Sommer 1954 – wiederum mit Zustimmung des gesamten Bundestages – ein erweitertes zweites Straffreiheitsgesetz zustande. Es amnestierte nun sogar Totschlagsverbrechen, soweit diese während der Zeit des sogenannten „staatlichen Zusammenbruchs" seit Oktober 1944 begangen worden waren. Und es brachte erneut eine „Illegalen"-Amnestie: Noch einmal hatten alle unter falschem Namen Lebenden Gelegenheit, „frühere unwahre Angaben über die persönlichen Verhältnisse" bis Jahresende 1954 zu korrigieren, ohne mit strafrechtlichen Folgen rechnen zu müssen. Alle mit dem Untertauchen einhergegangenen Delikte, für die kein Urteil von mehr als drei Jahren verhängt oder zu erwarten war, blieben straflos. Wer sich freiwillig meldete, kam sogar bei schweren Straftaten (ausgenommen Totschlag) in den Genuß der Amnestie. Immerhin 1051 „Illegalen" erschien dieses Angebot attraktiv genug; hauptsächlich registrierten die Justizbehörden Strafbefreiungen wegen Gesetzesübertretungen, in einigen Fällen aber auch wegen Vergehen und Verbrechen.

Gemessen an den nach Zehntausenden zählenden Schätzungen, die auch im Vorfeld des neuen Amnestiegesetzes in Bonn wieder kursierten[15], wirkte das wie eine magere Bilanz.

Andererseits hatten zehn Jahre nach dem Ende des „Dritten Reiches" nun insgesamt rund 1300 der seinerzeit Untergetauchten die zweimalige Chance genutzt, in ihre frühere Identität zurückzukehren – und dabei doppelt profitiert: Nicht nur wurden sie für die im Zusammenhang mit ihrem Verschwinden begangenen Taten nicht bestraft, sie hatten sich faktisch auch die Entnazifizierung erspart.

IV.

Wieviele Deutsche 1945 tatsächlich zeitweilig oder auf Dauer ihren Namen geändert hatten, geht aus den (seinerzeit unter Verschluß gehaltenen) amtlichen Statistiken nicht hervor: Sie zeigen zwar, daß es mehr als ein paar Einzelfälle gewesen sind, aber ob es wirklich Zehn- oder gar Hunderttausende waren, wie zum Teil noch heute spekuliert wird[16], ist schlechterdings nicht zu sagen. Wer nach nur Wochen oder Monaten im Untergrund wieder auftauchte, war niemals aktenkundig geworden, und wieviele von denen, die als dauerhaft „verschollen" gemeldet wurden, in Wahrheit abgetaucht waren, wissen wir einfach nicht.

Etwas allerdings läßt sich sagen, und es dürfte der Bedeutung des Phänomens der „Illegalen" näher kommen als die dürre Statistik: Die Neigung, sich der Verantwortung für die Politik des „Dritten Reiches" zu entziehen, war keineswegs ein bloßer, auf Seiten der Regimeführung zu beobachtender Charaktermangel gewesen; vielmehr erwies sich die Flucht aus der mehr oder weniger großen Mitverantwortung 1945 und in den Jahren danach als ein Massenphänomen.

Die Haupterscheinungsform dieser kollektiven Verantwortungsflucht war die schon früh grassierende Kritik am Kollektivschuldvorwurf, mit dem die Alliierten die Deutschen angeblich überzogen hatten. Seine larmoyant-aggressive Abwehr diente weiten Teilen der Gesellschaft als geradezu idealer Ablenkungsmechanismus. Gemessen daran erscheint das Abtauchen in die Anonymität oder der Wechsel der Identität fast wie eine Nebenform.

Historisch-politisch vielleicht noch aufschlußreicher als das Phänomen des Untertauchens selbst war das ostentative Verständnis, das die Nachkriegsdeutschen ihm entgegenbrachten. Statt Kritik an denen zu üben, die sich bei Kriegsende einfach davongestohlen hatten, erheiterte man sich an Doppelverheiratungen und erfand anzügliche Etikettierungen. Begriffe wie „Braun-Schweiger"[17] zeugten ja nicht nur von Verlegenheit, sondern auch von der Neigung, die Vergangenheit zu verharmlosen und die deutschen Schandtaten zu verdrängen.

Insofern fügt sich die noch wenig erforschte Geschichte der „Illegalen" doch ziemlich nahtlos ein in die allgemeine Vergangenheitspolitik der fünfziger Jahre: Die hochgradig auf Integration bedachte Gesellschaft der Adenauerzeit war sich auf frappierende Weise darüber einig, ein „Recht auf Vergessen" zu haben. Hinter der Forderung nach dem „Schlußstrich" standen damals nicht nur Täter und Mitläufer, sondern sogar aktive Gegner des NS-Regimes, die sich inzwischen in den Reihen der Sozialdemokratie oder in den Unionsparteien engagierten. Das Argument der gesellschaftlichen Reintegration der einstigen „Volksgenossen" – auch die Hoffnung auf Wählerstimmen – ließ ihnen Milde in einem Maße geboten erscheinen, das sie nur zehn Jahre später oft selbst nicht mehr verstanden.

Eine kleine radikale Minderheit verband mit dieser so großzügig gewährten Milde zunächst noch Hoffnungen auf eine mögliche braune Renaissance, aber selbst diese Unverbesserlichen redeten jetzt von einem „geläuterten Nationalsozialismus". Für die Masse der Deutschen hingegen war der ersehnte Schlußstrich Ausdruck der Überzeugung, ihre Lage nicht durch Räsonnieren über die Fehler der NS-Zeit verbessern zu können, sondern allein durch den entschlossenen Blick nach vorn und die Bereitschaft, die Ärmel hochzukrempeln. Das bald einsetzende „Wirtschaftswunder" sollte diese Haltung belohnen: Bot es doch praktisch jedermann die Möglichkeit, seine außerordentlich hohe Anpassungsbereitschaft an die „Notwendigkeiten der Stunde" unter Beweis zu stellen – bis hin zur Preisgabe der eigenen Identität. So gesehen, waren die „Menschen unter falschem Namen" geradezu das Symbol einer Gesellschaft, die von sich selber glaubte, in Windeseile aller negativen Eigenschaften und Ideologien ledig geworden zu sein.

Karl Wilhelm Böttcher, dem wir die wohl authentischste Beschreibung des Lebensgefühls der „Illegalen" verdanken, hat seine Protagonisten zwei Jahre nach dem Bericht in den *Frankfurter Heften* erneut besucht.[18] Er wollte wissen, wie viele von ihnen die Chance der ersten Amnestie genutzt hatten. Das Ergebnis: Neun lebten noch immer unter falschem Namen, und der zehnte hatte einen Rückweg gefunden, ohne dazu der Strafbefreiung zu bedürfen. Der Grund für die Zurückhaltung, so Böttcher: Alles andere wäre „gleichbedeutend gewesen (...) mit dem Verlust der Stellungen, die sie inzwischen erworben hatten".

Noch aufschlußreicher allerdings war, was Böttcher eher beiläufig registrierte: „Merkwürdig ist, daß alle die Beziehung zu ihrem früheren Leben verloren haben. Die Gegenwart mit ihren Ansprüchen ließ so sehr vergessen, was man war, daß es Anstrengungen macht, sich konkret daran zu erinnern: du lebst unter falschem Namen." Wer weiß, daß solches schon 1951 zu konstatieren war, den werden Erinnerungsprobleme nach einem halben Jahrhundert wohl weniger überraschen.

Axel Schildt

Im Kern gesund? Die deutschen Hochschulen 1945

I.

Eine Stunde Null gab es für die deutschen Hochschulen 1945 ebensowenig wie für die deutsche Gesellschaft. Zwar befanden sich die meisten Studenten, jüngeren Professoren und Dozenten während des Krieges bei der Wehrmacht und Waffen-SS; aber es blieben auch im letzten Kriegsjahr für den Wehrdienst Untaugliche, Verwundete, Genesende, Invalide, außerdem ein steigender Anteil an Frauen, zuletzt etwa die Hälfte der Studierenden, die vor allem von älteren Professoren und Dozenten unterrichtet wurden. An etlichen Hochschulen wurde der Lehr- und Prüfungsbetrieb bis in die letzten Wochen und Tage vor dem jeweiligen lokalen Kriegsende fortgeführt, und es gab keine namhafte deutsche Universität, in der der Betrieb länger als ein oder zwei Semester geruht hätte.

Die alliierten Sieger sorgten dafür, daß zwischen Herbst 1945 und Frühjahr 1946 überall wiedereröffnet werden konnte, obwohl der Zerstörungsgrad nicht gering gewesen war. Von 32 Institutionen mit Hochschulstatus blieben in den Westzonen nur sechs nahezu unversehrt. Die trotz großer materieller Probleme von den alliierten Siegermächten realisierte rasche Wiedereröffnung erscheint nicht selbstverständlich, wenn man einen vergleichenden Blick auf den Umgang der deutschen Besatzer mit der Hochschullandschaft der okkupierten Länder wirft: zwangsweise Germanisierung in Prag, Posen und Straßburg, in der Regel aber Schließung der Universitäten – und in Polen und der Sowjetunion die systematische Ermordung von Akademikern. Es hat in den alliierten Ländern, vor allem in den USA, durchaus Überlegungen gegeben, auch in Deutschland mit rücksichtsloser Härte an den Hochschulen durchzugreifen, angeregt nicht zuletzt von prominenten deutschen Emigranten, so etwa von Paul Tillich, Lion Feuchtwanger, Bruno Frank oder Alfred Döblin. Dahinter stand die Vorstellung einer besonderen – geistigen – Verantwortung gerade dieser Institution für die zurückliegende „deutsche Katastrophe". Am 16. August 1936 hatte der als Jude von der TU Dresden entlassene und von den Nazis schikanierte Romanist Victor Klemperer in seinem Tagebuch notiert: „Wenn es einmal anders käme und das Schicksal der Besiegten läge in meiner Hand, so ließe ich alles Volk laufen und sogar etliche von den Führern, die es vielleicht doch ehrlich gemeint haben könnten und nicht wußten, was sie taten. Aber die Intellektuellen ließe ich alle aufhängen, und die Professoren einen Meter höher als die andern; sie müßten an den Laternen hängen bleiben, solange es sich irgend mit der Hygiene vertrüge." (Klemperer 1995: 296)

Ansätze zu einem Bestrafungskonzept waren allerdings schon vor Kriegsende dem alliierten Ansatz der re-education gewichen, für den eine tiefgreifende personelle Säuberung die Grundlage bilden sollte. Die Hochschullandschaft der unmittelbaren Nachkriegszeit war weithin gekennzeichnet von der Beharrungskraft und zähen Verteidigung der deutschen Universitäten und Professoren, und nicht nur der politisch Belasteten, gegen die von außen – von den Besatzungsbehörden – auferlegte und als Zwang empfundene Entnazifizierung. Dabei entstünde ein falsches Bild, wenn eine Bilanz der Maßnahmen auf dem Stand von 1945/46 schließen würde, als noch die Alliierten die Machtmittel hatten, ihre Befehle durchzusetzen, wenn sie es denn wollten. Eine Bilanz kann erst aus der Perspektive der 50er Jahre erfolgen, als viele der 1945 entfernten braunen Hochschullehrer, soweit nicht emeritiert, pensioniert oder verstorben, wieder in die Hochschulen zurückgekehrt waren.

Der Neuanfang der Hochschulen im ersten Nachkriegsjahrzehnt ist bisher noch kaum erforscht, allenfalls Mosaikstücke sind vorhanden (vgl. Ash 1995), und die folgende Skizze kann lediglich einige gemeinsame Züge beleuchten, die differenziert – als Kombination von biographischer und gruppenbiographischer, disziplin- und allgemein hochschulgeschichtlicher Forschung – zu untersuchen wären. Jedenfalls kann heute in der Regel nicht mehr die Rede davon sein, daß zeitgenössische Protagonisten noch ihre Vergangenheit „aufzuarbeiten" hätten. Schon für die älteren Akademiker geht es um die Geschichte ihrer Lehrergeneration, und für die meisten geht es gar nicht um Aufarbeitung, sondern um das Erzählen einer gänzlich fremden Geschichte. Nicht mehr Skandalisierung steht künftig im Mittelpunkt des Interesses, sondern geschichtswissenschaftliche Analyse und Rekonstruktion.

II.

Als erste Gemeinsamkeit fällt auf, daß an allen Hochschulen, soweit wir darüber unterrichtet sind, sich in den ersten Tagen nach der Kapitulation des jeweiligen Ortes Professoren und Dozenten trafen, um die Leitungspositionen neu zu besetzen, und daß daran des öfteren die Rektoren und Dekane aus der Zeit des NS-Regimes teilnahmen. So äußerten sich z.B. laut Protokoll einer Sitzung des Akademischen Senats der Hansischen Universität in Hamburg vom 12. Mai 1945 (Sywottek 1991: 1389–91) die beiden NS-belasteten Verwaltungsjuristen Eduard Bötticher und Hans Peter Ipsen vornehm, man betrachte sich zwar „nicht zum Kreis der nach Sachlage zur Reorganisation der Universität Berufenen", wolle aber gleichwohl seine Fachkompetenz beratend zur Verfügung stellen. Im Verlauf der Sitzung äußerte der amtierende Rektor den Wunsch, nicht aus politischen Gründen zurückzutreten, sondern deshalb, weil er das Amt schon vier Jahre bekleide. Es sollte gewissermaßen eine stillschweigende Rückkehr zu den Verhältnissen von vor 1933 geben. Der dafür in Aussicht genommene Repräsentant war der anerkannte Anglist Emil Wolff, der schon einmal, 1923/24, Rektor gewesen war und nun im Alter von 66 Jahren zunächst Prorektor und seit Juni

1945 Rektor wurde. Er behielt dieses Amt zwei Jahre. Dem vorherigen Rektor wurde übrigens das Prorektorat angetragen, was dieser ablehnte.

Ähnlich war es an den rheinischen Universitäten. In Köln und in Bonn rückten jeweils die vormaligen Stellvertreter auf den Posten des Rektors, und beide wiederum hatten schon einmal, bis 1933 bzw. 1934, dieses Amt bekleidet. In Berlin hatte sich der neue Stadtrat für Volksbildung, der Kommunist Otto Winzer, am 21. Mai 1945 an den ehemals deutschnationalen Geisteswissenschaftler Eduard Spranger gewandt, der als Ordinarius an der Humboldt-Universität seit 1920 Philosophie und Pädagogik gelehrt und sich von den Nazis ferngehalten hatte; nach dem 20. Juli 1944 war er zeitweise sogar von der Gestapo inhaftiert worden. Spranger sagte erst zu, aus „Liebe zu der Berliner Universität", wie er sich später erinnerte, als kurz darauf eine Gruppe von Professoren ihn aufsuchte und bat, sich als Rektor zur Verfügung zu stellen (Tent 1988: 20f.). Er nahm das Amt an, obwohl er nur durch den Magistrat der Stadt und nicht durch eine Wahl bestätigt wurde, weil an Wahlen in der chaotischen Situation in Berlin nicht zu denken war. Ohnehin hielt er den Posten für zeitlich begrenzt. Auf seinem Briefkopf ließ er den Zusatz anbringen: „Mit der Führung der Rektoratsgeschäfte beauftragt". Er war inzwischen fast 64 Jahre alt, und da in Berlin Transportmittel für Wochen nicht zur Verfügung standen, mußte er lange Fußmärsche auf sich nehmen, um die Sitzungen zur Reorganisation des Universitätsbetriebs zu besuchen.

In Leipzig wurde am 16. Mai, vier Wochen nach der Einnahme der Stadt durch US-Truppen, der international anerkannte Archäologe Bernhard Schweitzer (Jg. 1892) zum Rektor gewählt, ein Wissenschaftler, der außer einer Mitgliedschaft in der NS-Volkswohlfahrt keinerlei Berührung mit dem Regime aufwies, weil er sich in den Elfenbeinturm seiner Wissenschaft zurückgezogen hatte (Welsh 1985: 339f.).

In Münster wurde von den dortigen Ordinarien, die nicht der NSDAP angehört hatten, der 63jährige Georg Schreiber zum Rektor gewählt. Prälat Schreiber, der während der Weimarer Republik Reichstagsabgeordneter des Zentrums und Professor für Kirchengeschichte in Münster gewesen war, hatte sich 1936, nach einer Zwangsversetzung an die Katholische Staatliche Akademie in Braunsberg, bereits emeritieren lassen. Er blieb nach der Aktivierung 1945 für etwa ein Jahr Rektor und ließ sich 1951 erneut emeritieren (Pingel 1985: 191).

In Göttingen, das am 8. April von US-Truppen besetzt wurde – im Juni 1945 übernahm die Britische Besatzung die Stadt –, erklärten alle Dekane ihren Rücktritt; Neuwahlen fanden unter ausschließlicher Beteiligung nicht der NSDAP angehöriger Fakultätsmitglieder durch Einholung einzelner Stimmen statt, da Fakultätssitzungen zunächst nicht erlaubt waren. Am 19. April stand auf diesem Wege ein neuer Senat fest, der den Staats-, Kirchen- und Verwaltungsrechtler Rudolf Smend (Jg. 1882) zum neuen Rektor bestimmte. Smend hatte seine akademische Laufbahn um die Jahrhundertwende begonnen – Promotion 1904 – und seine erste Professur 1911 erhalten; er war 1935 nach Göttingen gekommen und hatte sich hier im Umkreis der Bekennenden Kirche engagiert. Smend blieb ein Jahr Rektor und ließ sich 1950 emeritieren.

Es läßt sich ein Grundmuster bei diesen Beispielen einer Neuordnung der Hochschulleitungen im Frühjahr und Frühsommer 1945 erkennen. Überall wurden die deutlich belasteten Nationalsozialisten von ihren Funktionen in der Selbstverwaltung entbunden und neue Rektoren gewählt, die häufig bereits vor 1933 wichtige universitäre Ämter innegehabt hatten. Es ergab sich für etliche Jahre eine verstärkte Dominanz älterer Ordinarien. Nicht der revolutionäre Bruch stand somit auf der Tagesordnung, sondern die Rückkehr zur „Normalität" nach einer zwölfjährigen Ausnahmesituation. Was – in den Augen der Zeitgenossen – durch diese Zeit als hohes Gut bewahrt worden war, der korporative Personenverband vor allem der Ordinarien, sollte intakt bleiben, auch über die politischen Trennlinien hinweg. Die Hochschulen selbst wollten einige unumgängliche personelle Maßnahmen einleiten, um dadurch die Legitimität zu erhalten, gemeinsam als sachfremd empfundene Eingriffe der Besatzungsmacht abzuwehren.

Es stellte sich aber bald heraus, daß die Alliierten sehr viel weitergehende Vorstellungen einer personellen Säuberung hatten, und der erreichte Stand der Entnazifizierung war überall einer der wichtigsten Faktoren, der über die Wiedereröffnung der Hochschulen entschied. In Hamburg hatte der neue Senat den Fakultätsmitgliedern, die er „für zu stark belastet hielt" (Sywottek 1991: 1391f.), den Rücktritt nahelegen wollen, bevor die Untersuchung der Besatzungsmächte begann. Hintergrund für eine solche Empfehlung war nicht zuletzt Fürsorge für die betroffenen Kollegen. Denn es machte einen erheblichen Unterschied aus, ob jemand mit vollen Bezügen als Emeritus ausschied, mit immerhin 75% dieser Bezüge pensioniert oder ohne Bezüge entlassen wurde. Die britischen Behörden kamen dieser Absicht eines freiwilligen Rücktritts aber zuvor, forderten die Ausfüllung von Fragebögen und suspendierten, oft ohne Konsultation mit der Universität, zahlreiche Professoren. Hochschullehrer, die sich im „Dritten Reich" eindeutig exponiert hatten, wurden ohne Anspruch auf Ruhegehalt aus ihren Beamtenpositionen entlassen, darunter zwei ehemalige Rektoren und der Gaudozentenführer. Die Universitätsleitung konnte demgegenüber Ende August 1945 als Erfolg melden, daß es gelungen sei, die Besatzungsmacht zu bewegen, den bisherigen drei Kategorien für die Überprüfung von Hochschullehrern „Bestätigt", „Suspendiert" und „Entlassen" eine vierte hinzuzufügen: „Vorläufig genehmigt" – so eingeordnete NS-belastete Dozenten konnten zunächst weiter lehren. Der hier registrierte Einfluß der Universität basierte auf dem guten Verhältnis zu den britischen Überwachungsoffizieren, meist konservative jüngere Akademiker aus dem Intelligence Service, mit denen sich in der Regel eine reibungslose Kooperation anbahnte. Nach einer Aufstellung der Hochschulabteilung waren am 31. März 1947 in Hamburg (ohne die Medizinische Fakultät) von 56 Ordinariaten 31 mit ehemaligen NSDAP-Mitgliedern besetzt; dabei waren einige Professoren noch nicht überprüft, wahrscheinlich eher keine „unbedenklichen" Fälle; von den 17 Extraordinarien hatten 12 der NSDAP angehört. Aufgrund einer Senatsverfügung wurden die als „Mitläufer" suspendierten Hochschullehrer seit Mitte 1948 wieder eingestellt.

In Göttingen hatte der neue Senat nach gründlicher Beratung beschlossen, die Ausscheidung einer kleinen Gruppe von Professoren vorzunehmen, die übrigen Mitglieder des Lehrkörpers aber, die der NSDAP angehört hatten, im Amt zu belassen. Für die Assistenten und Privatdozenten, bei denen der Prozentsatz der PG's erheblich höher lag als bei den Ordinarien, machte die Universitätsspitze geltend, daß für sie der Druck zur Organisierung im „Dritten Reich" aufgrund unabgesicherter Karrieren generell höher gelegen hätte.

Jedenfalls war man der Auffassung, nach Entfernung einiger weniger Belasteter den Universitätsbetrieb in alter Tradition wieder aufnehmen zu können. In Göttingen war übrigens das häufig strapazierte Argument, eine radikale Entnazifizierung hätte die Aufnahme des Hochschulbetriebs grundlegend gefährdet, nicht überzeugungskräftig, da wegen Zuzugs von Flüchtlingen aus dem Osten und von den sog. „Reichsuniversitäten" Posen, Prag und Straßburg sich etwa doppelt so viele Hochschullehrer in der Stadt befanden wie zu Beginn des letzten Wintersemesters 1944/45.

Auch in Göttingen gab es aber zunächst eine Welle von Entlassungen durch die Besatzungsbehörden, z.T. verbunden mit Verhaftungen, bevor die Universität nach einigen Monaten mit drei Entnazifizierungsausschüssen (getrennt für Verwaltungs-, nichtwissenschaftliches Klinikpersonal und für den Lehrkörper; letzterer auf Befehl der Besatzungsmacht halbparitätisch von Hochschulangehörigen und Vertretern des öffentlichen Lebens besetzt) bis auf einige schwere Fälle die Säuberung selbst in die Hand nehmen durfte. Nach einem Jahr Arbeit wurde dort 1946 folgende Bilanz aufgemacht: Von 102 ordentlichen und außerordentlichen beamteten Professoren waren 16 entlassen und 13 nach erfolgreichem Einspruch wieder eingestellt worden; 14 Fälle waren noch nicht erledigt (vgl. Becker u.a. 1987). Aber auch hier handelte es sich um eine Zwischenbilanz, denn Entnazifizierung war keine einmalige Maßnahme, sondern ein Prozeß, der verschiedene Etappen durchlief, abgebrochen wurde und schließlich seit 1948/49 in eine große Reintegration nahezu aller NS-belasteten Hochschullehrer mündete. Beim Abschluß der Verfahren in Göttingen blieben lediglich drei Fälle der Kategorie III („Minderbelastete") mit Berufsverbot übrig, außerdem fünf in der Kategorie IV („Mitläufer"); da nach dem Gesetz zur Beendigung der Entnazifizierung in Niedersachsen alle Fälle der Kategorien III und IV ohne Verfahren automatisch in die Kategorie V („Entlastete") überführt wurden, konnten sich diese um ihre baldige Rehabilitation und Reintegration bemühen.

Man kann annäherungsweise davon ausgehen, daß in der Britischen Zone bis zur Wiedereröffnung der Hochschulen ca. ein Viertel des Lehrpersonals entlassen worden war (für Niedersachsen Schneider 1989). Dabei herrschte auf alliierter Seite eine erhebliche Unsicherheit über die Zweckmäßigkeit der Entnazifizierungsmaßnahmen. Im Bericht einer hochrangigen Delegation des britischen Hochschullehrerverbandes, die Anfang 1947 für zwei Wochen deutsche Hochschulstandorte bereiste, hieß es, sie hätten sehr verschiedene Ansichten über die personelle Säuberung gehört, vom vereinzelten Entsetzen über die dabei waltende Milde bis zur mehrheitlichen Klage über die Ungerechtigkeiten angesichts einer schematisch – nach formalen Kriterien der Mitgliedschaft – vollzogenen Entnazifizierung. Dabei notierte die britische Delegation in ihrem Bericht ein wichtiges Problem: „Nicht von Naziideen allein ist die geistige Gesundheit der Universitäten bedroht. Wenn im Zweifelsfalle eines ‚Fast-Nazis' zu dessen Gunsten entschieden wird, bestärkt sein Verbleiben diejenigen Elemente, die demokratischer Reform widerstreben. Dies ist besonders dann wahrscheinlich, wenn er zur älteren Generation gehört und leicht vom Konservatismus hinüber zum Nazismus und zurückgerutscht ist. Den Mitläufer dieser Gattung straflos zu lassen, ist gefährlich, weil es den Anschein erwecken kann, als werde dem Gedanken Raum gelassen, daß die Naziherrschaft bloß eine unglückliche Episode in der deutschen Geschichte war. Auf der anderen Seite mögen manche Jüngeren, die zu aktiver Zusammenarbeit mit der Partei verführt oder gezwungen wurden und später zumindest in ihren Herzen gegen deren Grundsätze sich auflehnten, mit größerer Klarheit zu der Einsicht kommen, daß die Naziherrschaft nicht bloß eine unglückliche Episode, sondern ein Organismus mit tiefen Wurzeln war." (Universitäten 1948) Solche Überlegungen, die auf eine Modifikation der Entnazifizierung zielten, blieben bekanntlich folgenlos. Die konservativen „Fast-Nazis" blieben, und die formal Belasteten kehrten zum großen Teil wenig später auch zurück.

Die Rückkehrmöglichkeit, die diese Professoren und Dozenten erhielten, lag darin begründet, daß ihre Stellen vielfach von den Hochschulen und Fakultäten, z.T. im zähen Kampf gegen die Besatzungsbehörden, unbesetzt gehalten wurden. Das Motto hieß in der Nachkriegszeit: Verzögerung der Wiederbesetzung in der Hoffnung auf „bessere Zeiten", sprich auf das Ende der Entnazifizierung. Personelle Lücken stopfte man mit kurzfristig reaktivierten Emeriti und Pensionisten. Wenig Mühe gab man sich hingegen, die in die Emigration vertriebenen Wissenschaftler zurückzurufen; nur ein Bruchteil von ihnen kehrte zurück.

Als relativ milde galt das Vorgehen in der Französischen Zone – und Milde hieß, den Prozeß weitgehend den Universitäten und Hochschulen selbst bzw. ausgewählten Vertrauenspersonen zu überlassen. In Freiburg nahm ein „Reinigungsausschuß" unter maßgeblicher Regie des Historikers Gerhard Ritter seine Arbeit auf. Rückblickend schrieb er am 11. März 1947: „Die Art, wie jetzt die sogenannte Denazifizierung in Deutschland betrieben wird, ist das größte Unglück für die Zukunft der Demokratie, aber auch der Wissenschaft. Trotzdem bin ich der Meinung, daß an deutschen Universitäten eine gewisse Bereinigung notwendig war. Wir haben sie hier in Freiburg von Anfang an selbst energisch betrieben. Ich bin dabei als Vorsitzender der Bereinigungskommission des Senates sehr stark beteiligt, habe aber (in unendlich mühsamer Arbeit) in ein dreiviertel Jahren eine streng individuelle Behandlung aller Fälle erreichen können; so ist sehr viel Unglück verhindert worden, und ich muß sagen, daß die französischen Besatzungsbehörden uns dabei im ganzen viel Verständnis gezeigt haben." (zit. nach Ott 1985: 104) Leider teilte Ritter in seiner Bilanz keine Zahlen mit, und die Aufmerksamkeit der Historiker konzentrierte sich auf den prominenten Fall des Philosophen Martin Heidegger, des Rektors, der 1933/34 in so peinlicher Weise dem „Führer" gehuldigt hatte und für den sich auch Ritter mit großem Nachdruck einsetzte. In diesem Fall entschied die Militärregierung gegen die Universität und pensionierte Heidegger 1946 – seine Emeritierung mit allen Rechten und Bezügen erreichte er dann aber wenig später (1952) doch.

Härter war offenbar das Vorgehen der US-Militärregierung. In Erlangen wurde – wie überall in der US-Zone – mittels Fragebögen (sie waren umfangreicher als in der Britischen Zone) und Verhaftungslisten sehr intensiv nach Nazis gefahndet und der Lehrkörper so rigide gesäubert, daß in mancher Fakultät nur wenige Dozenten verblieben, die nun z.T. Gebiete in der Lehre zu vertreten hatten, für die sie nicht qualifiziert waren (Krönig/Müller 1990: 145–147). Im November 1946 beschwerte sich das bayerische Kultusministerium, daß wegen der neuerlichen Entlassung von 33 Professoren durch die Militärregierung nicht mehr alle Lehrstühle an der Münchner Universität besetzt werden könnten. Diese Professoren waren im gleichen Monat mit der Begründung entlassen worden, ihnen fehlten die „politischen, liberalen und moralischen Qualitäten", die zur Entwicklung der Demokratie in Deutschland notwendig seien (Schulze 1989: 123).

Daß es auch nach der Wiedereröffnung der Hochschulen immer wieder neue Fälle von Entlassungen gab, lag hauptsächlich daran, daß die Kriterien zur Entnazifizierung 1946 überhaupt erst fixiert wurden, als der Vorlesungsbetrieb schon begonnen hatte, in einzelnen Fällen aber auch daran, daß Professoren und Dozenten bei der Ausfüllung ihrer Fragebögen geschwindelt hatten, weil sie keine Kenntnis von der Existenz des Berliner Document Center hatten, wo sich die Angaben überprüfen ließen. Auch in Erlangen wurden von den US-Besatzungsbehörden im Februar 1947 nochmals 76 Entlassungen im Bereich des akademischen Personals ausgesprochen, was den heftigen Protest des ersten Studententages der US-Zone erregte (Schulze 1989: 121f.).

Die Entnazifizierung der Hochschulen in der Sowjetischen Besatzungszone und der im sowjetischen Sektor von Berlin liegenden Humboldt-Universität war von den gleichen Grundmustern der Auseinandersetzung zwischen den neuen Universitätsleitungen und der Besatzungsadministration geprägt. Allerdings waren hier die Maßnahmen der Entnazifizierung härter, und die ernannten Rektoren, die sich in den Augen der politischen Administration als zu zögerlich erwiesen, wurden in einigen Fällen sehr bald, noch vor der Wiedereröffnung, zum Rücktritt gedrängt. In Leipzig mußte die für den 31. Oktober 1945 vorgesehene Eröffnung sogar in letzter Minute, die Rede des Rektors lag bereits vor, abgesagt werden, weil die Entnazifizierung noch nicht in ausreichendem Maße erfolgt sei. In Leipzig waren noch von der US-Besatzungsmacht 10 Professoren, die sich als aktive Nationalsozialisten hervorgetan hatten, verhaftet worden, weitere 11 Professoren waren in den nächsten Wochen entlassen worden. Als der Rektor Bernhard Schweitzer sich gegen weitere Amtsenthebungen, nun durch die sowjetische Besatzungsmacht, mit der Begründung wehrte, daß die Lehre nicht mehr gewährleistet werden könne, wurde er noch vor der Wiedereröffnung zum Rücktritt gedrängt und als Nachfolger der Philosoph Hans-Georg Gadamer bestimmt (Welsh 1985: 348f.; vgl. Feige 1994).

In Jena war die Wiedereröffnung zwar schon am 15. Oktober erfolgt, aber mit dem Lehrbetrieb durfte erst nach der Abhaltung eines Vortragszyklus „Auseinandersetzung mit der faschistischen Ideologie; Neuaufbau des Staates“ begonnen werden. In Jena war bis zum Ende des Jahres 1945 mehr als die Hälfte des bei Kriegsende 212 Personen zählenden Lehrkörpers entlassen worden (Welsh 1985: 347f.).

Besonders dramatisch war die Entwicklung in Greifswald. Hier wurde der vorläufige Rektor Lohmeyer, gegen den sich das Mißtrauen aufgrund seines behutsamen Vorgehens in der Entnazifizierung schon länger gerichtet hatte, am 14. Februar 1946, einen Tag vor der Wiedereröffnung der Universität, aufgrund einer wohl falschen Anschuldigung verhaftet, er habe als Wehrmachtsmajor in der Ukraine an Erschießungen teilgenommen; ein sowjetisches Militärgericht verurteilte ihn zum Tode, und er wurde am 19. September 1946 hingerichtet (Matthiesen 1996).

Bei aller Härte der anfänglichen sowjetischen Maßnahmen zur Entnazifizierung gab es allerdings durchaus einen systemfunktionalen Pragmatismus. So waren an der Medizinischen Fakultät der Universität Leipzig über 70% durch eine NSDAP-Mitgliedschaft belastet, aber in 49 von 72 Fällen durften diese Fakultätsmitglieder ihre ärztliche Tätigkeit weiter ausüben (Welsh 1985: 354). Ähnlich verfuhr man an der berühmten Charité in Berlin, wo zwar 50 schwerbelastete Mitarbeiter in den ersten beiden Nachkriegsmonaten entlassen worden waren, aber etwa 40 andere NS-belastete Ärzte weiter tätig sein durften, allerdings nicht in der Lehre oder in leitenden Positionen (Burmeister/Lange-Pfautsch 1990: 601); Ärzte wurden eben dringend gebraucht, und die auf Juristen, Historiker und Philosophen angewandten Maßstäbe bei ihnen deshalb deutlich weniger streng gehandhabt.

Die Reden zur Wiedereröffnung der Universitäten 1945/46 waren weithin von der Behauptung bestimmt, zumindest die eigene alma mater sei im „Dritten Reich" sauber geblieben und man könne mit einigen Blessuren, einigen schmerzlichen Erfahrungen, die nur den Wert der deutschen Bildungstraditionen bestärkten, dort weitermachen, wo man aufgehört habe. Das Pathos der Kontinuität ummäntelte eine moralisch brüchige Konstruktion. Dies begann schon mit dem Rahmen der Feierlichkeiten, bisweilen in hochschulfremden Räumlichkeiten. Als zur festlichen Wiedereröffnung der Humboldt-Universität die Professoren in den Admiralspalast an der Friedrichstraße schritten, waren ihre Talare und Mützen aus Jena ausgeliehen worden, weil die eigenen im Endkampf um Berlin sämtlich verbrannt waren.

Die Feier zur Wiedereröffnung der Hamburger Universität fand in der Musikhalle am 6. November 1945 statt. Untermalt mit dem Allegro aus dem Orgelkonzert F-Dur von Georg Friedrich Händel, den Fest- und Gedenksprüchen von Johannes Brahms und der Phantasie G-Moll für Orgel von Johann Sebastian Bach, wies der für Bildung und Wissenschaft zuständige neue Senator Heinrich Landahl, ein prominenter Reformpädagoge der Weimarer Zeit, in seiner Eröffnungsrede auf die Chance zum Neuanfang durch eine Rückbesinnung hin: „Aus der Seele und dem Geist aber muß die Gesundung kommen. Und hier blieb uns ein Erbe erhalten, das nicht in Trümmer sinken konnte, wie die Dome und Schlösser und Rathäuser der Vergangenheit. Die gewaltigen Meisterwerke deutscher Musik konnten durch nichts zerstört werden. Die unsterblichen Klänge Bachs und Mozarts und Beethovens tönen so rein und eindringlich wie je. Wer in den letzten Wochen häufig in diesem Raum einem der vielen Konzerte beiwohnte, hat erlebt, was an Läuterung und Kraft von diesem Erbe unserer Volksseele ausgeht." (Universität Hamburg 1946: 6)

Auch in der anschließenden Rede des neuen Rektors Emil Wolff war viel von Humboldt, aber wie vom Senator kein Wort zur notwendigen personellen Säuberung zu vernehmen. Und im Kern bemühte sich Wolff um den Nachweis, daß die Universität sich im „Dritten Reich" „die Kraft geistigen Widerstandes und seelischer Selbstbehauptung in einer Umwelt sittlicher Verwilderung und beständiger Todesdrohung erhalten und genährt (habe). Im eigenen Herd hat sie die Glut gehegt, aus der von dem starken Atem der Freiheit angefacht die Flamme wieder aufsteigen soll, klar erhellend und warm belebend (usw. usf.)." (Universität Hamburg 1946: 17)

Dieses Selbstverständnis wurde von den Studierenden nicht in Frage gestellt. Für sie galten im ersten Nachkriegssemester die formalen Kriterien der Entnazifizierung. Aktive Mitglieder der NSDAP und ihrer Organisationen durften nicht immatrikuliert werden, und diese Selektion wurde schon deshalb sehr streng vorgenommen, weil etwa in der Britischen Zone von über 54000 Bewerbern nur knapp 23000 zugelassen werden konnten (Pingel 1985: 193). Durch die allgemeine Jugendamnestie im Sommer 1946 galten aber die strengen Bestimmungen nur für jeweils ein bis zwei Semester, danach waren die Entnazifizierungsbestimmungen nur noch für höchstens ein Zehntel der Studierenden anwendbar. Zu den Bemühungen um eine Anknüpfung an überkommene Traditionen paßte es, daß es keinerlei Versuche gab, die überkommene studentische Sozialstruktur zu verändern. In der Britischen Zone wurde der Anteil an Studierenden aus Arbeiterhaushalten auf 5% geschätzt, aber auch in der SBZ war es kaum anders (Pingel 1985: 195; Stoye-Balk 1987: 849). Der Anteil der weiblichen Studierenden lag bei einem Fünftel, immerhin etwas höher als in den Friedensjahren des „Dritten Reiches“, aber weit unter dem Frauenanteil im Krieg; und es gab auch Universitäten, wie z.B. Hamburg, die zum ersten Semester überhaupt keine Frauen zuließen und damit auf den Stand des 19. Jahrhunderts zurückfielen.

Die Studienbedingungen waren anfangs sehr kompliziert und nicht dazu angetan, das Problem der Entnazifizierung in den Vordergrund zu rücken. Wer einen Studienplatz ergattert hatte, mußte sehen, wie er sich materiell halbwegs einrichtete und „ordentlich“ studieren konnte. In Kiel fanden die Vorlesungen im Wintersemester 1945/46 auf vier Schiffen im Hafen statt, die gleichzeitig als Arbeitsplatz und Wohnheim für Lehrkräfte und Studenten dienten (Universitäten 1948). Waren es hier ungeheizte und hoffnungslos überbelegte Kabinen, in denen Dozenten und Studenten hausten, waren es anderswo Luftschutzbunker ohne Tageslicht und Ventilation und andere behelfsmäßige Unterkünfte. Wegen der schlechten Verkehrsverhältnisse mußten jeden Tag etliche Stunden für den Weg aufgewandt werden, zumal kaum jemand ein Fahrrad besaß.

Fast überall herrschte Arbeitspflicht für die Studierenden, z.B. mußte in Münster eine Woche im Semester auf dem Bau gearbeitet werden, um zerstörte Gebäude zu reparieren. In Marburg, Darmstadt und Mainz war es jeweils ein Tag in der Woche, gewöhnlich der Samstag, der z.B. zum Einsortieren ausgelagerter Buchbestände benutzt wurde. In Heidelberg erhielt, wer wegen Versehrtheit nicht arbeiten konnte, zumindest einen Knüppel, um damit die Kartoffelvorräte in der Mensa zu bewachen (Krönig/Müller 1990: 142ff.). Wie die gesamte Bevölkerung waren auch die Studierenden in den materiellen Überlebenskampf jener Zeit einbezogen.

Auch um die akademischen Erfordernisse stand es schlecht. In etlichen Hochschulen gab es keine Bücher, sondern, wie in Hamburg, nur sogenannte „Studienbehelfe zu den Vorlesungen", Broschüren im Selbstverlag, unveräußerlich und nur für die Seminarteilnehmer, gedruckt auf schlechtestem Papier – dadurch erhielt übrigens das gesprochene Wort in dieser Zeit eine erhöhte Bedeutung. Da in vielen Fällen die Räumlichkeiten der Hochschulen in der gesamten Stadt verteilt waren, schlossen die Dozenten häufig früher, damit auch die Kriegsversehrten eine Chance hatten, die nächste Vorlesung zu erreichen.

Charakteristisch war bei der Mehrheit der Studenten die zurückliegende Dienstzeit in der Wehrmacht. Es gab einen relativ hohen und wachsenden Anteil an Offiziersgraden, in der Regel einige Jahre älter als heutige Studienanfänger, und demgegenüber einen zurückgehenden Anteil solcher Studenten, die als Antifaschisten, z.T. nach erwiesener Beteiligung am Widerstand und einer Inhaftierung durch das NS-Regime, aufgenommen worden waren. Sehr bald dominierte eine eher unpolitische und konservative Grundstimmung, die sich bisweilen in Protesten gegen das abgelehnte Neue ausdrückte. Nachdem in der Neustädter Kirche in Erlangen im Januar 1946 Pastor Niemöller von Studenten als „Verräter" angegriffen worden war, wollte die bayerische Verwaltung die gerade wieder eröffnete Universität schließen lassen und alle ehemaligen Soldaten zum Holzfällen schicken, jedenfalls aber eine schärfere Entnazifizierung betreiben (Krönig/Müller 1990: 147).

1947/48 – die Hochschulen galten mit einer Studentenzahl von nun etwa 100000 als hoffnungslos überfüllt – begann der Abschluß der Entnazifizierung und die zuerst allmähliche, dann immer raschere Reintegration der als NS-belastet Entfernten in die deutschen Hochschulen, zu der es allerdings keine amtlichen Statistiken gibt. Zur Verfügung steht eine umfangreiche Erhebung der Redaktion der evangelischen Wochenzeitung „Christ und Welt" Anfang 1950 (unter dem Titel: „Forschung heißt Leben. Demontage des deutschen Geistes", Nr. 6–9, 11, 34/1950; vgl. Elm 1972: 24f.), die um den Nachweis des furchtbaren Raubbaus am „deutschen Geist" bemüht war, also Material gegen die Entnazifizierung liefern wollte. Die im folgenden genannten Zahlen sind vom Verband der nichtamtierenden (amtsverdrängten) Hochschullehrer, wie sich die Lobby-Vereinigung der NS-Belasteten nannte, übernommen worden (Grabert 1952). Nach der Erhebung von „Christ und Welt" hatten 45% aller 1932/33 lehrenden 10000 Professoren und Dozenten „vor oder nach 1945 ihr Amt zeitweilig oder für immer verloren". Mit dieser Sammelrubrik wurden die vom NS-Regime vertriebenen Wissenschaftler (ca. 10%) mit den von den deutschen Universitäten nach 1945 entlassenen NS-Parteigängern (ca. 25%) und den aus den ehemaligen Ost-Universitäten vertriebenen (ca. 10%) in einen Topf geworfen. Von den nach 1945 Entfernten wiederum waren bis 1950 fast 1000 wieder berufen worden, anteilsmäßig viel mehr als von den Wissenschaftlern, die von den Nazis vertrieben worden waren. Die Reintegration des wohl zu hoch angegebenen Viertels belasteter Professoren und Dozenten erfolgte im Zusammenhang mit dem 1951 erlassenen sog. 131er-Gesetz, ein kompliziertes Gesetzeswerk, das nicht nur zur Integration von NS-Belasteten diente (vgl. Garner 1993, Frei 1996: 69ff.).

Eine Statistik über die Lehrstuhlinhaber, die im Auftrag der Westdeutschen Rektorenkonferenz (WRK) erstellt worden war und den Stand am 1. Juli 1953 erfaßte, zeigt recht gut die Auswirkungen des 131er-Gesetzes schon nach relativ kurzer Zeit und widerlegt schlagend die zeitgenössische rechtsextreme, bis in die seriöse Publizistik hineinreichende Propaganda, die neben den „Abgründen der Existenzvernichtung durch Verleumdung und Ehrabschneidung" (Grabert 1952: 75) immer wieder die materielle Notlage der Betroffenen beschwor – der amtsverdrängte Professor als Handelsvertreter oder Bürogehilfe waren öffentlich traktierte beliebte Themen – und den

Integrationsdruck verstärkte. Bis zum 1. Juli 1953 waren demnach noch 409 Lehrstuhlinhaber, die 1945 entfernt worden waren, nicht zurückgekehrt. Von diesen waren mittlerweile 67 gestorben, 70 mit vollen Bezügen emeritiert, 89 mit Pensionsbezügen im Ruhestand, 35 in etwa gleichwertigem öffentlichen oder privaten Anstellungsverhältnis, 43 in freien Berufen oder im Ausland oder an unbekanntem Ort, 95 erhielten eine Versorgung nach Gesetz zu Artikel 131 des Grundgesetzes, in ähnlicher Höhe wie die Pensionszahlungen. Diese Statistik der WRK diente der Abwehr des Vorwurfs der „amtsverdrängten" Lobby, es werde ein großer Teil dieser Personengruppe schikanös von den Hochschulen ferngehalten, damals offenbar ein allgemein als schlimm empfundener Vorwurf. Immerhin ist bekannt, daß die Fakultäten nicht sehr glücklich über die politischen Auflagen waren, die ihnen bei Ausschreibungen oft kaum eine andere Möglichkeit ließen, als den „amtsverdrängten" Kollegen wieder aufzunehmen (Schulze 1989: 125).

Die NS-belasteten Professoren und Dozenten waren, wenn man das Sample der Dokumentation von Rolf Seeliger über die „braune Universität" (1964–1968) zugrunde legt, eine erstaunlich geschlossene Alterskohorte mit sehr ähnlichem Generationsschicksal. Mehr als vier Fünftel der „braunen Professoren", die dort mit ihrer Biographie präsentiert wurden, gehörten zu den Jahrgängen 1896–1907, mehr als zwei Drittel zu den Jahrgängen 1900–1907. Diese Jahrhundertwende-Generation hatte in der Regel ihre akademische Karriere mit dem Machtantritt des NS-Regimes begonnen und sich zur Förderung dieser Karriere besonders profiliert. 1945 waren sie im Durchschnitt zwischen 40 und 50 Jahre alt, so daß sie nach ihrer Zwangspause noch bis in die 60er Jahre hinein lehrten. Und erst am Ende ihrer Hochschulkarriere begann eine partielle Skandalisierung der Reintegration von NS-Belasteten. Es bleibt allerdings anzumerken, daß eine Sozialgeschichte der NS-belasteten Hochschullehrer den quantitativen Befund ihrer weitgehenden Reintegration nur als Grundlage einer differenzierten biographischen Untersuchung zu verwenden hätte: Viele dieser Wissenschaftler werden 1945 und die folgenden komplizierten

Jahre als tiefen persönlichen und moralischen Bruch erfahren haben.

III.

Eine Bilanz des Neubeginns der deutschen Hochschulen wird zwiespältig ausfallen müssen. Es handelte sich 1945 um die ehrliche Anstrengung, einen neuen Anfang zu machen, aber dieser Anfang war als Rückkehr zu den hehren Idealen und Traditionen zweckfreier Wissenschaft gedacht, ohne die Gründe für die Durchsetzung des Nationalsozialismus auch an den Hochschulen tatsächlich zu analysieren. Nur die wenigen NS-Parteigänger, die sich in eklatanter Weise an der Wissenschaft vergangen hatten, waren nach diesem Verständnis auszuscheiden, eine wirkliche Studienreform hingegen zu verhindern. Wenn die Alliierten keine Zwangsmaßnahmen angeordnet hätten, wäre eine nur geringfügige personelle Säuberung erfolgt, und als diese Zwänge sich lockerten und wegfielen, ging die Reintegration der nach 1945 Entlassenen in Westdeutschland (die stalinistische Entwicklung in der DDR kann hier nicht diskutiert werden) so weit, daß sogar die betroffenen Hochschulen und Fakultäten darüber oft nicht glücklich waren. Aber sie selbst hatten mit ihrem Verhalten in den ersten Nachkriegsjahren die Grundlagen für diese Reintegration gelegt.

Walter Kaiser

Wissenschaft und Technik nach 1945

I. Die Unfähigkeit zu trauern

Am Vorabend der Ereignisse des Jahres 1968 haben Alexander und Margarete Mitscherlich versucht, zwischen den „Abwehrmechanismen der Verleugnung", „der Derealisation, der ganzen Periode des Dritten Reiches gegenüber" und dem „psychischen Immobilismus, der Unfähigkeit, ... die Probleme unserer Gesellschaft in Angriff zu nehmen", einen kausalen Zusammenhang herzustellen (Mitscherlich 1970: 79). Bitter beklagten sie, daß aufgrund der kollektiven Verleugnung der Vergangenheit „wenig Anzeichen von Melancholie oder auch von Trauer in der großen Masse der Bevölkerung zu bemerken waren." Nur die Verbissenheit, mit der sofort mit der Beseitigung der Ruinen begonnen wurde und die zu einfach als Zeichen deutscher Tüchtigkeit ausgelegt werde, zeige einen manischen Einschlag (Mitscherlich 1970: 40). Die „Verleugnung", bewußt nicht nur die „Verdrängung", brachten sie vor allen Dingen mit dem rasanten industriellen Wiederaufbau in Verbindung. „Statt einer politischen Durcharbeitung der Vergangenheit als dem geringsten Versuch der Wiedergutmachung vollzog sich die explosive Entwicklung der deutschen Industrie. Werktätigkeit und ihr Erfolg verdeckten bald die offenen Wunden, die aus der Vergangenheit geblieben waren ... Im Zusammenhang mit dieser wirtschaftlichen Restauration wächst ein charakteristisches neues Selbstgefühl. Auch die Millionenverluste des vergangenen Krieges, auch die Millionen getöteter Juden können nicht daran hindern, daß man es satt hat, sich an diese Vergangenheit erinnern zu lassen." (Mitscherlich 1970: 23)

Mit der Vorstellung der These von der „Unfähigkeit zu trauern" soll zunächst die Nachkriegszeit verlassen werden. Stattdessen soll sich nun der Blick auf den Beginn der NS-Zeit richten und hier insbesondere auf den Bereich der Technik, repräsentiert durch ihre umfassende Standesorganisation, den Verein Deutscher Ingenieure (VDI).

Trotz heftigen Drucks konnte der VDI nach der „Machtergreifung" seine organisatorische Selbständigkeit wahren. Er bezahlte aber einen hohen Preis: In vorauseilendem Gehorsam machte er sich die Rassenideologie des „Gesetzes zur Wiederherstellung des Berufsbeamtentums" zu eigen. Auch schieden alte VDI-Vorstandsmitglieder rasch aus, so daß der neue Vorstand seit Mai 1933 zu zwei Dritteln aus nationalsozialistischen Parteimitgliedern bestand, die Spitze des VDI also politisch kapituliert hatte (Ludwig 1981a: 407–412). Das Verhalten der Mitglieder war mehrdeutig. In einer vermeintlich oft unpolitischen, dienenden Haltung, aber auch begeistert von den technischen Aufgaben des „Wiederaufbaus" des deutschen Staates, reihten sich die Ingenieure in die Aufbauarbeit ein (Ludwig 1981a: 412–414), eine Aufbauarbeit, die eben zunehmend Aufrüstung und Kriegsproduktion bedeutete (Ludwig 1981b: 447). In martialischen Durchhalteappellen Albert Speers, veröffentlicht Anfang Januar 1944 in der Zeitschrift des VDI (Ludwig 1981b: 451) sowie in der Zeitschrift „Stahl und Eisen", fand diese „ich diene"-Funktion ihr politisches Pendant. Und in einem der letzten Hefte der Zeitschrift des VDI im Januar 1945 wurde als Motto Gneisenau bemüht: „Vor allen Dingen schafft Eisen an: Eiserne Brust, eisernen Willen und Waffen!"

Und die deutsche Rüstungsindustrie hatte in der Tat „Eisen angeschafft". 1944 erreichte sie ihre höchsten Produktionsziffern. Aber es ging nicht nur um Produktivität und furchterregende Mengen. Deutschland produzierte auch militärische Hochtechnik: Panzer, Jagdflugzeuge, betankt mit Synthesebenzin, strahlgetriebene Flugzeuge, ballistische Flüssigkeitsraketen und Radartechnik. Die deutschen Ingenieure waren also bei der Sache, und sie blieben oft bis zum bitteren Ende ganz sachliche Techniker (Ude 1945).

Nachdem die Berliner Zentrale des VDI 1945 als Zweigorganisation des Nationalsozialistischen Bundes Deutscher Technik NSBDT zunächst vom Gesamtberliner Magistrat geschlossen wurde, konnte der VDI aus den Bezirksvereinen heraus und unter Genehmigung der Militärregierungen der drei westlichen Besatzungszonen schon seit 1947 auch als Gesamtverein VDI wiedergegründet werden. Die „Selbstbesinnung der Ingenieure“ (Ludwig 1981a: 426) nach dem 2. Weltkrieg scheint allerdings nur auf den ersten Blick der Schwere der Katastrophe angemessen. Waldemar Hellmich, Direktor im VDI 1920 bis 1932, sprach im Rückblick davon, daß, wie in allen anderen Gemeinschaften, die Arbeit des VDI in der NS-Zeit nicht mehr dem selbst gestellten Ziel habe dienen können, sondern „der Verherrlichung einer Partei, der Stärkung eines totalen Regimes“. Die „ohne Ressentiment“ nach rückwärts gewandte Analyse komme jedoch zu dem Ergebnis, daß der VDI „unter dem Zwang der Gleichschaltung wohl zum Mitläufer des Nationalsozialismus wurde, daß er aber niemals ‚eine Hochburg des Militarismus, des kapitalistischen Unternehmertums‘ … gewesen ist“ (Hellmich 1948: 2).

Trotzdem wurden Waldemar Hellmichs Vorträge über den „geistigen Aufbruch der deutschen Ingenieure“, publiziert in der ersten Ausgabe der VDI-Zeitschrift nach dem Krieg im Jahr 1948, als Signal der Neubesinnung gesehen. Zentrale Aussagen, wie seine Aufforderung an die Ingenieure, sich „auf die Grenzen des rationalen Denkens“ zu besinnen, den „Irrglauben an die Allmacht des Wissens“, „an die Selbsterlösung durch die Technik“ zu überwinden, den Sinn zu ändern, um die „menschliche Verbundenheit mit neuem Geist“ zu beleben, zeigten aber kaum Trauer und Scham, sondern wiesen den Weg in rückwärtsgewandte, kulturphilosophische Betrachtungen (Mauel 1981: 460; Hellmich 1948: 3–7; Jacobi 1948: 229f.; Schaeder 1949; Kraemer 1951: 656; Schnabel 1952: 2f.).

Man setzte sich in der Folge auch mit der „Verantwortung des Ingenieurs" auseinander, so auf einer Sondertagung des VDI in Kassel im Mai 1950. Es wurde eine von „Krisen und chaotischen Mächten" erschütterte Welt beschworen (Zeddies 1950: 592). Es wurde der „Steigerung der technischen Möglichkeiten" ein pathetisches Bekenntnis des Ingenieurs gegenübergestellt, in „Demut vor der Allmacht" zu arbeiten, in „Achtung vor der Würde des menschlichen Lebens", dem Mißbrauch der Technik sich nicht zu „beugen" (Mauel 1981: 460f., Schlösser 1981: 515f., Plank 1950: 590f.). Aber nur äußerst selten wurde über Schuld, über die Verarbeitung des Geschehens, über Wiedergutmachung gesprochen. Kaum, daß es ein vereinzelter Diskussionsredner wie E. Schapitz wagte, hinter den wortreichen Erörterungen einmal die die Kriegsmaschinerie am Laufen haltenden Ingenieure zu nennen (Kraemer 1950: 851).

Der einzige bedeutende Reflex der Frage nach der Schuld findet sich unter umgekehrten Vorzeichen in einer Ansprache des VDI-Vorsitzenden Hans Bluhm. So gab er bei der Eröffnung der 81. Hauptversammlung des VDI 1951 in Hannover seiner Freude Ausdruck, daß Alfried Krupp von Bohlen und Halbach als Verurteilter der Nürnberger Nachfolgeprozesse aus der Haft entlassen worden sei. Er appellierte an die alliierten Stellen, die zu Unrecht noch in Haft befindlichen Berufskollegen zu entlassen. So „sollte man sich im Geist der Versöhnlichkeit auch entschließen, dem 79jährigen Hermann Röchling, ... der sich immer noch als Gefangener im Krankenhaus befindet, ebenso wie Dr.-Ing. Ernst Röchling die volle Freiheit wiederzugeben" (Rickers 1951: 853).

III. Die Hochschulen

Die Durchdringung mit Parteimitgliedern war nicht an jeder Hochschule gleich ausgeprägt. Besonders „braun" war z.B. Kiel, aber auch die Aachener Hochschule hatte einen hohen nationalsozialistischen Organisationsgrad. Ende 1935 gehörten mit 48 Parteigenossen mehr als die Hälfte der Hochschullehrer sowie 15 planmäßige Assistenten der NSDAP an (Ricking 1995: 150). Anläßlich der Rektoratsübergabe 1941 wertete denn auch der Prorektor Otto Gruber die technischen Wissenschaften als geistiges Pendant zum Kampf mit den Waffen (Gruber 1941: 16), und der neue Rektor Hans Ehrenberg gab eine fanatische Rechtfertigung der Lebensraumpolitik des „Großdeutschen Reiches" (Ehrenberg 1941: 18). Der Nationalsozialistische Deutsche Studentenbund stellte schließlich die „Lebensgesetze des deutschen Studenten" vor, nämlich vor allem Pflichterfüllung gegenüber dem deutschen Volk und das Sühnen verletzter Ehre durch Blut (Rauterkus 1941: 42).

Paul Röntgen, der als letzter „vornationalsozialistischer" Rektor nun erneut dieses Amt übernehmen mußte, kam dann auch nicht umhin, bei der Wiedereröffnung der Hochschule mit einem „bitteren Gefühl der Scham" (Röntgen 1949: 15) auf die NS-Zeit und den „erschütterndsten aller Totentänze" zurückzublicken (Röntgen 1949: 11). Auch wurde in einzelnen Würdigungen an das Schicksal „nichtarischer Kollegen", insbesondere von Otto Blumenthal (Sommerfeld/Krauß 1951) und Ludwig Hopf erinnert (Sommerfeld/Seewald 1952/53). Diese selbstkritische Aufarbeitung der Vergangenheit wurde aber rasch wieder eingestellt.

Ganz allgemein ist an den Hochschulen ein tiefreichender Wandlungs- und Selbstreinigungsprozeß unterblieben. Zwar wurden im Rahmen des Wiederaufbaus und der Entnazifizierungsverfahren besonders aktive Nationalsozialisten ferngehalten. Auch wird die Zahl von 4000 Wissenschaftlern genannt, die aus eigenem Entschluß oder aufgrund von Entnazifizierungsverfahren nicht wieder an die Hochschulen zurückkehrten (Ricking 1995: 182). Die für die Verfahren wichtige Zugehörigkeit zu bestimmten Organisationen mußte aber keinesfalls das endgültige Aus bedeuten. So kehrten in Aachen Hochschullehrer, wie etwa der Elektrotechniker Robert Brüderlink (Personalakte, RWTH Aachen) oder Herwart Opitz vom Laboratorium für Werkzeugmaschinen und Betriebslehre (Starck/Weck 1995: 295–303) trotz ihrer Parteinahme für den

Nationalsozialismus nach kurzer Zwangspause wieder in ihre Ämter zurück. Offenbar konnte eine anfängliche Belastung im Entnazifizierungsverfahren durch Beibringen von entlastenden Zeugenaussagen im Berufungsverfahren entkräftet werden. Auch in anderen Fällen wurde zunehmend milder verfahren (Ricking 1995: 152, 167). Der Wasserbauer und NS-Rektor Alfred Buntru erhielt 1949 einen Lehrauftrag an der RWTH, 1955 wurde er förmlich emeritiert und 1959 zum Ehrensenator ernannt. Der NS-Rektor Hans Ehrenberg wurde trotz schwerer Belastung und Zwangspensionierung 1953 wieder in seine Emeritierungsansprüche eingesetzt und 1958 offiziell emeritiert.

Aufgrund ihrer Prägung in den 1880er bis 1890er Jahren brachten selbst die Unbelasteten die neu eröffneten Hochschulen allenfalls auf einen unpolitischen, elitär-konservativen Kurs (Ricking 1995: 160). Charakteristisch ist hier eine Rede des Philosophen Karl Jaspers im August 1945 zum Vorlesungsbeginn der Heidelberger Medizinischen Fakultät. Jaspers betonte den Wert freier Wissenschaft im Humboldtschen Sinn, die Bedeutung strengen methodischen Denkens, der Welterkenntnis; er forderte eine Wiedergeburt der Humanität, eine Beseitigung „politischer Flecken". Der Nationalsozialismus, der eigentlich im Hintergrund stand, blieb ungenannt (Strübel 1986: 171f.).

IV. „Wertneutralität" und Kontinuität der Technik

Nach dieser Bestandsaufnahme, wonach die Techniker – wenn überhaupt – nach kurzer Erschütterung in Richtung vager kulturphilosophischer Betrachtungen und rasch auch in vorwärtsgewandte, konzentrierte Wiederaufbauarbeit auswichen, ist natürlich zu fragen, warum die selbstkritische Aufarbeitung eigener Schuld so eindeutig unterbleiben konnte. Ein entscheidender Punkt war hier die unter Technikern sehr stark vertretene Vorstellung von der Ambivalenz (Quarg 1948: 226), oder – noch mehr entlastend für die Techniker – der Wertneutralität der Technik (Behn 1949: 453, vgl. auch Zeddies 1950: 596). Für die fatale Entgleisung der deutschen Politik und für den mit technischen Mitteln geführten Krieg wurde die Politik verantwortlich gemacht. Zugleich wurde damit der Kontinuität der Technikentwicklung über den Zusammenbruch von 1945 hinweg der Weg gebahnt. 1970 stellte Gerd Hortleder dann auch fest, der Ingenieur sei aus dem 2. Weltkrieg als „Sieger der Niederlage" hervorgegangen, er hätte von „Zerstörung und Aufbau gleichermaßen" profitiert, er hätte in seinem Beruf fast so weiterleben können, „als habe es den 8. Mai 1945 nie gegeben" (Hortleder 1970: 139f.).

Aber nicht nur „Wertneutralität" und Kontinuität der Technik ist hier zu diskutieren. An drei Beispielen läßt sich zeigen, wie technisch-wissenschaftliche Entwicklungen der NS-Zeit und des Krieges gerade aus den Umständen ihrer Entstehung, aus ihrem inneren Reiz, aus ihrer Modernität heraus, den Impetus für eine forcierte Weiterentwicklung nach dem Krieg bezogen.

Im Fall der (in ihrer konjunkturellen Wirkung propagandistisch weit überhöhten) Reichsautobahnen schien in der Tat eine charakteristische „nationalsozialistische" und positiv zu bewertende Technikanwendung vorzuliegen. Beim Autobahnbau stellte Hitler nämlich sein Expansionsstreben zunächst zurück, um sich in der Rolle des „Bauherrn" zusammen mit Fritz Todt einer gigantischen Landschafts- und Umweltplanung zu widmen. Todts Nachfolger Albert Speer schilderte nach dem Krieg, wie Hitler beim Autobahnbau sich gerade als Gestalter verwirklicht sah und dadurch seine Enttäuschung über die Skepsis der Militärs überwunden habe (Ludwig 1974: 327f.).

Auch im neutralen Ausland wurde der sich vom Kapitalismus lösenden Technik der NS-Zeit, ungeachtet der Ablehnung des NS-Regimes, gelegentlich ein Vorbildcharakter zugesprochen. Ein bedeutender Interpret dieses positiv bewerteten deutschen Sonderwegs in der Technik, einer Vereinigung des Volkes im Erlebnis eines „gemeinschaftlichen Bauwillens", war Gustav Eichelberg von der E.T.H. Zürich (Ludwig 1974: 328f.). 1948, auf der VDI-Tagung im kriegszerstörten München, machte Gustav Eichelberg den deutschen Ingenieuren dann auch Mut, gerade aus der spezifisch deutschen Technik- und Wirtschaftsethik, die seit den wirtschaftlichen Problemen der Zwischenkriegszeit „im deutschen Volk ein Gemeinschaftserleben zum Wachstumsansatz gebracht" habe, die Kraft für den Wiederaufbau zu schöpfen, aus der Tugend großer deutscher Industrieller, „mit dem Herzen bei der Sache [zu sein], beim Werk ... und nicht beim bloßen Finanzgeschäft ..." (Eichelberg 1948: 303).

Die Vorstellung von der „Wertneutralität" und mehr noch die positiven oder innertechnisch reizvollen Aspekte einer „modernen" Technikentwicklung in der NS-Zeit lassen sich auch an Verhaltensweisen im Umkreis der frühen Radartechnik ablesen. Während in der Radarentwicklung in den USA und vor allem in Deutschland ausgefeilte Einzelgeräte im Vordergrund standen, favorisierte Großbritannien ein einfaches und praktikables Gesamtsystem zum Schutz der großen Küstenlinien vor Luftangriffen. Zudem gelang in Großbritannien 1939 bis 1943 durch die von Anfang an gepflegte Zusammenarbeit von Politik, Militär, Technik und Wissenschaft mit dem Hohlraum-Magnetron auch der entscheidende Vorstoß in den Bereich der Zentimeterwellen.

Auffällig ist nun, wie auf beiden Seiten der Wettbewerb um dieses militärtechnische System, das so massiv involviert war in die Luftschlacht um England, in den U-Boot-Krieg, in die Schlacht um den Atlantik und in den Bombenkrieg über Deutschland, nach dem Krieg, losgelöst von diesem historischen Kontext und vergleichbar dem oft als ritterlich apostrophierten Luftkrieg im 1. Weltkrieg, als ein kompetitiv geführter, eigenständiger „Hochfrequenzkrieg" erschien. Charakteristisch ist hier, wie Leo Brandt, der Schöpfer des 7,5 m-Parabolspiegels des Würzburg-Riesen, der es gegen Ende des Kriegs zudem geschafft hatte, die deutsche Funkmeßtechnik fast wieder an die britische Radarentwicklung heranzuführen, und Robert A. Watson-Watt, der die operativ erfolgreiche britische Entwicklung ursprünglich angestoßen hatte, sich bereits 1953 mit großem Respekt vor der jeweils anderen Leistung im

Rahmen einer Frankfurter Fachtagung begegneten (Brandt 1953: 11, 42).

Ein letztes Beispiel für den Versuch, sich in die Neutralität von Wissenschaft und Technik zu flüchten, betrifft die Kernforschung. Das deutsche Uranprojekt stellt zwar keine Erfolgsgeschichte dar. Dies hat aber zum geringeren Teil mit ethischen und politischen Hemmungen zu tun. Den deutschen Physikern fehlte es nämlich keinesfalls an Ehrgeiz, und mit der frühen Einschaltung des einflußreichen und finanziell gut ausgestatteten Heereswaffenamts hatte man auch organisatorisch einen besonders günstigen Start. Mehr und mehr wird auch die militärische Anwendung als ein mögliches Motiv diskutiert. Jedenfalls waren der Spaltstoff Uran 235 und der z.B. im Natururanreaktor entstehende zweite Spaltstoff Plutonium 239 bekannt (Atom-Museum Haigerloch 1982: 76; Walker 1990: 251; Hoffmann 1993: 192). Die durch Carl Friedrich von Weizsäcker und Werner Heisenberg seit ihrer Internierung in Farm Hall entwickelte Argumentationsstruktur (Heisenberg 1969: 257–317; Hoffmann 1993: 40–44; Walker 1994: 249; Rechenberg 1994) setzt die Akzente freilich anders. Demnach war wegen der begrenzten Mittel an eine deutsche Bombe nicht zu denken, auch hätten die Physiker Hitler nukleare Waffen nicht in die Hand geben wollen, allenfalls hätten sie damit auf Hitler Druck ausüben wollen (Weizsäcker 1991: 234f.), anders als die USA hätten sie lediglich den Bau eines Reaktors angestrebt, vor allen Dingen hätten sie aber die Wissenschaft und den wissenschaftlichen Nachwuchs durch den Krieg bringen wollen. Ernst Brüche entwickelte in einer Serie von Artikeln in den Physikalischen Blättern zudem eine umfassende Verteidigungsstrategie: Indem man nach dem Krieg seine Gegnerschaft zur (fachlich notorisch schwachen) deutschen Physik betonte, glaubte man, seine Distanz zum Nationalsozialismus bewiesen zu haben (Albrecht 1993: 60–62).

In personeller wie fachwissenschaftlicher Hinsicht hat jedenfalls die deutsche Kernforschung, nachdem sie 1955 mit den Pariser Verträgen aus der Grauzone des alliierten Verbots angewandter Kernphysik herausgetreten war, nahtlos an die

Kernforschung des 2. Weltkriegs angeschlossen (Radkau 1983: 34–39, 48–51). Der Chemiker Wilhelm Groth, Assistent von Paul Harteck, setzte unter Duldung der Briten bereits 1946 seine Arbeiten zur Urananreicherung mit Hilfe der Gasultrazentrifuge fort. Die seit der Kriegszeit mit Heisenberg in Konflikt lebende Gruppe um Erich Bagge und Kurt Diebner initiierte die Entwicklung von Schiffsreaktoren in Geesthacht. Nach dem Vorbild des letzten Reaktorversuchs vor Kriegsende in Haigerloch konzipierte eine Gruppe um den Heisenbergschüler Karl Wirtz den ersten eigenentwickelten deutschen Forschungsreaktor FR 2 in Karlsruhe als schwerwassermoderierten Natururanreaktor. Auf der Basis dieser Technik baute der mit Heisenberg befreundete Wolfgang Finkelnburg die Reaktorabteilung bei Siemens auf. Auch das Eltviller Programm von 1957 nannte unter den fünf Konzepten, deren Entwicklung in der Bundesrepublik verfolgt werden sollte, diese Reaktorlinie. Und unabhängig davon, daß sie sich als Sackgasse erweisen sollte, wurde dann die Kerntechnik insgesamt zu *dem* wissenschaftlich-technischen Großprojekt der Bundesrepublik.

V. Generalabsolution im Kontext des Kalten Kriegs

Ein weiterer wichtiger Grund dafür, daß unmittelbar nach dem Krieg eine Aufarbeitung der NS-Zeit unterblieb, liegt in der Entwicklung der außenpolitischen Situation. Dies zeichnete sich aber bei Kriegsende an der Oberfläche der sichtbaren Politik der Alliierten noch keinesfalls ab. In den Jahren 1945 bis 1949 führten die alliierten Siegermächte im Justizpalast von Nürnberg 13 Kriegsverbrecherprozesse durch. Im ersten, im Herbst 1946 beendeten Prozeß wurde die politische Spitze der NS-Diktatur angeklagt und verurteilt. In den Nürnberger Nachfolgeprozessen, die vor rein amerikanischen Militärgerichten stattfanden, wurden hohe politische und militärische NS-Organisationen und deren Führungspersonen angeklagt. Prozesse, die den Bereich Wissenschaft und Technik betrafen, galten den NS-Ärzten, dem Flick-Konzern, dem Krupp-Konzern und dem Konzern IG Farbenindustrie AG (Plumpe 1990: 752–754; Heintzeler 1987: 28f.).

Die völkerrechtliche Unangreifbarkeit der Anklagepunkte, die zur Verurteilung führten, und die normbildende Wirkung können jedoch nicht darüber hinwegtäuschen, daß in Nürnberg „politische Justiz" waltete: Die Anklagebehörde und die Richterschaft wurden von den USA gestellt, und es ging um eine alleinige Verurteilung deutscher Kriegsverbrechen. Gravierender jedoch erscheint umgekehrt die Färbung der Urteile der Nachfolgeprozesse und die Beeinflussung der Strafverfolgung durch die rasche Änderung der politischen Großwetterlage. Der bald ausbrechende Kalte Krieg (O.M.G.U.S. 1986: LII) hat die Urteile gemildert, und die zunehmend offenkundig werdende Bollwerk-Funktion der Bundesrepublik, flankiert von der Beendigung einer selbstkritischen Vergangenheitspolitik im Innern (Frei 1996: 219–221), haben zur raschen Entlassung der wirtschaftlichen Führungspersonen beigetragen. Aufgrund von Amnestien wurden bis Mitte der fünfziger Jahre alle Verurteilten wieder entlassen. Dies gilt auch für die z.T. mit langjährigen Gefängnisstrafen belegten Verurteilten des IG-Farben-Prozesses, wobei es nun allerdings allein in die deutsche Verantwortung fällt, daß ein großer Teil der Verurteilten des IG-Farben-Prozesses wieder in leitende Positionen der Großchemie gelangte (Heine 1990: 297).

Andererseits trugen auch die Amerikaner selbst früh zur Diskreditierung der Nürnberger Prozesse bei. In Konkurrenz zum ehemaligen Kriegsverbündeten UdSSR warben die USA nach dem Krieg eine große Zahl deutscher wissenschaftlich-technischer Spezialisten ab (Ricking 1995: 182), insbesondere im Bereich der Raketentechnik. Gefördert vom Heereswaffenamt und vorangetrieben von einem beachtlichen Stab von Ingenieuren und Facharbeitern war in Peenemünde seit Oktober 1942 die Flüssigkeitsrakete A 4, bekannt unter der militärischen Bezeichnung V 2, im Flug erprobt worden. Unter unmenschlichen Bedingungen, die Albert Speer im Gegensatz zu Wernher von Braun (MVT 1995: 151) später eingestand, hatten dann im „Mittelwerk“ im Harz Zwangsarbeiter, KZ-Häftlinge und Kriegsgefangene eine Waffe hergestellt, die bei nahezu 4000 Abschüssen Sprengbomben nach Antwerpen, überwiegend aber nach England trug.

Ihre eigentliche Wirkung entfaltete die A 4 aber erst durch die Adaption der deutschen Entwicklungsarbeit in den USA. Samt der wichtigsten technischen Unterlagen wurden die deutschen Raketenfachleute aus Peenemünde sofort nach dem Krieg in der geheimen Aktion „Paper Clip“ in die USA gebracht. Walter Dornberger, der die Raketenversuchsanlage in Peenemünde aufgebaut hatte, kam nach kurzer Gefangenschaft in Großbritannien ebenfalls in die USA. Tatsächlich beruhte der erste erfolgreiche amerikanische Start einer Rakete großer Reichweite im Februar 1949 auf einer A 4 Rakete, der als zweite Stufe eine WAC-Corporal-Rakete aufgesetzt worden war. Das Interesse an militärtechnischem Wissen hatte politisch-moralische Bedenken weitgehend zurückgedrängt (Kurowsky 1982: 245f.; Greiner 1991).

Komplementär zur zunehmend milderen Siegerjustiz der USA gab es in Deutschland die früh einsetzende und nachhaltige Hinwendung zu den Vereinigten Staaten. Gefördert von Hochschulen, Kirchen und Gewerkschaften kamen Westdeutsche bald in die Lage, im Rahmen von Studienreisen die USA zu besuchen. Ein entsprechender Bericht des Kurators des VDI, Rudolf Plank, spricht zwar von einer „gegenwärtig vergifteten Atmosphäre“, von den Aufgaben der jüngeren Generation, diese Situation zu überwinden. Die Analyse der unterschiedlichen, „komplementären“ amerikanischen bzw. deutschen Forschungspolitik, unter Betonung des hohen Rangs der deutschen Grundlagenforschung, signalisierte aber doch die kommende Bewunderung für die Vereinigten Staaten (Plank 1948: 265ff.). Alexander und Margarete Mitscherlich gingen Ende der 60er Jahre allerdings sehr viel weiter, und sie folgerten kritischer: „dieser schlagartig einsetzende Mechanismus der Derealisierung des soeben noch wirklich gewesenen Dritten Reiches, ermöglicht es dann auch im zweiten Schritt, sich ohne Anzeichen gekränkten Stolzes leicht mit den Siegern zu identifizieren. Solcher Identitätswechsel hilft mit, die Gefühle des Betroffenseins abzuwenden, und bereitet auch die dritte Phase, das manische Ungeschehenmachen, die gewaltigen kollektiven Anstrengungen des Wiederaufbaus, vor." (Mitscherlich 1970: 40)

VI. Die deutsche Industrie nach 1945

Aber Wiederaufbau war eben nicht nur Wiederaufbau. Eine eindrucksvolle historische Erfahrung ist das Überleben industrieller Kapazitäten – für die IG-Farben werden 87% der Kapazität von 1943 angegeben, eine Zahl, die jedenfalls höher liegt als die für den September 1939. Die Mängel lagen vorwiegend in den Transportwegen, in der Rohstoffversorgung, etwa bei Öl und Kohle, sowie in der Elektrizitätsversorgung (O.M.G.U.S. 1986: XXXIX, 345, 350f.). Die zur Sicherung der westeuropäischen politischen und wirtschaftlichen Interessen der USA seit April 1948 verausgabten ERP (European Recovery Program)-Mittel, die Währungsreform vom 20. Juni 1948 und die Angleichung an das liberale marktwirtschaftliche System verhalfen der Bundesrepublik dann vollends zu einem raschen wirtschaftlichen Aufschwung.

Siemens erreichte bereits Anfang der fünfziger Jahre wieder den Umsatz der Vorkriegszeit (Delius 1975: 31; Weiher/Goetzeler 1981: 183). Die Lastwagenwerke (Tempo, Daimler-Benz, MAN, Büssing, Ford) und die Motorradfabriken der drei Westzonen bauten bereits 1950 mehr Fahrzeuge als 1938 das ganze Reichsgebiet. Ein Jahr später überschritt auch die entsprechende PKW-Produktion die Zahlen von 1938, trotz des Verlustes oder des Ausscheidens ganzer Firmen. Unverkennbar ist dabei, wie vielfach unter verbesserten außenwirtschaftlichen Bedingungen unmittelbar auf der Technik der Vorkriegszeit aufgebaut wurde. Dabei hatte hier die nationalsozialistische Motorisierungskampagne seit 1933, mit ihrer Betonung des Individualverkehrs, auch in mentaler Hinsicht den Weg gebahnt.

Um so problematischer ist dagegen die Aufarbeitung der NS-Zeit in der deutschen Automobilindustrie. Typisch sind auch hier trotz der Brüche die Kontinuitäten bei den Führungseliten. Wilhelm Haspel wurde wegen der Leitung eines Sonderausschusses für Flugmotoren von den amerikanischen Militärbehörden aus seinem Amt als Vorstandsvorsitzender der Daimler-Benz AG entlassen. Offenbar war Haspel auch trotz einer gewissen Distanz zur NS-Ideologie von der Spitze der NSDAP protegiert worden. Im Spruchkammerverfahren erreichte er jedoch aufgrund der Tatsache, daß seine Frau Halbjüdin war und er insofern unter beträchtlichen politischen Druck geraten war, seine Entlastung. Nachdem er im Februar 1948 erneut den Vorstandsvorsitz übernommen hatte, konnte er weitgehend seine alte kaufmännische und technische Führung wiederherstellen (Pohl/Habeth/Brüninghaus 1986: 31–35; Kruk/Lingnau 1986: 163f., 168; Hamburger Stiftung für Sozialgeschichte 1987: 756).

Noch 1986 wurde bei Daimler-Benz in einer Festschrift zum 100jährigen Jubiläum des Automobils (vgl. zum Folgenden Kruk/Lingnau 1986: 150–154) die enorme Produktivität bei der Herstellung von militärischen Flugmotoren hervorgehoben, es wurde die hohe Qualität der Schnellboot-Dieselmotoren gelobt. Beklagt wurde allenfalls die peinliche Niederlage, daß man gezwungen worden war, im Mannheimer Werk eine Lizenzproduktion des Dreitonner-Lastwagens Opel-Blitz aufzunehmen. Die Distanz, die man zur Partei bewahren konnte, wurde betont, die Virtuosität der „Überlebenstaktiken" am Ende des Kriegs. Dagegen lägen grundsätzliche Aussagen über das Los speziell von KZ-Häftlingen nicht vor, auch wenn davon berichtet werde, daß die Unterbringung etwa in dem von der SS bewachten Lager Mannheim-Sandhofen 1944/45 kaum als menschenwürdig angesehen werden konnte. Einzelne Dokumente zeigten, daß die Behandlung – zumeist durch externe Wachmannschaften – keine Rücksicht auf die persönliche Würde des Menschen genommen habe, andere dagegen, wie Werksangehörige dazu beigetragen haben, die Not und den Hunger der Betroffenen zu mildern. Allerdings haben auf der wissenschaftlichen Ebene Hans Pohl, Stephanie Habeth und Beate Brüninghaus mit (wachsender) Unterstützung der Daimler-Benz AG sowie eine Autorengruppe der Hamburger Stiftung für Sozialforschung 1986 und 1987 begonnen, das Los der Zwangsarbeiter genauer zu erforschen. Trotzdem wurde damit aber immer noch eine massive historiographische Kontroverse ausgelöst (Pohl/Habeth/Brüninghaus 1986: 144–165; Hamburger Stiftung für Sozialgeschichte 1987: 8).

Ähnlich und begleitet von denselben Kontroversen hat Hans Mommsen im Falle des Volkswagenwerkes die Aufarbeitung der NS-Zeit übernommen. Denn auch für die im Umkreis des Volkswagenprojektes entscheidenden Akteure schien für Jahrzehnte die Geschichte nach 1945 neu begonnen zu haben: Nicht nur die von Ferdinand Porsche gedeckte Zwangsarbeit bei VW war zunächst kein Thema. Die gesamte Vergangenheit wurde in der Wiederaufbauphase fast vollständig ausgeblendet. Nordhoffs Karriere begann insofern am 1. Januar 1948, als er als Generaldirektor die Geschäftsführung von VW übernahm (MVT 1995: 43 ff.). Dabei war Nordhoff längst eine der führenden Personen der Automobilindustrie. 1942, nachdem 1941 der letzte amerikanische Angestellte Opel verlassen hatte, war er ordentliches Vorstandsmitglied geworden. Obwohl nie nominell NSDAP-Mitglied, hatte er als Organisator der Lastwagenproduktion zu den herausragenden Trägern der Rüstungsindustrie gehört. Wie in weiten Bereichen der Rüstungsindustrie hatten auch im Opel-Werk Brandenburg ausländische Zwangsarbeiter gearbeitet, jedoch keine KZ-Häftlinge (Nordhoff 1992: 23). Jedenfalls war die amerikanische Mutter der Adam Opel nach 1945 nicht bereit gewesen, Nordhoff wieder in die Geschäftsführung Opels aufzunehmen. Nur aufgrund der Bestrebungen Englands, das VW-Werk wieder in Betrieb zu nehmen und mit der Leitung einen deutschen Fachmann zu betrauen, gelangte Nordhoff 1948 in die Spitze des Volkswagenwerks.

Trotzdem vermitteln Nordhoffs Reden und Aufsätze von der NS-Zeit den Eindruck des Mehrdeutigen und Irrealen.

Meist werden nur die untergeordneten Merkmale der NS-Diktatur angesprochen, etwa der „bombastische Volkswagenplan“ oder die „hochstaplerische Vergangenheit“ (Nordhoff 1992: 61, 86). Dort, wo es um das Eingeständnis ging, daß dieses Land den Krieg begonnen und verloren habe, daß die Städte zerstört seien, Millionen Toter zu beklagen seien, die industrielle Infrastruktur zerstört und die Währung vernichtet sei und insofern nicht einfach an den Lebensstandard von 1938 angeschlossen werden könne, wußte Nordhoff im Dezember 1948 nur einen Ausweg: schweigend zu „arbeiten!"(Nordhoff 1992: 64). Und bereits im Oktober 1949 schimmerte der kommende Erfolg des Wiederaufbaus durch: „Wie glücklich können wir bei alledem trotz des Entsetzlichen, das wir durchgemacht haben, und trotz aller schweren Verluste sein, daß in unserem Lande wieder gearbeitet wird, mit dem ganzen Fleiß und der ganzen Emsigkeit, die den Deutschen zu eigen sind. Wir haben aufgehört, nach rückwärts zu sehen, wir haben ein Ziel vor uns, wir träumen nicht von der Vergangenheit, wir schaffen für die Zukunft.“ (Nordhoff 1992: 92)

Winfried Schulze

Doppelte Entnazifizierung
Geisteswissenschaften nach 1945

Als ich mich an die Arbeit für diesen Beitrag machte und die Informationen über den Fall Schneider/Schwerte auf der einen Seite und die über „meine Historiker nach 1945" auf der anderen Seite lagen, fiel mir eine äußerliche Übereinstimmung zwischen der Biographie Schneider/Schwertes mit der des Historikers Gerhard Ritter auf, die mich nicht mehr losgelassen hat. Während ersterer nach dem Zusammenbruch des Dritten Reiches mit dem Fahrrad aus Berlin aufbrach und beschloß, ein neues Leben mit neuer Identität zu beginnen, machte sich etwa zur gleichen Zeit der nur durch eine Reihe von Zufällen seiner Verurteilung vor dem Volksgerichtshof als Widerstandskämpfer entkommene Gerhard Ritter zu Fuß auf den Weg nach Freiburg im Breisgau, um dort seine Arbeit aufzunehmen. Beide begannen in der Tat ein neues Leben, wenn auch in ganz unterschiedlichen Bedeutungen und Richtungen: Hier der SS-Mann des „Ahnenerbes", der als Germanist eine neue Karriere begann, unter neuem Namen seine Frau erneut heiratete, dort der Historiker, der nach seiner Ankunft in Freiburg sofort in die Arbeit der Säuberung der Universität eingebunden wurde und sich mehrere Monate mit dem Fall des Philosophen Martin Heidegger befassen mußte. Mich hat die Nähe der beiden Lebensentscheidungen sehr beeindruckt. Sie kann uns die Optionen moderner Wissenschaft vor Augen führen, und sie mag uns noch einmal die Dramatik der Wochen des Zusammenbruchs verdeutlichen, als die Karten neu gemischt wurden.

Die Frage, wie die Geisteswissenschaften nach 1945 mit ihrer NS-Vergangeheit umgingen, schließt zwei Teilfragen ein, die ich im folgenden etwas genauer behandeln möchte. Zum einen die Frage nach der Entnazifizierung von Wissenschaftlern nach 1945, zum anderen die Frage der inhaltlichen Entnazifizierung, d.h. der mehr oder weniger weiten Entfernung oder Distanzierung von nationalsozialistischen Lehr- und Forschungsinhalten.

Man wird gewiß nicht behaupten können, daß das Thema Entnazifizierung in den letzten Jahren ein vorrangiges Interesse der Wissenschaft beansprucht hat. Im Gegenteil. Entnazifizierung war eigentlich kein Thema mehr in der deutschen Geschichtswissenschaft. Die grundlegenden Arbeiten zum Produktionsablauf der sogenannten „Mitläuferfabrik" sind lange geschrieben, die kritischen Bewertungen dieses Vorgangs sind bekannt. Aus 13,2 Millionen Fragebögen, die in der US-Zone ausgefüllt worden waren, wurden durch das Befreiungsgesetz von 1946 drei Viertel als nicht betroffen ausgeschieden, übrig blieben 945000 Fälle, von denen es wiederum nur in 10% der Fälle zur Anlageerhebung kam. Übrig bleiben 0,05% = 1645 Hauptschuldige und 22122 Belastete. Die meisten wurden aus diesen Kategorien heruntergestuft, so daß sie als Minderbelastete oder als Mitläufer endeten.[1] Bekannt ist auch die dem Fehlschlag der bürokratischen Entnazifizierung vorausgegangene kollektive Verdrängung der Schuld. Interesse konnte eher der vergleichende Blick auf die europäischen Staaten erregen, die in jeweils eigener Weise mit den Belastungen des Faschismus und der Kollaboration fertig werden mußten.

Neue Impulse bescherten diesem Thema aber eine gewisse Aktualität: Zum einen die politische Evaluierung der wissenschaftlichen und politischen Funktionsträger der ehemaligen DDR, die natürlich zum Vergleich mit den Reinigungsvorgängen nach 1945 herausforderten; zum anderen waren dies Enthüllungen über die Verstrickung einzelner Männer in die Aktivitäten des NS-Regimes, die in den letzten Jahren auch für bedeutende Historiker der frühen Bundesrepublik vorgelegt wurden: Ich nenne die Namen Theodor Schieder und Hermann Aubin, die sich gutachtlich im ‚Ostsiedlungsprogramm' betätigten. Im Grunde dreht es sich auch bei dem

Anlaß dieser ‚Aachener Vorlesungsreihe' um einen solchen Fall. Da wurde endlich durch genaues Hinsehen bekannt, daß ein renommierter Wissenschaftler, Rektor einer Hochschule, sich nach 1945 eine neue Biographie zugelegt hatte, gewiß nicht ohne Mitwissen anderer, aber sicher kein Sonderfall, gemessen an den Verhältnissen der unmittelbaren Nachkriegszeit, als man mit Hilfe des Vatikans leistungsfähige Fluchtorganisationen für NS-Größen nach Lateinamerika aufbaute, als man sich kollektiv Wohlverhalten bescheinigte und ein Zeuge für geleisteten Widerstand oder Wohlverhalten leichter zu finden war, als eine Aussage für die Beteiligung an Verbrechen.

Es sollen nun einige Informationen über den Vorgang der Entnazifizierung in der Geschichtswissenschaft zusammengetragen werden, die als identitätsstiftende Disziplin ein gutes Beobachtungsfeld für unsere Frage abgibt. Gelegentliche Blikke auf andere Disziplinen können dieses Bild ergänzen. Mir geht es dabei nicht nur um die – relativ wenigen – Personen, die von der Entnazifizierung betroffen waren. Ich möchte den Begriff vielmehr in einem doppelten Sinne gebrauchen, indem ich zunächst die konkreten Verhaltensweisen und Maßnahmen gegen jene Wissenschaftler beschreibe, die sich wissenschaftlich diskreditiert hatten. In einem zweiten Schritt will ich dann nach den wissenschaftlichen Inhalten der Auseinandersetzung mit der Last des Nationalsozialismus fragen, nach dem, was man eine inhaltliche Entnazifizierung nennen könnte. Dies mußte ja gerade für die Geschichtswissenschaft eine ungeheure Herausforderung darstellen, hatte sie sich doch seit dem Ende des 19. Jahrhunderts in der sicheren Vorstellung einer durchaus positiv verstandenen deutschen Sonderrolle in Europa befunden, hier die Helden, dort die Händler.

I. Wissenschaft im 20. Jahrhundert

Zunächst jedoch einige einleitende Bemerkungen zur Rolle der Wissenschaft im 20. Jahrhundert, die uns den Ort andeuten sollen, an dem sich dieser hier en détail untersuchte Prozeß festmachen läßt.

Die Entwicklung der modernen Wissenschaften ist gewiß untrennbar verbunden mit der Entwicklung des modernen Staates. Läßt sich für die Frühe Neuzeit, ja vielleicht noch für das frühe 19. Jahrhundert eine Situation annehmen, in der Wissenschaft in relativer Distanz zur staatlichen Macht betrieben wurde, so ändert sich dies dramatisch mit jener Phase der Nationalisierung der Wissenschaft, die seit dem Ende des 19. Jahrhunderts ganz Europa ergreift. Das unterlegene Frankreich greift bewußt den wissenschaftlich-technologischen Vorsprung des östlichen Nachbarn auf, Deutschland erkennt seinerseits, daß Wissenschaft unverzichtbare Voraussetzung für staatliche Macht im Weltsystem ist. Damit beginnt für die Wissenschaft jene durchaus angenehme Phase, in der ihre materiellen Bedürfnisse leicht begründet werden konnten. Wollte ein Land stark sein, auf den Weltmärkten reüssieren, dann mußten erhebliche Summen in jene Wissenschaften gesteckt werden, die dafür verantwortlich schienen.

In Deutschland entwickelte sich in dieser Phase eine bemerkenswerte Kooperation von Staat, Wissenschaft und Wirtschaft, denn sowohl die Gründung der ‚Stiftung zur Förderung der technischen Wissenschaften' im Jahre 1900 als auch die Gründung der Kaiser-Wilhelm-Gesellschaft im Jahre 1911 vereinigten private und staatliche Initiative. Nach dem Verlust des Ersten Weltkrieges wurde Wissenschaft gar zu einer Art Machtersatz hochstilisiert; hatte man auch Kolonien, Territorium und die „schimmernde Wehr" verloren, so hatte man doch noch die deutsche Wissenschaft, die jetzt dazu beitragen sollte, Deutschlands Stellung in der Welt wieder zu erneuern. Wie gesagt, diese Situation war für die Wissenschaft selber günstig, ihre Legitimationsbasis erneuerte sich ständig, Geldforderungen bedurften nicht spezieller Begründungen, Wissenschaft war unverzichtbar im nationalen Sinne. Die heute so beliebte Schwerpunktforschung – etwa die in Aachen besonders geschätzten Sonderforschungsbereiche der DFG – wurde 1925 erfunden, in einer Zeit also, als der Staat gezwungen war, die vorhandenen Mittel möglichst effektiv zu konzentrieren.

Diese allgemeine Beobachtung gilt im Prinzip auch für die Geisteswissenschaften, auch wenn hier die von staatlicher Seite angesonnenen Verwertungsabsichten immer nur in mannigfacher Brechung durchzusetzen waren und sich weniger unmittelbarem Zwang als parteipolitischer Grundstimmung verdankten. Für einen Wissenschaftler wie den Chemiker Fritz Haber, dem Deutschland letztlich das wirtschaftliche und militärische Überleben im Ersten Weltkrieg verdankte, waren hochentwickelte Kulturwissenschaften jedoch unverzichtbar als Humus einer leistungsfähigen Naturwissenschaft und Technik, nicht zuletzt bedürfe es dieser Wissenschaften zur Kontrolle der Naturwissenschaften.

Warum beginne ich meinen Beitrag zur Entnazifizierung der Geisteswissenschaften nach 1945 mit einem solchen Rekurs auf die Wissenschafts- und Technikgeschichte? Man mag dies als Reverenz an die RWTH verstehen, aber dies hat mich nicht zu einem solchen Einstieg bewogen. Wichtiger erscheint mir die Einsicht, daß, wenn wir über die Beziehung zwischen Politik und Wissenschaft im 20. Jahrhundert sprechen, wir uns der historischen Perspektiven und Rahmenbedingungen versichern müssen, in denen ein solches Thema zu sehen ist. Wir befinden uns im Zeitalter einer Wissenschaft, die den Zwängen und Bedürfnissen des modernen Nationalstaates angepaßt wurde, die daraus großen Nutzen zog, aber auch ihren Tribut dafür zahlen mußte. Diese Situationsbeschreibung ist auch heute zu reflektieren.

II. Geschichtswissenschaft und Nationalsozialismus

Wenn sich auch die Zeit des Nationalsozialismus als letztlich zu kurz und dessen Ideologie als zu vage erwies, um eine durchgreifende Umgestaltung der deutschen Geisteswissenschaften zu erreichen, so läßt sich doch ganz allgemein feststellen, daß zum Beispiel die Geschichtswissenschaft „nicht mit leeren Händen“ zum neuen Regime kam. Dieses Diktum des Münchener Historikers Karl Alexander von Müller, der zwar 1933 nicht Parteimitglied war, aber dem Nationalsozialismus ganz nahe stand, mag die Richtung meines Arguments andeuten. Damit ist gemeint, daß sich in den Themenschwerpunkten und den aktuellen Fragen der Geschichtswissenschaft, der Philosophie und der Germanistik viele Ansatzpunkte feststellen ließen, die dem Nationalsozialismus als Wurzelgrund dienen konnten. So bedurfte es in vieler Hinsicht keiner formellen Gleichschaltung der Geschichtswissenschaft, weil das nationalistische und völkische Gedankengut der 20er und 30er Jahre sich selbst zur Verwendung anbot und eine Gleichschaltung letztlich überflüssig machte. Der heiße Wunsch nach einer Revision von Versailles, die kulturelle Separierung vom parlamentarisch-demokratischen Westeuropa, der latente Antiliberalismus und Antisemitismus, die Suche nach einer charismatischen Führergestalt, die aus der Kulturkrise herausführen sollte, all dies verband sich zu einer den Nationalsozialisten günstigen Mischung. Damit soll weder über jene Hochschullehrer hinweggesehen werden, die aus höchst unterschiedlichen Gründen in Distanz zum System verharrten, noch über jene meist jüngeren Dozenten, die 1933 begierig in die Partei eintraten. Daß hier eine breite Palette von Nähe und Distanz festgestellt werden kann, macht die historische Analyse nicht gerade leicht. Aber man trifft wohl am ehesten die spezifische Attraktivität des Nationalsozialismus, wenn man darauf verweist, daß selbst ein katholisch-liberaler Historiker wie Franz Schnabel, dem 1936 schließlich die Erlaubnis zu lehren entzogen wurde, für einige Monate 1934/35 in der Gefahr stand, im Nationalsozialismus eine Möglichkeit zur Lösung der „Kulturkrise“ seiner Zeit zu sehen, was ihn u.a. dazu bewog, Adolf Hitler mit dem Freiherrn vom Stein zu vergleichen. Man kann sich leicht vorstellen, wie Angehörige anderer Lager auf den Nationalsozialismus reagierten. Der emigrierte Arthur Rosenberg schrieb 1938: „Eine spätere Zeit wird feststellen müssen, daß seit 1933 eine lebendige und kritische Geschichtsforschung überhaupt nicht mehr existierte und gar nicht existieren konnte, und daß daher die kritische deutsche Geschichtswissenschaft seit 1933 nur noch in der Emigration weiterlebte.“ Ein solches Urteil mag auf den ersten Blick hart und vielleicht ungerecht gegenüber jenen erscheinen, die sich gegen jede Vereinnahmung durch den Nationalsozialismus wehrten und mit Publikationsverzicht, Lehrverbot oder sogar Amtsenthebung dafür bezahlen mußten. Zweifellos aber ist richtig, daß eine kritische Geschichtsforschung nur mehr in Andeutungen möglich war, in einer kleinen Rezension, im kleinen Kreis, im vertrauten Seminar. Die öffentlichen Meinungsäußerungen mußten sich der Zensur der Partei unterwerfen und ihren kritischen Anspruch aufgeben.

III. Neuorganisation der Geschichtswissenschaft nach 1945

Auf alle Beobachtungen zur frühen Besatzungspolitik und zu den mitunter dramatischen Lebensumstände bekannter Wissenschaftler, die freilich die tiefgreifende Erschütterung sowohl der persönlichen Existenz als auch des Selbstverständnisses als Historiker belegen, kann und soll hier nicht eingegangen werden. Wenn sich ein Historiker fragte, ob es überhaupt noch eine deutsche Geschichte geben könne, wenn es keinen deutschen Staat mehr gebe, dann ist damit aber zumindestens die Tiefe der Erschütterung der tradierten Vorstellungswelt angedeutet.

Die Neuorganisation der Historiker erfolgte im Verhältnis zur allgemeinen Neubegründung des universitären Bildungswesens und der anderen wissenschaftlichen Berufsverbände und Fakultätentage offensichtlich relativ spät. Bekanntlich öffneten die Universitäten seit September 1945 wieder ihre Pforten, und als sich die Historiker im September 1949 endlich zur ersten Nachkriegsversammlung in München trafen, hatten schon 1946 in Frankfurt und 1948 in Worms zwei Soziologentage stattgefunden, 1948 hatten sich die Germanisten in Leipzig getroffen. Zur Erklärung kann man – obwohl dies naheliegend wäre – kaum auf das vorübergehende Verbot des Geschichtsunterrichts in den Schulen verweisen oder auf die noch nicht abgeschlossenen Maßnahmen zur politischen Säuberung der Lehrkörper. Eher muß man die allgemeine Zurückhaltung der Professoren und die ganz uneinheitliche Haltung der Besatzungsbehörden zu einer Verbandsgründung verantwortlich machen.

Diese Säuberung der Hochschulen war in den allermeisten Fällen schon in den ersten beiden Jahren nach der Wiedereröffnung der Universitäten durchgeführt worden, wobei im Einzelnen unterschiedliche Verfahren angewandt wurden. Der grundsätzliche Unterschied des Entnazifizierungsverfahrens an den Hochschulen bestand im Vergleich mit anderen Bereichen des öffentlichen Dienstes darin, daß diese Aufgabe zunächst den Hochschulen selbst übertragen wurde, bzw. sie selbst diese übernahmen. Lokale Ausschüsse mit ganz verschiedenen Bezeichnungen übernahmen diese undankbare Aufgabe.[2] Diese wurden zwar manchmal durch relativ kurzfristige Maßnahmen der Besatzungsbehörden – so etwa in Bayern im November 1946 – überlagert, aber insgesamt trugen die Hochschulen diese Aufgabe selbst. Damit ist zugleich auch gesagt, daß an allen Hochschulen noch genügend Professoren zu finden waren, die diese Aufgaben mit einigem Recht übernehmen konnten. Daß in diesen lokalen Ordnungsausschüssen auch viele alte Rechnungen beglichen wurden, die jenseits der politischen Ebene lagen, braucht kaum betont zu werden. So wurde etwa in Marburg dem Historiker Wilhelm Mommsen von dem Theologen Rudolf Karl Bultmann vorgeworfen, daß ihn dieser zur Einhaltung der Verdunkelungsvorschriften angehalten habe.

Gerhard Ritter berichtete aus Freiburg, daß er dort an einem universitären „Bereinigungsausschuß“ – „comité d'épuration“ war der französische Originalausdruck – mitgearbeitet habe, der sich der schwierigen Aufgabe unterzog, diskreditierte Kollegen von der Universität zu verweisen, von denen der Philosoph Heidegger sicher das prominenteste Beispiel war. Er zeigte sich zufrieden darüber, daß die zuständigen französischen Besatzungsbehörden den Vorschlägen der Kommission letztlich auch gefolgt seien, die darin bestanden, daß Heidegger selbst seine Emeritierung und den Verzicht auf die Lehrtätigkeit beantragte.[3] Doch kann der Fall Heidegger auch belegen, welche immensen Schwierigkeiten auf jene Männer warteten, die in Freiburg eine direkte Dienstentlassung Heideggers befürworteten. Die Nationalökonomen Adolf Lampe und Walther Eucken führten einen entschiedenen Kampf gegen den ehemaligen „Führer-Rektor" Heidegger, den sie verantwortlich für die schwache Rolle der Universitäten im Jahre 1933 machten. In dem abschließenden Gutachten der „Bereinigungskommission" hieß es:

„Von der nationalsozialistischen Revolution erwartete er eine geistige Erneuerung des deutschen Lebens auf völkischer Grundlage, gleichzeitig, wie sehr viele deutsche Gebildete, eine Aussöhnung der sozialen Gegensätze und eine Rettung der abendländischen Kultur vor den Gefahren des Kommunismus. Von den politisch-parlamentarischen Vorgängen, die der Machtergreifung des Nationalsozialismus vorausgingen, besaß er keine klare Vorstellung, glaubte aber an die geschichtliche Mission Hitlers, die ihm selbst vorschwebende Geisteswende herbeizuführen."[4]

Als die kleine Kommission mehrheitlich die Emeritierung vorschlug, gab es heftige Proteste. Der Prorektor Franz Böhm hielt diese Maßnahme für viel zu milde, schließlich sei Heidegger einer der verantwortlichsten intellektuellen Urheber des politischen Verrats deutscher Universitäten, ein Mann, der im entscheidenden Augenblick an der prominenten Stelle als Rektor einer großen deutschen Grenzlanduniversität und als international bekannter Philosoph mit lauter Stimme und unduldsamem Fanatismus das politische Steuer falsch gestellt und verderbliche Irrlehren gepredigt habe. Solche Stimmen mischten sich in Freiburg mit ersten Gerüchten über eine Hofierung Heideggers durch die französische Besatzungsmacht. Im November 1945 wurde Heidegger zu einem Gespräch mit Jean Paul Sartre nach Baden-Baden eingeladen, bald darauf besuchte ihn der Soziologe Edgar Morin, der Heidegger Publikationsprojekte antrug. Unter diesen Vorzeichen mußten die Gegner Heideggers froh sein, daß sich angesichts dieser französischen Avancen in der Universität eine Stimmung gegen Heidegger durchsetzte, die 1946 zu seiner Emeritierung bei Verlust der Lehrerlaubnis führte.

In Marburg erfüllte ein „Organisationsausschuß" diese Aufgabe, wobei sich die amerikanischen Offiziere bewußt von seiner Arbeit fernhielten. In anderen Ländern kam es zu spektakulären Massenentlassungen, die in ihrer relativ pauschalen Vorgehensweise oft viel böses Blut machten und großes öffentliches Aufsehen erregten. So wurden im Februar 1947 auf Veranlassung der Amerikanischen Militärregierung allein in Erlangen 76 Entlassungen im Bereich des akademischen Personals ausgesprochen,[5] ein Vorgang, der auch den Protest des ersten Studententages in der amerikanischen Zone herausforderte, weil man hier eine bewußte Schwächung der deutschen Hochschulen, eine Art universitärer „Morgenthaupolitik" sah.[6]

Die Tübinger Universität verlor zu Beginn ihres zweiten Nachkriegssemesters zwölf ihrer Professoren.[7] In Göttingen wurden im Jahr 1945 zunächst 125 Entlassungen ausgesprochen, von denen viele jedoch bald wieder zurückgenommen wurden.[8] In Frankfurt am Main wurde der Rektor Walter Platzhoff vom Dienst suspendiert, ohne wieder eine Lehrtätigkeit aufzunehmen.[9] In Heidelberg wurde sein Kollege Willy Andreas, der 1932/33 Rektor gewesen war, im Januar 1946 von der amerikanischen Besatzungsmacht entlassen, doch kehrte er 1948 wieder auf seinen Lehrstuhl zurück, um dann emeritiert zu werden.[10] Dabei ist von Interesse, daß die Heidelberger Fakultät während der Vakanz des Lehrstuhls darauf verzichtete, ihn neu zu besetzen – obwohl sich der in Heidelberg wohnende Franz Schnabel als Landesdirektor für Kultur und Bildung von Nordbaden gute Chancen ausrechnete, berufen zu werden. Schnabel, dem die Heidelberger jetzt seine Kritik am Verhalten der Fakultät in der NS-Zeit heimzahlten, wurde dann 1947 bekanntlich nach München berufen, wo der nationalsozialistische Neuzeithistoriker Ulrich Crämer des Dienstes enthoben worden war und der Mediävist Hermann Heimpel damals keine Chance hatte, berufen zu werden, weil die amerikanischen Besatzungsbehörden gegen seine Berufung Widerspruch eingelegt hatten.

Der Hamburger nationalsozialistische Rektor der Jahre 1933–1938 und beredter Vertreter der Idee einer „politischen Universität", die „keine Feinde und Fremdlinge" dulden sollte, Gustav A. Rein, wurde ebenfalls suspendiert und nach Abschluß des Entnazifizierungsverfahrens als Emeritus nicht wieder in die Fakultät aufgenommen.[11] Der Mediävist Theodor Mayer, der vor der Übernahme des Präsidentenamtes der Monumenta Germaniae Historica 1939–42 Rektor der Universität Marburg gewesen war, verlor während eines Zwangsaufenthalts in einem amerikanischen Internierungslager und gegen seinen heftigen Widerspruch die Präsidentschaft der Monumenta Germaniae Historica.[12] Dies konnte freilich auch nur deshalb geschehen, weil die Monumenta in die US-Zone nach Bayern verlegt worden waren und sich die dortigen Behörden gegen Mayer aussprachen.

Gleichwohl kritisierte Walter L. Dorn, ein in Deutschland bei Meinecke und Hintze ausgebildeter Historiker und jetzt Berater General Clays, im Mai 1946 die Verzögerungstaktik speziell der bayerischen Kultusverwaltung, wie er sich überhaupt sehr kritisch zum Verlauf des Entnazifizierungsverfahrens und der deutschen Mithilfe dabei äußerte. Er sprach sogar von einer „Ordnungszelle Bayern" und beklagte die Entscheidung der Amerikanischen Militärregierung, in München eine bloße Wiederherstellung und keine tiefgreifende Reform der Universität betrieben zu haben.[13] Auch der Bericht, den der emigrierte Historiker Hajo Holborn im Herbst 1947 nach einem mehrwöchigen Deutschlandaufenthalt für amerikanische Regierungsstellen verfaßte, kritisierte Fehlschläge in der Demokratisierung des Bildungswesens, „an den Universitäten dominierte eine überalterte konservative Professorenschaft, die in ihrer traditionellen Erhabenheit gegenüber brennenden Tagesfragen verharrte."[14]

Im November 1946 beschwerte sich das Bayerische Kultusministerium darüber, daß durch die erneute Entlassung von

33 Professoren durch die amerikanische Militärregierung nicht mehr alle Professuren der Münchener Universität besetzt werden könnten. Diese Professoren waren am 13. November mit der Begründung entlassen worden, ihnen fehlten die „politischen, liberalen und moralischen Qualitäten", „die zur Entwicklung der Demokratie in Deutschland notwendig sind".[15] Diese Einzelbeobachtungen, die auch in der Presse jeweils große Aufmerksamkeit erregten, sind jedoch nur lokale Einblicke, sie bilden keine verläßliche Grundlage für eine Gesamtbewertung der Gruppe der „amtsverdrängten" Hochschullehrer.

Zusammenfassend wird man sagen können, daß die zu Anfang der fünfziger Jahre in politischer Absicht ermittelten Zahlen über die Verluste der deutschen Hochschulen durch „Vertreibung, Emigration und Entnazifizierung" (in dieser Zusammenstellung!) für die Geschichtswissenschaft kaum zutreffen. Die damals verwendeten Zahlen gingen auf eine Artikelserie der Zeitung ‚Christ und Welt' im Jahre 1950 zurück und sprachen davon, daß von den über 900 vor 1945 entlassenen Dozenten etwa 165 wieder auf deutsche Lehrstühle zurückkehrten, während von den nach 1945 aus politischen Gründen entlassenen 4289 Dozenten im Jahre 1950 2773 ihre Stellung verloren hätten. Für die Geschichtswissenschaft lassen sich solche Zahlen kaum aufrechterhalten.[16] Wie sich das Fach nach 1933 von nationalsozialistischen Personaloctrois relativ freihalten konnte, so blieb es nach 1945 weitgehend auch von tiefgreifenden Entnazifizierungskampagnen mit personellen Konsequenzen verschont, wenn man einmal von den schon erwähnten vorübergehenden Entlassungen absieht, die freilich für das Fach Geschichte und seine ordnungsgemäße Lehre durchaus Konsequenzen hatten. Denn: Durch die vorübergehenden Dienstenthebungen des Mediävisten Gerhard Kallen und des Althistorikers Lothar Wickert an der Universität Köln im Wintersemester 1946/47 und im folgenden Sommersemster mußte Peter Rassow das Fach alleine vertreten.[17] Der Göttinger Dekan Herbert Schöffler klagte Anfang Februar 1946 der britischen Militärregierung, daß das Fach Geschichte in Göttingen alleine durch (den damaligen Dozenten) Reinhard

Wittram vertreten werde. Karl Brandi sei über 77 Jahre alt, Siegfried Kaehler im Krankenhaus, Erich Botzenhart sei (aus politischen Gründen) entlassen worden und Percy Ernst Schramm – bekanntlich KTB im OKW – sei noch in amerikanischer Gefangenschaft,[18] freilich im Schloß von Versailles, wo er den amerikanischen Spezialisten den Verlauf der Ardennenoffensive erläutern mußte. Der Münchener Dekan, der 1947 Franz Schnabel zur schnelleren Rufannahme in München bewegen wollte, verwies darauf, daß das Fach ‚Neuere Geschichte' an seiner Universität überhaupt nur von dem über 80jährigen Walter Goetz vertreten werde, der seinerseits 1933 von den Nazis in Leipzig seiner Professur enthoben worden war.

Nach der bislang gründlichsten Untersuchung von Wolfgang Weber waren in Deutschland und Österreich von 110 Lehrstuhlinhabern des Fachs Geschichte überhaupt nur 20 von dauerhaften Entnazifizierungsmaßnahmen betroffen.[19] Der Begriff „dauerhaft" ist freilich undeutlich und ermöglicht keinen präzisen Zugriff auf die Problematik, die einerseits durch politische Entlassungen 1945/1946, andererseits aber durch Wiedereinsetzung nach Abschluß eines Spruchkammerverfahrens oder durch die Wiederverwendung dieser Hochschullehrer auf der Basis des Gesetzes zu Art. 131 GG von 1951 charakterisiert ist. Dieses Gesetz ermöglichte einem durchaus heterogenen Kreis von Beamten (also auch Hochschullehrern) die Wiederverwendung in entsprechenden Stellen. Es betraf nämlich sowohl jene, die an den Hochschulen der verlorengegangenen Reichsgebiete gelehrt hatten, aber auch die, die nach 1945 zunächst von Entnazifizierungsmaßnahmen unter alliierter Verantwortlichkeit betroffen waren. Dies ist der Grund dafür, daß im Lauf der 50er Jahre die aus politischen Gründen zunächst entlassenen Professoren „zur Wiederverwendung" gestellt oder formell wieder auf Lehrstühle berufen wurden.[20] Ein Beispiel dafür ist etwa der Agrarhistoriker Günter Franz, der in den Jahren zwischen 1945 und 1958 mit bibliographischen und sonstigen Auftragsarbeiten seinen Lebensunterhalt verdienen mußte, bis er 1958 wieder Professor an der Universität Hohenheim werden konnte.

Der Artikel 131 GG und seine Ausführungsgesetze müssen mit zu jenen Maßnahmen gerechnet werden, die eine durchgreifende und dauerhafte Entnazifizierung auch der Hochschulen erheblich erschwert, wenn nicht unmöglich gemacht haben. Im Kern beinhaltete der Artikel 131 zunächst lediglich den freilich allseits begrüßten Auftrag, eine Versorgungslösung für die Staatsdiener des Dritten Reiches zu entwickeln. Damit war ihr Versorgungsanspruch bestätigt, offen blieb ihr Anrecht auf dienstliche Wiederverwendung. Wenn man einmal von der praktisch nicht existenten Kategorie der Hauptschuldigen und Schuldigen der Entnazifizierung und den Beamten der Gestapo absieht, eröffnete das Gesetz von 1951 der großen Masse der Beamten Versorgungsansprüche, die im Lauf der Jahre angesichts leerer oder angespannter öffentlicher Kassen dazu genutzt wurden, in öffentliche Dienstverhältnisse zurückzukehren.

So ist auch die Tatsache zu erklären, daß sich manchmal Ministerien geradezu penetrant darum bemühten, den Fakultäten Hochschullehrer dieser Gruppe aufzudrängen, obwohl sich diese deutlich dagegen erklärt hatten.[21] Auch die Westdeutsche Rektorenkonferenz – dies ist festzuhalten – protestierte 1950 gegen solche Maßnahmen und nahm für die Hochschulen das Recht in Anspruch, sich ggf. „gegen die Wiedereinsetzung Entlasteter" wehren zu können.[22] Unterstützung fand diese politisch sensible, aber von interessierter Seite heftig kritisierte Argumentation der Rektorenkonferenz, die sich gegen pauschale Wiedereinsetzungsansprüche der 131er zur Wehr setzte, erst durch die Entscheidung des Bundesverfassungsgerichts vom 17. Dezember 1953, die alle Beamtenverhältnisse mit dem 8. Mai 1945 für erloschen erklärte und dies – bemerkenswert „politisch-historisch" argumentierend – mit der engen Verbindung von nationalsozialistischer Partei und dem Beamtenapparat erklärte.[23] Dieses Urteil stellt sicherlich eines der stärksten Argumente für eine Bewertung des 8. Mai 1945 als „Nullpunkt" dar, auch wenn es bedauerlicherweise in seiner faktischen Wirkung durch die Einstellung der Entnazifizierung und die erwähnte Praxis der 131er-Gesetzgebung abgeschwächt wurde.[24] Die Dialektik von verfassungsgerichtlicher Verurteilung einerseits und parlamentarischer Versorgungssicherung der Beamten andererseits schuf jene unklaren Verhältnisse, die für die 50er Jahre so typisch sind.

Eine weitere Komplikation ergab sich in der öffentlichen Diskussion des Entnazifizierungsproblems dadurch, daß es nach 1951 keineswegs nur darum ging, die zunächst entlassenen Hochschullehrer wieder in Universitätsstellen zu bringen. Hinzu kamen noch die Professoren, die an ehemaligen Universitäten des deutschen Reichs gelehrt hatten (z.B. Posen, Danzig, Straßburg und Prag) und als dritte Gruppe die Professoren, die in der sowjetisch besetzten Zone entweder aus politischen Gründen entlassen worden waren oder die Zone selbst verlassen hatten. Lautstarke Verbände mühten sich mit zweifelhaften Denkschriften um eine Vertretung der Interessen dieser ganz heterogenen Gruppen.[25]

1950 publizierte der Hochschulverband eine Liste mit den Namen von 432 „nach 1945 im Osten und in den verlorenen Gebieten aus dem Amt verdrängten deutschen Hochschullehrern". Zusammen mit den Namen, die eine dem Bundesinnenministerium unterstellte Behörde (Bundesausgleichsstelle) zwei Jahre später veröffentlichte, lassen sich die Namen von 38 Professoren und Dozenten im weiteren Fach Geschichte (einschließlich Ur- und Frühgeschichte, Siedlungsgeschichte, Landeskunde etc.) ermitteln, die noch nicht wieder in Universitätsdauerstellen beschäftigt waren.[26]

Aus diesem Grunde trifft es eher den Kern des Entnazifizierungsproblems, wenn man die Zahl der Fachvertreter ermittelt, die nach 1945 „aus politischen Gründen" zunächst entlassen wurden, ohne ihre spätere – von ihrem Lebensalter und anderen Faktoren abhängende – Wiederverwendung zu berücksichtigen. Zieht man von dieser Gruppe noch jene „reichsdeutschen" Professoren ab, die in Österreich lehrten und nach 1945 als „politisch belastet" entlassen wurden (z.B. Adolf Helbok, Helmut Rössler (beide Innsbruck), Walter Kienast (Graz), Anton Ernstberger, (Prag)) dann beläuft sich die Zahl der so von Entlassung betroffenen Hochschullehrer der Geschichte auf 24 Professoren.[27] Auch diese Zahl ist freilich noch erklärungsbedürftig, weil eindeutige Vertreter nationalsozialistischen Gedankenguts wie Ernst Anrich (bis 1943 in Straßburg) und Otto Westphal (bis 1937 Hamburg) wegen interner Differenzen im NS-System aus ihren Ämtern ausschieden und insofern 1945 nicht aus ihren Ämtern entfernt zu werden brauchten. Beide müssen jedoch zu der Gruppe gerechnet werden.

Insgesamt – so muß man feststellen – überrascht die schnelle Reintegration der suspendierten oder definitiv amtsenthobenen Historiker in die Zunft. Die Chancen, einen Kollegen, der Parteigenosse gewesen war, zu „desinfizieren"[28] – wie man treffend sagte – und damit wieder verwendungsfähig zu machen, waren durchaus gegeben. Natürlich findet sich im kollegialen Austausch manche Bemerkung, daß man das Verhalten des Kollegen X mißbillige und seine jetzige mißliche Lage irgendwie als gerechte Strafe empfinde, doch wird man nicht von einer kollektiven Abschließung der Zunft gegenüber solchen Kollegen sprechen können.

Dies galt um so eher für jene, die sich durch persönliche oder öffentliche Erklärungen zu ihrem Irrtum bekannten und sich entschlossen und ohne Verbitterung in das neue demokratische System einfügten. Im Bereich der Geschichtswissenschaft lassen sich kaum Belege für die Auffassung finden, die der Mediziner Karl Heinz Bauer, der neue Heidelberger Rektor, 1945 in einem Brief an Karl Jaspers vertrat, wenn er die Situation der Universität als revolutionär bezeichnete und forderte: „Die Universität darf sich nicht zu fein vorkommen, das verächtlich zu machen, was uns Schmach und Zerstörung gebracht hat. Das Nazitum ist tot. Man muß es aber auch für tot erklären."[29] Nach Polemik, wie Bauer sie dezidiert forderte, stand jedoch der Mehrzahl der Professoren der Sinn nicht, Diskretion war vielmehr das Gebot dieser Jahre, möglicherweise in der spezifischen Form jener „nicht-symmetrischen Diskretion", von der Hermann Lübbe gesprochen hat, deren heilende Funktion jedoch bezweifelt werden muß.[30] Man wird vielmehr gerade nach dem Fall Schwerte darauf verweisen müssen, daß jene „nicht-symmetrische Diskretion" zwischen allen Betroffenen erst die Atmosphäre schuf, in der Karrieren wie jene Schwertes gedeihen konnten, ein Klima letztlich von Unwahrheit und Erpressung, das die Opfer nachträglich zu Komplizen der Täter machte. Wie solche Diskretion aussah und sich einspielte, erfährt man zuweilen aus den Briefen, die Emigranten an ihre ehemaligen Kollegen richteten, oder aus Besuchssituationen. Als Fritz Hartung 1949 in Berlin den Besuch von Hans Rothfels erwartete, war er höchst unruhig über den Augenblick der Wahrheit, wo er dem Kollegen ins Gesicht schauen mußte, der das Land als deutscher Jude hatte verlassen müssen, während Hartung geblieben war. Wie würde Rothfels reagieren? Würde er ihm Vorwürfe machen? Nach dem gemütlichen Kaffeeplausch schrieb sich Hartung seine Erleichterung von der Seele, es war wie immer, die Diskretion funktionierte. Im konkreten Fall wirkte diese sogar beidseitig, weil Hartung natürlich genau wußte, was der deutschnational gesinnte Rothfels in den dreißiger Jahren alles zur ostmitteleuropäischen Frage geschrieben hatte, während Hartung 1938 ein Buch von Carl Schmitt kritisch rezensiert hatte.

Wenn man dafür sorgen wollte, einen diskreditierten Kollegen aus dem Lehramt zu entfernen, dann geschah dies meist durch vertrauliche Briefe an die vorgesetzten Behörden.[31] Wer den Nationalsozialisten die Einsetzung in die Professur ohne fachliche Qualifikation verdankte, konnte schon gar nicht mit der Unterstützung der Zunft rechnen.[32] So kam es auch vor, daß Kollegen unter sich eine Art von privater Abrechnung betrieben. Als z.B. 1945 der erwähnte Marburger Historiker Wilhelm Mommsen Gerhard Ritter um einen „Persilschein" bat, den er in seinem Dienstenthebungsverfahren dringend benötigte, konnte es sich Ritter nicht verkneifen, den Kollegen mit der Bemerkung zu versehen, daß Mommsen es „als Neuzeithistoriker doch eigentlich hätte wissen müssen". Aber er bekam seinen Persilschein schließlich doch.

Einige wenige der durch Schrifttum, Zugehörigkeit zur Partei, Parteinähe oder gar durch öffentliche Angriffe auf Kollegen diskreditierten Professoren brachten auch die menschliche Größe auf, sich bei ihren Kontrahenten zu entschuldigen oder doch in allgemeinster Form erkennbar werden zu lassen, daß man um die Jahre wußte, „die auch bei mir wie bei vielen meiner Generation nicht frei von Verwirrungen und Verirrungen waren", wie Theodor Schieder an Hans Rothfels formulierte, der genau wußte, warum er dies schrieb.[33]

Der von den Nationalsozialisten zum Herausgeber der ‚Historischen Zeitschrift' berufene Münchener Historiker Karl Alexander von Müller kleidete die späte Einsicht in sein persönliches Fehlverhalten in eine verschlüsselte literarische Form. In einem kurzen Zeitschriftenbeitrag im katholischen ‚Hochland' schilderte er die Lebensgeschichte des von ihm hochgeschätzten jüdischen Publizisten Paul Nikolaus Cossmann, der im „verhältnismäßig besten jüdischen KZ" (sic!) Theresienstadt umgekommen war und versah sie mit dem Eingeständnis einer freilich sehr abstrakt formulierten Schuld.[34] Als sich bei dem greisen Walter Goetz im Juni 1949 Günter Franz für einen publizistischen Angriff während der NS-Zeit entschuldigte, schrieb dieser in sein Tagebuch: „Ich kam ihm entgegen, denn ich liebe die Feindschaften nicht."[35]

Ausgenommen von dieser pauschalen Begnadigung waren eigentlich nur jene Historiker, die sich uneinsichtig zeigten und weiterhin ihr damaliges Tun verteidigten oder zu bemänteln versuchten. Der Neuzeithistoriker Otto Westphal sah 1953 Anlaß zu der Behauptung, daß man, um den „Nationalsozialismus historisch zu objektivieren", vor allem seiner Anhänger bedürfe, um seine Ahnenreihe nach rückwärts verfolgen zu können.[36] In ähnlicher Weise reagierte der Hamburger Gustav A. Rein, der der Mehrzahl der deutschen Historiker schlicht „Verfälschung des deutschen Geschichtsbilds" im Verein mit den Alliierten vorwarf. Der einzige deutsche Historiker, der auf dem Internationalen Historikerkongreß 1932 mit dem Parteiabzeichen aufgetreten war und dies nach dem Kriege – nach dem Urteil von Hans Rothfels – ebenso leugnete wie seinen Parteieintritt vor 1933, mußte es hinnehmen, daß

Rothfels – wenn auch ohne Erfolg – beim Historikerverband gegen seine Entsendung zum Stockholmer Historikerkongreß von 1960 protestierte. Wer sich bei Rothfels verstockt darüber beschwerte, daß amerikanische Historiker auf der Grundlage „weggeschleppter Materialien" Bücher zur deutschen Zeitgeschichte schrieben, mußte sich von ihm die Gegenfrage gefallen lassen, „wer denn mit dem Verschleppen von Dokumenten angefangen habe". Er sei der „altmodischen Meinung", schrieb Rothfels 1955 an einen bayerischen Ministerialbeamten, daß man Kollegen, die sich im Dritten Reich stark exponiert hätten, nach Möglichkeit in „fruchtbarer Arbeit" erhalten, nicht aber pädagogisch verwenden solle.[37]

Bei allen Überlegungen, die nach Kriegsende in den universitären „Bereinigungs-", „Organisations-", „Sichtungs-" oder „Ordnungsausschüssen" zur Frage der Entnazifizierung entwickelt wurden, spielte eine große Rolle das Bemühen, formale Parteimitgliedschaft nicht als pauschales Indiz für eine Bestrafung zu betrachten und diese Auffassung auch den Alliierten nahezubringen. Die in diese Ausschüsse berufenen Kollegen wußten nur zu gut um die Zwänge zur Mitgliedschaft und um die höchst unterschiedlichen Weisen, diese Parteimitgliedschaft auszufüllen oder gar zu nutzen. Jeder hatte selbst vor der Schwierigkeit gestanden, eine Veröffentlichung entweder durch eine „zeitgemäße" Sprache zum Druck zu bringen oder auf ihre Publikation zu verzichten. Aus diesem Grunde sahen etwa die Kölner Regularien z.B. eine Amtsenthebung von Professoren nur dann vor, wenn führende Parteistellungen bekleidet worden waren und wenn Ordinarien in die Partei eingetreten waren, es sei denn unter Zwang oder bei bewiesener gegnerischer Einstellung zur Partei. Schon unmittelbar nach Kriegsende bezeichnete es deshalb der Kölner Ordinarius Peter Rassow mehrfach als Hauptproblem der Entnazifizierungspolitik, zwischen formaler Parteimitgliedschaft und tatsächlicher nationalsozialistischer Gesinnung zu unterscheiden.[38]

Wenn ich die einzelnen Vorgänge einigermaßen vollständig übersehe und richtig bewerte, dann ist nach meinem Eindruck der Vorgang der Entnazifizierung von den universitären Ausschüssen durchaus mit Augenmaß und Differenzierungsvermögen zugunsten der Schuldigen betrieben worden. Dabei lag es im Trend der Zeit, daß nur jene Kollegen nicht wieder in den Lehrbetrieb integriert wurden, die sich durch eindeutig parteinahes oder gar konformes Verhalten außerhalb der ungeschriebenen Regeln der Zunft gestellt hatten. Daß hierbei auch die Einbindung in den kollegialen Kreis und das „Standing" im Fach ein große Rolle spielten, bedarf kaum der besonderen Erwähnung.

Über die innere Entnazifizierung der Geschichtswissenschaft läßt sich folgendes feststellen: Nach einer kurzen Phase der Betäubung organisierte sich die Geschichtswissenschaft auf dem Boden der späteren Bundesrepublik seit der erstaunlich schnellen Wiederaufnahme des Lehrbetriebs der Universitäten und der Weiterführung der Forschungsinstitute und Zeitschriften unter dem Motto einer begrenzten Revision einerseits und der Devise „Retten, was zu retten ist" andererseits. Die politische Geschichte blieb die „wissenschaftliche Muttersprache" der deutschen Historiker (so formulierte es Ludwig Dehio bildkräftig), aber der Machtverlust Deutschlands wurde als endgültig und unwiderruflich angesehen. Die Variante einer „Kulturgeschichte" à la française galt zunächst als Flucht vor der politischen Verantwortung der deutschen Historiker. Ernst Schulin hat für diese Geschichtswissenschaft das treffende Wort vom „politisch-moralisch gezähmten Historismus" geprägt.[39]

IV. Das Problem einer „Revision" des deutschen Geschichtsbildes

Wann immer in Deutschland unmittelbar nach dem Zusammenbruch über die Rolle der Historiker gesprochen wurde, wann immer Konsequenzen aus der Erfahrung der letzten Jahre diskutiert wurden, stand *ein* Begriff im Vordergrund, die Forderung nach einer „Revision" des deutschen Geschichtsbildes. Friedrich Meinecke selber, der über 80jährige Doyen der deutschen Historiker, verwendete den Begriff mehrfach in seinen Briefen und Schriften; er forderte „mutiges Durchdenken aller Konsequenzen für unsere eigenen Ideale und Wertmaßstäbe bei einer Revision unserer früheren Geschichtsansicht unter den Lehren der furchtbaren Katastrophe". In seinem Buch von 1946 – der ‚Deutschen Katastrophe' – formulierte er kategorisch: „[U]nser herkömmliches Geschichtsbild, mit dem wir groß geworden sind, bedarf jetzt allerdings einer gründlichen Revision, um die Werte und Unwerte unserer Geschichte klar voneinander zu unterscheiden."[40] Der Göttinger Historiker Siegfried A. Kaehler hatte schon im November 1944 in einem Brief an Meinecke die Frage gestellt: „Wird es überhaupt noch ‚Geschichte' geben in dem Sinne, wie wir sie gutgläubig betrieben haben?" Angesichts der schwindenden Grundlagen für die herkömmliche Betrachtung der Geschichte war er sich der künftigen Auseinandersetzungen über die „55 Jahre deutscher Geschichte seit Bismarcks Sturz" sicher.

Nicht nur von Meinecke, sondern auch von Gerhard Ritter waren nach Kriegsende eindeutige und für die Mehrheit der Historiker durchaus repräsentative Forderungen nach einer „totalen Umstellung unseres deutschen Geschichtsdenkens" (so Ritter selbst) gestellt worden. Im März 1946 hielt Ritter in Tübingen einen Vortrag über die „Revision des Geschichtsbildes".[41] Auch der durchaus konservative Fritz Hartung ging in einer Rede im Jahre 1946 wie selbstverständlich davon aus, daß die deutsche Geschichtswissenschaft „ein Verschulden" an der geistigen Vorbereitung des Nationalsozialismus trage. Sie sei verantwortlich dafür, „daß das deutsche Volk aus dem Zusammenbruch von 1918 nichts gelernt" habe.[42] Immerhin arbeitete Hartung an der Ost-Berliner Humboldt-Universität an der Reorganisierung der universitären Ausbildung mit, betonte dort freilich angesichts politischer Zumutungen das methodische Erbe Rankes. Selbst der deutschnationale Historiker Johannes Haller gab sich in seinen autobiographischen Aufzeichnungen „betroffen von der Folgerichtigkeit der Entwicklung, deren Zeuge ich war".[43] „In einer Lage, die den ganzen Gehalt der deutschen Geschichte fragwürdig gemacht hat, ist die Aufgabe einer Nachprüfung unseres Geschichtsbildes im ganzen unerläßlich geworden", stellte Hans Herzfeld im gleichen Jahr fest.[44] Noch 1948 erklärte Gerhard Ritter „die nüchterne, gründliche, nach beiden Seiten vorurteilslose Revision des herkömmlichen Geschichtsbildes zu einer unmittelbaren politischen Pflicht".[45]

Nicht zuletzt Franz Schnabel, der – wie er damals sagte – „Umschau auf dem Trümmerfeld" hielt, sah „unser aller dringendes Anliegen", daß „die deutsche Geschichte neu geschrieben werden muß". „In dem allgemeinen Ruin sind auch die alten Geschichtsbilder niedergebrannt", die er ohnehin als „verzeichnet" empfand.[46] Auch über die bislang genannten Historiker hinaus war das Thema der „Revision des Geschichtsbilds" ein beherrschendes publizistisches Thema, dessen Ausläufer bis weit in die fünfziger Jahre reichten.[47]

Zuweilen kam es auch in den Landtagen der deutschen Länder zu Forderungen nach einer solchen „Revision", wenn etwa der hessische Kultusminister Dr. Erwin Stein 1946 in einer Rede die Auffassung vertrat, „daß mit einer Geschichtsbetrachtung Schluß gemacht werden muß, die in Friedrich dem Großen und Hindenburg große Helden der deutschen Geschichte" sieht.[48] Anlaß zu dieser Erklärung waren öffentlich kritisierte Blumenniederlegungen von Studenten am Sarkophag Friedrichs des Großen in Marburg.

Versucht man, diese Revisionserklärungen historisch zu gewichten, so kann kein Zweifel daran bestehen, daß Existenz und Intensität der Forderung nach Revision des Geschichtsbildes einen deutlichen Unterschied zur Situation nach 1918 ausmachen.[49] Während nach dem Versailler Vertrag der Revisionsbegriff – mit nur ganz wenigen Ausnahmen –[50] letztlich allein auf eine baldige Revision der machtpolitischen Realitäten von Versailles zielte, lag dem Begriff nach 1945 die Einsicht in die notwendige Veränderung eines falschen Bildes der Wirklichkeit zugrunde. Doch gerade angesichts der Fülle der Belege für solche Forderungen, ihrer Abhängigkeit vom jeweiligen

Kontext und von der durchaus verschiedenen Bedeutung des Begriffs „Revision" muß diese populäre Forderung genauer untersucht werden: Wer stellte sie 1945, wer stellte sie 1949, wer sprach 1955 noch davon? Als Hermann Heimpel auf dem Ulmer Historikertag von 1956 in seinem Vortrag über ‚Geschichte und Geschichtswissenschaft' das Thema der „vielberufenen Geschichtsrevisionen" berührte, schien ihm diese Forderung „zu allgemein für uns, daher einzugrenzen und zugleich in den Widersprüchen des Anliegens zu bezeichnen".[51] Damit war das Thema eigentlich abgetan.

Der Begriff einer „Revision des Geschichtsbildes" stammte – soweit ich das zu übersehen vermag – aus der Weimarer Zeit und war offensichtlich gleichzeitig von dem katholischen Freiburger Historiker Philipp Funk und dem preußischen Archivar Heinrich Otto Meisner in die geschichtswissenschaftliche Diskussion eingeführt worden. Er blieb jedoch ein negativ besetzter Begriff.[52] Die Tatsache, daß er von einem katholischen und einem preußischen Historiker während der um ihre innere Stabilität ringenden Weimarer Republik eingeführt wurde, die sich beide jedoch gegen großdeutsch-antipreußische Bestrebungen zur Wehr setzten, wird dem Begriff nach 1945 ebensowenig zu breiterer Akzeptanz verholfen haben wie seine eindeutige Verwendung durch Otto Brunner auf dem von den Nationalsozialisten beherrschten Erfurter Historikertag von 1937. Nur vereinzelt wurden sich deutsche Historiker der Weimarer Zeit der Tatsache bewußt, daß es nicht zuletzt die Historiker versäumt hatten, die Lehren aus der Niederlage des Ersten Weltkrieges zu ziehen.[53]

Doch noch eine andere Schwierigkeit revisionistischer Bemühungen muß gesehen werden, das offensichtliche Fehlen realistischer alternativer Deutungen der neueren deutschen Geschichte. Eine wesentliche methodische Innovation, die sich deutlich von den Grundlagen einer historistischen Geschichtswissenschaft absetzte, ergab sich erst seit der Mitte der 50er Jahre durch die Entwicklung sozial- und strukturgeschichtlicher Ansätze im Arbeitskreis für moderne Sozialgeschichte unter der Leitung Werner Conzes. Hier wurden die methodischen Instrumente des klassischen Historismus als ungeeignet erklärt, um den Strukturwandel von der agrarischen zur industriellen Gesellschaft angemessen erklären zu können. Dabei wurde z.T. auf Konzepte und Methoden der „politischen Volksgeschichte“ der 20er und 30er Jahre zurückgegriffen, die jetzt zur Sozialgeschichte umgetauft wurde. Methodisch neuartige Ansätze wie die des jungen Eckart Kehr, ja selbst liberale Interpretationen zentraler Abschnitte der deutschen Geschichte wie Veit Valentins Geschichte der Revolution von 1848 waren dem beinahe einhelligen Verdikt der Zunft verfallen. Die kritische Bilanz des Kaiserreichs durch den liberalen Kölner Historiker Johannes Ziekursch war das Werk eines Außenseiters geblieben, ja galt „fast als Verrat an der Vergangenheit“.[54]

Auch die Schwierigkeiten eines Ludwig Dehio, aus dem Zusammenbruch des deutschen Hegemonialstrebens Lehren zu ziehen und zu einer konsistenten, methodisch abgesicherten Interpretation zu verarbeiten, belegen nur die weitgehende reale Alternativlosigkeit innerhalb der Fraktion der nationalstaatlich orientierten Historiker. Schließlich waren sich Bismarck-Bewunderer wie Hans Rothfels und Friedrich Meinekke mit dem Bismarck-Kritiker Franz Schnabel darüber einig, daß einige der Traditionen, die den Nationalsozialismus begünstigten, schon vor Bismarck existierten und daß eine verhängnisvolle Entwicklung Deutschlands auch nach einem Sieg der bürgerlichen Kräfte in der Revolution von 1848 möglich gewesen wäre,[55] d.h. der Kurzschluß zwischen Bismarck und dem Nationalsozialismus – wie er vor allem katholisch-föderalistischen Deutungen eigen war – wurde abgelehnt.

So relativierte man damit die zunächst durchaus kritische „Irrwegs“-Diskussion der Nachkriegsjahre. Es gab jedoch eine vom Hauptstrom der Geschichtswissenschaft abweichende Konzeption der deutschen Geschichte, wenn auch kaum akzeptabel für die eben genannten Historiker. Sie fand sich in der katholisch-süddeutsch-antiborussischen Geschichtsschreibung des späteren 19. Jahrhunderts, die nicht dem Glanz des zweiten deutschen Kaiserreiches erlegen war. Die Quintessenz, die aus dieser gewiß schwach entwickelten Linie nach 1945 gezogen wurde, hieß in der Sprache dieser Jahre: „Entpreußung" der deutschen Geschichte. Dieser Begriff findet sich bei katholischen Historikern wie Alfred von Martin und Franz Herre, bei Publizisten wie Friedrich Wilhelm Naumann, Emil Franzel, Karl Buchheim, Walter Ferber und Otto B. Roegele. Emil Franzel sprach sogar von der notwendigen „Zerstörung des preußischen Mythos", denn „wenn das neue Deutschland leben soll, muß es die Wiederholung der preußischen Irrgänge vermeiden".[56]

Geradezu programmatisch klingt die Äußerung im ‚Neuen Abendland' des Jahres 1946, wo es in einem zustimmenden Referat zu einem in England publizierten Artikel von Eric Hobsbawm („Entmachtung des Mythos") hieß: „Diese unerbittlich-radikale [...] Geschichtsrevision ist eines der großen Anliegen der nun von ihren Fesseln befreiten neuen deutschen Geschichtsschreibung."[57] Ferber, der Redakteur des ‚Neuen Abendlands' in Augsburg, bot 1946 Franz Schnabel die Mitarbeit an seiner Zeitschrift mit der programmatischen Erklärung an: „Vor allem ist uns sehr an einer Revision der seit Ranke, Treitschke, Droysen, Sybel verpreußten deutschen Geschichtsschreibung und an Pflege der föderalistisch-universalistisch geschichtsrevisionistischen Tradition der Hurter, Gförer, Böhmer, Ficker, des späten Gervinus, der Frantz, Klopp, Roesler, Weiss, Redlich, Kralik und Kaindl gelegen." Da Ferber durch Presseberichte wußte, daß Schnabel in Bad Godesberg einen Vortrag über die ‚Geschichtliche Katastrophe' gehalten hatte, bat er ihn um den Abdruck dieses Vortrags, nicht ohne auf die gute finanzielle Fundierung seiner Zeitschrift hinzuweisen.[58]

Die Tatsache, daß sich der Münchener Franz Schnabel, der einzig denkbare Gegenpol zu Gerhard Ritter auf katholischer Seite, ganz offensichtlich dem Drängen dieser „abendländischen" Fraktion in Augsburg und anderswo – etwa dem Arbeitskreis Christlicher Historiker um Wilhelm Wühr und Fritz Kern – entzog, scheint die Vermutung zu belegen, daß dieses scharf antipreußische Bild deutscher Geschichte trotz der

Westverschiebung der Bundesrepublik kaum mehrheitsfähig war, auch nicht unter den Bedingungen des Zusammenbruchs des „preußischen" Reiches, wie mancher Kritiker aus diesem Lager bedauernd feststellte. Zwar entwickelte Schnabel schon früh seine von Rothfels und Ritter deutlich abweichende Bismarckinterpretation,[59] doch verweigerte er sich der ihm von verschiedener Seite immer wieder zugedachten Rolle eines Anführers der katholisch-antipreußischen Fraktion innerhalb der deutschen Geschichtswissenschaft, die dem Liberalen Schnabel, der sich 1947 in München geweigert hatte, einen ihm zugedachten Konkordatslehrstuhl zu besetzen, wenig anziehend erschien. Die Hoffnung des katholischen Historikers Anton Mayer-Pfannholz, daß jetzt wieder Männer wie Onno Klopp und Johannes Janssen zu Ehren kommen würden,[60] erfüllte sich letztlich nicht. Zwar kam es in diesen frühen Nachkriegsjahren zu einer kurzen Welle föderalistischen Schrifttums – der Bismarck-Gegner Constantin Frantz vor allem hatte Konjunktur – doch wirkte sich dieser mit der Gründung der Bundesrepublik abflachende Aufschwung kaum auf die allgemeine Interpretation der Geschichte aus. So blieb Schnabel trotz aller Anerkennung, die er in München erfuhr, in gewissem Sinne ein „Außenseiter", mit dem die Zunft – wie Erich Angermann bemerkt hat – „nicht viel anfangen konnte"; Angermann führte dies auf den „restaurativen Charakter eines Teils der westdeutschen Geschichtswissenschaft" zurück.[61]

Das oben charakterisierte Programm einer nur behutsamen „Revision der deutschen Geschichte" läßt sich vorzüglich durch die Bismarck-Diskussion dieser Jahre illustrieren. Der Reichskanzler und seine Reichsgründung hatten schon – ähnlich wie der Freiherr vom Stein – im Mittelpunkt der Weimarer Geschichtsschreibung gestanden.[62] Die neuerliche Diskussion wurde ausgelöst durch die parallele Veröffentlichung zweier sehr unterschiedlicher Bismarck-Bücher im Jahre 1949 und deren ausgedehnte Diskussion durch führende Historiker wie Hans Rothfels, Gerhard Ritter, Wilhelm Mommsen, Heinrich Ritter von Srbik und Franz Schnabel. Auf der einen Seite stand

Robert Saitschiks Arbeit ‚Bismarck und das Schicksal des deutschen Volkes. Zur Psychologie und Geschichte der deutschen Frage',[63] auf der anderen Seite stand die Bismarck-Biographie Arnold Oskar Meyers, die von Hans Rothfels kritisch eingeleitet wurde.[64] Schließlich hatte der 50. Todestag des Reichskanzlers im Jahre 1948 eine Reihe kritischer Betrachtungen provoziert.

Die Auseinandersetzung um Person und Werk Bismarcks läßt sich als Nagelprobe der Revisionsbereitschaft der politischen Historiker bezeichnen. Gewiß rückte Gerhard Ritter von Bismarcks politischen Methoden ab, lobte Erich Eycks Darstellung praktischer „Realpolitik", die den „Nebel patriotischer Begeisterung" vertreiben könne. Auch die unkritische „Bismarck-Theologie" des Schweizer Historikers Leonhard von Muralt wollte Ritter nicht mitmachen, wie er Hans Rothfels schrieb.[65]

Doch blieb eine tiefe Divergenz zwischen Ritter und Schnabel über die Notwendigkeit des Weges zur kleindeutschen Einigung von 1871. Während Schnabel die „ganz unhistorische Konzeption" der kleindeutschen Lösung beklagte und die Alternative einer mitteleuropäischen Föderation beschwor, verwies Ritter auf die letztliche Alternativlosigkeit dieser preußisch dominierten deutschen Einigung. Direkter in die Diskussion der Kontinuität zwischen Bismarck und Hitler griff die auf dem Münchener Historikertag von 1949 vorgetragene Interpretation von Rothfels ein, daß Hitler eben die Politik betrieben habe, die Bismarck bewußt vermieden habe. Das Zweite Reich so deutlich vom gerade überwundenen Dritten Reich zu trennen, bedeutete zusammen mit seinem Hinweis auf den altpreußischen Widerstand gegen Hitler eine wichtige Entlastung in der öffentlichen Schulddiskussion.[66] Rothfels war der Dank der versammelten Historiker gewiß, als er – der heimgekehrte Emigrant – diese Entlastung Bismarcks vortrug, die seinen Kollegen wohltun mußte. Der durch die Emigration geadelte deutschnationale jüdische Historiker Rothfels gründete damit einen neuen Konsensus zwischen denen, die in Deutschland geblieben waren und denen, die Deutschland hatten verlassen müssen.[67]

Eine „Revision der deutschen Geschichte" in dieser begrenzten Variante bereitete den meisten Historikern so wenig Probleme, wie sie den katholischen Bismarck-Kritikern Anlaß zur Kritik gab. Für Paul W. Wenger vom ‚Rheinischen Merkur' reichte diese Art „Revision" des deutschen Geschichtsbildes „mit einigen mehr oder minder herzhaften Retouchen" nicht aus, für ihn bedurfte es schon 1946 gar der „Revolutionierung" des Geschichtsbildes.[68] Gleichwohl darf nicht übersehen werden, daß die intensive Bismarck-Diskussion dieser Jahre die Gelegenheit bot, die in abstrakter Form offensichtlich unmögliche Generaldebatte über den Verlauf der deutschen Geschichte in reduzierter Form zu führen.

Gerade die Bismarck-Debatte der 50er Jahre zeigt, wie schwer sich die deutschen Historiker mit einer Abwendung von der bisher sanktionierten Konstruktion der nationalen Geschichte taten. Die Tendenz, den Nationalsozialismus gerade nicht als „Summe der deutschen Geschichte" oder als deren notwendige Konsequenz zu interpretieren, führte auch zu anderen Verortungen des Nationalsozialismus, die man als seine „Historisierung" in einem westeuropäischen Sinne bezeichnen kann. Seine Grundlegung erfuhr dieses Modell durch Gerhard Ritters gedankliche Verbindung zwischen dem Nationalsozialismus und der jakobinischen Phase der Französischen Revolution. Deren verabsolutierendes Menschenrechtsdenken und übersteigerter Nationalismus wurden ganz allgemein an den Anfangspunkt einer Entwicklung gesetzt, die zum Nationalsozialismus führte.[69]

Doch diese Form der Historisierung blieb keineswegs auf Ritter beschränkt. Ludwig Dehio zog 1949 ebenfalls diese Verbindungslinie und fand damit den Beifall seines Rezensenten im föderalistisch-katholischen ‚Neuen Abendland', dem es wesentlich schien, „darauf hinzuweisen, daß bei Dehio, wie ich glaube zum erstenmal, in einer wissenschaftlich historischen Arbeit, die Nazis als die deutschen Jakobiner bezeichnet werden. Es ist ungeheuer wichtig, daß diese These [...] in die Geschichtsschreibung Eingang findet. Sie hebt unser tragisches Schicksal aus der Isolierung und ordnet es in die größere europäische Tragödie ein."[70] Mit dieser Genealogie ergab sich natürlich eine wohltätige Relativierung des Nationalsozialismus, denn „das Hitlerregime variierte auf einer höheren Ebene der Zivilisation die Motive der Revolution und des Imperialismus, die in Frankreich zuerst erklungen waren". In solchen Texten wird man geradezu das greifen können, was man eine inhaltliche Entnazifizierung der deutschen Geschichte nennen könnte. So wie in den Spruchkammerverfahren immer wieder auf die idealistische Grundhaltung vieler deutscher Täter verwiesen wurde, die von Hitler enttäuscht worden seien, so bereiteten solche Thesen eine Relativierung der historischen Schuld und eine diffuse Historisierung vor, die den Spruchkammerverfahren durchaus entsprach.

Vergleicht man die beiden Varianten der Entnazifizierung, die hier untersucht wurden, so fällt eine strukturelle Ähnlichkeit auf. Wenn man bedenkt, daß nur ganz wenige Menschen als Hauptschuldige bzw. Schuldige dingfest gemacht werden konnten und bestraft wurden, so entspricht das der geringen Zahl derer, die im Bereich der Geschichtswissenschaft – oft auch nur vorübergehend – aus dem Dienst entfernt wurden. Das alte und neue Personal bildete eine zwar nicht immer ganz spannungsfreie aber letztlich doch kooperierende Fachgenossenschaft, die sich je länger je mehr konsolidierte. Inhaltlich entsprach dem ein Verzicht auf die historische Legitimation von Großmachtdenken, Antiliberalismus, Antisemitismus und deutschem Sonderwegsdenken bei Bewahrung der klassischen Paradigmen der deutschen Geschichtswissenschaft. Man sprach weiter die vertraute Muttersprache der politischen Geschichte. Eine wirkliche Revision im Sinne einer radikalen Umdeutung zentraler Phasen der deutschen Geschichte, der Heranziehung neuer Traditionsstränge wird sich kaum beobachten lassen.

Diese letzten Bemerkungen weisen noch einmal auf die weiten historischen Perspektiven hin, in denen die Ereignisse der Jahre 1933–45 zu sehen sind. Sie bieten auch Anknüpfungsmöglichkeiten an die aktuellen Diskussionen über die Bereitwilligkeit einer sehr großen Zahl von Deutschen, bei den Untaten des NS-Regimes mitzumachen, und wir tun gut daran, diese Frage von den methodisch problematischen Äußerungen des amerikanischen Autors über die besondere „eliminatorische“ Struktur des deutschen Antisemitismus zu trennen. Nur so besteht eine Möglichkeit, die Umstände und das Ausmaß der Bereitschaft mitzumachen, zu ergründen.

Heinz Bude

Die Achtundsechziger-Generation im Familienroman der Bundesrepublik

I.

„1968" gilt als Zäsur in der Gesellschaftsgeschichte Westdeutschlands nach 1945 (vgl. Broszat 1990). Zäsuren sind Einschnitte in dem von langer Dauer getragenen geschichtlichen Prozeß, wo die endlose Transformativität des kollektiven Lebens sich plötzlich an einem Punkt verdichtet. Es kommt zu einer kurzen, aber turbulenten Teilgeschichte im Gesamtprozeß, die von entscheidender Bedeutung für das kollektive Selbstverständnis wird. In das Periodisierungsschema wird eine neue Markierung eingetragen: Es gibt ein Davor und ein Danach im geschichtlichen Fluß.

In der Mythologie der Bundesrepublik stehen die sozialen Erregungen von „1968" zwischen der gesellschaftlichen Nullstellung von „1945" und der unerhörten Wende von „1989". Als hätte es des studentischen Aufruhrs bedurft, um aus der Nachfolgegesellschaft des Dritten Reichs ein westliches und liberales Land zu machen, das seine endogene Ruhelosigkeit überwunden hat. Im Abstand eines Vierteljahrhunderts gilt der „nachträgliche Ungehorsam" (dazu Marquard 1981) einer jüngeren intellektuellen Generation als kollektiver Lernerfolg und gesellschaftlicher Zivilisationsbeweis. Es nimmt daher nicht wunder, daß in den aktuellen Kulturkämpfen zwischen west- und ostdeutschen Deutungssendern die Definition von „1968" eine entscheidende Rolle spielt. Hier verquickt sich die Frage nach der jeweiligen „Vergangenheitspolitik" (Frei 1996) mit dem Problem der sozialisatorischen Verankerung der Zivilgesellschaft. Dabei sind nach dem Zusammenbruch des antifaschistischen Legitimationsgebäudes der DDR die Beweislasten klar verteilt. Inwieweit, so wird von westlicher Seite gefragt, hat der staatlich verordnete Antifaschismus den jugendkulturellen Bruch mit der Nazi-Vergangenheit der Eltern ersetzt, verdeckt oder gar verunmöglicht?

Allerdings waren die sozialen Bewegungen der späten sechziger Jahre ein globales Phänomen. Im Übergang von einer Periode des Aufbaus und der Stabilisierung nach dem Zweiten Weltkrieg zu einer des Umbaus und der Demokratisierung suchte der soziale Wandel nach seinem Autor. Alain Touraine sprach 1965 vom „Verschwinden des konstituierten und dem Triumph des schöpferischen Bewußtseins", und Albert O. Hirschman diagnostizierte 1982 im Rückblick auf die rätselhaften und abrupten Stimmungsschwankungen von den defensiven fünfziger zu den aufrührerischen sechziger und von diesen wieder zu den engherzigen siebziger Jahren einen periodischen Wechsel von Engagement und Enttäuschung. Wie auch immer man die Dinge interpretiert, von heute aus erscheint „1968" als Ausdruck einer vergangenen Welt, in der die Werte des öffentlichen Glücks über die des privaten Friedens und das Gefühl der sozialen Verantwortung über das des persönlichen Vorankommens triumphierten.

Die Tatsache, daß sich überall die Gruppe der Studenten als Katalysator einer grundlegenden normativen Revision in Szene setzen konnte, ist mit dem Auftauchen eines „neuen Objekts der Empörung" (Turner 1969) erklärt worden. Formeln wie „Das Persönliche ist politisch" kennzeichnen eine Politik der Authentizität (dazu Trilling 1980), die einen Zusammenhang zwischen persönlichem Unglück und gesellschaftlichem Unrecht herstellt. Das Gefühl der Empörung richtete sich gegen das „sauber getrennte Gehege des bürgerlichen Lebens" (Michel 1968: 181), wo es zwischen den Bereichen Arbeit/Liebe/Politik/Kunst/Vergnügen/Wissenschaft nur Vermittlungen, aber keine Vermischungen geben durfte. Das Ganze, das sich nur durch zwanghafte Separierung zu erhalten in der Lage war, erschien als das Unwahre. So schuf der von den neuen Disziplinen der Soziologie, Linguistik oder Psychoanalyse propagierte Begriff der Gesellschaft (dazu Bude 1993) einen thematischen Raum für die Deutungsbedürfnisse verschiedenster gesellschaftlicher Gruppen, die ihre Wünsche und Bedürfnisse in den hergebrachten Kategorien des sozialen Konflikts nicht mehr zu artikulieren vermochten.

Die Studentenbewegung kann man daher als Vorhut eines evolutionären Trends ansehen, der, wie es in der Individualisierungsdebatte der achtziger Jahre hieß, eine „neue Unmittelbarkeit von Individuum und Gesellschaft" begründete. In den Praktiken des Protests wurden die Prozesse der Informalisierung eingeübt, die gemäß einer herrschenden Meinung den zivilisatorischen Stand der Gegenwart charakterisierten. Mit Norbert Elias (siehe Wouters 1979) würde man von einer Veränderung der Machtbalance zwischen sozialen Positionen und gesellschaftlichen Statusgruppen sprechen. So scheint sich im Gefolge der Kulturrevolte von „1968" das dispositionelle Gefälle zwischen Vorgesetzten und Mitarbeitern im Betrieb, zwischen Eltern und Kindern in der Familie, zwischen Männern und Frauen in der Liebe verringert zu haben: Aus der starren Ordnung von Befehl und Gehorsam ist ein flüssigeres Spiel von Kooperation und Aushandlung geworden.

Doch es zeigen sich erhebliche Unterschiede in der nationalkulturellen Einarbeitung der evolutionären Effekte von „1968". In der republikanischen Tradition Frankreichs wird „1968" selbstverständlich in der Linie von „1789" gesehen. Im Mutterland der Exzentrik war die Studentenbewegung sowieso nur ein Teilphänomen des „Swinging London". In Italien wiederum konnte man „die Bewegung" als Fortsetzung einer popularen Tradition des Befreiungskampfs gegen eine fremde Herrschaft verstehen. Und in Japan, wo es in den sechziger Jahren zu wütenden Ausbrüchen der Militanz kam, nahm man die Studentenproteste offenbar als Ausdruck einer jugendlichen Elite hin, die, nachdem sie sich ausgekühlt hatte, in die gesellschaftlichen Führungsetagen aufgenommen wurde.

Allein in Deutschland wird „1968" als gelungener Testfall einer glücklichen Verwestlichung begriffen. Dies sichert der Achtundsechziger-Generation ihren Platz im Familienroman der Bundesrepublik. Sie war nicht allein kulturelle Avantgarde, sondern zusätzlich noch wird ihr die Rolle des Retters von der nationalsozialistischen Vergangenheit zugemutet. Indem sie den Wiederaufbaukonsens der Nachkriegszeit zum Platzen brachte, hat sie einer dominanten Großerzählung zufolge eine von Vergessenswünschen und Reparaturgesinnungen gelähmte Gesellschaft zu sich selbst befreit. „1968" erscheint als Präludium für die zweite Formationsperiode in der bundesrepublikanischen Nachkriegsgeschichte, die trotz der „geistig-moralischen Wende" der achtziger Jahre erst mit der deutschen Einigung ein Ende gefunden hat. Diese eminente Zuschreibung lastet auf dem Selbstverständnis der Achtundsechziger-Generation, deren Angehörige Anfang der neunziger Jahre in die „Prominenzphase" (zu diesem Ausdruck Luhmann 1985) ihres Lebenslaufs getreten sind. Woher stammt diese historische Mission und wie läßt sich mit ihr leben?

II.

1964 schrieb Ulrike Meinhof über die Ära Adenauer:

„Eigentlich ist alles schon einmal gesagt worden: Daß die Stadt Bonn finsterste rheinische Tourismusprovinz ist; daß Adenauer, schon als er sein Amt antrat, verdammt alt war; daß seine Politik der ausschließlichen Westorientierung nur um den Preis der deutschen Wiedervereinigung durchgeführt werden konnte; daß viel zu viele alte Nazis in der Armee, in den Ministerien, in der Justiz und der Polizei, in der Lehrerschaft, kurz: in Ämtern und Würden sitzen; und daß das beste an der Bundesrepublik ihr Grundgesetz ist, welches bezeichnenderweise zwar nicht ohne Adenauer, aber vor seiner Ära entstand. Auch die unausgesprochenen Argumente der anderen Seite sind nicht unbekannt: (...) daß der glänzende, im In- und Ausland bewunderte Aufstieg der Bundesrepublik mit fast nahtlosem Anschluß an das westliche Militärsystem samt Überbau so reibungslos nicht vonstatten gegangen wäre ohne die Verwendung einer erprobten, bewährten, ergebenen Beamtenschaft und sonstiger Fachleute, die nicht so hoch qualifiziert wären, hätten sie nicht unangefochten ein bestimmtes Parteiabzeichen getragen und den Staat, den braunen, dazu. Alles ist schon einmal gesagt worden. Aber nichts und nirgends wurde etwas begriffen.

In diesem Land wird gelebt, als gäbe es keine anderen Bündnispartner als die der NATO; als wäre Christlichkeit etwas so Selbstverständliches wie Peter-Stuyvesant-Werbung; als wäre der Nationalsozialismus ein bedauerlicher Fauxpas; Wehrpflicht nichts anderes als eine Unterbrechung der Ausbildung und des beruflichen Fortkommens; der Bundestag ein Fachausschuß von Sachverständigen für Sachverständige; die Oder-Neiße-Grenze ein Produkt sowjetischer Willkür, die DDR ein Wechselbalg kommunistischer Weltverschwörung; die deutsch-französische Freundschaft ein Beitrag zur Völkerverständigung." (zitiert nach Meinhof 1980: 41f)

Die Kolumnistin der „konkret", die damals tonangebende Herrenrunden durch ihre bloße Anwesenheit durcheinanderbringen konnte, erfaßt hier ein Lebensgefühl des Weitermachens und des Wegduckens, eine Gesellschaft der stillen Verständnisbrücken und der defensiven Selbsterhaltung. Hermann Lübbe hat dafür 1983 den Begriff des „kommunikativen Beschweigens" geprägt. Man wußte, woran man besser nicht rührte und wie man sich über die Lücken in der Verständigung hinwegtäuschte. Es galt die Konzentration auf das individuelle Schicksal, das mehr lebens- als zeitgeschichtlich, mehr existentialistisch als politisch verstanden wurde. Der Arbeitskonsens der frühen Jahre beruhte auf dem kollektiven Phantasma einer „Stunde Null", das eine Gesellschaft ohne Vergangenheit und ohne Zukunft ermöglicht hatte.

Ulrike Meinhof fragt nach den Kosten dieser Politik des schweigenden Arrangements und der leeren Kontinuität. Sie blickt auf ein Volk von Halbinformanten und Halbinformierten: „belastet mit Vorurteilen, umgeben von Tabus und eingeschnürt in Illusionen" (a.a.O.: 43). Alles ist gesagt worden, so ihre Formel, aber nichts wurde begriffen. Mit anderen Worten: Es fehlt die Durchdringung, das Erschrecken, die Konsequenz.

Mit ihrer Diagnose forderte die Gesellschaftskritikerin das

Generationengefüge des Wiederaufbaus heraus. Noch dominierte die Weimarer Generation der um 1900 Geborenen, die sich das Scheitern der Weimarer Republik, den Nationalsozialismus und den Zusammenbruch als generationsspezifisches Versagen zurechneten. Aus dieser Generation stammten die institutionellen Architekten der „Demokratie ohne Demokraten". Dem „Protestbegriff des Volkes" (Plessner 1935/1959) setzten sie, ablesbar am Werk von Dolf Sternberger (etwa 1963), ein apodiktisches Rechtsbewußtsein und eine milde Staatsfreundschaft entgegen.

Die um 1900 Geborenen waren 1914 zu jung für den Krieg und 1918 zu alt für die Unschuld, weshalb sie in der Weimarer Republik zu Protagonisten einer „neuen Sachlichkeit" wurden, mit der sie sich der Modernität vorbehaltlos öffnen, aber sich zugleich vor den Enttäuschungen des Politischen schützen wollten. Ein „Kult der Kälte" ermöglichte sowohl die Hinwendung zur als auch die Abkehr von der nationalsozialistischen Bewegung. Aber erst nach dem Zweiten Weltkrieg erwuchs aus ihrer generationellen Erfahrungsbilanz eine gesellschaftliche Prägekraft. Man forderte Fachergebenheit, berief sich auf Sachzwänge und glaubte, durch die kühle Hinnahme der eigenen Standortlosigkeit einer sinnlosen Geschichte entfliehen zu können.

Aber die eigentliche Aufbau- und Modernisierungskohorte stellten die um 1930 geborenen Schüler-Soldaten des Zweiten Weltkriegs dar, die Mitte der sechziger Jahre auf die Ablösung der Weimarer Generation drängten. Im Wiederaufbau hatte sich die Flakhelfer-Technik von äußerem Mittun und innerer Reserve bewährt. Dazu kam das Glück der Identifikation mit einem angenehmen Sieger. Von den Amerikanern konnte man nicht nur siegen, sondern außerdem noch den Jazz, die Lässigkeit und die Demokratie lernen. Das stärkte die Bereitschaft zum Abschied von einer elenden deutschen Ideologie. Die Lebensphilosophie der Flakhelfer-Generation (siehe Bude 1987) besiegelte das Ende eines „deutschen Geistes", der sich ständig in Gefahr wähnt, zwischen der Mystik des Ostens und der Rationalität des Westens schwankt und unablässig auf einen neuen Gott hofft. Mit ideologischer Skepsis, verbissenem Realismus und ungezwungenem Konsumismus feierten die „Flakhelfer“ den Sieg westlicher Ironie über altdeutsche Tragik. (exemplarisch dazu Bude 1992)

Doch auch diese Zivilisierung der deutschen Orientierung am Unwirklichen findet bei Ulrike Meinhof keine Gnade:

„Sie lebt an sich selbst und ihrer Geschichte vorbei, die Bevölkerung der Bundesrepublik, uninformiert, unaufgeklärt, desorientiert, unentschieden zwischen Pril und Sunil, im Bilde über Alete-Kinderkost und Küchenmaschinen, nicht über Nichtangriffspakt und Kernwaffenfreie Zonen. Die da zu wenig von sich selbst wissen, um für sich selbst sorgen zu können, (...) sind aber bestens unterrichtet über die Unterschiede zwischen den Partys des römischen Hochadels und denen der ordinären römischen Geldleute, kennen Mädchen und Männer der britischen High Society, nackt und bekleidet, wissen alles über die Gefühle einer persischen Ex-Kaiserin. Vielleicht wissen sie sogar noch etwas über Ausbeutung in Brasilien, Betrug in Hongkong, Armut und Korruption in Sizilien, Mord in Griechenland, Rassenkrawalle in USA, Apartheid in Kapland, dessen sich die illustrierte Presse alleweil mit Sorgfalt annimmt, was aber das Dilemma der Kenntnislosigkeit von dem, was im eigenen, geteilten, gerüsteten Land geschieht, nicht aufwiegt.“ (a.a.O.: 44f.)

Die Kritikerin sieht sich einem kompakten System der politischen Ignoranz gegenüber. Während sich die ältere Generation stoisch von der Geschichte zurückzieht, kennt die mittlere in ihrem Anpassungsgeschick keine Grenzen. Wie gesagt: „Nichts und nirgends wurde etwas begriffen.“

Die Überschneidungen zwischen Weimarer Kälte und bundesrepublikanischer Skepsis verkörperte wie kein anderer Gottfried Benn. Als „Phänotyp dieser Stunde“ (Wellershoff 1958) avancierte der „Ptolemäer“ zur ersten großen intellektuellen Hintergrundsfigur der Bundesrepublik. Die Antwort auf den Wirklichkeitsverlust nach dem „Zusammenbruch“ lieferte die „statische Existenz“. Alles vernehmen, aber doch immer unberührt bleiben, lautete die Devise des Überlebens. Konformismus trug man als Maske des Nonkonformismus. Die Sinnlosigkeit der Geschichte ließ nur den Schluß zu, daß es sich um eine Krankengeschichte von Irren handeln müsse. Peter Rühmkorf, der zusammen mit Ulrike Meinhof in „konkret" veröffentlichte, notierte über Benn: „Er kam von der nächtlichen Seite Nietzsches her, seiner erdgewandten, und er verband einen ungeheuren Riecher für Finalstimmungen mit einem stupenden Zug zum Antibourgeoisen, ästhetisch Imperialen, der kam uns in jedem Fall entgegen, Kleinbürger, die wir waren, Gelegenheitsjobber, Wanderarbeiter, Underdogs." (1972: 53)

Zwischen der totalen und kalten Skepsis der „Weimarer" und der kleinen und präzisen Skepsis der „Flakhelfer" – „Lies keine Oden, mein Sohn, lies die Fahrpläne: sie sind genauer", schrieb Hans Magnus Enzensberger 1957 „Ins Lesebuch für die Oberstufe" – hatte übrigens die Kriegsgeneration des Zweiten Weltkriegs im historischen Abbruchunternehmen der Bundesrepublik keine ideologische Chance. Helmut Schmidt mochte sich zwar als Krisenmanager bewähren, aber von seiner Geschichte als junger Hauptmann im Zweiten Weltkrieg wollte man doch nichts wissen.

III.

Ulrike Meinhof ist zur Ikone für die später so genannte Achtundsechziger-Generation geworden, die das „kommunikative Beschweigen" in der Nachkriegszeit mit „wacher Ohnmacht" beobachtete. Für die zwischen 1938 und 1948 geborenen Kriegskinder des Zweiten Weltkriegs sahen die fünfziger Jahre ganz anders aus als für die „vorsichtigen, aber erfolgreichen" jungen Leute aus der „skeptischen Generation" (Schelsky 1957). Wo diese den Aufbruch in eine neue Zeit mit serieller Musik, gläsernen Bungalows und „funktionaler Differenzierung" erlebten, fühlten jene sich „in der Grube". „Es hockte", so Rolf Dieter Brinkmann in seiner gleichnamigen Erzählung von 1962, „hinter aller Trägheit, hinterlistig, der Überdruß am Leben, der zu der Zeit immer häufiger hervorgekrochen war, grinsend, unförmig." (1985: 52)

Auf der Suche nach den prägenden und verbindenden Erlebnissen der um 1940 Geborenen lenkt Brinkmanns Text den Blick in die Wohnküchen der fünfziger Jahre. Man hat in der „Reduktion auf kleinräumliche Beziehungen“ das elementare Merkmal der Nachkriegszeit gesehen (Tenbruck 1974): Rückzug auf die Kleingruppe, Haften am Nächsten und Fixierung aufs Konkrete. In der familiären Enge preßte sich zusammen, was anders sich nicht äußern konnte. Die Väter nervten die Familie mit ihren Endlosgeschichten vom verlorenen Krieg und von der schlimmen Gefangenschaft, und die Mütter fügten sich in stummer Geschäftigkeit ihrem Schicksal. Zugedeckt von der „Toleranz der gemeinsamen Not“, so ein Ausdruck von Helmut Schelsky (1957: 129), schien jeder mit seiner Enttäuschung allein. Aus solchem Ambiente stammt der „Erfahrungshunger“ (Rutschky 1980) der Kriegskinder.

Wir stoßen hier auf eine andere Geschichte der Achtundsechziger-Generation, die frühere Ursprünge und tiefere Lagerungen des gemeinsamen Lebensgefühls und Problembewußtseins der um 1940 Geborenen an den Tag bringt. Diese Geschichte beginnt in den Luftschutzkellern des Endkriegs. So erzählt ein Interviewpartner (vgl. zur gesamten Untersuchung Bude 1995), wie er als Fünfjähriger den Bombenangriff der Royal Air Force auf Halberstadt am 8. April 1945 miterlebt hat. Fast jede Nacht sei Alarm gewesen. Sein fünf Jahre älterer Bruder und er mußten dann der Mutter helfen, die Großmutter in den Keller zu schaffen. Schon einige Male war in der Nähe eine Sprengbombe eingeschlagen. Aber an diesem Sonntagmittag wollten die Bombardements nicht aufhören. Das seien Bilder seiner Kindheit: Alle liegen auf der Erde und horchen, es rieselt der Kalk von den Wänden und die Kellerfenster fallen aus dem Rahmen. Man kann sich vorstellen, wie die beiden Kinder bei der Mutter unterkriechen, der Fünfjährige, indem er seinen Kopf unter ihren Leib schiebt. Als alles vorbei war, sind sie mit dem Handwagen durch die brennende Stadt gezogen und wußten nicht, ob sie noch was zu essen bekommen oder überhaupt noch leben konnten, weil ringsherum alles zerstört war. Nur das Haus der Familie sei wie durch ein

Wunder erhalten geblieben. Am Ende habe die Erleichterung gestanden, selbst irgendwie davongekommen zu sein.

Die verschiedenen Einzelfälle lassen das Muster einer bestimmten Geschichte existentieller Nähe und inzestuöser Enge erkennen: Gerade die kleinen Kinder von drei oder vier Jahren mußten in den Bombennächten die auf sich selbst gestellte Mutter mit dem Pochen ihres Herzens beruhigen, sie mußten mit ihrem Lächeln zeigen, daß das Leben weitergeht. Die Kinder haben sich gewissermaßen zur Verfügung gestellt, um die Mutter von ihrer untergründigen Angst und ihrer momentanen Lebensmüdigkeit zu retten. Aber nach dem Kriege wurden die Dinge noch verwirrender. Als der Vater nach Hause zurückkehrte, gab die Mutter dem Kind zu verstehen, daß sie den Mann, dem einst ihre Liebe galt, verloren hatte. Denn es war nicht mehr derselbe wie vor dem Krieg. Aus der Sicht des allein mit der Mutter aufgewachsenen Kindes hatte der Vater dadurch die von ihm behauptete Position im Familiensystem von vorneherein verspielt: Er konnte wüten, soviel er wollte, er bewies damit nur die geheime Botschaft der Mutter. Andererseits verstanden die Kinder den Vater. Irgendwie ahnten sie, was er durchgemacht hatte. Als er draußen vor der Tür stand, haben besonders die Mädchen diesen grauen Menschen mit Neugierde und mit Mitleid betrachtet. Was wollte dieser arme und bedürftige Mann, den die Mutter mit der Wut der Enttäuschung verfolgte? Und so kam es manchmal zu einem fast geschwisterlichen Beistandspakt zwischen dem Vater und den Kindern, der gegen die harte und verbitterte Mutter gerichtet war. Nicht mehr nur die Existenz der Mutter, die Existenz der ganzen Familie hing nach dem Krieg an den Kindern. Das gemeinsame Dritte sollte die Erfahrungsdifferenzen zwischen den Eltern einerseits bestätigen und andererseits aufheben. Doch wie kann man den vom Krieg lädierten Vater und die im Krieg erstarkte Mutter zugleich bedienen? Für die Kriegskinder stellt die Geschichte ihrer Eltern daher eine Last dar, die ihre eigene Geschichte zu erdrücken droht. Sie bilden einen Behälter für Erwartungen, die nicht ihr eigenes, sondern das Leben ihrer Eltern betreffen.

Zur Analyse solcher Herkunfts- und Bindungskomplexe hat Heinz Kohut das Konzept vom „telescoping“ der Generationen entwickelt (vgl. Faimberg 1987). Es handelt sich um eine besondere Form der Identifizierung, durch die eine verborgene Geschichte der vorhergehenden zur beherrschenden Geschichte der nachfolgenden Generation wird. Der Mechanismus dieses Ineinanderrückens der Generationenfolge besteht in einer identifikatorischen Gefangennahme. In Umkehrung des Gesetzes der Sozialisation muß das Kind stellvertetend die Deutung gewisser Probleme seiner Eltern übernehmen. Es liegt etwas in der Luft, eine demütigende Erkenntnis oder eine drohende Entgleisung, der niemand sonst sich gewappnet fühlt. Was seine Eltern an Scham und Schande nicht ertragen können, muß das Kind auf sich nehmen. Das ist etwas ganz anderes als die mehr oder minder normale Delegation überschüssiger Affekte und unausgelebter Wünsche von seiten der Eltern auf ihre Nachkommen. Es geht vielmehr um die Übertragung der Interpretationsaufgabe. Schon das kleine Kind muß Verständnis für die schwierige Lage der Eltern zeigen und sie beruhigen. Es bewahrt gewissermaßen in seinem Herzen, was diesen zuviel ist. Am Ende schützt das Kind eine problematische Geschichte der Eltern, indem es diese, verdeckt und verborgen, zu seiner eigenen Geschichte macht. Es entsteht eine vollkommen geschlossene Identifikationsreihe zwischen den Generationen, in der für die Diskontinuität der Erfahrung kein Platz ist.

Noch einmal Rolf Dieter Brinkmann – diesmal eine Erinnerungsnotiz aus „Rom, Blicke“ von 1979:

„Ruinenkinder, Bombensplitterkinder, ja, Todessplitterreisen haben wir, jeder auf seine Art, gespielt, und die frühe Kulisse waren aufgerissene Straßen, abgedeckte Häuser, brennende Ruinen – lange her und in der ersten Zeit des Lebens, des Sehens, der Neugier, der ersten halbbewußten Wahrnehmungen versiegelt, eingeschlossen, nämlich was?: Trümmer, zerrissene Häuser, Betonbrocken, Brandphosphorbomben und blaue Narben am Körper eines Spielkameraden (...) das ist es, was sich als erste Lebenskulisse ergab, unter dem nicht näher faßbaren Druck und der Bedrohung der Vernichtung – das ist unsere Generation, eine Gerümpel-Generation, hastig und mit Angst vor dem Krieg oder in den ersten Kriegstagen zusammengefickt – ein verworrenes Motiv: ehe der Mann in den Krieg zieht, macht er der Frau noch ein Kind – ‚ich bin nur da, weil es einen Krieg gab und was ist dann Kindheit und Jugend? Nichts als eine einzige Entschuldigung, daß man überhaupt da ist, ‚entschuldigen Sie, daß ich geboren bin'." (356)

Die erste Lebenskulisse bietet ein Bild der Verwüstung. Aus der Erinnerung steigen Bilder einer apokalyptischen Kriegskindheit auf. Es ist gleichwohl vom Sehen und von der Neugier die Rede, also davon, daß die Kinder ihre Augen nicht verschlossen, sondern zur Kenntnis genommen haben, was sich abspielt. Die frühen Erinnerungsspuren bilden, „versiegelt, eingeschlossen", den Boden der Erlebnisschichtung. Aber als der eigentliche Grund für ein nicht näher faßbares Gefühl der Bedrohung erweist sich das „verworrene Motiv" dafür, daß sie überhaupt auf der Welt sind: Als wollte er ein anderes Leben beschwören, macht der Mann, ehe er in den Krieg zieht, seiner Frau noch ein Kind. Die Kriegskinder fühlen sich als das Produkt eines panischen Lebenswillens und glauben daher, keine eigene Existenzberechtigung zu haben. Man versteht, daß die „Gerümpel-Generation" der Wiederaufbau nicht lokken konnte. Wie sollte sich aus dem Gefühl, daß die eigene Kindheit und Jugend „nichts als eine einzige Entschuldigung" war, eine positive Besetzung der wiedererstandenen Gesellschaft entwickeln?

Die gleichwohl enorme Erfolgsgeschichte der Achtundsechziger-Generation beruht auf einem glücklichen Zusammenspiel von Motiv und Gelegenheit. Die Kriegskinder trafen Ende der sechziger Jahre auf eine „politische Gelegenheitsstruktur" (Tarrow 1991) von aufgestauten Wandlungsenergien und leeren historischen Räumen. Georg Picht bezeichnete in seiner 1964 erschienenen Serie „Die deutsche Bildungskatastrophe" den westdeutschen Staat als einen „Koloß auf tönernen Füßen", Ralf Dahrendorf sprach in seiner 1965 publizierten Untersuchung über „Gesellschaft und Demokratie in Deutschland" von einer „versäulten Gesellschaft", und die

Mitscherlichs beklagten in ihrer sozialpsychologischen Studie von 1967 über die „Unfähigkeit zu trauern" den „heute herrschenden psychischen Immobilismus angesichts brennender Probleme unserer Gesellschaft". Solche Metaphern deuteten ein Anwachsen gesellschaftlicher Mobilisierungsbereitschaft an. Es fehlte nur noch die vorauseilende Gruppe, die eine „Bresche" ins marode System schlagen würde.

Allerdings bedarf es zur sozialen Formung eines „verworrenen Motivs" bestimmter öffentlicher Fürsprecher, die der latenten Formierungstendenz eine eigene Sprache verleihen. Aus diesem Zusammenhang heraus ist Adornos Aufstieg zur zweiten großen intellektuellen Hintergrundsfigur der Bundesrepublik zu verstehen. In seiner *Kritischen Theorie* fanden die Kriegskinder den gültigen Ausdruck ihrer Lage. Es geht um das Motiv des Überlebens und den Wunsch zu entkommen. Die Erfahrung des Sozialen, die Adorno ansprach, war nicht das Gegenstoßen und Einschneiden, sondern das Engerwerden und Ersticken. Das Netz der zwischen den Menschen gesponnenen Beziehungen, so der symbiotische Gesellschaftsbegriff der Kritischen Theorie, werde immer kleinmaschiger und unausweichlicher. Adornos Zuhörer, die in der Phantomnormalität der Nachkriegsfamilie aufgewachsen waren, konnten sich verstanden fühlen. Die Interviewpartner versichern heute, daß das anfangs mehr ein diffuses Mitschwingen als eine geistige Durchdringung war. Wenn der kleine Mann mit dem großen kindlichen Kopf davon sprach, daß es nichts Harmloses mehr gebe, dann wirkte das nicht nur als eine historisch, sondern vor allem als eine existentiell treffende Rede. Und als es dann noch hieß, daß wir in einer Totalität leben, die die einzelnen nur vermöge ihrer Entfremdung zusammenschließe, bekam das bewegte Publikum eine Ahnung davon, warum nur die trickreiche Dialektik die teuflische Logik der bürgerlichen Gesellschaft bannen konnte. Die nicht selten mit immenser Energie betriebene Beschäftigung mit der Kritischen Theorie diente dem einen Zweck: Der Hauptfigur Adorno das Geheimnis des Überlebens nach 1945 zu entreißen.

Daran sieht man, wie das Thema des Nationalsozialismus bei den Kriegskindern in Gestalt einer identifikatorischen Gefangennahme weiterwirkt. Die Kinder müssen zum Austrag bringen, was die Eltern an Scham, Verzweiflung und Schuld weder zurückweisen noch übernehmen können. Es ist etwas Fremdes und Opakes, was von den Eltern auf die Kinder übergeht. Auschwitz ist der Name für die Vergangenheit, die nicht vergeht.

Die Geschichte der Achtundsechziger-Generation stellt sich von ihrer Kindheit her betrachtet als eine Geschichte mißlungener Ent-Identifizierungen von ihren Eltern dar. Die Achtundsechziger kommen nicht los von dem ihnen so früh eingepflanzten Lebensgefühl, Träger von etwas Unausgesprochenem und Unaussprechlichem zu sein. Die Revolte der Jugend war so gesehen eine Form des Dagegenseins, die eine Möglichkeit des Dafürseins sichern sollte. Es ging mehr um Wiedergutmachung als um Zerschlagung, mehr um Aufarbeitung als um Abkehr. Von daher erklärt sich das Nachträgliche und Wiederkehrende gerade in den deutschen intellektuellen Debatten von „1968". Es war eine stellvertretende Rebellion, die im Grunde von einem schützenden Impuls gegenüber den Eltern beherrscht war, die ihre eigene Geschichte nicht auf sich nehmen konnten. Der Aufruhr gehörte schließlich zu einem bestimmten Komplex der Bindung, dessen Ursprung ganz woanders lag.

Nach der hier vorgeschlagenen Deutung ist die Achtundsechziger-Generation die „Container-Generation" der Bundesrepublik. Indem die Kriegskinder die Geschichte ihrer Eltern zu ihrer eigenen Geschichte gemacht haben, haben sie für folgende Generationen einen seelischen Raum für Aufnahme und Neuschöpfung geschaffen. Voraussetzung dafür war allerdings die Umstellung der kollektiven Überlieferung von einer Scham- auf eine Schuldkultur (siehe zu dieser Unterscheidung Lethen 1994). Hier liegt die eigentlich befreiende Wirkung von „1968". Denn wer Schuld eingesteht, befreit sich vom ‚ewigen' Zwang zur Fremdanklage und Selbstrechtfertigung. Das öffentliche Schuldgefühl bildet die Grundlage für ein Selbstverständnis, das das quälende Gefühl der Vergeblichkeit durch einen wachen Sinn für Realität ersetzt.

Helmut König

Das Erbe der Diktatur. Der Nationalsozialismus im politischen Bewußtsein der Bundesrepublik

I.

(1) Was ist politisches Bewußtsein? Wie kann man es feststellen? Wo äußert es sich? Wie ist es der Wahrnehmung und Beobachtung zugänglich? Äußert es sich in den Wahlen oder in den Reden des deutschen Bundestages, an den Stammtischen der Nation oder in den Texten der Wissenschaftler und Intellektuellen, in der Literatur oder in den abfragbaren Meinungen, in den Programmen der politischen Parteien oder in den Urteilen der Gerichte, im Freizeitverhalten oder im Städtebau? Im Privaten oder im Öffentlichen? Nur im Reden oder auch im Schweigen? – Und ferner: Kann *die* Bundesrepublik ein politisches Bewußtsein haben? Was ist das für eine seltsame Bezugsgröße? Ist Bewußtsein nicht etwas, das man jeweils nur Individuen zurechnen kann, nicht aber Gruppen, Kollektiven und Nationen?

Vom politischen Bewußtsein der Bundesrepublik zu sprechen, scheint so viele komplizierte Probleme aufzuwerfen, daß die Konsequenz naheliegt, diese Formulierung zu vermeiden. Trotz der gewiß nicht geringen Schwierigkeiten halte ich jedoch die Rede vom politischen Bewußtsein für unverzichtbar. Es ist zwar richtig, daß sich Bewußtsein immer nur individuell äußert, genauso richtig ist jedoch die Feststellung, daß das individuelle Bewußtsein nicht monadologisch verfaßt, sondern durch vielfältige Bezüge mit überindividuellen Gegebenheiten verbunden ist. Diese Verbindungen mögen im einzelnen nur schwer feststellbar sein, aber es kann kaum bezweifelt werden, daß die Gesellschaft es ist, die den Horizont der Denkformen,

Themen, Topoi, Begriffe, Erzählformen vorgibt, in dem sich das individuelle Bewußtsein bewegt. Die Anzahl der Varianten des politischen Bewußtseins ist nicht unendlich, weil dem individuellen Bewußtsein immer nur ein beschränkter Satz denkbarer Alternativen zur Verfügung steht. Es gibt angebbare Begriffe, Kategorien und moralische Regeln, die die soziale Kommunikation steuern und darüber auch das individuelle Bewußtsein, das Vergessen und Erinnern, die Formen des Wahrnehmens und Redens prägen (vgl. Stölting 1989: 345 ff).

So wie das individuelle Bewußtsein sich im Horizont von gleichsam transzendentalen Begriffen und Normen entwickelt, so lassen sich spezifische Themen feststellen, die für das politische Bewußtsein einer Gesellschaft von zentraler Bedeutung sind. In ihnen kristallisiert und verdichtet sich gleichsam das politische Bewußtsein einer Gesellschaft und einer Epoche. Es spricht viel für die Vermutung, daß im Falle der Bundesrepublik die NS-Vergangenheit dieses zentrale Thema ist bzw. gewesen ist. Das impliziert die Behauptung, daß Defizite in der Auseinandersetzung mit der NS-Vergangenheit zugleich Defizite des politischen Bewußtseins sind. Und es impliziert ferner die Behauptung, daß alles, was in der Bundesrepublik über den Nationalsozialismus geäußert wird, einen eminent politischen Charakter hat. Anders gesagt: Jede Interpretation der NS-Vergangenheit enthält implizit eine Antwort auf die Frage, welche Konsequenzen aus dieser Vergangenheit zu ziehen sind, und sie ergreift damit automatisch Partei in einem hoch konflikthaften Themenfeld.

(2) Das sollte freilich nicht so verstanden werden, daß es ein monolitisch abgedichtetes Verhältnis der Bundesrepublik zu diesem Zentralthema gibt. Wir haben es vielmehr mit einer Vielfalt an Reaktionen darauf zu tun. In dieser Gemengelage an Perspektiven, Einstellungen und Verhaltensweisen lassen sich dominante und weniger dominante Bewußtseinsformen unterscheiden. Zugleich heißt das, daß dieses Kräfteverhältnis nicht ein für allemal festgelegt ist, sondern vielfältigen Verschiebungen und Wandlungen unterliegt, die sich zu angebbaren Phasen verdichten.

Vier solcher Phasen lassen sich für das politische Bewußtsein der Bundesrepublik und die Rolle, die der Nationalsozialismus in ihm spielt, unterscheiden:

1. Die Vorzeit der Bundesrepublik, also das Interregnum zwischen dem Ende des Krieges und der Währungsreform bzw. der Gründung der Bundesrepublik.
2. Die fünfziger Jahre, also die wesentliche Zeit der Adenauer-Ära.
3. Die Zeit zwischen 1960 und 1990.
4. Die Zeit nach der deutschen Vereinigung.

Ich werde diese Phasen im folgenden zunächst nacheinander beschreiben und im Blick auf das Thema charakterisieren. Im Anschluß werde ich dann daraus einige allgemeine Konsequenzen ziehen und danach fragen, welche Bedeutung der Nationalsozialismus in Zukunft im politischen Bewußtsein der Bundesrepublik spielen wird. Meine Behauptung ist, daß diese Bedeutung trotz der Zunahme des Wissens über die NS-Vergangenheit und trotz der Zunahme der allgemeinen Beschäftigung mit ihr stark abnehmen wird.

II.

1. Die Vorzeit der Bundesrepublik: In der nüchternen Sprache der Sozialwissenschaften ist das Problem, um das es 1945 ging, leicht zu beschreiben. Wir haben es in Deutschland mit einem extremen Fall politischen Wandels unter den Bedingungen eines gerade von den Alliierten siegreich zu Ende gebrachten Krieges gegen das größte Mordregime der Geschichte zu tun. In einem Wort zusammengezogen: Es geht um Systemwechsel, um den Übergang von der Diktatur zur Demokratie. Das Problem ist, wie nach der politischen und moralischen Katastrophe ein neuer Anfang gemacht werden kann.

Mit Hilfe von drei einfachen Fragen läßt sich die Aufgabe näher charakterisieren. Erstens geht es um den Umfang der notwendigen Änderungen, also um die Frage, *was* alles geändert werden muß, damit wirklich jener Übergang von der

Diktatur zur Demokratie zustandekommt. Was gehört dazu, einen neuen Anfang zu machen? Reicht die Neubegründung der politischen Institutionen, also die Neueinrichtung von Parteien, Parlamenten, Wahlen, Gewaltenteilung, freier Presse, demokratischem Bildungssystem usw.? Oder muß der Neuanfang auch z. B. die Produktion grundlegend anders und neu organisieren? Und welche Bedeutung kommt dem politischen Bewußtsein für diesen Neubeginn zu?

Zweitens geht es um die Frage nach dem Handlungssubjekt. *Wer* soll und kann ändern, was geändert werden muß? Wer bestimmt, was zu ändern und wie es zu ändern ist? Wer also sind die Handelnden, die Akteure und Träger der Veränderung? Wer macht sich oder wird (von wem?) mit welcher Legitimation zu diesem Subjekt gemacht?

Drittens schließlich geht es um die Frage nach dem Modus, in dem die Änderungen herbeigeführt werden. *Wie*, mit Hilfe welcher Mittel und Wege soll geändert werden, was zur Änderung ansteht? Mit revolutionärer Gewalt oder mit den zivileren Mitteln der Politik, also mit dem Einsatz von Macht, Gesetzen und Geld? Und insbesondere: Wie verfährt man mit den Tätern, Anhängern, Nutznießern und Mitläufern des alten Regimes?

Die Antwort auf die zweite Frage ist die leichteste und folgenreichste. Sie lautet: Ein deutsches politisches Handlungssubjekt gab es 1945 nicht. Es waren die alliierten Besatzungsmächte, die den Umfang der Änderungen festlegten und bestimmten, wie diese Änderungen herbeigeführt werden sollten.

Für die Beantwortung der Frage nach dem Umfang und den Dimensionen der Änderungen ist die Auffassung über die Ursachen des Nationalsozialismus entscheidend. Je nachdem, welche Faschismustheorie man vertritt, fallen die Änderungsvorschläge aus. Im Jahre 1945 gab es darauf mindestens eine marxistische und eine bürgerlich-demokratische Antwort. In der marxistischen Version finden wir die Überzeugung, daß eine sozialistische Gesellschaftsordnung dem Faschismus mit Sicherheit den Aufstieg unmöglich gemacht hätte. In der bürgerlich-demokratischen Version dagegen wird behauptet, daß eine funktional effektive und wertbezogene parlamentarische Demokratie nach westlichem Vorbild trotz Wirtschaftskrise den Nationalsozialismus nicht zur Macht hätte gelangen lassen.

Die Frage nach den Mitteln und Wegen der notwendigen Änderungen schließlich stellte sich besonders gravierend im Blick darauf, wie die personelle Hinterlassenschaft des NS-Regimes behandelt werden sollte. Die Alternative ist klar: Sollte es eine wilde, heiße, regellose Abrechnung sein oder eine geregelte, womöglich gerichtliche Form der Verurteilung? Die Antwort, die die Alliierten gaben, ist bekannt: Strafprozesse und komplizierte Entnazifizierungsprozeduren. Weniger bekannt ist vielleicht die Tatsache, daß z.B. Churchill lange Zeit ganz ernsthaft mit dem Gedanken spielte, die Nazi-Verbrecher umstandslos an die Wand zu stellen und zu erschießen.

Es gab zwar kein souveränes deutsches Handlungssubjekt in dieser unmittelbaren Nachkriegszeit, ein Meinungssubjekt dagegen gab es sehr wohl. In der sogenannten Schulddebatte konnte es vielleicht auch deswegen so auf den ersten Blick kühne Formen annehmen, weil es vom Zwang der politischen Handlung entlastet war. Diese Debatte fand vor allem in den politisch-kulturellen Zeitschriften statt, die in großer Zahl und mit sehr hohen Auflagenzahlen direkt nach dem Krieg in Erscheinung traten. Schon die Titel dieser Zeitschriften verraten uns etwas vom politischen Bewußtsein. Sie heißen „Der Ruf“, „Die Wandlung“, „Anfang und Ende“, „Das Abendland“.

Die Positionen dieser Debatte können hier nicht im einzelnen vorgestellt werden (vgl. Eberan 1983; Laurien 1991). Vorherrschend war das Bemühen, aus der politischen und moralischen Katastrophe wenigstens noch kleine unbeschädigte Restbestände zu retten. Überblickt man diese Debatte unter der Frage nach dem politischen Bewußtsein, so liegt ihr Charakteristisches darin, daß dem Politischen mit großen Vorbehalten begegnet wurde. Politik galt als die Sphäre des Äußerlichen, Uneigentlichen, Wesenlosen, Schmutzigen, Anrüchigen und Oberflächlichen. Das läßt sich in die Aussage bündeln, daß wir es in dieser Debatte noch einmal mit einer Gestalt des deutschen antiwestlichen und antimodernen Sonderbewußtseins zu tun haben.

Die Debatte über deutsche Schuld, deutsches Schicksal, deutsche Not brach 1948/49 mit der Währungsreform bzw. der Gründung der Bundesrepublik abrupt ab, und es kam alles ganz anders als gedacht. Die Erneuerung geschah nicht aus dem Geist der moralischen Einkehr und Wandlung, sondern dann doch auf dem Wege, der in der Schulddebatte der unmittelbaren Nachkriegszeit noch als ganz unzulänglich abgewertet worden war, auf dem Wege nämlich der Politik.

2. Die 50er Jahre: Die Lösung für den Umgang mit der personellen Hinterlassenschaft des Dritten Reiches in den 50er Jahren läßt sich kurz folgendermaßen charakterisieren: Es zählte nicht, was für eine Vergangenheit jemand hatte, sondern nur, was er für die neue Ordnung zu leisten imstande und bereit war (vgl. Lübbe 1983). Diese Lösung wurde sehr erleichtert durch den Kalten Krieg, durch den Ost-West-Konflikt, der alles, auch die Fragen der Vergangenheitsbewältigung bestimmte. Mit der Berlin-Krise im Juni 1948 verwandelte sich die alte Reichshauptstadt plötzlich aus einem Symbol des Schreckens in ein Symbol der Freiheit.

Das war der Rahmen, in dem die alten funktionalen Eliten fast vollständig wieder in ihre Positionen in der staatlichen Administration, in die Justiz, in Wissenschaft und Wirtschaft zurückkehrten. Die strafrechtliche Verfolgung der NS-Verbrecher kam beinahe gänzlich zum Erliegen, die noch einsitzenden, von den Besatzungsmächten verurteilten NS-Verbrecher wurden auf erheblichen deutschen Druck hin nach und nach bis Ende der 50er Jahre freigelassen. Es breitete sich eine Art „Gnadenfieber“ (Robert W. Kempner) aus, und es ist kaum übertrieben zu sagen, daß sich in der Wendung gegen die alliierten Entnazifizierungsprozeduren das politische Bewußtsein der frühen Bundesrepublik herausbildete.

Die Integration der ehemaligen Nazis und die Ausblendung ihrer Vergangenheit ist aber nur die eine Seite. So sehr das alte Personal wieder in seine Stellungen einrückte, so sehr galt gleichsam als Kompensation dafür, schon mit Rücksicht auf die westlichen Besatzungsmächte und späteren Bündnispartner, daß die Bundesrepublik sich in ihrer offiziellen Selbstdarstellung klar und deutlich von der NS-Vergangenheit in allen Facetten distanzierte. Darin besteht gleichsam das Kunststück der frühen Bundesrepublik: Einerseits das großzügige Vergeben und Verschweigen der politischen Mitverantwortung in der NS-Zeit, andererseits das Regulativ der grundsätzlichen und selbstverständlichen Distanzierung und Ablehnung des Nationalsozialismus. Offene Verstöße gegen diese Norm hatten mit scharfen Sanktionen zu rechnen (vgl. Broszat 1985: 269).

Im Ergebnis haben wir eine große Divergenz zwischen privat und öffentlich. Was das heißt, kann man sich am Beispiel des Antisemitismus klarmachen. Der Antisemitismus war in der Bundesrepublik öffentlich stets geächtet. Aber zugleich löste er sich 1945 natürlich keineswegs in Luft auf, sondern war in der Sphäre des Privaten und in den gleichsam vorpolitischen Räumen der Geselligkeit durchaus bedeutsam. Nur in der öffentlichen und politischen Kommunikation war er tabu. Er blieb im Zustand kommunikativer Latenz. Er war zwar in weiten Teilen der Bevölkerung nach wie vor anwesend, aber man durfte sich öffentlich nicht zu ihm bekennen. Mit anderen Worten: Es gab eine Schere zwischen der öffentlichen antiantisemitischen Meinung und einer antisemitischen Bevölkerungsmeinung, eine Differenz zwischen Kommunikation und Bewußtsein.[1]

Eine Gesellschaft, in der die Divergenz zwischen Kommunikation und Bewußtsein allzu groß wird, ist extrem störanfällig. In der Tat mußten hohe Preise für diese Art des Umgangs mit der NS-Vergangenheit gezahlt werden. Es war damit vor allem die Zumutung an die Gegner und Opfer des NS-Regimes verbunden, an fast allen Stellen der Gesellschaft mit eben jenen Personen konfrontiert zu werden, die gestern noch an ihrer Unterdrückung und Entrechtung beteiligt gewesen waren.

Hermann Lübbe (1983) hat für diese Zumutung die Formel von der asymmetrischen Diskretion geprägt. Das will sagen:

Man weiß in der Interaktion mehr voneinander, als man sagt, und es gibt die unausgesprochene Übereinkunft, daß die Anti-Nazis von diesem Wissen keinen Gebrauch machen und daß die ehemaligen Nazis ihrerseits sich in der Öffentlichkeit zurückhalten. Wie das im einzelnen funktionierte, ist meines Wissens noch kaum beschrieben. Und natürlich wurde die ja nirgendwo niedergelegte Übereinkunft immer wieder auf harte Proben gestellt und gleichsam gekündigt. Dafür ein Beispiel: Carl Schmitt, der zu Recht so genannte Kronjurist des Dritten Reiches, sollte 1953 in die deutsche Staatsrechtslehrervereinigung wieder aufgenommen werden. Das wurde von dem erklärten Anti-Nazi und Neo-Marxisten Wolfgang Abendroth dadurch verhindert, daß er einigen Kollegen privat mitteilte, er werde von jetzt an ihre Veröffentlichungen vor 1945 genau lesen und sie auch in seinen Aufsätzen ausführlich zitieren.[2]

In den ständigen Personalskandalen, die die 50er Jahre begleiteten, wurden die Labilität, das Riskante, die hohe Störanfälligkeit dieses Modells immer wieder deutlich. So alternativlos diese Lösung in der frühen Bundesrepublik wahrscheinlich auch gewesen ist – auf die Dauer war sie zum Scheitern verurteilt. Den allzu schnellen Kritikern dieser Strategie muß man freilich die Frage stellen, wie anders man denn in der Bundesrepublik die Demokratie gegen die Mehrheit der Bevölkerung hätte durchsetzen können.

3. Die Zeit zwischen 1960 und 1990: Die skizzierte Doppelstrategie bestimmte etwa zehn Jahre lang den Umgang der Bundesrepublik mit der NS-Vergangenheit. Man kann ihr Ende mit einem genauen Datum in Verbindung bringen, mit dem Weihnachtsabend 1959. Am 24.12.1959 wurde in Köln die erst wenige Monate zuvor im Beisein von Bundeskanzler Adenauer eingeweihte neue Synagoge geschändet. An den Wänden stand neben Hakenkreuzen die Parole „Deutsche fordern Juden raus". Das war der Beginn einer regelrechten antisemitischen Schmierwelle großen Ausmaßes. Bis Ende Januar 1960 wurden 470 antisemitische Vorfälle registriert.

Heute ist bekannt, daß eine große Zahl der Täter von der Stasi angeheuert war (vgl. Wolffsohn 1995: 18ff). Aber man sollte sich hüten, die Sache damit ad acta zu legen. Die Kettenreaktion, die die Vorfälle auslösten, zeigte, daß da etwas seit langem Gärendes auf den Anlaß gewartet hatte, um sich Ausdruck zu verschaffen.

Die Bundesrepublik geriet nun ins Kreuzfeuer von Kritik aus dem In- und Ausland. Die antisemitischen Schmierereien wurden weithin als klares Indiz dafür genommen, daß die 50er-Jahre-Antwort auf die NS-Vergangenheit gescheitert war. Die Wahrnehmungsperspektive verschob sich. Im Vordergrund der Aufmerksamkeit stand nicht mehr die Negation des NS-Regimes auf der offiziellen politischen und moralischen Ebene, sondern die Kontinuität des politischen, administrativen und wissenschaftlichen Personals. Einen wirklichen Neuanfang, so schien es jetzt, hatte es nicht gegeben. Deswegen hielten viele, vor allem im Ausland, eine Wiederaufnahme der Entnazifizierungsbemühungen für dringend nötig. Aber auch im Inland setzte eine heftige Diskussion ein, in der die Kritiker, diejenigen, die eine öffentliche Auseinandersetzung mit der NS-Vergangenheit und ihren Folgewirkungen für die Bundesrepublik forderten, erstmals Oberwasser bekamen.

In der Tat kam die kritische Auseinandersetzung nun in Gang. Das Ausmaß der nationalsozialistischen Verbrechen und die Verwicklung der Eliten in diese Verbrechen wurden erstmals in größerem Umfang der Wahrnehmung zugänglich. Das geschah gegen zum Teil erhebliche Widerstände, und es war in vielem unzulänglich und stümperhaft. Die Konflikte um den Umgang mit der NS-Vergangenheit kulminierten und explodierten in der außerparlamentarischen Oppositionsbewegung seit Mitte der 60er Jahre. Diese Bewegung wurde angetrieben von der Überzeugung, daß der demokratischen Substanz der Bundesrepublik ganz und gar nicht zu trauen war. Im Gegenteil: Es gab um 1968 herum zahlreiche Schriften, die die bundesrepublikanische Gesellschaft auf dem Wege in einen neuen Faschismus sahen und daraus die Konsequenz ableiteten, nun endlich in einer wirklichen Revolution das nachzuholen, was

1945 unterblieben war. Zweifellos war in diesem angestrengt nachgeholten Widerstand gegen Hitler sehr viel Selbstgerechtigkeit und zeitweilig auch Hysterie im Spiel. So überzeugend es zum Teil gelang, die Hilflosigkeit des Antifaschismus im politischen Bewußtsein der 50er Jahre zu demonstrieren, so sehr ambivalent, abstrakt und den Fallstricken des guten Gewissens und der Moral verhaftet blieb der in Anspruch genommene eigene Antifaschismus. So verkam der Enthüllungstrieb oft zur abstrakten Kehrseite des Schweigens.

Das Plädoyer für eine wirkliche Aufarbeitung der NS-Vergangenheit, wie Adorno es 1959 in seinem berühmten Vortrag „Was bedeutet: Aufarbeitung der Vergangenheit?" formuliert hatte und wie es die Studentenbewegung antrieb, war von Anfang an umstritten. Die Kontroverse kulminierte im Historiker-Streit, der im Grunde eine Debatte über die Frage nach dem Nutzen und Nachteil einer öffentlichen Auseinandersetzung mit der NS-Vergangenheit und eines reflexiven Umgangs mit der eigenen Geschichte war. Die Gegenposition in dieser Debatte befürchtete die destabilisierende Wirkung einer solchen Thematisierung der eigenen Geschichte. Es bestand und besteht bis heute die Sorge, daß dadurch Traditionen, Gewißheiten und Üblichkeiten in Frage gestellt werden, die für die Stabilität der Bundesrepublik zentral sind.

Trotz und vielleicht gerade wegen der Revitalisierungsversuche eines gleichsam vorpolitischen Geschichtsbewußtseins, in den 70er und 80er Jahren vor allem, und trotz und gerade wegen dieser grundsätzlichen Kontroverse, genannt Historikerstreit, die daraus entstand, war das Bewußtsein von der kriminellen Vergangenheit der eigenen Gesellschaft in der öffentlichen Diskussion wohl nie so präsent wie in diesen Jahren.

4. Die Zeit nach der Vereinigung: Spektakuläre Strafprozesse sind heute nicht mehr zu erwarten. Die Geschichte des Nationalsozialismus wird nach und nach aus einem Phänomen der Zeitgeschichte in ein Stück Geschichte verwandelt. Als zeitgeschichtliches Phänomen löst die DDR-Vergangenheit die NS-Vergangenheit ab. Unaufhaltsam wächst die Anzahl derjeni-

gen, die den Nationalsozialismus nicht mehr aus erster Hand, sondern nur noch vom Hörensagen oder aus Büchern kennen (vgl. Kohlstruck 1995). Kompensatorisch nehmen die Anstrengungen zu, die Erinnerung künstlich durch die Errichtung von Mahnmalen, Gedenkstätten und Forschungsinstituten aller Art wachzuhalten.

Für die alte Bundesrepublik wie für die DDR und im politischen Verhältnis zueinander war der je spezifische negative Bezug auf die NS-Vergangenheit zentral. Das hat sich seit 1989/1990 fundamental geändert. Zwar ist die NS-Vergangenheit im politischen Bewußtsein auch der neuen Bundesrepublik präsent – das hat die unübersehbare Fülle der Gedenkveranstaltungen zum 50. Jahrestag des 8. Mai 1945 gezeigt. Aber da sich der Bezug auf sie nicht mehr zur Abgrenzung vom anderen Lager in einem übergreifenden Ost-West-Konflikt eignet, folgt aus ihm politisch immer weniger.

Dafür ein Beispiel: Man kann meines Erachtens mit gleichem Recht aus der NS-Vergangenheit Argumente für die Beteiligung deutscher Soldaten an einer Intervention im jugoslawischen Krieg ableiten wie Argumente dagegen. Ich sehe nicht, wie man im Rekurs auf die NS-Vergangenheit das eine gegen das andere in besonderer Weise auszeichnen könnte. Selbst eine betonte Identifikation mit den Opfern hilft nicht weiter. Denn auch aus der Opferperspektive könnte das Argument abgeleitet werden, daß sich die Bundesrepublik als Nachfolgestaat des Dritten Reiches äußerste internationale Zurückhaltung auferlegen sollte. Aber genausogut wäre damit das umgekehrte Argument plausibel zu machen, daß es nämlich eine besondere Verpflichtung auf seiten der Deutschen gibt, mit allen Mitteln gegen Völkermord und Vertreibung vorzugehen. M.a.W.: Für die gegenwärtige Aufgabe der Neuorientierung der deutschen Politik ist der Blick auf die NS-Vergangenheit kein eindeutiger Kompaß mehr. Die Zentralperspektive der NS-Vergangenheit verliert an Bedeutung.

Daraus resultieren eine Reihe von Neuorientierungsnotwendigkeiten des politischen Bewußtseins. Die entscheidende Divergenz heute im Vergleich zur alten Bundesrepublik scheint mir darin zu liegen, daß sich in der Gegenwart die liberale Haltung und die demokratische Konstitution aus sich selbst beweisen müssen.

III.

(1) Es ist ein Zeichen für die Komplexität des Erbes der nationalsozialistischen Diktatur, daß die Phasen, die ich für die Auseinandersetzung der Bundesrepublik mit diesem Erbe vorgeschlagen habe, immer wieder von einzelnen Ereignissen gleichsam durchkreuzt und unterlaufen werden. Ein Beispiel dafür ist der Fall Schneider/Schwerte, der Elemente aus allen Phasen enthält. Wohlwollend betrachtet, läßt sich der Wechsel des Namens und damit der Identität als der Versuch charakterisieren, biographisch einen neuen Anfang zu machen. Und es ist ja durchaus nicht so, daß die Wandlung von einem überzeugten Nationalsozialisten zum überzeugten und überzeugenden Demokraten von vornherein unmöglich wäre. Es gibt das Recht auf den politischen Irrtum (Eugen Kogon) und damit das Recht auf einen neuen Anfang.

Aber dieses Recht auf dem Wege des Namens- und Identitätswechsels zu realisieren, ist – das zeigt der Fall Schneider/Schwerte in aller Deutlichkeit – nicht glaubwürdig und hat verheerende Konsequenzen. Das gilt auch dann noch, wenn man davon absieht, daß am Anfang beim Namenswechsel möglicherweise das so verständliche wie fragwürdige Motiv im Vordergrund stand, sich den drohenden Sanktionen der Siegermächte zu entziehen. Unglaubwürdig und verheerend ist dieser Versuch des Neuanfangs deswegen, weil er auf Täuschung beruht. Während die ‚asymmetrische Diskretion', von der oben für die 50er Jahre die Rede war, immerhin noch die Möglichkeit einer offensiven Auseinandersetzung mit der Vergangenheit der belasteten Personen im Prinzip zuließ, hat sich Schneider/Schwerte durch seinen Namenswechsel dieser Auseinandersetzung ganz und gar entzogen und aus einer fast perfekt inszenierten „Sicherheit des Schweigens" (Carl

Schmitt) heraus sein Leben und seine Karriere in der Bundesrepublik aufgebaut.

Die ‚asymmetrische Diskretion' der 50er Jahre war nicht auf Täuschung aufgebaut, sondern hatte den Charakter einer – unausgesprochenen – Vereinbarung. Die Asymmetrie der Diskretion im Fall Schneider/Schwerte dagegen beruhte darauf, daß die jeweiligen Interaktionspartner über ein wesentliches Stück der Biographie von ihrem Gegenüber absichtsvoll im unklaren gelassen wurden. Kein Wunder, daß nach der Aufklärung der Täuschung die ehemaligen Kollegen, Schüler, Studenten, Gesprächspartner und die Öffentlichkeit insgesamt sich betrogen und hintergangen fühlten. Das im Anschluß daran sich ausbreitende Gespinst von Verdächtigungen, Behauptungen, Gerüchten, Vorwürfen, Selbstvorwürfen, Selbstrechtfertigungen, Dementis und Distanzierungen weist in aller Schärfe die Züge jener Personalskandale auf, die die 50er Jahre begleitet hatten. Noch einmal kam im Falle Schneider/Schwerte eine belastende persönliche Vergangenheit gleichsam im Rahmen einer Familiengeschichte ans Licht, mit allen dafür typischen affektiven Erregungen und Verwicklungen. Freilich besteht ein gravierender Unterschied zu den 50er und 60er Jahren darin, daß die Hauptperson des Dramas wegen ihres Alters öffentliche Berufsrollen längst nicht mehr innehat und deswegen Rücktrittsforderungen nicht mehr möglich sind. Strukturell gesehen verwandelt sich dadurch der Fall Schneider/Schwerte in ein nur noch historisches Exempel für die unbestreitbare Tatsache, daß die Bundesrepublik in der Biographie ihrer funktionalen Eliten tief in die NS-Vergangenheit zurückreicht. Dieses Faktum wiederum ist jedoch für das Austragen aktueller politischer Konflikte kaum noch von Relevanz.

(2) Es gibt klare Lehren, die man aus der Geschichte des Umgangs mit der NS-Vergangenheit in der Bundesrepublik ziehen kann. Die wichtigste Lehre ist, daß die oft und vor allem von konservativer Seite aus behauptete Alternative zwischen Gegenwarts- und Zukunftsbewältigung einerseits und Vergangenheitsbewältigung andererseits eine falsche Alternative ist. An keiner Stelle hat die Aufarbeitung der Vergangenheit

dazu geführt, die Aufgaben der Gegenwart zu vernachlässigen und die Zukunft aus den Augen zu verlieren. Im Gegenteil: Die offensive Auseinandersetzung mit der Vergangenheit ist gerade eine Bedingung für – metaphorisch gesprochen – den Abschied von den Eltern und die Ankunft in der Gegenwart. Die Ausblendung der beschämenden Taten und Überzeugungen von gestern dient nicht der Stabilisierung des Selbstbildes, sondern macht es unsicher und labil. Unangenehme Wahrheiten, solange sie unbearbeitet bleiben, wuchern unkontrollierbar fort und sind gleichsam immer auf dem Sprung, das mühsam gegen die Vergangenheit abgedichtete Selbstverständnis zu destruieren.

Dieser Zusammenhang ist theoretisch in verschiedenen Entwürfen der Sozialphilosophie und vor allem in der Psychoanalyse Freuds in prägnanter Weise entfaltet und reflektiert worden. Eine Person ist nicht nur in der Wahrnehmung ihrer Umgebung, sondern auch für sich selbst nur dann zu Selbstsicherheit und Stabilität fähig, wenn sie um ihre Vergangenheit und die aktuellen Folgen früheren Handelns weiß (vgl. Dubiel 1994: 887). Diese elementare Verbindung von Vergangenheitsverleugnung und Autonomieverlust bzw. von Schuldübernahme und Zugewinn an Selbstbewußtsein und Handlungskompetenz ist aber auch empirisch evident. Die Geschichte der Bundesrepublik lehrt, daß alle Institutionen, die der Konfrontation mit ihrer Vergangenheit nicht ausgewichen sind, an moralischer Souveränität gewonnen haben. Das gilt für das Parlament, für die Justiz, für die Industrie, für die Kirchen, für die Wissenschaften, für die Universitäten.

Es kann im übrigen kein Zweifel darüber bestehen, daß in all diesen Bereichen noch immer viele Defizite festzustellen sind. Nehmen wir das Beispiel der Universitäten: Es ist wahrlich kein Ruhmesblatt, wie sie sich in der Bundesrepublik mit ihrer Vergangenheit unter dem Nationalsozialismus auseinandergesetzt haben. Es hat 20 Jahre gedauert, bevor das Thema überhaupt zum Gegenstand von Analysen und Diskussionen wurde. Und wir wissen immer noch längst nicht genug darüber. Gewiß haben die jüngeren Universitätsjubiläen in Heidelberg

(600 Jahre), Göttingen (250 Jahre), Köln (600 Jahre) jeweils sehr bemerkenswerte Beiträge zu dieser Diskussion hervorgebracht (vgl. Buselmeier et al. 1985, Becker et al. 1987, Golczewski 1988). Dennoch gibt es bis heute nur eine einzige wirklich fundierte systematische und detaillierte Auseinandersetzung einer deutschen Universität mit der eigenen Geschichte unter dem Nationalsozialismus, die der Bedeutung dieses Themas einigermaßen gerecht wird: Die Hamburger Universität hat sehr genau ihre Rolle und die Rolle der an ihr tätigen Wissenschaftler nachgezeichnet und der Öffentlichkeit zugänglich gemacht (vgl. Krause et al. 1991).

Daß die Defizite im politischen Bewußtsein aufs engste mit der spezifischen Art des Umgangs mit der NS-Vergangenheit zusammenhängen, ist eine Behauptung, die sich an der Geschichte der Bundesrepublik vielfach belegen läßt. Die Zeit zwischen 1945 und 1949 ist durch die Mischung aus antiwestlichem Sonderbewußtsein und einem eigentümlichen Präzisionsmangel bei der Benennung der Ursachen, Verantwortlichkeiten und Funktionsweisen des nationalsozialistischen Terrorregimes geprägt. Die die 50er Jahre charakterisierende Doppelstrategie bedeutet für die Frage nach dem politischen Bewußtsein, daß es unmöglich war, in der öffentlichen Diskussion mit den alten Naziparolen und Auffassungen zu reüssieren. Der Ungeist des Nationalsozialismus war nicht kommunizierbar. Das ist die eine, die erfreuliche Seite. Die andere, weniger erfreuliche Seite ist, daß es eine ernsthafte und breite öffentliche Diskussion über die NS-Vergangenheit nicht gab. Eine solche Diskussion aber ist die einzige Möglichkeit, sich mit dieser Vergangenheit, ihren Ursachen, Voraussetzungen und Resultaten wirklich auseinanderzusetzen und darüber die politisch-moralischen Standards geltend zu machen und auszubilden, die eine Demokratie zu ihrem Funktionieren benötigt. Es liegt auf der Hand, daß das politische Bewußtsein einer Gesellschaft, die sich in dem gerade zurückliegenden Stück ihrer Geschichte überhaupt nicht versteht, von hoher Instabilität gekennzeichnet ist, moralische Souveränität kaum beanspruchen kann und nicht sehr vertrauenserweckend wirkt.

Zugleich aber gilt, daß die Auseinandersetzung mit der NS-Vergangenheit in Zukunft nicht mehr automatisch mit jenen eminent politischen Folgen verbunden sein wird, wie das in der bisherigen Geschichte der Bundesrepublik über weite Strecken der Fall gewesen ist. Der Nationalsozialismus wird gegenwärtig so intensiv erforscht und diskutiert wie nie zuvor. Das gilt besonders für die Vernichtung der europäischen Juden. Der Holocaust hat einen festen Platz in der Wissenschaft, in Filmen, im Fernsehen, in der Pädagogik und in der Literatur. Das kann man nur begrüßen. Zugleich aber ist es so, daß das für das politische Bewußtsein der Bundesrepublik nicht mehr allzuviel besagt, bzw. genauer: Es folgen daraus kaum noch klare Vorgaben für politisches Verhalten und politische Entscheidungen. Im Verlaufe des immer stärkeren Interesses, das der Nationalsozialismus literarisch, kulturell und wissenschaftlich auf sich gezogen hat, löst sich der Gegenstand, was seine allgemeine Relevanz angeht, nach und nach auf. Mit einem Wort: Wir wissen immer mehr über den Nationalsozialismus und über den Holocaust, aber dieses Wissen bedeutet immer weniger (vgl. Bauman 1992: 11). Das kann man bedauern und beklagen. Besser ist es, da man es sowieso nicht ändern kann, sich über die Konsequenzen für das politische Bewußtsein der Bundesrepublik Klarheit zu verschaffen.

Anhang

Anmerkungen und Literatur

Gjalt R. Zondergeld
Hans Ernst Schneider und seine Bedeutung für das SS-Ahnenerbe

Abkürzungen

BDC – Berlin Document Center
RIOD – Rijksinstitut voor Oorlogsdocumentatie, Amsterdam

Anmerkungen:

1 Für biographische Fakten bis 1942: BDC, P106 (Personal Akte Schneider); teils bei N. K. C. A. In 't Veld, De SS en Nederland. Documenten uit SS-archieven 1935–1945, Den Haag 1976, 500.

2 Ludwig Jäger (1996: 38–41) vermutet, daß Schneider wahrscheinlich beteiligt war bei der Sonderaktion in Krakau Ende Oktober 1939 zur Beschlagnahme polnischer Kulturschätze – eine Art Raubaktion unter Deckung der Einsatzkommandos, die am Massenmord mitwirkten.

Literatur

Ackermann, Josef: Himmler als Ideologe, Göttingen 1970.

Fraenkel-Verkade, E. A. J. van der Leeuw: Correspondentie van Mr. M. M. Rost van Tonningen, I (1921 mei 1942), Den Haag 1967.

Houten, Boudewijn van: Fout, Antwerpen/Amsterdam 1987.

In 't Veld, N. K. C. A.: De SS en Nederland. Documenten uit SS-archieven 1935–1945, Den Haag 1976.

Jäger, Ludwig: Germanistik – eine deutsche Wissenschaft. Das Kapitel Schneider/Schwerte, in: Sprache und Literatur, 27. Jg. (1996), 1. Halbjahr.

Jensma, G.: Lees, leer en waak. Het Oera Linda Boek. Een rondleiding, De Vrije Fries 1992.

Kater, Michael H.: Das „Ahnenerbe" der SS 1935–1945. Ein Beitrag zur Kulturpolitik des Dritten Reiches, Stuttgart 1974.

Krauß, Gerd und Thomas Müller: Der Fall Schneider ist nicht abgeschlossen, in: Ein Loch in der Zensur, Nr. 58 (Oktober 1995).

Reeken, Dietmar von: Heimatbewegung, Kulturpolitik und Nationalsozialismus. Die Geschichte der „Ostfriesischen Landschaft" 1918–1949, Aurich 1995.

Steensen, Thomas: Die friesische Bewegung in Nordfriesland im 19. und 20. Jahrhundert (1879–1945), Neumünster 1986.
Zondergeld, Gjalt R.: De Friese Beweging in het tijdvak der beide Wereldoorlogen, Leeuwarden 1978.
–: De laatste jaren van de NSB, in: J. Zwaan und A. J. Zondergeld-Hamer (Hg.): De Zwarte Kameraden. Een geillustreerde geschiedenis van de NSB, Weesp 1984.

Ludwig Jäger

Germanistik – eine deutsche Wissenschaft
Das Kapitel Hans Ernst Schneider

Anmerkungen

1 Der Titel wurde in bewußter Anlehnung an den Band von Eberhard Lämmert, Walther Killy, Karl Otto Conrady und Peter von Polenz: Germanistik – eine deutsche Wissenschaft, Frankfurt [3]1968, gewählt. Eine ausführlichere Fassung des vorliegenden Aufsatzes, weitergehende Belege und Quellennachweise finden sich in: *Sprache und Literatur in Wissenschaft und Unterricht (SuL)*, H. 77, 1996, 5–47.

2 Das hier weithin ausgeblendete Problem der germanistischen Fachkontinuität vor und nach 1945, das durch den Fall Schneider/Schwerte exemplarisch erhellt wird, habe ich dargestellt in meinem Buch „Seitenwechsel. Der Fall Schneider/Schwerte und die Diskretion der Germanistik", das in Kürze im Verlag Kiepenheuer & Witsch erscheinen wird.

3 Vgl. etwa die Lebensläufe vom 21.12.1936 im Bundesarchiv Abt. III, Außenstelle Berlin-Zehlendorf (ehemals Berlin Document Center), im folgenden zitiert als BA, hier: RKK 2101, Box 1155, File 08; vom 29.4.1937 (BA Berlin, SSO), sowie die Bewerbung auf die Stelle des Amtsleiters der Abteilung Kunst des Rasse- und Siedlungshauptamtes der SS vom 20.04.1937 (BA Berlin, SSO).

4 Vgl. DIE ZEIT vom 12.05.1995. Sowohl den Fall Harkamer, als auch die genaueren Umstände des „Promotionsverfahrens" habe ich in meinem Buch „Seitenwechsel" (vgl. Anm. 2) detailliert recherchiert.

5 Vgl. etwa den Lebenslauf vom 21.12.1936, BA Berlin, RKK 2101, Box 1155, File 08.

6 Schneider/Schwerte charakterisierte seine eigene Tätigkeit so in einem Interview mit der Aachener Volkszeitung vom 28.04.1995. Das komplexe Tätigkeitsprofil Schneiders für die Interessen der SS kann hier nicht nachgezeichnet werden (vgl. hierzu „Seitenweechsel" a.a.O.).

7 Vermerk vom 29.01.45, BA Berlin, NS 21/945.

8 Ebd.

9 Brief Sievers an Schneider vom 03.03.1945, BA Berlin, NS 21/577.

Literatur

Emmerich, Wolfgang: Zur Kritik der Volkstumsideologie, Frankfurt 1971.

Kater, Michael H.: Das ‚Ahnenerbe' der SS 1935–1945. Ein Beitrag zur Kulturpolitik des Dritten Reiches, Stuttgart 1974.

Kindermann, Heinz: Neugestaltung der Literaturwissenschaft. In: Ders., Dichtung und Volkheit, Berlin ²1939.

Nadler, Josef: Literaturgeschichte der deutschen Stämme und Landschaften, Berlin ³1929 ff.; später unter dem Titel: Literaturgeschichte des deutschen Volkes. Dichtung und Schrifttum der deutschen Stämme und Landschaften, 4 Bde., Berlin 1938 ff.

Obenauer, Karl J.: Die Wissenschaft dankt dem Führer. In: Zeitschrift für deutsche Bildung, 12, 1936.

Petersen, Julius: Die Sehnsucht nach dem Dritten Reich in deutscher Sage und Dichtung. In: Dichtung und Volkstum 35, 1934: 18–40 und 145–182.

Petersen, Julius: Goetheverehrung in fünf Jahrzehnten (1935). In: Ders.: Drei Goethe-Reden, Leipzig 1942.

Schneider, Hans Ernst: Das Tragische. In: „Das Reich. Literatur, Kunst, Wissenschaft", Berlin, 7. Februar 1943.

Vietor, Karl: Die Wissenschaft vom deutschen Menschen in dieser Zeit. In: Zeitschrift für deutsche Bildung, 9, 1933.

Wiese, Benno von: Ich erzähle mein Leben. Erinnerungen, Frankfurt 1982.

Klaus Weimar
Der Germanist Hans Schwerte

Anmerkungen

1 Zu seiner Vorkriegs- und Kriegsbiographie vgl. den Beitrag von Ludwig Jäger in diesem Band.

2 Dieser Absatz ist orientiert an Wember (1991: 321) der als Durchschnittsdauer der Gefängnisstrafen für niedere SS-Offiziersränge (Unter-, Ober-, Hauptsturmführer) sieben Monate errechnet.

3 Bei Bar-On 1993: 175f. findet sich das eindrückliche Beispiel eines Fünfzehnjährigen.

4 Vgl. dazu den Beitrag von Axel Schildt in diesem Band.

5 Bibliographisch zu ermitteln sind elf Aufsätze in „Die Erlanger Universität. Beilage zum Erlanger Tageblatt" (1950–1961), 22 in „Zeitwende" (1953–1959), weitere elf in „Blätter für den Deutschlehrer" und „Der Deutschunterricht" sowie drei in Sammelbänden mit Interpretationen.

6 Von 1964 bis 1968 sind – meist an ersten Adressen des Faches – acht Arbeiten erschienen, mehr und Gewichtigeres als alles Vorherige zusammen.

7 Zum heute ungewöhnlichen Alter: Friedrich Sengle (Jahrgang 1909) ist im selben Jahr 1965 einem Ruf nach München gefolgt.

8 Die insgesamt gut 90 Titel (einige Doppelpublikationen mit eingerechnet) ordnen sich mit wenigen Ausnahmen in drei thematische Blöcke: Faust (das Faustbuch von 1587, Goethes Tragödie „Faust", die Faustrezeption), Literatur um die Jahrhundertwende und im ersten Viertel des 20. Jahrhunderts (mit Schwerpunkten bei Rilke und Hofmannsthal), Gegenwartsliteratur (vornehmlich Lyrik nach 1945, aber auch „Die Ästhetik des Widerstands" von Peter Weiss).

9 Aachener Volkszeitung, Nr. 99, 28.4.95, S. 3.

10 Ich beziehe mich auf die unsägliche Abschiedsvorlesung von Theo Buck über seinen Vorgänger Hans Schwerte, die im Sommer 1996 in Fortsetzungen in der „Aachener Zeitung" veröffentlicht worden ist.

11 Er hat kurzfristig das Schlußkapitel in den „Annalen der deutschen Literatur" übernommen, die von seinem Chef Burger herausgegeben wurden; der vorgesehene Bearbeiter, Werner Milch, war anderthalb Jahre vor Drucklegung gestorben, „ehe er", wie der Herausgeber im Vorwort mitteilt, „etwas zu Papier bringen konnte".

Literatur

Bar-On, Dan: Die Last des Schweigens. Gespräche mit Kindern von Nazi-Tätern, Frankfurt, New York 1993.

Barner, Wilfried: Literaturgeschichtsschreibung vor und nach 1945. In: Zeitenwechsel. Germanistische Literaturwissenschaft vor und nach 1945. Hg. von Wilfried Barner und Christoph König, Frankfurt 1996.

Hamacher, Werner: Working through working. In: Modernism/Modernity 3 (1996), S. 23–55.

Henke, Klaus-Dietmar: Die Trennung vom Nationalsozialismus. In: Politische Säuberung in Europa. Hg. von Klaus-Dietmar Henke und Hans Woller, München 1991, S. 21–83.

Schwerte, Hans: Der Weg ins 20. Jahrhundert. In: Annalen der deutschen Literatur. Hg. von Heinz Otto Burger, Stuttgart 1952, S. 719–840.

Schwerte, Hans: Liebevolle Auflösung. Thomas Manns Hochstapler-Bekenntnisse. In: Zeitwende 26 (1955), S. 399–405.

Schwerte, Hans: Artistische Aufklärung. In: Zeitwende 28 (1957), S. 487–489.

Schwerte, Hans: Faust und das Faustische. Ein Kapitel deutscher Ideologie, Stuttgart 1962.

Schwerte, Hans: Deutsche Literatur im Wilhelminischen Zeitalter. In: Wirkendes Wort 14 (1964), S. 254–270.

Schwerte, Hans: Zum Begriff der sogenannten Heimatkunst in Deutschland. In: Aufklärung heute. Hg. von Hermann Glaser, Freiburg 1967, S. 177–189.

Schwerte, Hans: Deutschkunde – irrational, rational. Nationale Vorurteile. In: Tribüne. Zeitschrift zum Verständnis des Judentums 6 (1967), S. 2222–2228.

Schwerte, Hans: Versuch über Hofmannsthals ‚Idylle'. In: Distanz und Nähe. (Festschrift Walter Biemel). Hg. von Petra Jaeger und Rudolf Lüthe, Würzburg 1983, S. 191–215.
Weimar, Klaus: Deutsche Deutsche. In: Atta Troll tanzt noch. (Festschrift Rainer Rosenberg). Hg. von Petra Boden und Holger Dainat, Berlin 1997, S. 127–136.
Wember, Heiner: Umerziehung im Lager. Internierung und Bestrafung von Nationalsozialisten in der britischen Besatzungszone Deutschlands, Essen 1991.

Hellmut Seier

Die nationalsozialistische Hochschulpolitik und die Rolle von Technik und Technischen Hochschulen im Führerstaat

Anmerkungen

1 Neuere Gesamtdarstellung fehlt. Enttäuschend Heiber 1991–1994 (fragmentarisch, Ansatz anfechtbar). Sammelbände und Überblicke: Heinemann 1980, Lundgreen 1985, Mehrtens/Richter 1980, Tröger 1984, Seier 1984. An die letztgenannte Arbeit lehnt das Folgende sich stellenweise an.

2 Wichtigste gedruckte Quellen: Kasper u.a. 1942: I, 7ff.; Rühle 1934: I, 112f.

3 Zum Verhalten von Hochschullehrern und Studenten materialreich Kelly 1973, typologisch Nolte 1965, zusammenfassend Seier 1988. Jüngster Forschungsstand Böhm 1995, Grüttner 1995.

4 Das nationalsozialistische Deutschland und die Wissenschaft, Hamburg 1936: 21f. Zum Wissenschaftsbegriff Zierold 1968: 215f.

5 Das bedeutete Niveauverlust und wurde teilweise revidiert. Zum Streit in der Führungsgeschichte darüber Seier 1976: 234ff.

6 Belege bei Heidegger 1934: 13; Müller 1978: 368ff. (zu Krieck); Bollmus 1980. Zum Modernisierungsproblem Seier 1994: 65f.

7 Belege mit unterschiedlichen Akzenten bei Heiber II/1 1992: 305, passim. Skeptisch Zierold 1968: 190ff.

8 Zur wahlähnlichen Rektorennominierung am 15. Februar 1935 an sämtlichen deutschen Universitäten und Hochschulen Heiber II/2 1994: passim; Seier 1964: 123ff.

9 Kritische Gesamtdarstellung hierzu fehlt. Zeitgenössisch: Die deutschen Technischen Hochschulen, München 1941. Aktennah, aber personalistisch Heiber II/2 1994: 14–94. Neuere Sammelbände: Mehrtens/Richter 1980, Rürup 1979, Brämer 1983. Teilweise einschlägig Beyerchen 1980. Gute Einzeldarstellung Voigt 1981. Kritisch zusammenfassend Brämer 1986.

10 Dazu Ludwig 1974: 73–159. Im folgenden reduziert auf die Grundlinien.

11 Quantifizierende Angaben zur Personal- und Stellenpolitik bei Huber 1939: 7; v. Ferber 1956: 145ff., 195ff., 216ff.; Mehrtens 1979: 11, 437; Ebert 1979: 162; Seier 1988: 253ff. Die meisten Angaben unterscheiden nicht zwischen politisch begründetem und unpolitischem Stellenwechsel. Die Verlustbezifferung v. Ferbers bezüglich der Technik-Wissenschaften (36% bis 1938) schließt die fachüblichen Übergänge von Staats- und Industriestellungen mit ein.

12 Ansätze bei Heiber (wie Anm. 9)

13 Heiber II/2 1994: 30ff., 46ff., 51ff., 73ff.

14 Heiber II/1 1992: 173–188.

15 Zur Scheinwende in der Forschungspolitik um 1936 Ludwig 1974: 215ff.; Beyerchen 1980: 202ff.; Mehrtens 1979: 435ff.

16 Dazu Mehrtens/Richter 1980: 51f.; Beyerchen 1980: 240f., 251ff., 257f. Zum Guertler-Brief: Ludwig 1974: 291ff.; Seier 1976: 231ff.

17 Etwa die von Werner Osenberg (TH-Hannover), vgl. Ludwig 1974: 243ff., 252ff.

18 Zur Sonderrolle der Chemie zusammenfassend Mehrtens 1979: 434ff.

19 Speer berief sich auf eine diesbezügliche Weisung Hitlers (Speer 1969: 218).

20 Belege bei Mehrtens 1979: 427ff.

21 So selbstkritisch Speer 1975: 320 („Dämonie der Technik"), ähnlich Speer 1969: 525. Bei Meinecke ist der moderne utilitaristisch-technische Geist mitverantwortlich für die deutsche Katastrophe (Meinecke 1955: 60f.)

Literatur

Aland, Kurt (Hg.): Glanz und Niedergang der deutschen Universität, Berlin 1979.

Beyerchen, Alan D.: Wissenschaftler unter Hitler. Physiker im Dritten Reich, Köln 1980.

Böhm, Helmut: Von der Selbstverwaltung zum Führerprinzip. Die Universität München in den ersten Jahren des Dritten Reiches (1933–1936), Berlin 1995.

Bollmus, Reinhard: Zum Projekt einer nationalsozialistischen Alternativ-Universität: Alfred Rosenbergs „Hohe Schule", in: Manfred Heinemann (Hg.): Erziehung und Schulung im Dritten Reich. Teil 2: Hochschule, Erwachsenenbildung, Stuttgart 1980, 125–152.

Brämer, Rainer (Hg.): Naturwissenschaft im NS-Staat, Marburg 1983.

Brämer, Rainer: Heimliche Komplizen? Zur Rolle der Naturwissenschaften im Dritten Reich, in: Aus Politik und Zeitgeschichte 36, 1986, B 12, 15–30.

Das nationalsozialistische Deutschland und die Wissenschaft. Heidelberger Reden von Reichsminister Rust und Prof. Ernst Krieck, Hamburg 1936.

Ebert, Hans: Die Technische Hochschule Berlin und der Nationalsozialismus: Politische „Gleichschaltung" und rassistische „Säuberungen", in: Reinhard Rürup (Hg.): Wissenschaft und Gesellschaft. Beiträge zur Ge-

schichte der Technischen Universität Berlin 1879–1979, Berlin (West)/ Heidelberg/New York 1979, Bd. 1, 455–468.
Feickert, Andreas: Studenten greifen an, Hamburg 1934.
Ferber, Christian von: Die Entwicklung des Lehrkörpers der deutschen Universitäten und Hochschulen 1864–1954, Göttingen 1956.
Grüttner, Michael: Studenten im Dritten Reich, Paderborn 1995.
Heiber, Helmut: Universität unterm Hakenkreuz, 3 Bde., München 1991–1994.
Heidegger, Martin: Die Selbstbehauptung der deutschen Universität, Breslau 1934.
Heinemann, Manfred (Hg.): Erziehung und Schulung im Dritten Reich. Teil 2: Hochschule, Erwachsenenbildung, Stuttgart 1980.
Hitler, Adolf: Mein Kampf, 11. Aufl., München 1932.
Huber, Hans: Der Aufbau des deutschen Hochschulwesens, Gräfenhainichen 1939.
Jaspers, Karl: Die Antwort an Sigrid Undset mit Beiträgen über die Wissenschaft im Hitlerstaat und den neuen Geist der Universität, Konstanz 1947.
Kasper, Gerhard, u. a. (Hg.): Die deutsche Hochschulverwaltung, 2 Bde., Berlin 1942/43.
Kelly, Reece Conn: National Socialism and German University Teachers, phil. Diss. Univ. of Washington 1973.
Ludwig, Karl-Heinz: Technik und Ingenieure im Dritten Reich, Düsseldorf 1974.
Lundgreen, Peter (Hg.): Wissenschaft im Dritten Reich, Frankfurt a. M. 1985.
Meinecke, Friedrich: Die deutsche Katastrophe, 5. Aufl. Wiesbaden 1955.
Mehrtens, Herbert: Die Naturwissenschaften im NS, in: Reinhard Rürup (Hg.): Wissenschaft und Gesellschaft. Beiträge zur Geschichte der Technischen Universität Berlin 1879–1979, Berlin (West)/Heidelberg/ New York 1979, Bd. 1, 427–444.
Mehrtens, Herbert/Richter, Steffen (Hg.): Naturwissenschaft, Technik und NS-Ideologie, Frankfurt a.M. 1980.
Müller, Gerhard: Ernst Krieck und die nationalsozialistische Wissenschaftsreform, Weinheim 1978.
Nolte, Ernst: Zur Typologie des Verhaltens der Hochschullehrer im Dritten Reich, in: Aus Politik und Zeitgeschichte 15, 1965, B 46, 3–14.
Rühle, Gerd: Das Dritte Reich, Bd. I, Berlin 1934.
Rürup, Reinhard (Hg.): Wissenschaft und Gesellschaft. Beiträge zur Geschichte der Technischen Univerität Berlin 1879–1979, Bd. I, Berlin 1979.
Seier, Hellmut: Der Rektor als Führer. Zur Hochschulpolitik des Reichserziehungsministeriums 1934–1945, in: Vierteljahreshefte für Zeitgeschichte 12, 1964, 105–146.
Seier, Hellmut: Niveaukritik und partielle Opposition. Zur Lage an den deutschen Hochschulen 1939/40, in: Archiv für Kulturgeschichte 58, 1976, 227–246.

Seier, Hellmut, Universität und Hochschulpolitik im nationalsozialistischen Staat, in: Klaus Malettke (Hg.), Der Nationalsozialismus an der Macht, Göttingen 1984, 143–165.

Seier, Hellmut: Die Hochschullehrerschaft im Dritten Reich, in: Klaus Schwabe (Hg.): Deutsche Hochschullehrer als Elite 1815–1945, Boppard 1988, 247–295.

Seier, Hellmut: Die nationalsozialistische Wissenschaftspolitik und das Problem der Hochschulmodernisierung, in: Walter Kertz (Hg.): Hochschule und Nationalsozialismus, Braunschweig 1994, 55–68.

Speer, Albert: Erinnerungen, Berlin 1969.

Speer, Albert: Spandauer Tagebücher, Frankfurt a.M. 1975.

Spengler, Oswald: Der Untergang des Abendlandes. Gekürzte Ausgabe, München 1959.

Die deutschen Technischen Hochschulen, München 1941.

Tröger, Jörg (Hg.): Hochschule und Wissenschaft im Dritten Reich, Frankfurt a.M. 1984.

Voigt, Johannes H.: Universität Stuttgart. Phasen ihrer Geschichte, Stuttgart 1981.

Zierold, Kurt: Forschungsförderung in drei Epochen, Wiesbaden 1968.

Gerhard Hirschfeld
Die nationalsozialistische Neuordnung Europas und die „Germanisierung“ der westeuropäischen Universitäten

Anmerkungen

1 Werner Best: Grundfragen einer deutschen Großraumverwaltung, in: Festgabe für Heinrich Himmler, Darmstadt 1941, S. 33–60; siehe hierzu jetzt auch Ulrich Herbert: Best. Biographische Studien über Radikalismus, Weltanschauung und Vernunft 1903–1989, Bonn [2]1996: 209–298.

2 Rijksinstituut voor Oorlogsdocumentatie (RIOD): Generalkommissariat für Verwaltung und Justiz (Gk. V.u.J.) Hauptabteilung Erziehung und Kirchen: 32 (071038–071049).

3 Text der „Loyalitätserklärung“ in: Verordnungsblatt für die besetzten Niederländischen Gebiete, 5 Bde., Den Haag 1940–1945, hier Verordnung (VO) 28/1943, Paragraph 2.

4 Diese Äußerung stammt von Dr. H. Schwarz, Chef der Hauptabteilung Erziehung und Kirchen. RIOD: GK. V. u. J. (071013-071014).

5 Memorandum Wimmers für Reichskommissar Seyß-Inquart v. 20.4. 1943. RIOD: Gk. V. u. J. (071693-071706).

6 Aufzeichnung Schneiders für Sievers v. 17.8.1940, abgedruckt in: In ’t Veld: SS en Nederland, Bd. 1, S. 519f.

7 Schreiben Schneiders an Rauter vom 2.10.1942, abgedruckt in: In ’t Veld: SS en Nederland, Bd. 1, S. 832f.

8 Schreiben Wimmers an Scheel v. Mai 1944. RIOD: Gk. V. u. J. (070819).

9 Zitiert bei Warmbrunn 1993: 183.

10 Zur Flamenpolitik des Ersten Weltkriegs siehe A. W. Willemsen: Het Vlaams nationalisme. De geschiedenis van jaren 1914–1940, Groningen 1958 sowie (mit Einschränkungen) Franz Petri: Zur Flamenpolitik des Ersten Weltkrieges. Ungelöste Fragen und Aufgaben, in: Dauer und Wandel der Geschichte. Kurt von Raumer zum 15. 12. 1965, Münster 1966: 513–530.

11 Siehe Reden und Ansprachen bei der Eröffnung der Reichsuniversität Straßburg am 23. November 1941, Straßburg 1942, sowie Kettenacker 1973: 192.

12 Aus der Vielzahl seiner Publikationen zur vergangenen und künftigen Rolle Straßburgs siehe u.a. Ernst Anrich: Die Deutschen Universitäten und der Geist unserer Zeit, in: Volk und Reich, Jg. 17, H. 11 (Nov. 1941): 752–769; ders.: Die Reichsuniversität Straßburg, in: Deutschlands Erneuerung, Jg. 25, H. 12 (Dez. 1941): 617–625.

Literatur

Bandet, H.: De lange Weg naar de Technische Universiteit Delft, 2 Bde., Den Haag 1992–3.

Batowski, Henryk: L'Allemagne Hitlérienne et l'université Jagellone („Sonderaktion Krakau", 1939), in: La Pologne et les Affaires Occidentales, no. 1 (1978), S. 119–127.

Bornewasser, Hans: Katholieke Hogeschool Tilburg, Deel 1: 1927–1954: Economie – Ethiek – Maatschappij, Baarn 1987.

Bosmans, Jac: De academie in bezettingstijd, in: Tot hier en niet verder, S. 8–22.

Burgt, Milo van der et al.: De Nijmegse studenten in bezettingstijd, in: Tot hier en niet verder, S. 43–65.

De Jong, L.: Het Koninkrijk der Nederlanden in de Tweede Wereldoorlog, 14 Teile und Teilbände, Den Haag 1969–1991, hier Bd. 6,2, S. 737–761.

Dietzel, C.: Straßburg als deutsche Universität, Frankfurt am Main 1971.

Gaweda, Stanislaw: Die Jagiellonische Universität in der Zeit der faschistischen Okkupation 1939–1945, Jena (Diss., Friedrich Schiller Universität) 1981.

Gedenkschriften van Prof. Mr. R. P. Cleveringa betreffende zijn gevangenschap in 1940–1941 en 1944, uitgegeven door L. E. van Holk en J. Schoeffer, Leiden 1983.

Groeneveld, Eduard G.: The Dutch Universities between 1940 and 1945. Teachers and Students under German Occupation, in: Notities voor her Geschiedwerk nr. 157, Rijksinstituut voor Oorlogsdocumentatie, Amsterdam (MS) 1979.

Hirschfeld, Gerhard: NS-Planspiele für eine „Germanische Reichsuniversität“, in: Heimat, Region und Ferne, hrsg. v. Walter Foerst, Köln/Berlin 1978, S. 63–78.

Hirschfeld, Gerhard: Fremdherrschaft und Kollaboration. Die Niederlande unter deutscher Besatzung, Stuttgart 1984.

Hirschfeld, Gerhard: Niederlande, in: Dimension des Völkermords. Die Zahl der jüdischen Opfer des Nationalsozialismus, hrsg. v. W. Benz, München 1991 S. 137–165.

Idenburg, P. J. [Mr.]: De Leidse Universiteit 1928–1946. Vernieuwing en verzet, Den Haag 1978.

Idenburg, P. J.; De Leidse Universiteit tegen Nationaal-Socialisme en Bezetting, Leiden 1982.

Kasten, Frederick H.: Unethical Nazi Medicine in Annexed Alsace-Lorraine: The Strange Case of Nazi Anatomist Professor Dr. August Hirt, in: Historians and Archivists. Essays in Modern German History and Archival Policy, ed. by George O. Kent and George Mason, Fairfax, Virginia 1991, S. 173–208.

Katholiek Universiteit Nijmegen 1923–1973: een documentenboek, onder redactie van A.F. Manning et al., Bilthoven 1974.

Kettenacker, Lothar: Nationalsozialistische Volkstumspolitik im Elsaß, Stuttgart 1973.

Kleßmann, Christoph: Die Selbstbehauptung einer Nation. Nationalsozialistische Kulturpolitik und polnische Widerstandsbewegung im Generalgouvernement 1939–1945, Düsseldorf 1971.

Knegtmans, Peter Jan et al.: Collaborateurs van niveau. Opkomst en val van de hoogleraren Schrieke, Snijder en Van Dam, Amsterdam 1996.

De SS en Nederland: Documenten uit SS-Archieven, 1933–1945, ingeleid en uitgegeven door N. K. C. A. In ’t Veld, Rijksinstituut voor Oorlogsdocumentatie: Bronnenpublicaties, Documenten Nr. 2, Den Haag 1976 (zitiert: In't Veld: SS en Nederland).

Studenten onder de bezetting, onder de redactie van F. W. Blase, Amsterdam 1956.

Tot hier en net verder. De RK Universiteit in oorlogstijd. Uitgave ter gelegenheid van het 14e lustrum van de KUN, Nijmegen 1993.

Vellenga, S. Y. A.: De uitdaging van crisis en bezetting, de jaren 1936–1946, in: Tussen ivoren, toren en grootbedrijf. De Utrechtse universiteit 1939–1986, onder redactie van H. W. von der Dunk, W. P. Heere, A. W. Reinink, Maarssen 1986, S. 23–50.

Warmbrunn, Werner: The German Occupation of Belgium 1940–1944, Frankfurt/New York 1993.

Anmerkungen

1 Hierzu J. C. Boogman 1955, grundlegend für die spätere Forschung; ferner von der Dunk 1966 sowie Lademacher 1990.

2 Klassisch geworden ist der Aufsatz: J. Huizinga, Nederlands Geestesmerk (VW III, S. 279ff.); vgl. auch Jan und Annie Romein 1956, speziell die Einleitung.

3 Zur niederländischen Immigrantenpolitik in den dreißiger Jahren: Kathinka Dittrich und Hans Würzner (Hg.) 1987.

4 Aus der reichen Literatur zur Versäulung nenne ich nur grundlegend: A. Lijphart 1968, H. Daalder 1980 und E.H. Kossmann 1976.

5 Inwiefern sich diese patrizische Oligarchie als Repräsentant der Bevölkerung sah und von da ihre Legitimation ableitete, ist ein sehr umstrittener Punkt. Jedenfalls war es keine Repräsentanz im modernen Sinn, die doch immer eine Art der Wahlbefugnis voraussetzt. Vielmehr galt die Obrigkeit als von Gott eingesetzt; wobei allerdings gerade in den Niederlanden die calvinistische Theorie der Gehorsamsverweigerung, wenn die Obrigkeit gewisse allgemeine Rechte und christliche Gebote verletzte, von Belang war. Schon der Abfall von der spanischen Krone zwang hier zur Legitimierung des Ungehorsams unter speziellen Umständen. Vgl. hierzu E. H. Kossmann 1987.

6 So kam es zu Bestrebungen, den Oraniern Willem III. und später Willem IV. große Machtbefugnisse zu geben, als die Republik 1672 und 1747 durch Frankreich ernstlich bedroht wurde. Beide Male bedeutete das das Ende einer längeren statthalterlosen Periode, in der die holländischen Regenten, die ausgesprochen republikanische Partei, am Ruder gewesen waren.

7 Zur belgischen Geschichte: Michael Erbe 1993 und namentlich E. H. Kossmann 1976. Ein kurzer Abriß bei Georges-Henri Dumont 1991.

8 Für die Details bleibt L. de Jong 1969–1991 noch immer die unentbehrliche ausführlichste Quelle. Für die hier relevante Problematik auch von der Dunk 1980; mehr allgemein Blom 1980.

9 Die leidenschaftliche, rhetorisch ungemein wirkungsvoll geschriebene Darstellung von J. Presser 1965, hat mindestens so sehr wie der Eichmannprozeß und seine Nachfolger in den sechziger Jahren diese schockartige Erkenntnis bewirkt.

10 Das Werk von Ernst Nolte, Der Faschismus in seiner Epoche (1963) hatte freilich schon vorher, und zwar aus anti-marxistischer Sicht, den Terminus als übergreifenden Begriff in die Geschichtswissenschaft eingeführt. Ich selber habe ihn auch regelmäßig in diesem Sinn benutzt, möchte auch heute seinen rein klassifikatorischen Nutzen als Dachbe-

griff nicht abstreiten, falls dabei die Unterschiede zwischen dem „reinen Faschismus" à la Mussolini und dem deutschen Nationalsozialismus nicht eskamotiert werden.

11 Außer den genannten Werken von J. Presser und L. de Jong haben auch Arbeiten wie von A. J. van der Leeuw 1954 über die wirtschaftlichen Verhältnisse unter der Besatzung, oder von A. J. C. Rüter 1960, um nur einiges herauszugreifen, aufgezeigt, wie vielschichtig das Verhalten der Instanzen und der Obrigkeit war.

12 Aufschlußreich hierfür ist u.a Gerard Mulder/Paul Koedijk 1988.

13 Cees Nooteboom 1990; Tessa de Loo 1994. Der letztere Roman, in dem das Schicksal eines nach Holland verschlagenen Kindes mit dem ihrer Zwillingsschwester konfrontiert wird, wurde ein Bestseller.

Literatur

Barnow, David et al. (Hg.): Onverwerkt verleden, Utrecht 1985.

Bläsing, F. E.: Das goldene Delta und sein eisernes Hinterland 1815–1851, Leiden 1973.

Blom, J.H.C.: De tweede wereldoorlog en de Nederlandse samenleving. Continuiteit en verandering, in: C. B. Wels (Hg.), Vaderlands Verleden in Veelvoud II, Den Haag 1980.

–: In de ban van goed en fout, Amsterdam 1983.

Bomans, Godfried: Het ruikt hier naar gas, in: Van de hak op de tak, Amsterdam 1984.

Boogman, J.C.: Nederland en de Duitse Bund, 2 Bde., Groningen 1955.

–: Die holländische Tradition in der niederländischen Geschichte, in: Westfälische Forschungen, 15. Jg., 1962.

–: The Union of Utrecht, its Genesis and Consequences, in: Van spel en spelers, Den Haag 1982.

Daalder, H.: Political Elites and Democratization: Pluralismus and Segmentation in the Netherlands (1848–1950), in: Vaderlands verleden in veelvoud II, Den Haag 1980.

Dittrich, Kathinka/Hans Würzner (Hg.): Nederland en het Duitse Exil 1933–1940, Amsterdam 1987.

Dumont, Georges-Henri: La Belgique hier et aujourd'hui, Paris 1991.

Dunk, Hermann von der: Der deutsche Vormärz und Belgien, Wiesbaden 1966.

–: Die Niederlande und die Reichsgründung, in: Walther Hofer (Hg.): Europa und die Einheit Deutschlands, Köln 1970.

–: Die Niederlande im Kräftespiel zwischen Kaiserreich und Entente, Wiesbaden 1980.

–: Van neutralisme naar Nazi-herrschappij, in: C.B. Wels (Hg.), Vaderlands Verleden in Veelvoud II, Den Haag 1980.

Erbe, Michael: Belgien, Niederlande, Luxemburg, Stuttgart 1993.

Hirschfeld, Gerhard: Fremdherrschaft und Kollaboration. Die Niederlande unter deutscher Besatzung 1940 – 1945, Stuttgart 1984.

Huizinga, Johan: Nederlands geestesmerk, in: Verzamelde Werken VII, Haarlem 1950.
Jong, L. de: Geschiedenis van het Koninkrijk der Nederlanden in de tweede wereldoorlog, 27 Bde., Den Haag 1969–1991.
Kossmann, E.H.: The Low Countries, Oxford 1976.
–: Volkssouveräniteit aan het begin van het ancien regime, in: Politieke Theorie en Geschiedenis, Amsterdam 1987.
–: Het probleem van de vrijheid in de zeventiende-eeuwse Nederlandse Republiek, in: Vergankelijkheid en Continuiteit, Amsterdam 1995.
Lademacher, Horst: Zwei ungleiche Nachbarn. Wege und Wandlungen der deutsch-niederländischen Beziehungen im 19. und 20. Jahrhundert, Darmstadt 1990.
Leeuw, A.J. van der: Huiden en Leder, Den Haag 1954.
Lijphart, A.: Verzuiling, pacificatie en kentering in de Nederlandse politiek, Amsterdam 1968.
Loo, Tessa de: De tweeling, Amsterdam 1994.
Moor, Wam de (Hg.): Duitsers? Interviews, Den Haag 1990.
Müller, Bernd: Sporen naar Duitsland. Het Duitslandbeeld in de Nederlandse romans 1945–1990, Aachen 1993.
–: Literatur im Bann des historischen Traumas, in: B. Müller, F. Wielenga (Hg.), Kannitverstaan? Deutschlandbilder aus den Niederlanden, Münster 1995.
Mulder, Gerard/Paul Koedijk: H.M. van Randwijk, een biografie, Amsterdam 1988.
Nolte, Ernst: Der Faschismus in seiner Epoche, München 1963.
Nooteboom, Cees: Berlijnse notities, Amsterdam 1990, deutsche Ausgabe: Berliner Notizen, Ffm 1992.
Presser, J.: Ondergang. De vervolging en verdelging van het nederlandse jodendom 1940–1945, 2 Bde., Den Haag 1965.
Romein, Jan und Annie: Erflaters van onze beschaving. Nederlandse gestalten uit zes eeuwen, Amsterdam 1956.
Rüter, A. C.: Rijden en Staken, de Nederlandse spoorwegen in oorlogstijd, Den Haag 1960.
Sijes, B.A.: Studies over Jodenvervolging, Assen 1974.
Vries, Johann de: De problematiek der Duits-nederlandse economische betrekkingen in de 19e eeuw, in: Tijdschrift voor geschiedenis, 78. Jg., 1965.

Susanne Heim
Sozialwissenschaftler als Vordenker der Vernichtung?

Anmerkungen

1 Das Protokoll der Sitzung ist dokumentiert bei Heiber 1958: 293ff.; auszugsweise zitiert in: Aly, Heim 1995: 424f. Gerhard Teich arbeitete

nach 1945 in der Osteuropa-Abteilung des Kieler Instituts für Weltwirtschaft.

2 Conze 1940: 40. Der Beitrag wurde für den Internationalen Soziologenkongreß verfaßt, der im August 1939 stattfinden sollte, jedoch kurz zuvor auf unbestimmte Zeit verschoben wurde.

3 Werner Conze: Wilna und der Nordosten Polens, in: Osteuropa 13 (1937/38): 657–664. In seinem Aufsatz über „Die Besiedlung der litauischen Wildnis", in: Deutsche Monatshefte in Polen 5 (1939), H. 10: 427–443, lobte Conze die preußische Verwaltung dafür, daß sie sich im Litauen des 19. Jahrhunderts in den „elenden Marktflecken, die stark verjudet waren" bemüht habe, „einen gesunden Bürgerstand zu schaffen und den Einfluß der Juden zurückzudrängen" (S. 439).

4 Helmut Meinhold, Bemerkungen zum Vorschlag eines Investivlohns, in: IG Bau Steine Erden (Hrsg.): Unser Weg Nr. 4, Oktober 1964: 25; auszugsweise zitiert in: Heim, Aly 1986: 61.

5 Pressemitteilung des Bundesministeriums für Arbeit und Sozialordnung vom 8.9.1994.

Literatur

Aly, Götz/Heim, Susanne: Vordenker der Vernichtung. Auschwitz und die deutschen Pläne für eine neue europäische Ordnung, Frankfurt/M. 1995.

Bauman, Zygmunt: Moderne und Ambivalenz. Das Ende der Eindeutigkeit, Hamburg 1992.

Conze, Werner: Die ländliche Überbevölkerung in Polen, in: Arbeiten des XIV. Internationalen Soziologen-Kongreß, Bucaresti, Mitteilungen, Abteilung B – Das Dorf, (= D. Gusti (Hg.): Schriften zur Soziologie, Ethik und Politik. Studien und Forschung), Bucaresti 1940.

Heiber, Helmut: Der Generalplan Ost, in: Vierteljahrshefte für Zeitgeschichte 6 (1958), S. 281–325.

Heim, Susanne/Aly, Götz: Ein Berater der Macht. Helmut Meinhold oder Der Zusammenhang zwischen Sozialpolitik und Judenvernichtung, Hamburg/Berlin 1986.

Heim, Susanne/Schaz, Ulrike: Berechnung und Beschwörung. „Überbevölkerung" – Kritik einer Debatte, Berlin/Göttingen 1996.

Kleßmann, Christoph: Osteuropaforschung und Lebensraumpolitik im Dritten Reich, in: Lundgreen, Peter (Hg.): Wissenschaft im Dritten Reich, Frankfurt/M. 1985, S. 350–383.

Madajczyk, Czeslaw (Hg.): Zamojszczyzna – Sonderlaboratorium SS. Zbiór dokumentów polskich i iemieckich z okresu okupacju hitlerwoskiej, Tom I, 1977.

Rammstedt, Otthein: Theorie und Empirie des Volksfeindes. Zur Entwicklung einer „deutschen Soziologie", in: Lundgreen, Peter (Hg.): Wissenschaft im Dritten Reich, Frankfurt/M. 1985, S. 253–313.

Seraphim, Peter-Heinz: Das Judentum im osteuropäischen Raum, Essen 1938.
Seraphim, Peter-Heinz: Bevölkerungs- und Wirtschaftsprobleme einer europäischen Gesamtlösung der Judenfrage, in: Weltkampf 1 (1941), Heft 1/2.
Seraphim, Peter-Heinz: Das Judentum. Seine Rolle und Bedeutung in Vergangenheit und Gegenwart, München 1942.

Kurt Nowak
Rassenanthropologie – Rassenhygiene – Humangenetik

Literatur

Gütt, Arthur/Ernst Rüdin/Falk Ruttke (Bearb.): Gesetz zur Verhütung erbkranken Nachwuchses vom 14. Juli 1933 nebst Ausführungsbestimmungen, München 1936[2].
Kaiser, Jochen-Christoph: Sozialer Protestantismus im 20. Jahrhundert. Beiträge zur Geschichte der Inneren Mission 1914–1945, München 1989.
Kaiser, Jochen-Christoph/Kurt Nowak/Michael Schwartz: Eugenik, Sterilisation, „Euthanasie". Politische Biologie in Deutschland 1895–1945. Eine Dokumentation, Berlin 1992 [zitiert als Dokumentation].
Kersting, Franz Werner/Karl Teppe/Bernd Walter (Hg.): Nach Hadamar. Zum Verhältnis von Psychiatrie und Gesellschaft im 20. Jahrhundert, Paderborn 1993.
Weingart, Peter/Jürgen Kroll/Kurt Bayertz: Rasse, Blut und Gene. Geschichte der Eugenik und Rassenhygiene in Deutschland, Frankfurt am Main 1988.

Ulrich Kalkmann
Die TH Aachen unter dem Nationalsozialismus

Anmerkungen

1 Der Aufsatz beruht überwiegend auf Quellenmaterial. Die für das Thema wichtigsten Archive sind: das Bundesarchiv in Koblenz und die Abteilung Potsdam (der inzwischen auch die umfangreichen Bestände des Berliner Document Centers angegliedert worden sind), das Geheime Staatsarchiv Preußischer Kulturbesitz in Berlin-Dahlem und die Abteilung Merseburg, das Hauptstaatsarchiv Düsseldorf sowie das Hochschularchiv der RWTH Aachen. Es muß im folgenden darauf verzichtet werden, Quellenangaben zu den aufgeführten Zitaten anzugeben; voraussichtlich wird meine Dissertation im Frühjahr 1997 fertiggestellt sein. Für seine Unterstützung möchte ich ganz besonders Herrn Prof. Dr. Klaus Schwabe, Historisches Institut der RWTH Aachen, danken.

2 Rheinisch-Westfälische Technische Hochschule Aachen 1870/1970, hrsg. v. Hans Martin Klinkenberg, Stuttgart 1970; Ricking, Klaus: Der

Geist bewegt die Materie. Mens agitat molem. 125 Jahre Geschichte der RWTH Aachen, Aachen 1995.

3 Der Grund hierfür ist vermutlich die schlechte Quellenlage, da ein Teil des Aktenmaterials sowohl der Aachener Hochschule als auch verschiedener Parteistellen und Ministerien durch Kriegseinwirkung vernichtet worden ist. Vgl. dazu: Inventar archivalischer Quellen des NS-Staates. Die Überlieferung von Behörden und Einrichtungen des Reiches, der Länder und der NSDAP. Teil 1. Im Auftrag des Instituts für Zeitgeschichte bearbeitet von Heinz Boberach, München u.a. 1991. Die Vertreibung Aachener Hochschullehrer durch die Nationalsozialisten wird in der Festschrift zum 125jährigen Bestehen der RWTH Aachen durch Biographien der Betroffenen ausführlich beschrieben: Wissenschaft zwischen technischer und gesellschaftlicher Herausforderung: Die Rheinisch-Westfälische Technische Hochschule Aachen 1970 bis 1995, hrsg. v. Klaus Habetha, Aachen 1995. Eine sehr umfassende Bibliographie über den Nationalsozialismus bietet: Ruck, Michael: Bibliographie zum Nationalsozialismus, Köln 1995.

4 So gab beispielsweise der außerordentliche Professor für Elektrische Nachrichtentechnik, Walter Größer, gegenüber der britischen Militärregierung an, er habe kurz vor Kriegsende den Stadtkommandanten von Erlangen zur kampflosen Übergabe der Stadt bewegen können.

Jan Philipp Reemtsma
Nationalsozialismus und Moderne

Eine ausführlichere Fassung dieses Beitrags ist erschienen in: Universitas, 51. Jg. (1996), Heft 599 und Heft 600.

Literatur

Adorno, Theodor W.: Negative Dialektik (1966), in: Gesammelte Schriften. Hrsg. von Rolf Tiedemann, Bd. 4, Frankfurt a. M. 1980.

Adorno, Theodor W.: Minima Moralia (1951), in: Gesammelte Schriften. Hrsg. von Rolf Tiedemann, Bd. 6, Frankfurt a. M. 1984.

Améry, Jean: Jenseits von Schuld und Sühne, Stuttgart 1980.

Arendt, Hannah: Der Auschwitz-Prozeß, in: dies.: Nach Auschwitz, Berlin 1989.

Frankfurter, Bernhard (Hrsg.): Die Begegnung. Auschwitz – Ein Opfer und ein Täter im Gespräch, Wien 1995.

Gilbert, G. M.: Nürnberger Tagebuch, Frankfurt a. M. 1982.

Hilberg, Raul: Unerbetene Erinnerung. Der Weg eines Holocaust-Forschers, Frankfurt a. M. 1994.

Neumann, Thomas: Der Morgenthauplan und die deutsche Literaturkritik, in: Mittelweg 36, 1995, Heft 6.

Reemtsma, Jan Philipp: Wo man Menschen verbrennt, verbrennt man auch Bücher, in: Hamburger Ziegel, Jahrbuch für Literatur II (1993/94), Hamburg 1993.

Reemtsma, Jan Philipp: Die Idee des Vernichtungskrieges, in: Hannes Heer/Klaus Naumann (Hrsg.): Vernichtungskrieg. Verbrechen der Wehrmacht 1941 bis 1944, Hamburg 1995.

Schmitt, Carl: Staat, Bewegung, Volk. Die Dreigliederung der politischen Einheit, 2. Aufl., Hamburg 1933.

Segev, Tom: Die Soldaten des Bösen. Zur Geschichte der KZ-Kommandanten, Reinbek 1992.

Sereny, Gitta: Am Abgrund. Gespräche mit dem Henker. Franz Stangl und die Morde von Treblinka, München/Zürich 1995.

Taylor, Telford: Die Nürnberger Prozesse, München 1994.

Weber, Max: Die drei reinen Typen der legitimen Herrschaft, in: ders.: Methodologische Schriften, Frankfurt a. M. 1968.

Hermann Lübbe

Deutschland nach dem Nationalsozialismus 1945–1990. Zum politischen und akademischen Kontext des Falles Schneider alias Schwerte

Anmerkungen

1 Nolte, Ernst: Vergangenheit, die nicht vergehen will. Eine Rede, die geschrieben, aber nicht gehalten werden konnte, in: Frankfurter Allgemeine Zeitung, 6. Juni 1986.

2 Zu diesem Komplex cf. Michael Wolffsohn: Die Deutschland-Akte. Juden und Deutsche in Ost und West. Tatsachen und Legenden, München 1995.

3 Der Text der Ansprache Churchills an die akademische Jugend der Welt vom 19. September 1946 in Zürich ist abgedruckt in: Max Sauter: Churchills Schweizer Besuch 1946 und die Zürcher Rede. Ein dokumentarischer Bericht, Herisau 1976, S. 77–79.

4 So nach dem Bericht „Erste Reaktionen", a.a.O, S. 5–59, S. 56.

5 Cf. hierzu Bernd Rüthers: Carl Schmitt im Dritten Reich. Wissenschaft als Zeitgeist-Verstärkung? 2. erweiterte Auflage München 1990, S. 76 ff.: „Carl Schmitt zum 30. Juni 1934".

6 Cf. dazu meinen Aufsatz „Totalitäre Rechtgläubigkeit. Das Heil und der Terror", in: Hermann Lübbe (Hrsg.): Heilserwartung und Terror. Politische Religionen des 20. Jahrhunderts. Mit Beiträgen von Wladyslaw Bartoszewski, Helmuth Kiesel, Hermann Lübbe, Hans Maier, Michael Rohrwasser, Joseph Rovan, Düsseldorf 1995, S. 15–34, S. 29 ff.

7 Zum Thema „Verdrängung" in diesem Zusammenhang cf. die in ihrer Heftigkeit signifikante polemische Auseinandersetzung zwischen Michael Naumann und mir in DER MONAT, 31. Jg., Heft 2 (1979), S. 55–65. – Signifikant ist überdies, daß die damalige Verdrängungsde-

batte für den Deutschen Taschenbuch Verlag zum Anlaß wurde, auf Seite 54 des zitierten Heftes von DER MONAT eine Anzeige einzurücken mit dem Text „Holocaust? Wir brauchten keine Anstöße! Seitdem es dtv gibt, nimmt dieser Verlag die deutsche Zeitgeschichte ernst. Sechzig Titel in zwei Jahrzehnten mit größtenteils hohen Auflagen liefern den Beweis. Hier die zur Zeit lieferbaren Titel. – Erhältlich bei Ihrem Buchhändler." Nach diesem Text folgen dann in Titelbildern insgesamt zwölf Titel von „Das Urteil von Nürnberg 1946" bis zu: Martin Broszat, „Der Staat Hitlers". – In der Titel-Präsentation war diese Anzeige korrekt. Verblüffend bleibt im Rückblick, daß damals selbst eine Verlagswerbung im skizzierten Kontext Töne politisch-moralischer Selbstverteidigung annahm.

8 Kogon, Eugen: Der SS-Staat. Das System der deutschen Konzentrationslager, München 1974 (Erstauflage 1946).

9 Der Nationalsozialismus. Dokumente 1933–1945, herausgegeben, eingeleitet und dargestellt von Walther Hofer, Frankfurt a.M. 1957.

10 Buber-Neumann, Margarete: Als Gefangene bei Stalin und Hitler. Stuttgart 1958.

11 Bracher, Karl Dietrich: Die Auflösung der Weimarer Republik. Eine Studie zum Problem des Machtverfalls in der Demokratie, Stuttgart, Düsseldorf 1955.

12 Nolte, Ernst: Der Faschismus in seiner Epoche. Die Action française. Der italienische Faschismus. Der Nationalsozialismus, München 1963.

13 Cf. dazu meinen Aufsatz „Verdrängung – oder die Heilsmethoden kritischer Nationaltherapeuten", in: Hermann Lübbe: Zwischen Trend und Tradition. Überfordert uns die Gegenwart? Zürich 1981, S. 22–37.

14 Cf. dazu meine Deutung der außerordentlichen Wirkung des Holocaust-Films in meinem Aufsatz „Der Nationalsozialismus im Bewußtsein der deutschen Gegenwart", in: Hermann Lübbe: Die Aufdringlichkeit der Geschichte. Herausforderungen der Moderne vom Historismus bis zum Nationalsozialismus, Graz, Wien, Köln 1989, S. 334–350, S. 349 f.

15 Die in Anm. 14 zitierte Rede bei Gelegenheit der Internationalen Konferenz zur nationalsozialistischen Machtübernahme im Reichstagsgebäude zu Berlin 1983 hat mannigfache Auseinandersetzungen hervorgerufen, in die schon die Diskussionen bei Gelegenheit dieser Konferenz selbst einen Einblick bieten. Sie sind, partiell, abgedruckt in dem Band „Deutschlands Weg in die Diktatur", Berlin 1983, Podiumsdiskussion zum Thema des Abschlußvertrags, a.a.O., S. 350.

16 Zitiert aus dem Flugblatt „Schweigepflicht? Warum wir auf einen Vortrag von Hermann Lübbe verzichten können", S. 4.

17 Zum Tatbestand nationalsozialistischen Engagements von erheblichen Teilen der deutschen Studentenschaft längst vor dem Jahr 1933 cf. Michael Grüttner: Studenten im Dritten Reich, Paderborn, München, Wien, Zürich 1995.: „Studenten als nationalsozialistische Avantgarde 1928–1933".

18 Wenn nicht für die Überlebenden, so doch für die Opfer, so hatte ich meinem Buch „Politischer Moralismus. Der Triumph der Gesinnung über die Urteilskraft" (Berlin ^{2}1989) gefunden, bleibe es ein akademischer Unterschied, ob sie von rechten oder von linken Stiefeln zertreten worden sind. In seiner Kritik dieser Meinung macht hingegen Hans-Ulrich Wehler geltend: „Der industrielle Massenmord des nationalsozialistischen Systems, das sich in einem hochentwickelten Mitgliedsstaat des okzidentalen Kulturkreises durchsetzte", verlange „andere Beurteilungskriterien – auch moralischer Natur – als die Exzesse des russischen Bürgerkriegs" (so Hans-Ulrich Wehler: Entsorgung der deutschen Vergangenheit? Ein polemischer Essay zum ‚Historiker-Streit', München 1988, S. 249). Das leuchtet auf den ersten Blick ein, wenn man auch auf den zweiten Blick nicht recht sieht, mit welchen politischen und moralischen Beurteilungskriterien Wehler arbeitet, wenn er die bolschewistischen Massenvernichtungen mit der vielfachen Millionenzahl ihrer Opfer unter „Exzesse des russischen Bürgerkriegs" subsumiert.

19 Die intellektuell wie politisch dekultivierenden Wirkungen des Verbots des Vergleichs der Diktaturen hat ihren Grund im doppelten Assoziationsgehalt des Wortes „vergleichen". „Vergleichen" kann in weniger subtilem Deutsch auch gleichbedeutend mit „identifizieren" gebraucht werden, und das ist es dann, was es erlaubt, demjenigen, der in der Absicht vergleicht, Unterschiede wie Gemeinsamkeiten herauszuheben, Identifizierungsabsichten zu unterstellen.

20 Die Totalitarismus-Debatte ist, zum Glück, noch nicht beendet, vielmehr angemessenerweise erneut aufgelebt. Cf. dazu als repräsentativen Beleg Hans Maier (Hrsg.): Totalitarismus und Politische Religionen. Konzepte des Diktaturvergleichs, Paderborn, München, Wien, Zürich 1996.

Norbert Frei
Identitätswechsel. Die „Illegalen" in der Nachkriegszeit

Anmerkungen

1 Süddeutsche Zeitung 6./7.1995, S. 3; vorläufig zusammenfassend jetzt Karl-Siegbert Rehberg: Eine deutsche Karriere. Oder: Gelegenheit macht Demokraten. Überlegungen zum Fall Schwerte/Schneider, in: Merkur 50 (1996), S. 73–80.

2 Vgl. seine Äußerungen im Spiegel-Gespräch: „Ich bin mit mir im reinen", in: Der Spiegel, 9.10.1995, S. 250ff. Die folgenden Angaben – die Berichterstattung widerspricht sich zum Teil – stützen sich vor allem auf die Artikel von Philipp Maußhardt in der taz, 29.9.1995, S. 12ff., und von Thomas Sandkühler in der Zeit 21.10.1995, S. 15–18; vgl. außerdem: taz, 2. und 11.10.1995, S. 4 bzw. 30, sowie 10. und 15.7.1996, S. 16f. bzw. 5; Zeit, 13.10.1995; Spiegel, 16.10.1995.

3 Das Folgende nach Klaus-Detlev Godau-Schüttke, Die Heyde/Sawade-Affaire: Juristen und Mediziner in Schleswig-Holstein decken den NS-

Euthanasiearzt Prof. Dr. Werner Heyde und bleiben straflos. In: Helge Grabitz/Klaus Bästlein/Johannes Tuchel (Hrsg.): Die Normalität des Verbrechens. Bilanz und Perspektiven der Forschung zu den nationalsozialistischen Gewaltverbrechen, Berlin 1994, S. 444–479.

4 Der Spiegel, 19.2.1964, S. 38, vermutete, daß es die Tatsache der bundesweiten Fahndung war, die Heyde bewog, das „Rennen" aufzugeben.

5 Verhandlungen des Deutschen Bundestages. Stenographische Berichte, 1. Wahlperiode, S. 8341 f.

6 Vgl. Der Spiegel, 27.2.1952, S. 28.

7 Vgl. Hermann Lübbe, Der Nationalsozialismus im deutschen Nachkriegsbewußtsein, in: HZ 236 (1983), S. 579–599, Zit. S. 594.

8 Vgl. dazu schon früh Kurt P. Tauber, Beyond Eagle and Swastika. German Nationalism since 1945. 2 Bde. Middletown 1967, S. 239 ff. Inzwischen ist die Literatur relativ breit; vgl. u.a. Ernst Klee, Persilscheine und falsche Pässe. Wie die Kirchen den Nazis halfen, Frankfurt a.M. 1991; Mark Aarons/John Loftus, Ratlines. How the Vatican's Nazi Networks betrayed Western Intelligence to the Soviets, London 1991; Holger M.Meding, Flucht vor Nürnberg? Deutsche und österreichische Einwanderung in Argentinien 1945–1955, Köln/Weimar/Wien 1992; zeitgenössisch interessant: Christ und Welt, 24.8.1950, S. 6.

9 Ein Beispiel dafür gibt das bemerkenswerte „Tagebuch" eines internierten SS-Offiziers, das Christ und Welt, 31.8.1950, S. 6, unter dem Titel „Ende einer Illusion" veröffentlichte. Darin heißt es zu Weihnachten 1948: „Vor Wochen traf ich Wiesner in Frankfurt auf dem Bahnhof. Er hat sich 1945 im ersten Trubel ein falsches Soldbuch besorgt und nun lauten alle Papiere auf einen falschen Namen. Er würde sich am liebsten aufhängen, wenn er nicht eine alte Mutter zu versorgen hätte. Auch er will wieder frei sein. Ich habe die Freiheit – doch wie sieht sie aus ..."

10 Karl Wilhelm Böttcher, Menschen unter falschem Namen, in: Frankfurter Hefte 4 (1949), S. 492–511; danach auch die folgenden Zitate und Angaben.

11 Zum Folgenden ausführlich meine Darstellung: Vergangenheitspolitik. Die Anfänge der Bundesrepublik und die NS-Vergangenheit, München 1996, S. 19–53; dort auch die hier nicht angeführten Einzelbelege.

12 Neue Zeitung, 9.12.1949, S. 1: „,Illegale' können legal werden".

13 BA, B 141/4282, Pressemitteilung des Bundesjustizministeriums, 28.3. 1950; eine entsprechende dpa-Meldung in der FAZ, 30.3.1950, S. 4.

14 Der Spiegel, 8.6.1950, S. 12 f.

15 BA, B 141/4339, Vermerk Wahl, 28.11.1952; nach einer entsprechenden Meldung der FAZ, 9.9.1952, bestand im Bundesjustizministerium die Absicht, den dort zitierten Generalamnestie-Lobbyisten und Völkerrechtler Friedrich Grimm um Auskunft zu ersuchen, „wie die Schätzung von 80000 zustande gekommen ist". Solche überhöhten Zahlen führten, in Unkenntnis der Amnestiestatistik, auch in der späteren wissenschaftlichen Literatur zu Fehleinschätzungen der Bedeutung der

„Illegalen"-Amnestie; vgl. Adalbert Rückerl, Die Strafverfolgung von NS-Verbrechen 1945–1978. Eine Dokumentation, Heidelberg/Karlsruhe 1979, S. 135; Gotthart Jasper, Wiedergutmachung und Westintegration. Die halbherzige justizielle Aufarbeitung der NS-Vergangenheit in der frühen Bundesrepublik, in: Ludolf Herbst (Hrsg.): Westdeutschland 1945–1955. Unterwerfung, Kontrolle, Integration, München 1986, S.183–202, hier S. 189.

16 Beispielsweise heißt es bei Jörg Friedrich, Die kalte Amnestie. NS-Täter in der Bundesrepublik, Frankfurt a. M. 1985, S. 214, ohne Beleg: „Durch Deutschland geistert ein Zug von ca. 100 000 Personen mit falschen Personalien."

17 So, zur Erheiterung des Bundestages, ein Abgeordneter des GB/BHE während der ersten Amnestiedebatte; Verhandlungen des Deutschen Bundestages. Stenographische Berichte, 2. Wahlperiode, 26. 1. 1954, S. 600.

18 Vgl. Karl W. Böttcher: Genügt ein Federstrich, um alles zu vergessen? Eine Untersuchung zum Problem der Generalamnestie, in: Welt am Sonntag, 14. 10. 1951, danach die folgenden Zitate; vgl. auch seinen Kommentar in: Die Welt, 18. 9. 1952.

Axel Schildt
Im Kern gesund? Die deutschen Hochschulen 1945

Literatur

Ash, Mitchell G.: Verordnete Umbrüche – Konstruierte Kontinuitäten: Zur Entnazifizierung von Wissenschaftlern und Wissenschaften nach 1945, in: Zeitschrift für Geschichtswissenschaft, Jg. 43, 1995, S. 903–923.

Becker, Heinrich u. a. (Hg.): Die Universität Göttingen unter dem Nationalsozialismus. Das verdrängte Kapitel ihrer 250jährigen Geschichte, München u. a. 1987.

Burmeister, Klaus/Lange-Pfautsch, Ruth: Medizinische Hochschulintelligenz in der antifaschistisch-demokratischen Umwälzung an der Berliner Universität, in: Wissenschaftliche Zeitschrift der Humboldt-Universität zu Berlin, Reihe Gesellschaftswissenschaft, Jg. 39, 1990, S. 601–604.

Elm, Ludwig: Hochschule und Neofaschismus. Zeitgeschichtliche Studien zur Hochschulpolitik in der BRD, Berlin (Ost) 1972.

Feige, Hans-Uwe: Zur Entnazifizierung des Lehrkörpers an der Universität Leipzig, in: Zeitschrift für Geschichtswissenschaft, Jg. 42, 1994, S. 795–808.

Frei, Norbert: Vergangenheitspolitik. Die Anfänge der Bundesrepublik und die NS-Vergangenheit, München 1996.

Garner, Curt: Der öffentliche Dienst in den 50er Jahren: Politische Weichenstellungen und ihre sozialgeschichtlichen Folgen, in: Axel Schildt/

Arnold Sywottek (Hg.), Modernisierung im Wiederaufbau. Die westdeutsche Gesellschaft der 50er Jahre, Bonn 1990, S. 759–790.

Grabert, Herbert: Hochschullehrer klagen an. Von der Demontage deutscher Wissenschaft, Göttingen 1952.

Klemperer, Victor: Ich will Zeugnis ablegen bis zum letzten. Tagebücher 1933–1945, Berlin 1995.

Krönig, Waldemar/Müller, Klaus-Dieter: Nachkriegssemester. Studium in Kriegs- und Nachkriegszeit, Stuttgart 1990.

Mathiesen, Helge: Eine tödliche Intrige. Die Wiedereröffnung der Universität Greifswald und der Fall Lohmeyer, in: Frankfurter Allgemeine Zeitung, Nr. 64 vom 15.3.1996.

Ott, Hugo: Martin Heidegger und die Universität Freiburg nach 1945, in: Historisches Jahrbuch, Jg. 105, 1985, S. 95–128.

Pingel, Falk: Wissenschaft, Bildung und Demokratie – der gescheiterte Versuch einer Universitätsreform, in: Josef Foschepoth/Rolf Steininger (Hg.), Die britische Deutschland- und Besatzungspolitik 1945–1949, Paderborn 1985, S. 183–211.

Schneider, Ulrich: Zur Entnazifizierung der Hochschullehrer in Niedersachsen 1945–1949, in: Niedersächsisches Jahrbuch für Landesgeschichte, Jg. 61, 1989, S. 325–346.

Schulze, Winfried: Deutsche Geschichtswissenschaft nach 1945, München 1989.

Seeliger, Rolf: Braune Universität. Deutsche Hochschullehrer gestern und heute. Eine Dokumentation, München 1964–1968.

Stoye-Balk, Elisabeth: Antifaschistisch-demokratische Umwälzung am Germanischen Seminar (1945–1949), in: Wissenschaftliche Zeitschrift der Humboldt-Universität zu Berlin, Gesellschaftswissenschaftliche Reihe, Jg. 36, 1987, S. 848–854.

Sywottek, Arnold: Kontinuität im Neubeginn: Über die Anfänge der „Universität Hamburg", in: Eckart Krause u. a. (Hg.), Hochschulalltag im „Dritten Reich". Die Hamburger Universität 1933–1945. Teil III, Berlin/Hamburg 1991, S. 1387–1416.

Tent, James F.: Freie Universität Berlin 1948–1988. Eine deutsche Hochschule im Zeitgeschehen, Berlin 1988.

Universität Hamburg. Reden von Senator Heinrich Landahl und Professor Dr. Emil Wolff, gehalten bei der Feier der Wiedereröffnung am 6. November 1945 in der Musikhalle, Hamburg 1946.

Die Universitäten in der Britischen Zone Deutschlands (Bericht der Delegation der britischen Association of University Teachers), in: Beilage zu „Die Sammlung", Jg. 3, 1948, Heft 2.

Welsh, Helga A.: Die Entnazifizierung der Universität Leipzig. Ein Bericht des Rektors Bernhard Schweitzer von Anfang 1946, in: Vierteljahreshefte für Zeitgeschichte, Jg. 33, 1985, S. 339–372.

Walter Kaiser
Wissenschaft und Technik nach 1945

Abkürzungen

Jahrbuch der Technischen Hochschule Aachen: Jb TH Aachen
Jahrbuch der RWTH Aachen: Jb RWTH Aachen
Ludwig, Karl-Heinz (Hrsg.): Technik, Ingenieure und Gesellschaft. Geschichte des Vereins Deutscher Ingenieure 1856–1981, Düsseldorf 1981: VDI-Geschichte 1981

Literatur

Albrecht, Helmuth: Max Planck: Mein Besuch bei Adolf Hitler, in: Ders. (Hrsg.): Naturwissenschaft und Technik in der Geschichte, Stuttgart 1993, S. 41–63.

Atom-Museum Haigerloch: Geschichte deutscher Atomforschung, Haigerloch 1982.

Behn, Siegfried: Vom Wert der Technik für die menschliche Kultur, in: Zeitschrift VDI, Bd. 91, Nr. 18, 15. September 1949, S. 453–456.

Brandt, Leo (Hrsg.): Zur Geschichte der Funkortung, Dortmund 1953.

Delius, Friedrich Christian: Unsere Siemens-Welt, Berlin 1975.

Ehrenberg, Hans: Die Aufgaben der Technischen Hochschule zu Aachen im westdeutschen Grenzraum, in: Jb TH Aachen, 1. Jg., 1941, S. 17–23.

Eichelberg, Gustav: Bestand der Technik, in: Zeitschrift VDI, Bd. 90, Nr. 10, Oktober 1948, S. 297–303.

Frei, Norbert: Vergangenheitspolitik, München 1996.

Greiner, Bernd: Sie dienten jedem Herrn, in: Die Zeit, Nr. 45, 1. November 1991, S. 87.

Gruber, Otto: Zum Rektoratswechsel am 5. März 1941, in: Jb TH Aachen, 1. Jg., 1941, S. 9–16.

Hamburger Stiftung für Sozialgeschichte des 20. Jahrhunderts (Hrsg.): Das Daimler-Benz-Buch, Nördlingen 1987.

Heine, Jens Ulrich: Verstand & Schicksal. Die Männer der I. G. Farbenindustrie A.G. (1925–1945) in 161 Kurzbiographien, Weinheim, New York, Basel, Cambridge 1990.

Heintzeler, Wolfgang: Was war mit IG Farben? Herford 1987.

Heisenberg, Werner: Der Teil und das Ganze, München 1969, Nachdruck Frankfurt a.M., Wien, Zürich 1971.

Hellmich, Waldemar: Der geistige Aufbruch der deutschen Ingenieure, in: Zeitschrift VDI, Bd. 90, Nr. 1, Januar 1948, S. 2–7.

Hoffmann, Dieter (Hrsg.): Operation Epsilon. Die Farm-Hall-Protokolle. Berlin 1993.

Hortleder, Gerd: Das Gesellschaftsbild des Ingenieurs, Frankfurt a.M. 1970.

Jacobi, Oskar: Die Technik in Abhängigkeit vom bewertenden Menschen, in: Zeitschrift VDI, Bd. 90, Nr. 8, August 1948, S. 227–232.

Kraemer, Otto: Gedanken zur Kasseler Tagung „Über die Verantwortung des Ingenieurs“, in: Zeitschrift VDI, Bd. 92, Nr. 31, 1. November 1950, S. 849–857.

Kraemer, Otto: Mensch und Arbeit im technischen Zeitalter, in: Zeitschrift VDI, Bd. 93, Nr. 21, 21. Juli 1951, S. 655–663; Nr. 23/24, 21. August 1951, S. 766–773.

Kruk, Max/Gerold Lingnau: 100 Jahre Daimler-Benz. Das Unternehmen, Mainz 1986.

Kurowsky, Franz: Alliierte Jagd auf deutsche Wissenschaftler. Das Unternehmen Paperclip, München 1982.

Ludwig, Karl-Heinz: Technik und Ingenieure im Dritten Reich, Düsseldorf 1974.

Ludwig, Karl-Heinz: Der VDI als Gegenstand der Parteipolitik 1933–1945, in: VDI-Geschichte 1981, S. 407–427.

Ludwig, Karl-Heinz: Vereinsarbeit im Dritten Reich 1933–1945, in: VDI-Geschichte 1981, S. 429–454.

Mauel, Kurt: Die technisch-wissenschaftliche Arbeit des VDI 1946–1981, in: VDI-Geschichte 1981, S. 455–512.

Mitscherlich, Alexander u. Margarete: Die Unfähigkeit zu trauern, München 1967; hier Nachdruck, Frankfurt a.M., Wien, Zürich 1970.

MVT, Museum für Verkehr und Technik (Hrsg.): Ich diente nur der Technik. Sieben Karrieren zwischen 1940 und 1958, Berlin 1995.

Nordhoff, Heinrich: Reden und Aufsätze, Düsseldorf, Wien, New York, Moskau 1992.

O.M.G.U.S.: Ermittlungen gegen die I.G. Farbenindustrie AG, September 1945, Nördlingen 1986.

Plank, Rudolf: Deutsches und amerikanisches Wesen als komplemantäre Eigenarten, in: Zeitschrift VDI, Bd. 90, Nr. 9, September 1948, S. 265–270.

Plank, Rudolf: Einführungs- und Schlußworte (zur Kasseler VDI-Tagung 1950), in: Zeitschrift VDI, Bd. 92, Nr. 22, 1. August 1950, S. 589–591.

Plumpe, Gottfried: Die I.G. Farbenindustrie AG. Wirtschaft, Technik und Politik 1904–1945, Berlin 1990.

Pohl, Hans/Stephanie Habeth/Beate Brüninghaus: Die Daimler-Benz AG in den Jahren 1933–1945, Stuttgart 1986.

Quarg, G.: Über die Grundlagen zur Einstufung der Technik in die sittliche Wertordnung, in: Zeitschrift VDI, Bd. 90, Nr. 8, August 1948, S. 225–226.

Rauterkus, Werner: Der Nationalsozialistische Deutsche Studentenbund an der Technischen Hochschule zu Aachen, in: Jb TH Aachen, 1. Jg., 1941, S. 38–42.

Rechenberg, Helmut: Farm-Hall-Berichte, in: Naturwissenschaftliche Rundschau, Supplemente 1–3 zu den Heften 1, Januar 1994, Heft 2, Februar 1994, Heft 3, März 1994.

Rickers, W.: Festansprachen und Ehrungen anläßlich der 81. Hauptversammlung des VDI in Hannover, in: Zeitschrift VDI, Bd. 93, Nr. 27, 21. September 1951, S. 851–858.

Ricking, Klaus: Der Geist bewegt die Materie ... 125 Jahre Geschichte der RWTH Aachen, Aachen 1995.

Röntgen, Paul: Zur Wiedereröffnung der Technischen Hochschule Aachen. Jb RWTH Aachen, 2. Jg., 1949, S. 11–17.

Schaeder, Hans Heinrich: Unser Gedenken an Goethe. Zum 28. August 1949, in: Zeitschrift VDI, Bd. 91, Nr. 16, 15. August 1949, S. 377 f.

Schlösser, Franz-Joseph: Der VDI in der Demokratie 1947–1981, in: VDI-Geschichte 1981, S. 513–557.

Schnabel, Franz: Der Aufstieg der modernen Technik aus dem Geiste der abendländischen Völker, in: Zeitschrift VDI, Bd. 94, Nr. 1, 1. Januar 1952, S. 1–6.

Sommerfeld, Arnold/Franz Krauss: Otto Blumenthal zum Gedächtnis, in: Jb RWTH Aachen, 4. Jg., 1951, S. 21–25.

Sommerfeld, Arnold/Fritz Seewald: Ludwig Hopf zum Gedächtnis, in: Jb RWTH Aachen, 5. Jg., 1952/53, S. 24–26.

Starck, Hans/Manfred Weck: Herwart Siegfried Opitz 1905–1978, in: Habetha, Klaus (Hrsg.): Wissenschaft zwischen technischer und gesellschaftlicher Herausforderung: Die Rheinisch-Westfälische Technische Hochschule Aachen 1970–1995, Aachen 1995, S. 295–303.

Strübel, Gustav: 1945 – Neuanfang oder versäumte Gelegenheit, in: Jörg Tröger (Hrsg.): Hochschule und Wissenschaft im Dritten Reich, Frankfurt a.M., New York 1986, S. 168–179.

Ude, Hans: Der VDI im 6. Kriegsjahr, in: Zeitschrift VDI im NSBT (Nationalsozialistischen Bund Deutscher Technik), Bd. 89, Nr. 1/2, 6. Januar 1945, S. 1–10.

Walker, Mark: Vergangenheitsbewältigung im Licht der „Farm Hall-Aufnahmen", in: Meinel, Christoph/Peter Voswinckel (Hrsg.): Medizin, Naturwissenschaft, Technik und Nationalsozialismus, Stuttgart 1994, S. 246–251.

Weiher, Sigfrid von/Herbert Goetzeler: Weg und Wirken der Siemens-Werke im Fortschritt der Elektrotechnik 1847–1980, 3. Aufl., Wiesbaden 1981.

Weizsäcker, Carl Friedrich von: „Ich gebe zu, ich war verrückt", Interview, Der Spiegel, 1991, Heft 17, S. 227–238.

Zeddies, Adolf: Verantwortung als Wesenszug des Menschen, in: Zeitschrift VDI, Band 92, Nr. 22, 1. August 1950, S. 592–596.

Winfried Schulze

Doppelte Entnazifizierung – Geisteswissenschaften nach 1945

Anmerkungen

1 Friedrich, Jörg: Die kalte Amnestie. NS-Täter in der Bundesrepublik, München 1994 (zuerst 1984).

2 Zum Entnazifizierungsverfahren an den Universitäten der US-Zone vgl. Tent, James F.: Mission on the Rhine. Reeducation and Denazification in American-Occupied Germany, Chicago und London 1982, 57 ff. Zu den Grundlagen des Verfahrens in Deutschland siehe exemplarisch: Niethammer, Lutz: Die Mitläuferfabrik. Die Entnazifizierung am Beispiel Bayerns, Berlin und Bonn 1982.

3 Vgl. Ritter, Gerhard: Briefe, 408 ff. Über das prominenteste Beispiel der Freiburger „Bereinigungs"-Bemühungen berichtet Ott, Hugo: Martin Heidegger und die Universität Freiburg nach 1945, in: Historisches Jahrbuch 105, 1985, 95–128 und Ders.: Martin Heidegger. Unterwegs zu einer Biographie, Frankfurt am Main und New York 1988.

4 Ott, Hugo: Martin Heidegger. Unterwegs zu einer Biographie, 305.

5 GUZ 2, 1947, Nr. 6, 18.

6 Westdeutsche Rektorenkonferenz (WRK) Bonn-Bad Godesberg, Archiv Protokollserie 1949ff, Akten 1947.

7 Neues Abendland, Juli 1946, 30.

8 GUZ 1, 1946, Nr. 5, 15. Vgl. dazu auch den Report Nr. 4237 des Office of Intelligence Research vom 3.6.1947 über den Stand der Umerziehungsmaßnahmen in Deutschland, bes. der Universitäten, in: Söllner, Alfred (Hg.): Zur Archäologie der Demokratie in Westdeutschland, 2 Bde., Frankfurt am Main 1986.

9 Hammerstein, Notker: Die Johann-Wolfgang-Goethe-Universität Frankfurt am Main. Von der Stiftungsuniversität zur staatlichen Hochschule, Bd. 1, Neuwied und Frankfurt am Main 1989, passim.

10 Pfetsch, Frank R.: Neugründung der Universität nach 1945, in: Buselmaier – Harth – Jansen (Hgg.): Auch eine Geschichte der Universität Heidelberg, Heidelberg und Mannheim 1985, 365–380, hier 367.

11 Nach der unveröffentlichten Autobiographie Gustav Adolf Reins aus dem Jahre 1965.

12 Die Vorgänge, die sich um die Nichtwiedereinsetzung Theodor Mayers in München ergaben, belegen deutlich die unterschiedlichen Interessenlagen von Ministerium, Besatzungsmacht und den verantwortlichen Kollegien. Vgl. dazu: Schulze, Winfried: Deutsche Geschichtswissenschaft nach 1945, München 1993 (zuerst 1989), bes. 145ff.

13 Dorn, Walter L.: Inspektionsreisen in der US-Zone. Notizen, Denkschriften und Erinnerungen, hg. von Lutz Niethammer, Stuttgart 1973, 87.

14 Ich zitiere hier die Zusammenfassung von Holborns Aussage durch: Hahn, Erich J. C.: Hajo Holborn: Bericht zur deutschen Frage. Beobachtungen und Empfehlungen vom Herbst 1947, in: VfZG 35, 1987, 135–166, hier 144.

15 Vgl. den „Rückblick" in der Süddeutschen Zeitung, 17.11.1986.

16 Diese unhaltbaren Zahlen und Relationen in: Christ und Welt, 3. Jg., 1950, Nr. 6, 7, 9, 10, 11, 34. Dazu auch: Faber, Christian von: Die Entwicklung des Lehrkörpers der deutschen Universitäten und Hochschulen 1864-1954, Göttingen 1956, 143ff.

17 So schrieb Peter Rassow jedenfalls im Sommer 1947 an Hans Rosenberg. Siehe: Universitätsarchiv Köln (UAK) 197/39, um die Notwendigkeit einer Verstärkung des Lehrkörpers zu belegen.

18 NL Schramm, L 286. Mit dem Schreiben war beabsichtigt, Schramm aus amerikanischer Gefangenschaft freizubekommen, was aber erst im Herbst 1946 gelang.

19 Zu diesem Ergebnis kommt: Weber, Wolfgang: Priester der Klio. Historisch-sozialwissenschaftliche Studien zu Herkunft und Karriere deutscher Historiker und zur Geschichte der Geschichtswissenschaft, Frankfurt am Main 1984, 429 f., Anm. 343.

20 Vgl. Anders, Georg: Gesetz zur Regelung der Rechtsverhältnisse der unter Art. 131 des GG fallenden Personen, Stuttgart und Köln 1951; Röttgen, Herwarth u. a. (Hgg.): Das Recht der unter Art. 131 GG fallenden Personen. Ein Wegweiser, Bonn 1951

21 Ein sprechendes Beispiel dafür in: NL Rothfels, Nr. 1.

22 Protokoll der 19. WRK vom März 1950, 29.

23 Vgl. dazu: Grawert, Rolf: Der Zusammenbruch des Staates und das Schicksal seiner Beamtenschaft im Spiegel der Nachkriegsjudikatur, in: Schwegmann, Friedrich G. (Hg.): Die Wiederherstellung des Berufsbeamtentums nach 1945, Düsseldorf 1986, 25–46.

24 Vgl. Entscheidungen des Bundesverfassungsgerichts, Bd. 3, Tübingen 1954, 58–162, hier vor allem 121 und 140 ff. zu den Rechtsverhältnissen der Hochschullehrer.

25 Zu erwähnen ist vor allem die Schrift: Grabert, Herbert: Hochschullehrer klagen an, o. O. 1953. Vorgänger Graberts war der Volkssoziologe Max Hildebert Böhm gewesen. Die Westdeutsche Rektorenkonferenz mußte sich auf mehreren Sitzungen mit dem leidigen Problem beschäftigen.

26 Diese Zahlen nach den Verzeichnissen in den Akten der WRK.

27 Es handelt sich bei dieser natürlich ganz heterogenen Gruppe um Willy Andreas, Helmut Berve, Erich Botzenhart, Ulrich Crämer, Heinrich Dannenbauer, Eugen Franz, Günther Franz, Werner Frauendienst, Willy Hoppe, Ulrich Kahrstedt.

28 Dieser Ausdruck in einem Brief Friedrich Baethgens in Bezug auf Carl Hinrichs verwendet. Siehe UAK 197/39.

29 Rosa, R. de (Hg.): Karl Jaspers – K. H. Bauer. Briefwechsel 1945–1968, Berlin 1983, 18 (20.6.1945).

30 Vgl. dazu den jüngsten Überblick über die Forschungen zur Entnazifizierung in den westlichen Zonen bzw. der Bundesrepublik Deutschland von: Niethammer, Lutz: Problematik der Entnazifizierung in der BRD, in: Meissl, Sebastian u. a. (Hgg.): Verdrängte Schuld, verfehlte Sühne. Entnazifizierung in Österreich 1945–1955, München 1986, 15–27.

31 So verfuhr etwa Siegfried August Kaehler (Göttingen) gegenüber Erich Botzenhart, dessen Berufung er schon 1939 heftig bekämpft hatte. Vgl. Erickson, Robert P.: Kontinuitäten konservativer Geschichtsschreibung am Seminar für Mittlere und Neuere Geschichte: Von der Weimarer

Zeit über die nationalsozialistische Ära bis in die Bundesrepublik, in: Becker, Heinrich – Dahms, Hans-Joachim – Wegeler, Cornelia (Hgg.): Die Universität Göttingen und der Nationalsozialismus. Das verdrängte Kapitel ihrer 250jährigen Geschichte, München, London und New York 1987, 219–245.

32 Brief Gerhard Ritters an Percy Ernst Schramm vom 15.12.1949 über die Wiederverwendung Erich Botzenharts in Göttingen, in: NL Schramm, L 230, Nr. 9.

33 Bundesarchiv Koblenz (BAK), NL Rothfels, Schreiben eines Kollegen vom 3.1.1954.

34 Müller, Karl Alexander von: Paul Nikolaus Cossmanns Ende, in: Hochland 42, 1949/1950, 368-379. Von Müller kann Cossmanns „Emporsteigen im Martyrium hier nur an meinem eigenen Versagen messen" (373).

35 BAK, NL Goetz, Nr. 30. Vgl. dazu: Heiber, Helmut: Walter Frank und sein Reichsinstitut für Geschichte des neuen Deutschlands, Stuttgart 1966, 183, Anm. 3.

36 Westphal, Otto: Weltgeschichte der Neuzeit 1750–1950, Stuttgart 1953, 11.

37 BAK, NL Rothfels, Nr. 1.

38 BAK, NL Rassow, Nr. 180.

39 Schulin, Ernst: Traditionskritik und Rekonstruktionsversuch. Studien zur Entwicklung von Geschichtswissenschaft und historischem Denken, Göttingen 1979, 139.

40 Meinecke, Friedrich: Ausgewählter Briefwechsel, hg. von Ludwig Dehio, Stuttgart 1962, 251 (Meinecke an Rothfels vom 3.6.1946); Ders.: Die deutsche Katastrophe. Betrachtungen und Erinnerungen, 3. Aufl., Wiesbaden 1947 (zuerst 1946), 156 f.

41 Ritter, Gerhard: Geschichte als Bildungsmacht. Ein Beitrag zur historisch-politischen Neubesinnung, Stuttgart 1946, 37. Vgl. auch Ritters Beteiligung an den schon erwähnten Richtlinien für einen neuen Geschichtsunterricht. Die Information über den Tübinger Vortrag in einem Brief Adolf von Harnacks an Peter Rassow vom 9.3.1946 (BAK, NL Rassow, Nr. 89).

42 Schochow, Werner: Ein Historiker in der Zeit. Ein Versuch über Fritz Hartung (1883–1967), in: JbGMOD 32, 1983, 218–250, hier 226. Vgl. dazu auch: Berthold, Werner: Marxistisches Geschichtsbild – Volksfront und antifaschistisch-demokratische Revolution, Berlin 1970, 218 ff. Siehe auch: Schulze, Winfried: Berliner Geschichtswissenschaft 1945 bis 1950, in: Fischer, Wolfram (Hg.): Exodus von Wissenschaften aus Berlin: Fragestellungen – Ergebnisse – Desiderate, Berlin 1994 (= Arbeitsgruppe Exodus der Wissenschaften aus Berlin, Forschungsbericht der Akademie der Wissenschaften zu Berlin 7), 184–197.

43 BAK, NL Haller, Nr. 27. Zitat aus Hallers Lebenserinnerungen, die im Jahre 1946 geschrieben wurden (171).

44 Schnabel, Franz: Deutsche Geschichte im neunzehnten Jahrhundert, Bd. 1: Die Grundlagen der neueren Geschichte, 2. Aufl., München 1970, 148.

45 Ritter, Gerhard: Europa und die deutsche Frage: Betrachtungen über die geschichtliche Eigenart des deutschen Staatsdenkens, München 1948, 8.

46 AV, 184 ff. (1947).

47 Vgl. den ersten zeitgenössischen Überblick bei: Mayer, Anton: Probleme, Ziele und Grenzen der Geschichtsrevision, Nürnberg 1947. Sowie den Aufsatz: Hofer, Walther: Über das Problem einer Revision des deutschen Geschichtsbildes, in: Europa-Archiv 4, 1949, 1801–1809. Eine moderne Untersuchung zu dieser speziellen Frage ist mir nicht bekannt.

48 Stenographische Berichte über die Plenarsitzungen Bd. 1, 54.

49 Dies ergibt sich etwa aus: Ernst, Fritz: Die Deutschen und ihre jüngste Geschichte. Beobachtungen und Bemerkungen zum deutschen Schicksal der letzten fünfzig Jahre (1911–1961), 4. Aufl., Stuttgart u.a. 1963, bes. 125 ff. Diesen Eindruck bestätigte später auch Hans Schleier, freilich in der Absicht, die Republikfeindschaft der Mehrheit der Historiker nach 1918 zu unterstreichen. Siehe: Schleier, Hans: Die bürgerliche Geschichtsschreibung der Weimarer Republik, Berlin 1975, 22.

50 Walter Goetz forderte 1919 eine Revision der bisherigen Geschichtsbetrachtung. Siehe: Goetz, Walter: Historiker in meiner Zeit, Graz 1954, 110. Gerhard Ritter selbst bestätigte diese Einschätzung. Vgl.: Ritter, Gerhard: Deutsche Geschichtswissenschaft im 20. Jahrhundert, in: GWU 1, 1950, 81–96, 129-137, hier 91.

51 In: VfZG 5, 1957, 4.

52 Funk, Philipp: Wege der Geschichtsrevision; in: Hochland 25, 1927/28, 496–505, 636–645; Ders.: Der heutige Ruf nach Geschichtsrevision und das Bild Friedrichs des Großen; in: Hochland 27, 1929/30, 40–52; Meisner, Heinrich Otto: Preußen und der „Revisionismus", in: Forschungen zur Brandenburgischen und preußischen Geschichte 43, 1930, 252–289.

53 Einen breiten Überblick über die Weimarer Historiographie bietet gerade unter diesem Aspekt: Faulenbach, Bernd: Ideologie des deutschen Weges. Die deutsche Geschichte in der Historiographie zwischen Kaiserreich und Nationalsozialismus, München 1980.

54 So Ritter, Gerhard, in: GWU 1, 1950, 91. Ein sehr detailreicher Überblick über Grundzüge der deutschen Geschichtsschreibung während der Weimarer Zeit findet sich bei: Hammen, Oscar J.: German Historians and the advent of the National Socialist State, o.A.

55 Siehe: Schnabel, Franz: Das Bismarck-Problem, in: Hochland 42, 1949, 1–27, hier 3. Vgl. auch: Meinecke, Friedrich: Ausgewählter Briefwechsel, 283 f. (Meinecke an Rothfels vom 17. 8. 1947).

56 Franzel, Emil: Das Geschichtsbild unserer Tage, in: Neues Abendland 4, 1949, 270–273.

57 Neues Abendland 1 (Oktober), 1946, 27 f.

58 Hauptstaatsarchiv (HStA) München, Schnabeliana, Iib, Augsburg vom 10.2.1946.

59 Vgl. dazu: Gall, Lothar (Hg.): Das Bismarck-Problem in der Geschichtsschreibung nach 1945, Köln 1971.

60 Mayer, Anton: Probleme, Ziele und Grenzen der Geschichtsrevision, Nürnberg u. a. 1947 (= Philosophisch-Theologische Hochschule Passau: Reden und Vorträge der Hochschule Passau, 7), 14. Dieses war das einzige Buch, das sich in der damaligen Situation mit dem Problem der Geschichtsrevision umfassend beschäftigte, allerdings aus katholischer Sicht.

61 Weis, Eberhard: Einleitung, in: Franz Schnabel: Deutsche Geschichte im 19. Jahrhundert, Bd. 1, München 1987, XI–XXXII.

62 Faulenbach, Bernd: Ideologie des deutschen Weges, 67 ff., 213 ff.

63 München 1949.

64 Meyer, Arnold Oskar: Bismarck. Der Mensch und der Staatsmann, Leipzig 1944. Hans Rothfels' Vortrag wurde zuerst veröffentlicht in: Schicksalswege deutscher Vergangenheit, Festschrift für Siegfried August Kaehler, Düsseldorf 1950, 233–248. Erneut abgedruckt wurden die wichtigsten Beiträge zur Bismarck-Debatte dieser Jahre in: Gall, Lothar (Hg.): Das Bismarck-Problem in der Geschichtsschreibung, 84-96. Ein weiterer Sammelband dokumentiert allein die Diskussion der deutschen Historiker: Hallmann, Hans (Hg.): Revision des Bismarckbildes: die Diskussion der deutschen Fachhistoriker 1945-1955, Darmstadt 1972 (= Wege der Forschung 285).

65 BAK, NL Rothfels, Nr. 1, Ritter an Rothfels vom 16.6.1955, auch in: Ritter, Gerhard: Briefe, Nr. 199, 512.

66 Vgl. die Beiträge von Gerhard Ritter, Franz Schnabel und Hans Rothfels, in: Gall, Lothar (Hg.): Das Bismarck-Problem in der Geschichtsschreibung nach 1945, 81. Schnabel griff auch die Außenpolitik Bismarcks an, vgl. seinen Vortrag: Bismarck und die Nationen, und die Kritik Wilhelm Schüsslers, ebd. 432–455. Beide Artikel sind in dieser Diskussion kaum zur Kenntnis genommen worden.

67 Schulze, Winfried: Hans Rothfels und die deutsche Geschichtswissenschaft, Vortrag zum 100. Geburtstag von Hans Rothfels, in: Jansen, Christian: Von der Aufgabe der Freiheit. FS für Hans Mommsen zum 5. November 1995, Berlin 1995.

68 So Paul Wenger in einem Artikel, der einen Tübinger Vortrag Gerhard Ritters angriff, der sich mit der „Revision des deutschen Geschichtsbildes" beschäftigte, Bismarck aber verteidigte und zum Teil abgedruckt wurde. Siehe Wenger, Paul W.: in: Neues Abendland 1, 1946, Heft 2, 27 f.

69 Ritter, Gerhard: Ursprung und Wesen der Menschenrechte, o. A.

70 Franzel, Emil: Zur Revision des Geschichtsbildes, 246 f., in einer Rezension von Dehio, Ludwig: Gleichgewicht oder Hegemonie. Betrachtungen über ein Grundproblem der neueren Staatsgeschichte, Krefeld

1949. Der Rezensent bezog sich auf das Buch von Ingrim, Robert: After Hitler Stalin? Milwaukee 1946 (= Von Talleyrand zu Molotow. Die Auflösung Europas. Aus dem Engl. übers. v. Verf., Hamburg 1949), wo der Verf. die „nationalsozialistischen Tyranneien" als „gradlinige Nachkommenschaft des modernen, demokratischen Nationalismus" bezeichnete.

Heinz Bude
Die Achtundsechziger-Generation im Familienroman der Bundesrepublik

Literatur

Brinkmann, Rolf Dieter: Rom, Blicke, Reinbek 1979.

Brinkmann, Rolf Dieter: Erzählungen, Reinbek 1985.

Broszat, Martin (Hrsg.): Zäsuren nach 1945, München 1990.

Bude, Heinz: Deutsche Karrieren. Lebenskonstruktionen sozialer Aufsteiger aus der Flakhelfer-Generation, Frankfurt a. M. 1987.

Bude, Heinz: Die Soziologen der Bundesrepublik, in: Merkur 46, 1992: 569–580.

Bude, Heinz: 1968 und die Soziologie, in: Soziale Welt 45, 1994: 242–253.

Bude, Heinz: Das Altern einer Generation. Die Jahrgänge 1938–1948, Frankfurt a. M. 1995.

Dahrendorf, Ralf: Gesellschaft und Demokratie in Deutschland, München 1965.

Faimberg, Haydée: Die Ineinanderrückung (Telescoping) der Generationen. Zur Genealogie gewisser Identifizierungen, in: Jahrbuch für Psychoanalyse 20, 1987: 114–142.

Frei, Norbert: Vergangenheitspolitik, München 1996.

Hirschman, Albert O.: Engagement und Enttäuschung. Über das Schwanken des Bürgers zwischen Privatwohl und Gemeinwohl, Frankfurt a. M. 1988 (zuerst 1982).

Lethen, Helmut: Verhaltenslehren der Kälte. Lebensversuche zwischen den Kriegen, Frankfurt a.M. 1994.

Lübbe, Hermann: Der Nationalsozialismus im deutschen Nachkriegsbewußtsein, in: Historische Zeitschrift 236, 1983: 579–599.

Luhmann, Niklas: Zum Begriff der sozialen Klasse, in: ders., Soziale Differenzierung. Zur Geschichte einer Idee, Opladen 1985: 119–162.

Marquard, Odo: Abschied vom Prinzipiellen, Stuttgart 1981.

Meinhof, Ulrike Marie: Die Würde des Menschen ist antastbar, Berlin 1980.

Michel, Karl Markus: Ein Kranz für die Literatur. Fünf Variationen über eine These, in: Kursbuch, Nr. 15, 1968: 169–186.

Mitscherlich, Alexander und Margarete: Die Unfähigkeit zu trauern. Grundlagen kollektiven Verhaltens, München 1967.

Picht, Georg: Die deutsche Bildungskatastrophe. Analyse und Dokumentation, Olten/Freiburg 1964.

Plessner, Hellmuth: Die verspätete Nation. Über die politische Verführbarkeit bürgerlichen Geistes, Frankfurt a. M. 1974 (zuerst 1935/1959).

Rühmkorf, Peter: Die Jahre, die ihr kennt. Anfälle und Erinnerungen, Reinbek 1972.

Rutschky, Michael: Erfahrungshunger. Ein Essay über die siebziger Jahre, Köln 1980.

Schelsky, Helmut: Die skeptische Generation. Eine Soziologie der deutschen Jugend, Frankfurt a. M./Berlin/Wien 1975 (zuerst 1957).

Sternberger, Dolf: Staatsfreundschaft, Frankfurt a. M. 1963.

Tarrow, Sidney: Kollektives Handeln und politische Gelegenheitsstruktur in Mobilisierungswellen: Theoretische Perspektiven, in: Kölner Zeitschrift für Soziologie und Sozialpsycholgie 43, 1991: 647–670.

Tenbruck, Friedrich H.: Alltagsnormen und Lebensgefühle in der Bundesrepublik, in: Hans Peter Schwarz/Richard Löwenthal (Hrsg.), Die Zweite Republik. 25 Jahre Bundesrepublik Deutschland – eine Bilanz, Stuttgart 1974: 289–310.

Touraine, Alain: Soziologie als Handlungswissenschaft, Darmstadt/Neuwied 1974 (zuerst 1965).

Trilling, Lionel: Das Ende der Aufrichtigkeit, München 1980.

Turner, Ralph H: Das Thema zeitgenössischer sozialer Bewegungen, in: Walter R. Heinz/Peter Schöber (Hrsg.), Theorien kollektiven Verhaltens, Bd. 2. Darmstadt/Neuwied 1972: 102–127 (zuerst 1969).

Wellershoff, Dieter: Gottfried Benn. Phänotyp dieser Stunde, Köln 1958.

Wouters, Cas: Informalisierung und der Prozeß der Zivilisation, in: Peter R. Gleichmann/Johann Goudsblom/Hermann Korte (Hrsg.), Materialien zu Norbert Elias' Zivilisationstheorie, Frankfurt a.M. 1979: 279–298.

Helmut König
Das Erbe der Diktatur. Der Nationalsozialismus im politischen Bewußtsein der Bundesrepublik

Eine frühere Fassung dieses Beitrags ist erschienen in: Leviathan, 24. Jg. (1996), Heft 2

Anmerkungen

1 Vgl. dazu die ausgezeichnete Studie von Werner Bergmann und Rainer Erb über Antisemitismus in der Bundesrepublik Deutschland (1991) mit vielen theoretischen Überlegungen und reichhaltigem empirischen Material.

2 So jedenfalls die Darstellung bei Majer (1992: 234). Diese Version wird durch die Darstellung von Abendroth (1976: 213) selber nicht ganz gedeckt.

Literatur

Abendroth, Wolfgang (1976): Ein Leben in der Arbeiterbewegung, Ffm.

Adorno, Theodor W. (1959): Was heißt: Aufarbeitung der Vergangenheit, in: ders., Gesammelte Schriften Bd. 10.1, Ffm 1977.

Bauman, Zygmunt (1992): Dialektik der Ordnung. Die Moderne und der Holocaust, Hamburg.

Becker, Heinrich/Hans-Joachim Dahms/Cornelia Wegeler (Hg) (1987): Die Universität Göttingen unter dem Nationalsozialismus. Das verdrängte Kapitel ihrer 250jährigen Geschichte, München.

Bergmann, Werner/Rainer Erb (1991): Antisemitismus in der Bundesrepublik Deutschland. Ergebnisse der empirischen Forschung von 1946–1989, Opladen.

Broszat, Martin (1985): Plädoyer für eine Historisierung des Nationalsozialismus, in: ders., Nach Hitler. Der schwierige Umgang mit unserer Geschichte, München 1988.

Buselmeier, Karin/Dietrich Harth/Christian Jansen (Hg) (1985): Auch eine Geschichte der Universität Heidelberg, Mannheim.

Dubiel, Helmut (1994): Über moralische Souveränität, Erinnerung und Nation, in: Merkur, 48. Jahrgang, Heft 546/547.

Eberan, Barbro (1983): Die Debatte um die Schuldfrage 1945–1949, München.

Golczewski, Frank (1988): Kölner Universitätslehrer und der Nationalsozialismus. Personengeschichtliche Ansätze, Köln/Wien.

Kohlstruck, Michael (1997): Die Enkel der Mitläufer. Die Thematisierung des Nationalsozialismus bei jungen Männern, Berlin (im Erscheinen).

Krause, Eckart/Ludwig Huber/Holger Fischer (Hg) (1991): Hochschulalltag im „Dritten Reich". Die Hamburger Universität 1933–1945, 3 Bde., Berlin/Hamburg .

Laurien, Ingrid (1991): Politisch-kulturelle Zeitschriften in den Westzonen 1945–1949, Ffm.

Lepsius, Rainer M. (1989): Das Erbe des Nationalsozialismus und die politische Kultur der Nachfolgestaaten des ‚Großdeutschen Reiches', in: Max Haller et al. (Hg), Kultur und Gesellschaft. Verhandlungen des 24. Deutschen Soziologentages, des 11. Österreichischen Soziologentages und des 3. Kongresses der Schweizerischen Gesellschaft für Soziologie in Zürich 1988, Ffm/New York.

Lübbe, Hermann (1983): Der Nationalsozialismus im deutschen Nachkriegsbewußtsein, in: Historische Zeitschrift, Bd. 236.

Majer, Diemut (1992): Die Verführbarkeit der Juristen. Zur Restauration der Rechtswissenschaft nach 1945, in: Wissenschaft im geteilten Deutschland. Restauration oder Neubeginn nach 1945? Ffm.

Stölting, Erhard (1989): Nachwort zu: Michael Schornstheimer, Bombenstimmung und Katzenjammer. Vergangenheitsbewältigung, Quick und Stern in den 50er Jahren, Köln.

Wolffsohn, Michael (1995): Die Deutschland-Akte. Juden und Deutsche in Ost und West. Tatsachen und Legenden, München.

Personenregister

Abendroth, Wolfgang 192, 308, 349
Adenauer, Konrad 185, 186, 192, 216, 290, 308
Adorno, Theodor 299, 310, 333, 349
Alewyn, Richard 33
Andreas, Willy 266, 344
Angermann, Erich 282
Anrich, Ernst 98, 101, 272, 326
Arendt, Hannah 175
Arlt, Fritz 129
Arnhold, Carl 155
Arnim, von (Berlin) 74
Aubin, Hermann 258

Baer, Richard 176 (s. Neumann, Karl)
Baethgen, Friedrich 344
Bagge, Erich 250
Bauer, Fritz 211
Bauer, Karl Heinz 272, 344
Behn, Siegfried 340
Benn, Gottfried 293–294, 349
Benrath, Alfred 155
Berve, Helmut 344
Best, Werner 80
Bidault, Georges 186
Bismarck 277, 280, 282–284, 346–347
Bloch, Ernst 190
Bluhm, Hans 244
Blumenbach, Johann Friedrich 134
Blumenthal, Otto 245, 342
Bodens, W.J. 23
Böddrich, Erich 152, 159
Böhm, Franz 265
Boehm, Hans 28
Böhm, Max Hildebert 344
Böttcher, Karl Wilhelm 215, 222, 337–338
Bötticher, Eduard 225
Bohmers, Assien 26
Bomans, Godfried 115
Borchers, Heinz 149
Bormann, Martin 67
Botzenhart, Erich 269, 344
Bracher, Karl Dietrich 194, 335
Brandi, Karl 269
Brandt, Leo 248, 340
Braun, Wernher von 251
Breddin, Hans 156
Brinkmann, Rolf Dieter 294–296, 348
Brüche, Ernst 249
Brüderlink, Robert 154, 159, 245
Brunner, Otto 279
Buber-Neumann, Margarete 194, 335
Buchheim, Karl 281
Bultmann, Rudolf Karl 264
Buntru, Alfred 151, 246
Burger, Heinz Otto 46, 321

Carsten, Heinz Rehder 23
Chamberlain, Houston Stewart 135
Che Guevara 205
Christ, Johannes 159–160
Churchill 186, 305, 334
Clay, Lucius D. 267
Cleveringa, Rudolph Pabus 326
Conrady, Karl Otto 319
Conze, Werner 126–128, 279, 330–331
Cossmann, Paul Nikolaus 274, 345

Crämer, Ulrich 266, 344
Curtius, Ernst Robert 188

Dahrendorf, Ralf 298, 348
Dam, van (niederländischer NS-Funktionär) 83, 327
Dannenbauer, Heinrich 344
Darré, Walther 18
Darwin, Charles 134–135
Dehio, Ludwig 276, 280, 284, 345, 347
Diebner, Kurt 250
Döblin, Alfred 224
Dönitz, Karl 168
Dorn, Walter L. 267, 343
Dornberger, Walter 252

Eckert, Max 151
Ehrenberg, Hans 149, 151–153, 160, 245–247, 340
Eichelberg, Gustav 247–248, 340
Eichmann, Adolf 116, 328
Eilender, Walter 154
Elias, Norbert 289, 349
Enzensberger, Hans Magnus 294
Ernstberger, Anton 272
Eucken, Walther 265
Eyck, Erich 283

Falkenhausen, Alexander Ernst von 94–95
Farwerck, Frans E. 19–22
Feder Gottfried 71
Feickert, Andreas 64–65, 323
Ferber, Walter 281
Feuchtwanger, Lion 224
Finkelnburg, Wolfgang 250
Fischer, Eugen 125, 138
Flügge, Wilhelm 156
Frank, Anne 112, 194
Frank, Bruno 224
Frank, Karl Hermann 151
Frank, Walter 345
Frantz, Constantin 282
Franz, Eugen 344
Franz, Günter 269, 274
Franzel, Emil 281, 346-347
Frauendienst, Werner 344
Fritz, Ernst 346
Fuchs, Walter 158
Funk, Philipp 279, 346

Gadamer, Hans-Georg 233
Gaulle, Charles de 186
Gehlen, Arnold 129
Geisler, Walter 156, 159–160
Gemünd, Wilhelm 155
Genechten, Robert van 85
Gilbert, G.M. 333
Globocnik, Odilo 122
Gobineau, Joseph Arthur Graf 135
Goebbels, Joseph 164, 198, 200
Göring, Hermann 67, 149, 198
Goethe 34–35, 57, 320, 341
Goetz, Walter 269, 274, 345-346
Grabert, Herbert 338, 344
Grimm, Friedrich 337
Größer, Walter 154, 333
Groth, Wilhelm 248
Grubbe, Peter 176, 178, 208–210 (s. Volkmann, Klaus)
Gruber, Max von 136
Gruber, Otto 150–151, 245, 340
Günther, Franz 344
Günther, Hans Friedrich Karl 141
Guertler, William 76
Gütt, Arthur 142, 331

Haagen, Eugen 99
Haas, Max 154
Haber, Fritz 261
Haller, Johannes 277, 345
Hankamer, Paul 35–36
Harnack, Adolf von 138, 345, 353
Harteck, Paul 250
Hartung, Fritz 273, 277, 345
Haspel, Wilhelm 254
Heidegger, Martin 67, 189, 191, 232, 264–266, 324, 339, 342–343
Heimpel, Hermann 266, 279

Heisenberg, Werner 249–250, 340
Helbok, Adolf 271–272
Hellmich, Waldemar 243, 340
Henlein, Konrad 151
Hermann, Max 33
Hermann, Rudolf 153
Herre, Franz 281
Hertwig, Oscar 137
Herzfeld, Hans 278
Heß, Rudolf 67
Heyde, Werner 176, 210–211, 336 (s. Sawade, Fritz)
Heydrich, Reinhard 151
Himmler, Heinrich 15–16, 18, 20–21, 26–28, 40, 46, 67, 92, 94, 100, 121, 130, 155, 172, 198, 208, 214, 318, 325
Hinrichs, Carl 344
Hintze, Otto 267
Hirt, August 16, 99–100, 326, 327
Hitler, Adolf 19, 70–71, 75–76, 94, 98, 101, 121, 139–140, 146, 164, 170, 189, 194, 198, 247, 262, 283, 310, 323, 340, 347
Hobbes, Thomas 169
Hobsbawm, Eric J. 281
Hofer, Walther 194, 329, 334, 346
Hoffmann, Kurt 207
Holborn, Hajo 267, 343
Honecker, Erich 205
Hopf, Ludwig 245, 342
Hoppe, Willy 344
Houdremont, Eduard 154
Huber, Hans 324
Huizinga, Johan 104

Ingrim, Robert 347
Ipsen, Hans Peter 225
Ispert, W. 24–25

Jacobi, Oskar 340
Janssen, Johannes 282
Jaspers, Karl 62–63, 246, 272, 324
Jenisch, Erich 37–38
Jungclaus (SS-Standartenführer in den Niederlanden) 22

Kaehler, Siegfried August 269, 277, 344, 347
Kahrstedt, Ulrich 344
Kallen, Gerhard 268
Kapteyn, J. 25–26
Kasper, Gerhard 324
Kayser, Wolfgang 33
Kehr, Eckart 280
Kellermann, Karl 151, 155, 159
Kempner, Robert W. 306
Kern, Fritz 281
Kielpinski, von 42
Kienast, Walter 272
Kiestra, Douwe 25–27
Killy, Walther 319
Kindermann, Heinz 34, 319
Klemperer, Victor 224, 338
Klopp, Onno 282
Koch, Heinrich 154
Kogon, Eugen 194, 334
Kommerell, Max 51
Korsch, Karl 192
Kraemer, Otto 340
Kranenburg, Roelof 85
Krauss, Franz 161
Krieck, Ernst 67, 74, 323
Krogmann, Willy 23
Krupp von Bohlen und Halbach, Alfried 244

Lämmert, Eberhard 319
Lambris, Gustav 159
Lampe, Adolf 265
Landahl, Heinrich 235, 339
Lenard, Philipp 74
Lenin 192, 205
Lenz, Fritz 140
Levi, Lucien 22
Ley, Robert 71, 176
Lietzmann, Hans 69
Lohmeyer, Ernst 233

Lübbe, Hermann 10, 213, 273, 291, 307, 336, 348
Lukács, Georg 192

Maedge, Carl Max 147
Mai, Friedrich Wilhelm 26–27
Mao 205
Marcuse, Herbert 191
Marquard, Erich 160
Martin, Alfred von 281
Mayer, Anton 345–346
Mayer, Theodor 267, 343
Mayer-Pfannholz, Anton 282
Mehrtens, Hans 155, 159–160
Meijers, Eduard Maurits 82
Meinecke, Friedrich 267, 277, 280, 323–324, 345–346
Meinhof, Ulrike 290–291, 293–294, 348
Meinhold, Helmut 126, 130–132, 330–331
Meisner, Heinrich Otto 279, 346
Mendel, Gregor 135
Mennicken, Peter 156
Meusel, Alfred 149
Meyer, Arnold Oskar 283, 347
Michel, Karl Markus 288, 348
Milch, Werner 321
Mitscherlich, Alexander und Margarete 216, 241, 252, 299
Mommsen, Wilhelm 264, 273, 282
Morgenthau, Henry 179, 266, 333
Morin, Edgar 265
Muckermann, Hermann 138, 140
Müller, Günther 56
Müller, Heinrich 79
Müller, Hellmut 122–123
Müller, Karl Alexander von 262, 274, 345
Müller, Wilhelm 151, 159–160
Mulsow, Robert 161
Muralt, Leonhard von 283
Mussert, Anton 20–21, 23, 83, 89
Mussolini, Benito 326

Nadler, Josef 36–38, 319
Naumann, Friedrich Wilhelm 281
Neumann, Karl 176, 178 (s. Baer, Richard)
Niemöller, Martin 237
Nipper, Heinrich 148–149, 160
Nolte, Ernst 194, 324, 328, 334–335
Nordenholz, Anastasius 135
Nordhoff, Heinz 255–256, 341

Obenauer, Karl Justus 34, 320
Opitz, Herwart Siegfried 154, 245, 342
Osenberg, Werner 323
Osswald, R.P. 23
Overbeck, Hermann 155

Petersen, Julius 33–35, 38, 320
Petri, Franz 97, 101, 325
Pfannmüller, Helmut 149
Picht, Georg 298, 348
Piwowarski, Eugen 154
Planck, Max 340
Plank, Rudolf 252, 341
Plate, Ludwig 135
Platzhoff, Walter 266
Plessner, Hellmuth 348
Plessow, Gustav 152
Ploetz, Alfred 135–136
Polenz, Peter von 319
Porsche, Ferdinand 255
Presser, Jacob 112, 114, 328
Pyritz, Hans 33

Quarg, G. 341

Randwijck, H.M. 330
Rascher, Helmut 16, 29–30
Rassow, Peter 268, 275, 345
Raumer, Kurt von 325
Rauter, Hans Albin 20–22, 24, 26–29, 325
Rauterkus, Werner 152, 245, 341
Reagan, Ronald 205

Reeder (deutscher Militärverwaltungschef in Flandern) 95
Rehm, Walther 51
Reifenrath, Joachim W. 40
Rein, Gustav Adolf 267, 274, 343
Renner, Heinz 213
Richter, Franz 212
(s. Rössler, Fritz)
Rickers, W. 341
Ritter, Gerhard 231–232, 257, 264, 273, 277–278, 281–284, 342, 344–347
Rode, Karl 151, 156, 160
Röchling, Ernst 244
Röchling, Hermann 244
Roegele, Otto B. 281
Röhm, Ernst 65
Römer, Hans 137
Röntgen, Paul 148, 150, 154, 245, 341
Roeser, Willi 148
Rössler, Fritz 212
(s. Richter, Franz)
Rössler, Helmut 272
Rogowski, Walter 154
Roloff, Hermann 152, 156
Rosenberg, Alfred 29, 67–68, 323
Rosenberg, Arthur 262
Rosenberg, Hans 343
Ross, W. 26
Rothfels, Hans 273–275, 280, 282–283, 345–347
Rüdin, Ernst 136, 141–142, 331
Rühle, Gerd 324
Rühmkorf, Peter 294, 348
Rust, Bernhard 68, 91, 98, 323
Ruttke, Falk 142, 331

Saitschik, Robert 283
Sartre, Jean Paul 265
Sauer, Robert 153
Sawade, Fritz 176, 178, 211, 336
(s. Heyde, Werner)
Schaeder, Hans Heinrich 341
Schapitz, E. 244
Scheel, Gustav Adolf 93, 152, 325
Schelsky, Helmut 295, 349
Schieder, Theodor 258, 274
Schirach, Baldur von 98
Schmidt, F. 24, 26
Schmidt, Helmut 294
Schmitt, Carl 173, 189, 273, 308, 312–313, 333–334
Schnabel, Franz 262, 266, 269, 278, 280–283, 342, 345–347
Schneider, Hans Ernst 14, 16–30, 31–44, 46–54, 59, 89–90, 101, 200, 318–320, 325
(s. Schwerte, Hans)
Schneider/Schwerte (Fall) 7–10, 31–32, 176, 199, 208, 257, 273, 312–313, 318, 336
Schneider, Max 17
Schöffler, Herbert 268
Schramm, Percy Ernst 269, 343–344
Schreber, Karl 147
Schreiber, Georg 226
Schulin, Ernst 276
Schultes, Wilhelm 160
Schultz, Bruno K. 124
Schultz-Grunow, Fritz 153
Schwarz, H. 325
Schweitzer, Bernhard 226, 233, 339
Schwerte, Hans 40, 43–44, 46–50, 52–54, 56–59, 178, 200, 319–321, 336 (s. Schneider, Hans Ernst)
Schwerte/Schneider (Verhältnis) 31–32, 35, 53–54
Schwippert, Hans Hugo 155
Seewald, Fritz 342
Semper, Max 160
Sengle, Friedrich 320
Seraphim, Peter-Heinz 126–128, 331
Seyffardt, Hendrik Alexander 85
Seyß-Inquart, Artur 23, 81, 84, 88, 90, 325
Sievers, Wolfram 15, 18, 20–21, 28–30, 42, 89–90, 319, 325

Six, Franz Alfred 28
Smend, Rudolf 227
Sommerfeld, Arnold 342
Speer, Albert 71–72, 242, 247, 251, 323, 325
Spengler, Oswald 71, 325
Spranger, Eduard 226
Srbik, Heinrich Ritter von 282
Stalin 194, 347
Stangl, Franz 175, 333
Stark, Johannes 74
Starke, Hermann 158
Stein, Erwin 278
Sternberger, Dolf 292, 349
Stokar, Walther von 29, 90–92, 101
Strauß, Ludwig 352
Streicher, Julius 214
Sulfrian, Albert 160

Teich, Gerhard 125, 330
Teichmann, Albert 156–157
Theunisz, Johan 21
Thurnwald, Richard 136
Tillich, Paul 224
Todt, Fritz 71, 75, 247
Touraine, Alain 288
Tournier, Michel 145
Trunz, Erich 33

Ude, Hans 342

Valentin, Veit 280
Verschuer, Otmar von 138, 140, 144
Vietor, Karl 34, 320
Volkmann, Claus 176, 208–210 (s. Grubbe, Peter)

Wagner, Robert 98, 101
Wasmuth, Roland 154
Watson-Watt, Robert A. 248
Weigel, Rudolf 74
Weiss, Peter 321
Weizsäcker, Carl Friedrich von 249, 342
Wellershof, Dieter 349
Wenger, Paul W. 284, 347
Wentzlaff-Eggebert, Friedrich Wilhelm 33
Westphal, Otto 272, 274, 345
Wickert, Lothar 268
Wiese, Benno von 33, 320
Wilhelmina (Königin der Niederlande) 114
Wimmer, Friedrich 82–83, 87–90, 92–93, 325
Winkelnkemper (Oberbürgermeister Köln) 91
Winzer, Otto 226
Wirth, Hermann Felix 15, 18
Wirtz, Karl 250
Wittram, Reinhard 268–269
Wolff, Emil 225, 235, 339
Wühr, Wilhelm 281
Wüst, Walter 16

Zeddies, Adolf 342
Ziekursch, Johannes 280
Ziesemer, Walther 28, 37–39
Zülch, Tilman 176
zur Mühlen, Leo von 156, 159

Die Autoren und Herausgeber

Heinz Bude, geboren 1954, Privatdozent an der Freien Universität Berlin, Mitglied des Hamburger Instituts für Sozialforschung, Veröffentlichungen u.a.: Deutsche Karrieren. Lebenskonstruktionen sozialer Aufsteiger aus der Flakhelfer-Generation (1987); Bilanz der Nachfolge. Die Bundesrepublik und der Nationalsozialismus (1992); Im Glanz der Bilder. Die Biographie des Sammlers Peter Ludwig (1993); Das Altern einer Generation. Die Jahrgänge 1938–1948 (1995). Zahlreiche Aufsätze in Fachzeitschriften.

Hermann von der Dunk, geboren 1928, ist emeritierter Ordinarius für Kultur- und Zeitgeschichte der Universität Utrecht. Seine Arbeiten befassen sich mit der modernen niederländischen und deutschen Geschichte, mit allgemein europäischen Phänomenen wie Konservatismus, Faschismus und Ideologien und mit historiographischen und geschichtstheoretischen Themen. Er publizierte u.a. Bücher, Essays und Beiträge zu Sammelwerken, darunter Bücher über Konservatismus, Geschichtstheorie und über die Bedeutung der Shoah.

Norbert Frei, geboren 1955, Dr. phil. habil., wissenschaftlicher Mitarbeiter des Instituts für Zeitgeschichte in München und Privatdozent an der Universität Bielefeld, 1995/96 Fellow am Wissenschaftskolleg zu Berlin. Zahlreiche Veröffentlichungen zur deutschen Geschichte im 20. Jahrhundert, u.a. Der Führerstaat. Nationalsozialistische Herrschaft 1933 bis 1945, München: Deutscher Taschenbuch-Verlag 1987, ^{4}1996; Das Dritte Reich im Überblick. Chronik, Ereignisse, Zusammenhänge (Hrsg. zusammen mit Martin Broszat), München: Piper Verlag 1989, ^{5}1996; zuletzt erschien: Vergangenheitspolitik. Die Anfänge der Bundesrepublik und die NS-Vergangenheit, München: C.H.Beck 1996.

Susanne Heim, geboren 1955, hat in Hamburg und Berlin Politische Wissenschaft studiert und 1991 an der Freien Universität Berlin über die Wirtschafts- und Bevölkerungspolitik im deutsch besetzten Polen promoviert. Sie lebt als freie Publizistin in Berlin. Veröffentlichungen u.a. über die Zwangsemigration der Juden aus Deutschland nach 1933; über die Geschichte der Überbevölkerungsdiskussion im 20. Jahrhundert, sowie (zusammen mit Götz Aly) Vordenker der Vernichtung, Frankfurt a.M. 1995.

Gerhard Hirschfeld, Prof. Dr. phil., Direktor der Bibliothek für Zeitgeschichte in Stuttgart, z. Zt. Fellow des Netherlands Institute of Advanced Studies in Wassenaar, Niederlande. Zahlreiche Veröffentlichungen zur Geschichte des Zweiten Weltkriegs, insbesondere zur deutschen Besetzung der Niederlande: Fremdherrschaft und Kollaboration, dt. 1984, engl. 1989, niederl. 1991.

Ludwig Jäger, geboren 1943, Professor für Deutsche Philologie an der RWTH Aachen. Wichtige Publikationen: Erkenntnistheoretische Grundfragen der Linguistik, Stuttgart 1979; gemeinsam mit Ch. Stetter (Hg.), Zeichen und Verstehen. Akten des Aachener Saussure-Kolloquiums, Aachen 1983; (Hg.), Zur historischen Semantik des deutschen Gefühlswortschatzes. Aspekte, Probleme und Beispiele seiner lexikographischen Erfassung, Aachen 1988; Gemeinsam mit B. Switalla (Hg.), Germanistik in der Mediengesellschaft, (Hg.). München 1994; (Hg.), Germanistik: Disziplinäre Identität und kulturelle Leistung. Vorträge des deutschen Germanistentags 1994, Weinheim 1995.

Walter Kaiser, geboren 1946, Professor für Geschichte der Technik an der RWTH Aachen. Veröffentlichungen u. a. Theorien der Elektrodynamik, Hildesheim 1981; Early theories of the electron gas, in: Historical Studies in the Physical and Biological Sciences (HSPS), Vol. 17, 1987; zus. mit Hans-Joachim Braun: Propyläen Technikgeschichte Bd. 5, Berlin 1992.

Ulrich Kalkmann, geboren 1962, Studium der Geschichte, Politischen Wissenschaft und Germanistik, wiss. Angestellter der RWTH Aachen. Publikationen in: 125-Jahr-Festschrift der RWTH Aachen (hrsg. v. Klaus Habetha, 1995), Sammelband zu Ludwig Strauß (hrsg. v. Hans Otto Horch, 1995) und Abhandlungen aus dem Aerodynamischen Institut der RWTH (1996). Schwerpunkte: Vertreibung und Emigration nach 1933.

Helmut König, geboren 1950, Professor für Politische Wissenschaft an der RWTH Aachen; Mitherausgeber der Zeitschrift Leviathan; Veröffentlichungen: Geist und Revolution (1981), Zivilisation und Leidenschaften (1992); Herausgeber von: Politische Psychologie heute (1988), Sozialphilosophie der industriellen Arbeit (1990); Aufsätze zu Themen aus der Politischen Theorie, der Politischen Psychologie und der Zeitgeschichte.

Wolfgang Kuhlmann, geboren 1939; Professor für Philosophie an der RWTH Aachen. Veröffentlichungen: Reflexion und kommunikative Erfahrung (1975); Reflexive Letztbegründung. Untersuchungen zur Transzendentalpragmatik (1985); Kant und die Transzendentalpragmatik (1992); Sprachphilosophie, Hermeneutik, Ethik. Studien zur Transzendentalpragmatik (1992). Mitarbeit am Funkkolleg Praktische Philosophie/Ethik 1980/81. Als Herausgeber: Kommunikation und Reflexion (1982, zusammen mit D. Böhler); Moralität und Sittlichkeit (1986); Schriftenreihe des Forums für Philosophie Bad Homburg (1987ff.); zahlreiche Aufsätze in Zeitschriften und Sammelbänden.

Hermann Lübbe, geboren 1926, seit 1991 Honorarprofessor für Philosophie und Politische Theorie an der Universität Zürich. Letzte Veröffentlichungen: Abschied vom Superstaat. Vereinigte Staaten von Europa wird es nicht geben (1994); Heilserwartung und Terror. Politische Religionen des 20. Jahrhunderts (1995); Zeit-Erfahrungen. Sieben Begriffe zur Beschreibung moderner Zivilisationsdynamik (1996).

Kurt Nowak, geboren 1942, seit 1987 Professor für Kirchengeschichte an der Theologischen Fakultät der Universität Leipzig. Wichtigste Veröffentlichungen: Euthanasie und Sterilisierung im Dritten Reich (1984); Schleiermacher und die Frühromantik (1986); Evangelische Kirche und Weimarer Republik (1988); Kulturprotestantismus und Judentum in der Weimarer Republik (1993); Der umstrittene Bürger von Genf. Zur Wirkungsgeschichte Rousseaus im deutschen Protestantismus des 18. Jhdts. (1993); Geschichte des Christentums in Deutschland (1995); Adolf von Harnack als Zeitgenosse (Hg.) (1996).

Jan Philipp Reemtsma, geboren 1952, Prof. Dr. phil., Mitherausgeber der Bargfelder Ausgabe der Werke Arno Schmidts, 1984 Gründung des Hamburger Instituts für Sozialforschung, Lehrbeauftragter an der Universität Hamburg. Veröffentlichungen: Die Auschwitz-Hefte (1987/1994); Folter. Zur Analyse eines Herrschaftsmittels (1991). Zuletzt: Mehr als ein Champion. Über den Stil des Boxers Muhammad Ali (1995); Der Vorgang des Ertaubens nach dem Urknall (Aufsätze, 1995), Im Keller (1997).

Axel Schildt, geboren 1951, Privatdozent für Neuere Geschichte am Historischen Seminar der Universität Hamburg; Buch- und Zeitschriftenveröffentlichungen zur Geschichte des 19. und 20. Jahrhunderts, zuletzt: Moderne Zeiten. Freizeit, Massenmedien und ‚Zeitgeist' in der Bundesrepublik der 50er Jahre, Hamburg 1995.

Winfried Schulze, geboren 1942, ist Lehrstuhlinhaber am Institut für Neue Geschichte der LMU München, Mitglied im Wissenschaftsrat, ordentliches Mitglied bei der Historischen Kommission der Bayerischen Akademie der Wissenschaften. Veröffentlichungen u. a.: Einführung in die Neuere Geschichte, Stuttgart ³1996; Deutsche Geschichte im 16. Jahrhundert, 1500–1618 (Neue Historische Bibliothek), Frankfurt am Main 1987; (zusammen mit W. Adam, K. Kiesant, Ch. Strosetzki), Geselligkeit und Gesellschaft im Barockzeitalter, 2 Bde., Wiesbaden 1996; sowie zahlreiche Aufsätze in Fachzeitschriften.

Klaus Schwabe, Professor für Neuere Geschichte an der RWTH Aachen. Hauptveröffentlichungen: Wissenschaft und Kriegsmoral. Deutsche Hochschullehrer und Grundfragen des 1. Weltkrieges, Göttingen 1969; Woodrow Wilson, Göttingen 1971; Gerhard Ritter. Werk und Person, Boppard 1984; Woodrow Wilson, Revolutionary Germany and Peacemaking 1918/19, Chapel Hill 1985; Die deutschen Eliten und der Weg in den Zweiten Weltkrieg (zusammen mit Martin Broszat), München 1989.

Hellmut Seier, geboren 1929, Professor für Neuere Geschichte in Marburg 1970 – 1994. Veröffentlichungen zur Geschichte des Liberalismus und der Historiographie sowie zur Verfassungsgeschichte, Wissenschaftsgeschichte, hessischen Landesgeschichte und Zeitgeschichte. Darunter: Die Staatsidee Heinrich von Sybels, 1961; Eugen Schiffer und die Nationalliberale Partei, Habilitationsschrift 1970. Ferner Aktenedition zur kurhessischen Verfassungsgeschichte, zusammen mit Mitarbeitern, 4 Bde., 1985–1996.

Klaus Weimar, geboren 1941, Titularprofessor für deutsche Literaturwissenschaft an der Universität Zürich. Autor u.a. von: Historische Einleitung zur literaturwissenschaftlichen Hermeneutik (1974); Enzyklopädie der Literaturwissenschaft (1980, ^{2}1993); Goethes Gedichte 1769–1775. Interpretationen zu einem Anfang (1982); Geschichte der deutschen Literaturwissenschaft bis zum Ende des 19. Jahrhunderts (1989). Mitherausgeber des Reallexikons für deutsche Literaturwissenschaft, 3. Aufl.

Gjalt Reinder Zondergeld, geboren 1937, Dozent für Zeitgeschichte an der Vrije Universiteit Amsterdam; Veröffentlichungen: Een kleine troep vervuld van haat. Arnold Meijer en het Nationaal Front, Houten 1986; Aufsätze zur niederländischen, belgischen und deutschen Geschichte.